Adobe®

Photoshop

l'essentiel Vol. 1

ISBN : 978-2-300-035265
Image de couverture : Chien Jaune Studio

CPI Aubin Imprimeur - *Ligugé,* D.L. janvier 2011 / Impr. : L 74190
Imprimé en France

Adobe®

Photoshop

l'essentiel Vol. 1

Présentation des étapes

L'image d'ouverture
Toutes nos étapes commencent par une image en pleine page présentant le résultat final du pas-à-pas que nous vous proposons.

Le titre de l'étape
Il vous renseigne sur le contenu du tutoriel et la (ou les) technique mise en œuvre.

114

115

→ LOGICIEL UTILISÉ • PHOTOSHOP CS4

Un photomontage pétillant !

Dans ce pas-à-pas, nous allons aborder quelques techniques de photomontage. Comment concevoir un assemblage plein de fraîcheur à partir de plusieurs photos qui n'ont, de prime abord, rien de commun.

INFO
CHIEN JAUNE STUDIO
www.chienjaunestudio.com

NIVEAU
★★★★

DURÉE
4 heures

SUR LE WEB
Les fichiers nécessaires à la réalisation de ce tutoriel se trouvent sur notre site Internet.

→ Avant de passer au photomontage, il est important de correctement choisir les photos qui composeront votre visuel. Vous devez donc déjà avoir une idée très précise de votre visuel final. Vous pouvez faire une recherche de photos sur les nombreux sites de banques d'images, mais, même si ces derniers sont bien fournis, trouver le visuel qu'on a en tête est parfois difficile. N'étant jamais mieux servi que par soi-même, pourquoi ne réaliseriez-vous pas vos propres prises de vue ? Avec un simple appareil numérique, installez-vous un mini-studio. Prenez un carton blanc pour le fond et une lampe de bureau que vous positionnerez à l'arrière de la bouteille pour faire ressortir les reflets. Faites plusieurs essais de mise en place, puis mettez la bouteille de soda quelque temps au congélateur afin d'obtenir du givre. Une fois la bouteille sortie, enduisez-la de glace pilée. Faites plusieurs prises de vue sans bouger ni l'appareil photo, ni la bouteille de place, pour obtenir différents niveaux de reflets et de lumière. Vous pourrez ensuite monter ces différents niveaux ensemble comme s'ils avaient été réglés lors d'une seule prise de vue. C'est cette phase que nous allons aborder dans ce pas-à-pas. ☐ CJS

Création des reflets

À l'aide des différentes prises de vue, vous allez remodeler la lumière de votre bouteille de soda.

01 Si vous n'avez pas de clichés de bouteille, ouvrez le fichier Base-bouteille.psd dans le dossier de l'étape depuis notre site Web. Vous y trouverez les quatre calques qui vous serviront de base pour les reflets. Sélectionnez le calque « base » puis choisissez l'outil Plume. Dans l'onglet « Tracé », créez un calque. Tracez le contour de la bouteille en vous servant des courbes de Bézier.

02 Dans l'onglet en haut à droite, sélectionnez « Définir une sélection > Rayon : 0 px ». Cliquez sur l'onglet « Calques », puis sur le calque « base ». Créez un masque de fusion. Maintenez la touche « Ctrl » enfoncée, puis cliquez sur le masque pour resélectionner le contour de la bouteille. Sélectionnez le calque « bas » et créez à nouveau un masque de fusion. Procédez de la même façon pour les calques « centre » et « haut ».

03 Récupérez la sélection du masque « base », touche « Ctrl » enfoncée. Sélectionnez le masque « base » à l'aide de l'outil Pinceau « Diamètre : 400 px > Dureté : 0 % » et « Couleur de premier plan : noir ». Travaillez le masque de façon à ne laisser apparaître que les parties claires de la bouteille. Procédez de la même manière pour chacun des masques.

Sur le Web

Tous les fichiers nécessaires à la réalisation des étapes se trouvent sur notre site **www.microapp.com**, entrez le code **3526** dans l'onglet « Recherche » pour accéder aux dossiers correspondant aux étapes.

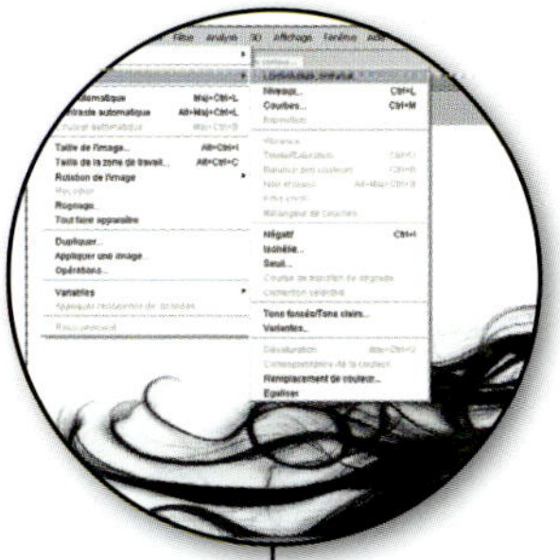

Les captures décran

Elles vous guident étape par étape dans la progression de votre apprentissage. Lorsque vous avez un doute sur une commande ou sur les options d'une fenêtre, reportez-vous aux images.

Les légendes des étapes

Chaque capture d'écran est accompagnée d'un texte vous indiquant le chemin à utiliser dans l'application pour accomplir les actions nécessaires à la réalisation de l'étape.

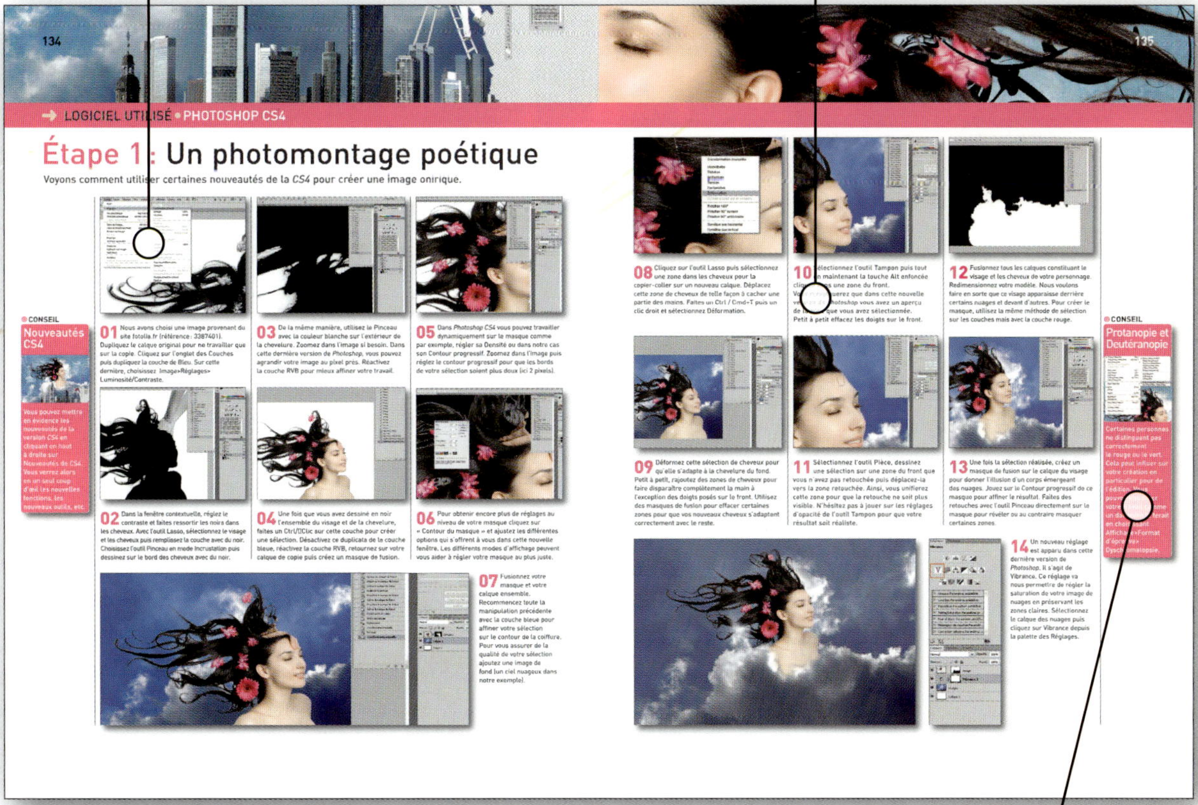

Conseils

Les astuces qui vous permettent d'accélérer votre flux de production sont signalées dans un encadré. Ces conseils vous indiquent une autre façon de réaliser un effet, vous proposent d'optimiser un processus, etc.

sommaire

→ LOGICIEL UTILISÉ • PHOTOSHOP CS5

Repoussez le relief !

Simulez le jaillissement d'un personnage hors d'un écran en l'agrémentant d'effets 3D

INFO

FRANÇOIS GRASSARD Formateur et auteur d'un CD-Rom sur le soft graphique *After Effects* à destination du site Hyperlink.
Site : www.coyhot.com
Blog : http://coyhot.blogspot.com
Mail : francois@coyhot.com

NIVEAU

★★★★★

DURÉE

2 heures

SUR LE WEB

Les fichiers nécessaires à la réalisation de ce tutoriel se trouvent sur notre site Internet.

→ L'insertion d'éléments 3D dans un document *Photoshop* fût pendant longtemps une requête digne de la quête du Graal pour bon nombre d'utilisateurs. Depuis la version CS3, *Photoshop* peut importer des objets 3D au format 3DS, OBJ, ou encore Collada. Malgré quelques améliorations de ces fonctionnalités dans la version CS4, *Photoshop* souffrait d'un manque d'autonomie en ce qui concerne la création d'objets 3D. Il était obligatoire de recourir à un logiciel tiers afin de générer le contenu en volume. Avec l'arrivée de *Photoshop CS5* et sa fonction « Repoussé », il est à présent possible de créer des objets 3D à partir d'une sélection, d'un masque de fusion, d'un texte ou encore d'un masque vectoriel. Bien qu'il soit obligatoire de pixelliser le contenu d'un calque avant de le passer à la moulinette 3D, rendant difficile son édition ultérieure, il est donc possible de créer des extrusions. Voyons comment cela fonctionne en simulant un visuel qui pourrait très bien convenir à une campagne publicitaire visant à vendre un écran 3D. □ FG

Mise en place de l'écran

Créez un environnement pour insérer l'écran et son reflet.

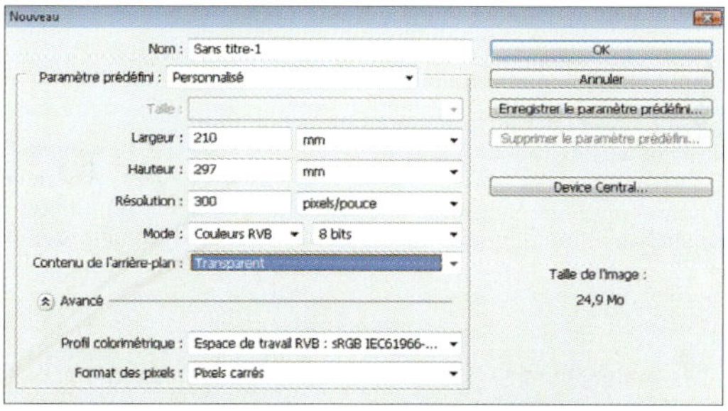

01 Une fois *Photoshop CS5* démarré, rendez-vous dans le menu Fichier > Nouveau, afin de créer un nouveau document de type A4 à 300 DPI. Cette option sera disponible après avoir choisi le paramètre prédéfini « Papier format international ». Réglez le contenu d'arrière-plan sur « Transparent » avant de valider.

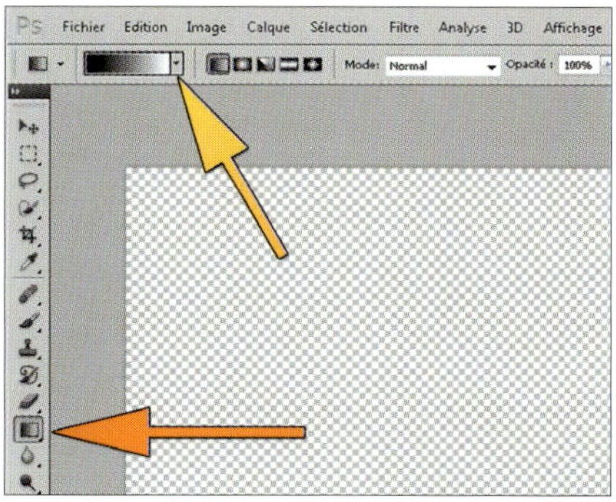

02 Pressez plusieurs fois de suite la touche Ctrl ainsi que la touche « - » de votre pavé numérique afin de vous éloigner de votre composition. Dans la boîte à outils, sur la gauche de l'interface, cliquez sur l'icône représentant l'outil Dégradé. Dans la barre d'options, en haut de l'interface, cliquez sur le triangle jouxtant un dégradé.

03 Choisissez dans la bibliothèque de dégradés qui vous est proposée, celui partant du noir vers le blanc, généralement positionné en deuxième ou troisième position. Pressez la touche Shift, placez-vous en haut de votre composition, cliquez et glissez votre souris jusqu'à ce que le curseur sorte par le bas de celle-ci, puis relâcher le bouton de la souris.

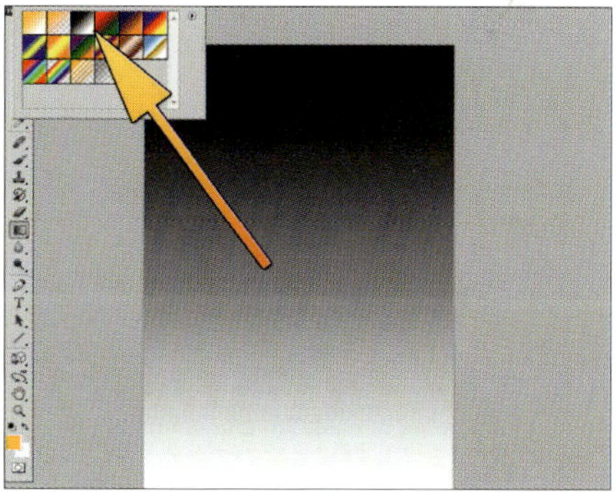

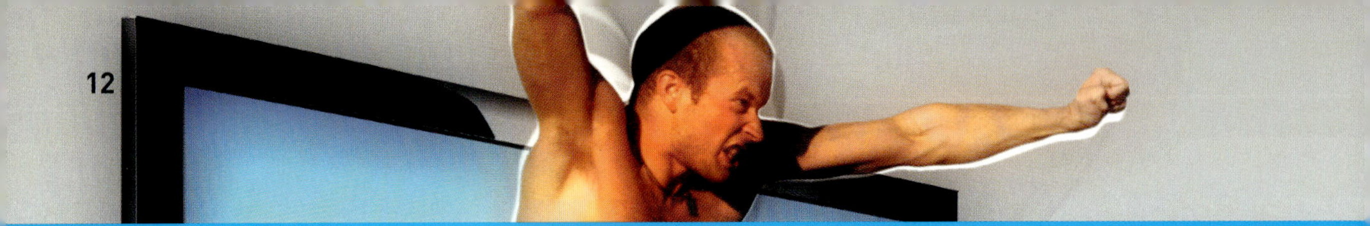

→ LOGICIEL UTILISÉ • PHOTOSHOP CS5

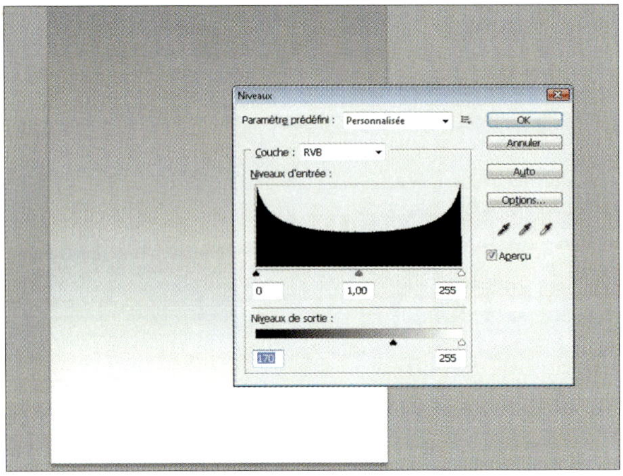

04 Tout en maintenant le calque contenant le dégradé sélectionné, pressez les touches Ctrl+L afin d'appeler l'outil « Niveau ». Déplacez le triangle se trouvant à gauche de la partie « Niveaux de sortie » afin d'éclaircir ce dégradé jusqu'à le rendre très diffus, presque imperceptible et très proche du blanc se trouvant dans la partie inférieure.

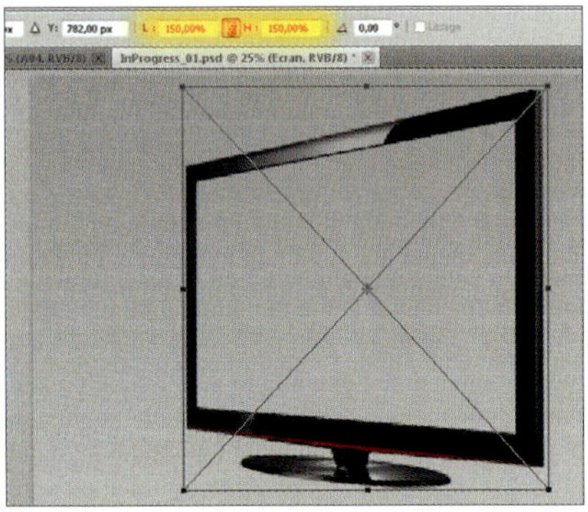

05 Rendez-vous dans le menu Fichier > Importer, afin d'ajouter à votre composition le fichier « Ecran.PSD » présent dans le dossier de l'étape sur notre site Web. Ce dernier est placé sur un nouveau calque au-dessus de la pile . Dans la barre d'options, en haut de l'interface, réglez les paramètres L et H sur 125% afin de grossir cet élément. Validez.

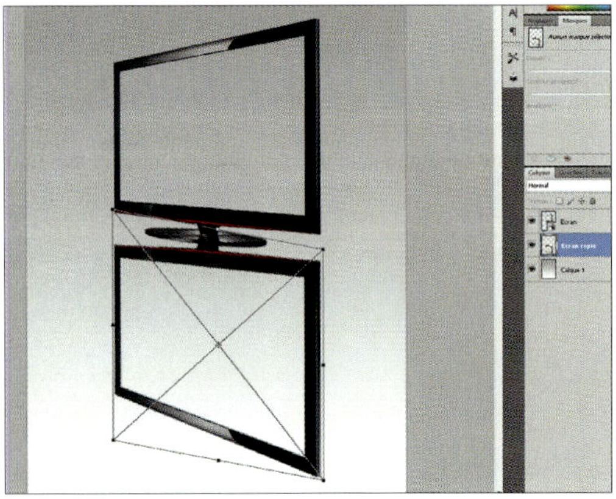

06 Cliquez avec le bouton droit de la souris sur le calque « Ecran » et choisissez « Dupliquer le calque ». Glissez ce duplicata sous l'original dans la pile de calques puis pressez les touches Ctrl+T afin d'appeler l'outil de transformation manuelle. Pressez la touche Alt puis déplacez les quatre coins de cette boîte englobante pour simuler un reflet dans le sol.

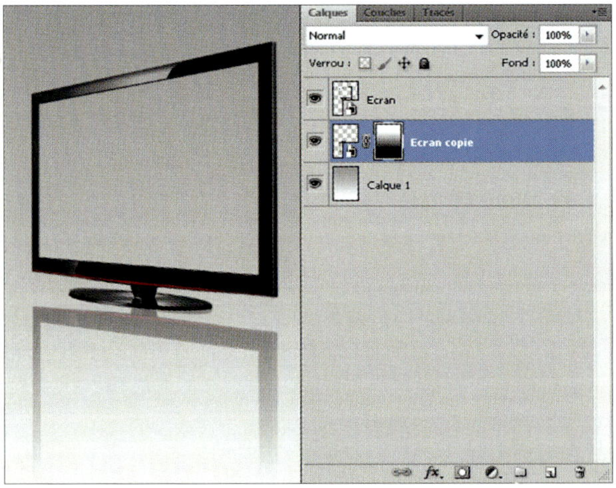

07 Tout en maintenant le calque « Ecran Copie » sélectionné, cliquez au bas de la fenêtre de calques sur le bouton « Ajouter un masque de fusion ». Cliquez ensuite sur la vignette de ce masque de fusion, repassez en outil « Dégradé » puis créez de la même manière que précédemment un dégradé noir et blanc, du bas vers le haut.

CONSEILS

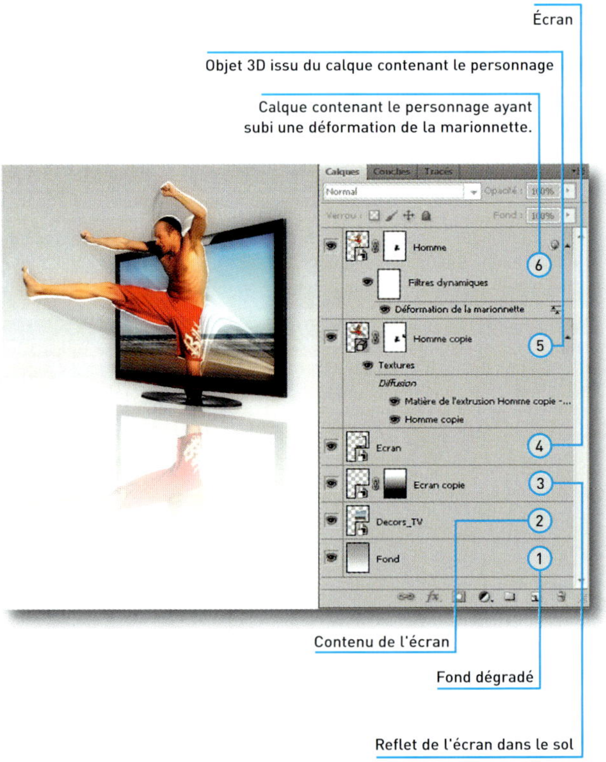

Ajout du personnage

Insérez le personnage dans votre composition.

01 Sélectionnez les deux calques « Ecran », pressez la touche V afin de passer en outil Déplacement et décalez ces deux éléments vers la droite. Retournez ensuite dans le menu Fichier >Importer, pour ajouter le calque « Decors.JPG ». Glissez celui-ci au-dessus du calque contenant le dégradé, juste sous les deux écrans. Pressez les touches Ctrl+T.

02 Grâce à l'outil de Transformation manuelle et en pressant la touche Alt, alignez les quatre coins de l'image sur les quatre coins de l'écran. Ensuite, validez puis importez de la même manière que précédemment le fichier nommé « Homme.PSD ». Placez celui-ci au-dessus des écrans et validez son placement via « Entrée ».

03 Tout en maintenant le calque « Homme » sélectionné, allez dans le menu Edition > Déformation de la marionnette. Une cage de déformation entour à présent votre personnage. Cliquez sur les articulations afin d'ajouter de nouveaux points de contrôles. Ainsi, vous pourrez manipuler votre modèle à la manière d'un pantin.

04 Déplacez légèrement les points situés sur la jambe tendue afin de l'allonger via une translation répartie entre la cheville et le genou. Le fait que votre calque soit importé en tant que calque Dynamique vous permet de revenir à tout moment sur la position de ces points et ce, sans perte de qualité au fur et à mesure des réajustements.

05 Sélectionnez le calque contenant le personnage et cliquez sur l'icône d'ajout de masque de fusion. Pressez ensuite la touche Ctrl et cliquez sur la vignette du calque « Ecran » dans la fenêtre de calques afin de récupérer une sélection similaire à sa découpe. Cliquez ensuite sur la vignette « masque de fusion » du calque « Homme » afin de le sélectionner.

Génération de l'élément 3D

Via la fonction « Repoussé », générez un objet 3D à partir de votre personnage.

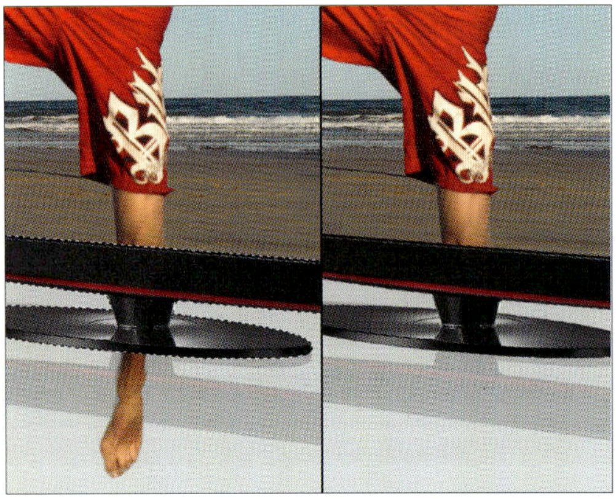

06 Appuyez sur la touche B afin de passer en outil Pinceau. Pressez ensuite la touche D puis X afin de régler la couleur de premier plan sur du noir. Peignez votre masque de fusion pour faire disparaître le bas de la jambe gauche. Pressez ensuite les touches Ctrl+D afin de supprimer la sélection et finissez d'effacer le reste du pied avec l'outil Pinceau.

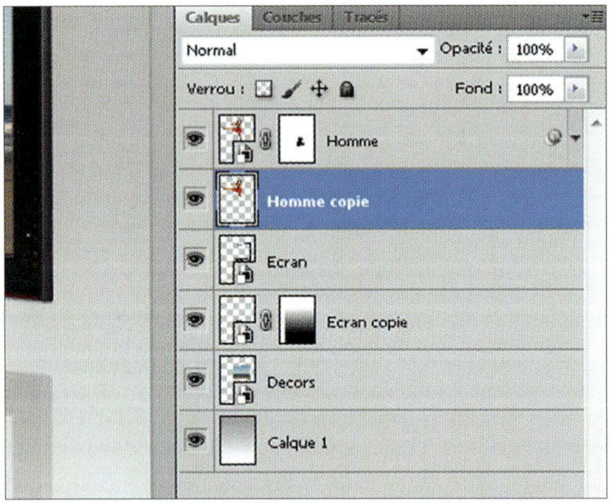

07 Dans la fenêtre des Calques, cliquez avec le bouton droit sur le calque « Homme » afin de « Dupliquer le calque ». Sélectionnez ce duplicata puis via un clic droit sur le nom de celui-ci, choisissez « Pixelliser le calque ». Par un nouveau clic droit sur le masque de fusion, appliquez celui-ci afin de générer un calque sur un fond Transparent.

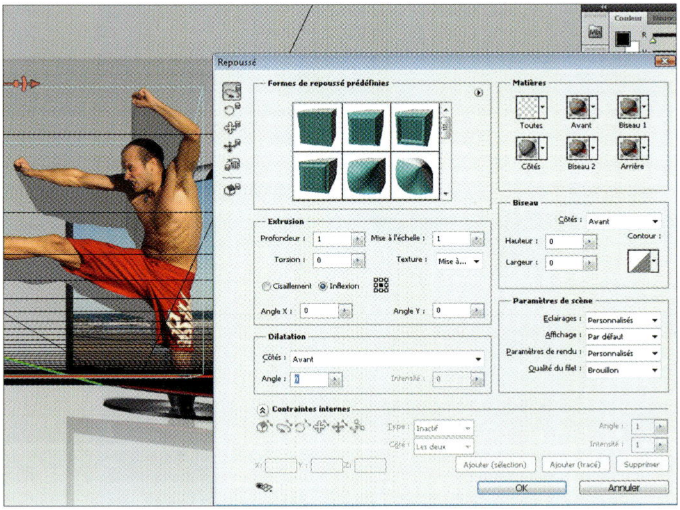

01 Pressez la touche Ctrl et cliquez sur la vignette du duplicata du calque « Homme », générant une sélection correspondant à sa découpe. Sélectionnez ce calque dans la fenêtre des Calque et rendez-vous dans le menu 3D > Repoussé >Sélection Active.
Une nouvelle fenêtre apparaît, comprenant de nombreux contrôleurs.
Votre personnage est à présent mis en volume.

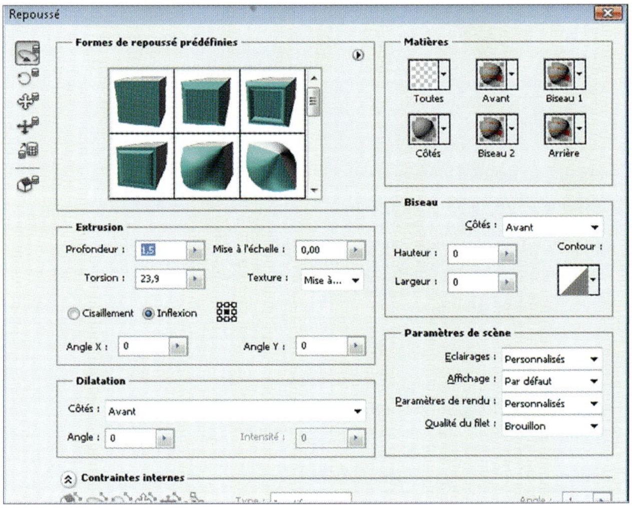

02 Les « formes Repoussé prédéfinies » permettent de changer rapidement la forme du profil de l'extrusion. Sachez cependant que le nombre de polygones demandés pour certains d'entre eux peut-être extrêmement important. Votre machine risque par conséquent de souffrir. C'est pourquoi nous garderons le forme la plus simple, situé en haut à gauche du tableau.

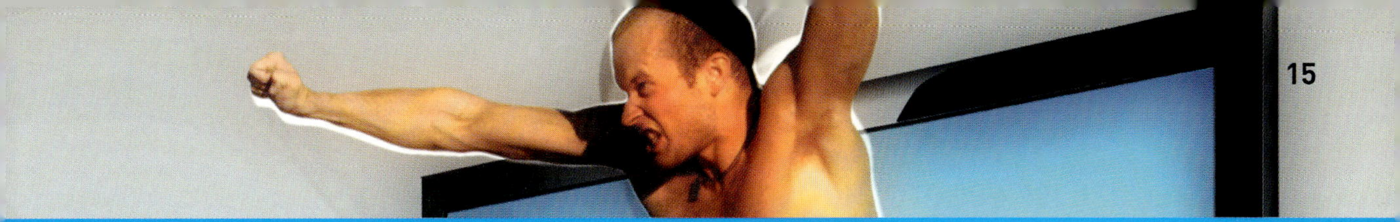

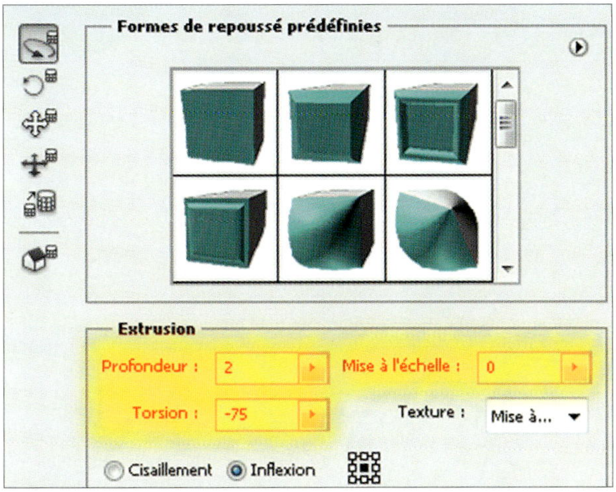

03 Réglez la profondeur de l'extrusion à 2 afin d'augmenter l'épaisseur de votre objet 3D. Passez ensuite la mise à l'échelle à 0 afin de comprimer les lignes de fuites de cet objet vers un point central. Réglez également la Torsion à -75 afin de tordre cet objet au fur et à mesure qu'il s'enfonce dans le moniteur.

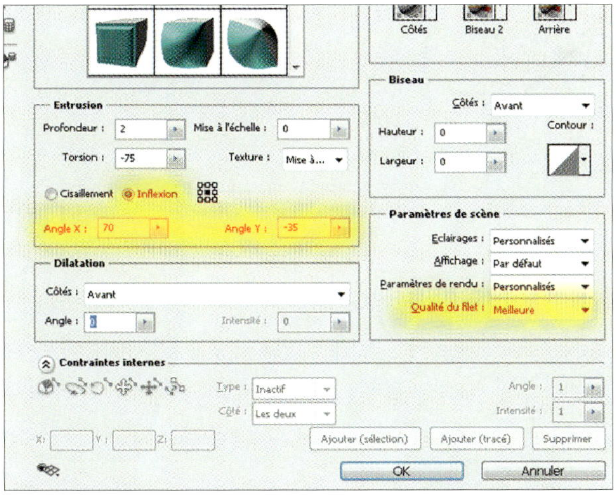

04 Cliquez sur « Inflexion » puis réglez l'angle X à 70 et l'angle Y -35. Dans les « Paramètres de la scène », situés sur la droite de la fenêtre « Repoussé », passez la qualité du filet sur « Meilleure » afin d'obtenir un modèle contenant plus de polygones. Celui-ci sera par conséquent bien mieux défini, surtout lors de la phase de torsion. Validez via le bouton OK.

05 Passez à présent le mode de fusion du calque contenant l'élément 3D en « Lumière linéaire » puis ajoutez sur celui-ci un masque de fusion. Là encore, en peignant avec un pinceau noir sur le masque, il est possible de faire disparaître la partie droite de l'objet 3D afin de véritablement l'insérer dans le cadre du téléviseur.

ÉTAPE FINALE

Génération 3D non uniforme

La création d'un élément 3D semble fonctionner différemment en fonction de la source permettant de le générer. Par exemple, un objet 3D issu d'un masque de fusion à haute résolution pourra demander plus de ressources que celui issu d'une sélection. N'hésitez donc pas à tester plusieurs types de sources si Photoshop vous indique que votre modèle est trop complexe pour appliquer l'effet « Repoussé ». En vous basant sur cette technique, il vous sera possible d'ajouter un ensemble « d'extensions corporelles », vous permettant de suggérer un mouvement ou d'amplifier la notion de profondeur.

LOGICIEL UTILISÉ • PHOTOSHOP

Mettez du relief dans la 2D!

L'illustrateur et dessinateur de comics Nathan Fox vous révèle les secrets de l'art des images anaglyphes.

Pourquoi un illustrateur comme Nathan Fox réalise-t-il des images anaglyphes? « *J'ai toujours voulu sculpter, mais je n'ai jamais trouvé assez d'espace pour le faire. Aussi, j'ai opté rapidement pour le relief* ». Les images anaglyphes ou dites en 3D relief fonctionnent en isolant une couleur (par le biais de filtres) pour chaque œil. De cette manière, les yeux ne perçoivent que les formes de l'image visibles à travers le filtre de la couleur associée à ces derniers. Le rouge est utilisé pour le filtre de l'œil gauche et le bleu/cyan pour celui de l'œil droit. Il suffit de mettre des lunettes 3D et votre cerveau fera le reste! Si vous souhaitez obtenir plus

d'informations sur le concept, allez sur : http://pagesperso-orange.fr/novo.fr/guide/stereo/stereo_techn_1.htm. En 3D il y a un milieu, un premier plan et un arrière-plan. La zone du milieu est conçue de telle façon que les lignes rouges et bleues se mélangent pour tendre vers des teintes de violet et noir. L'une des règles à respecter est de ne jamais déplacer le calque du rouge. Pour des résultats parfaits, préférez l'utilisation du calque bleu. Si vous déplacez le calque bleu vers la droite, votre image/objet semblera s'avancer vers vous. L'image sur laquelle vous allez travailler dans cette étape a été imprimée en sticker géant pour l'exposition de Nathan Fox. □CA

INFO

NATHAN FOX

Illustrateur freelance et dessinateur de comics, Nathan vit à Kansas City dans le Missouri. Aujourd'hui, il termine un travail sur un roman graphique, *Fluorescent Black*, et consacre le temps qu'il lui reste entre la création de publicité et l'écriture. Parmi ses clients, l'on trouve le *New York Times*, *Esquire*, *Dark Horse Comics*. Pour en savoir plus sur cet auteur, visitez son site : www.foxnathan.com

NIVEAU

★★★½☆

DURÉE

4 heures

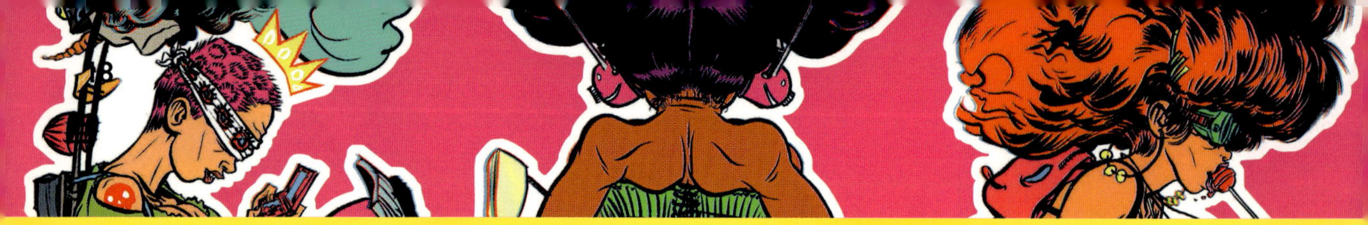

→ LOGICIEL UTILISÉ • PHOTOSHOP

01 Pour commencer, faites un scan d'une de vos illustrations en noir et blanc. Plus votre résolution sera haute et plus fin sera votre résultat final. Généralement, mise à part la résolution, les réglages par défaut de votre scanner suffisent.

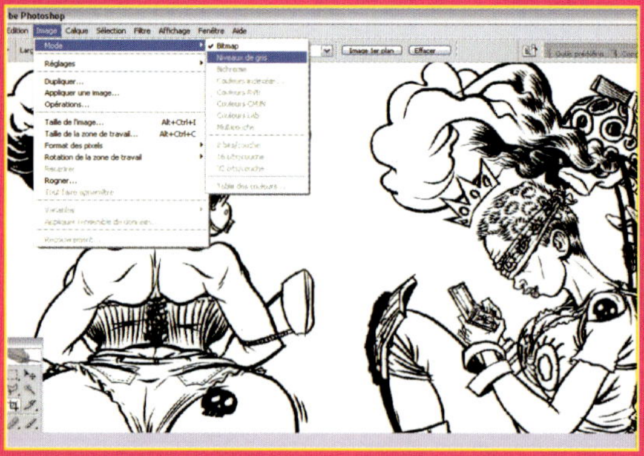

02 Convertissez l'image bitmap obtenue en image en niveaux de gris (dans *Photoshop*). Nul besoin de faire dans la finesse. Et conservez les valeurs de blanc et de noir à 100 %. Pour ce faire, allez dans le menu Image>Mode> Niveaux de gris.

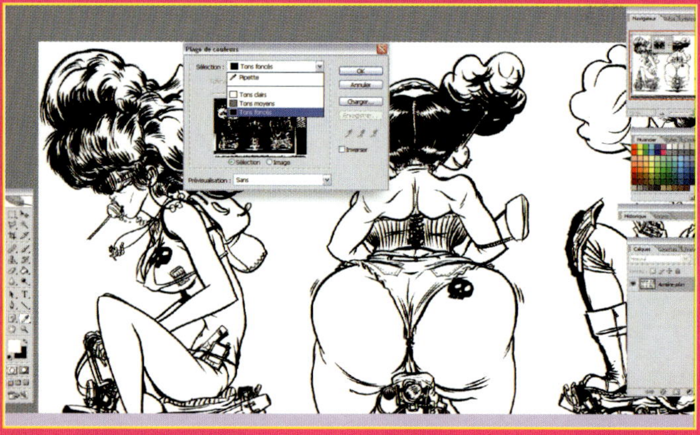

03 Maintenant, il est temps de séparer les différentes lignes de votre illustration. Allez dans le menu Sélection>Plage de couleur. Dans la fenêtre contextuelle, choisissez l'option « Tons foncés » dans Sélection. Cela vous générera une sélection de ce qui est blanc.

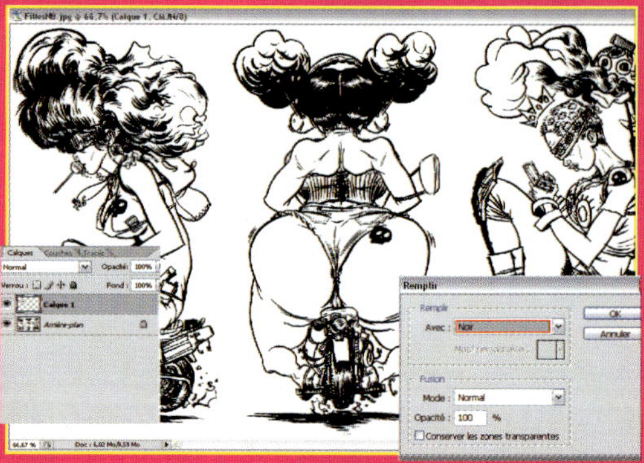

04 Créez un nouveau calque et remplissez la sélection avec du noir dans ce même calque. De cette façon, le contour de vos personnages se trouve dans son propre calque.

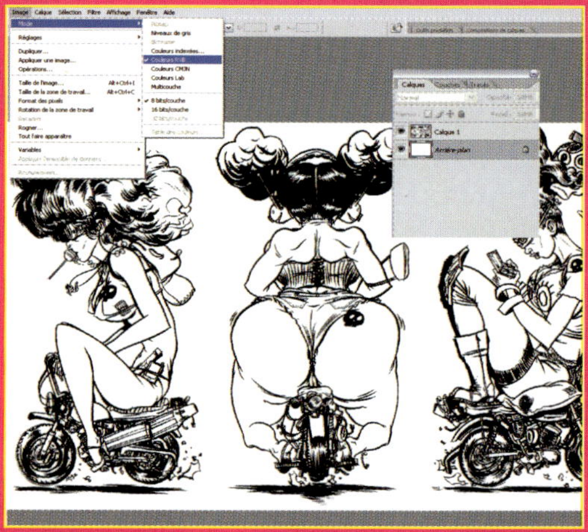

05 Retournez sur votre calque d'arrière-plan. Sélectionnez tout (Ctlr/Cmd+ A) et supprimez tout. Vous avez maintenant deux calques, l'un avec les contours et l'autre qui servira à la couleur plus tard. Passez l'image en RVG (Image>Mode>RVB).
À ce stade, vous pouvez faire une sauvegarde en basse résolution.

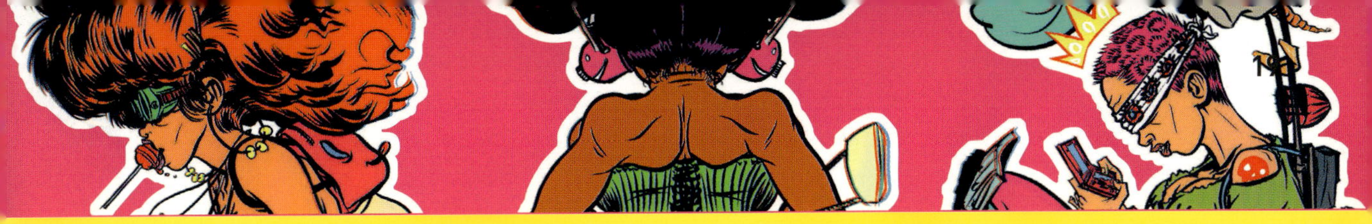

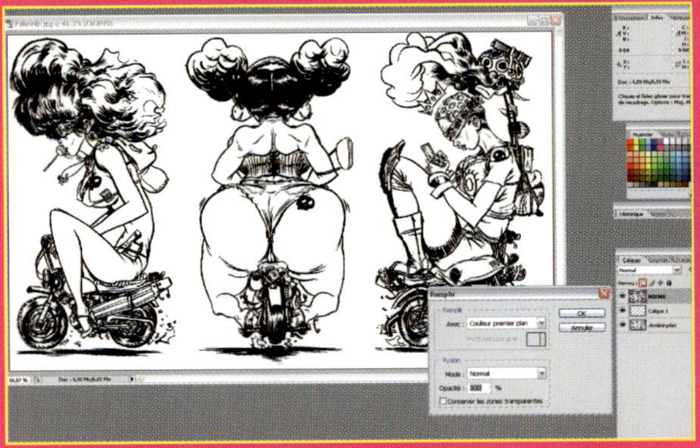

06 Dans la palette des calques, verrouillez les pixels transparents du calque contenant les contours (Calque 1, premier symbole après Verrou). Ensuite, remplissez de rouge les contours noirs et renommez ce calque ROUGE.

07 Faites un Ctrl/Cmd+ Clic pour activer la sélection du calque ROUGE.

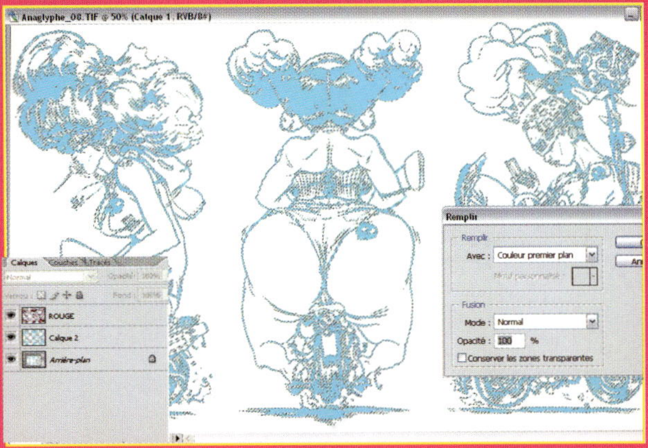

08 Créez un nouveau calque et remplissez-le avec du bleu. Procédez de la même façon que dans l'étape 06 et renommez ce nouveau calque BLEU. Ainsi, vous êtes en possession de tous les éléments nécessaires à l'élaboration de votre image 3D.

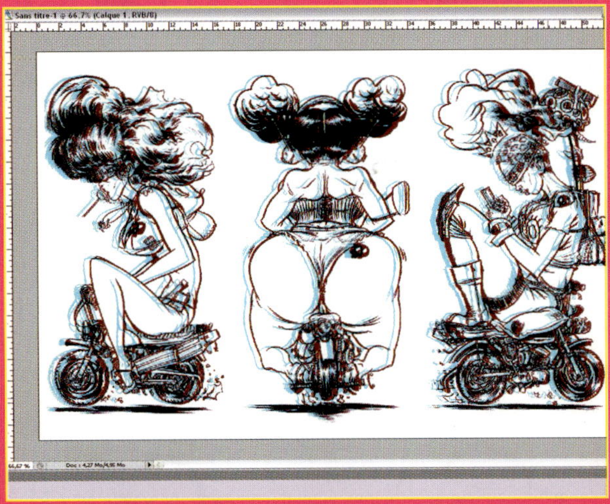

09 Déplacez le calque BLEU au-dessus de la pile dans la palette des Calques et réglez son mode de fusion sur Produit. Le calque BLEU est passé au-dessus de tous les autres pour donner une vision rapide de ce que pourrait être le rendu final.

Esquisses

L'image utilisée dans ce pas à pas comporte beaucoup d'éléments qui ont été exagérés. Cela permet d'obtenir un très bon résultat final en raison de l'épaisseur des contours des formes des personnages. En effet, il est plus simple de placer correctement des formes les unes par rapport aux autres lorsqu'elles sont légèrement disproportionnées.

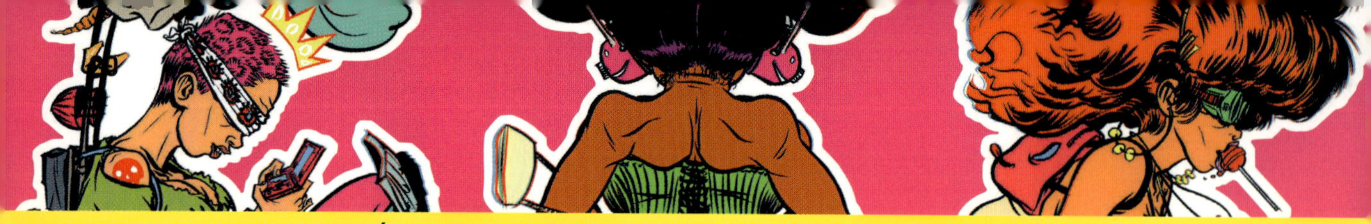

→ LOGICIEL UTILISÉ • PHOTOSHOP

10 Maintenant, concentrez-vous sur le calque BLEU. Pour plus de malléabilité, ne verrouillez pas les pixels transparents sur ce calque. Copiez et supprimez une partie importante de votre personnage et mettez vos lunettes 3D pour vous rendre compte de l'avancée de votre réalisation.

11 Collez la partie importante dans un nouveau calque. Réglez le mode de fusion de ce calque sur Produit. Ainsi, vous serez à même de voir comment le déplacer au mieux pour créer parfaitement votre relief.

12 À l'aide de vos lunettes 3D, faites plusieurs tests de placements afin de trouver la meilleure position possible pour votre partie. Les lignes bleues sont faites pour être placées sur la droite. Faites un Ctrl/Cmd+ T (outil Transformation manuelle) et réduisez la partie collée sensiblement en la rapprochant de la tête ou du buste. Ici, la couette a été rétrécie et placée plus près du crâne.

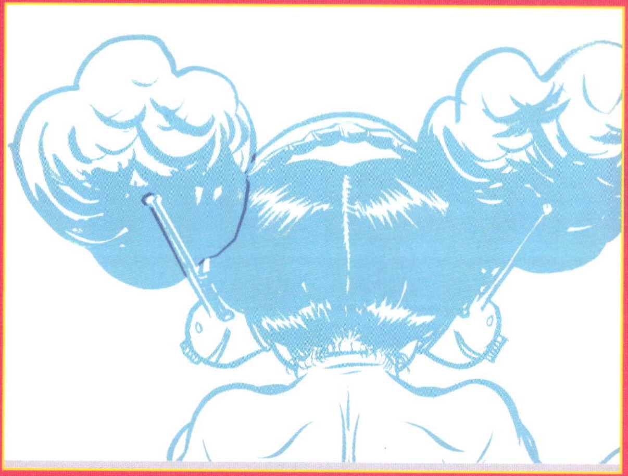

13 Eteignez le calque ROUGE, vous verrez ainsi où se place l'objet copié et que vous avez déplacé. Cela vous permet de constater si des zones du calque on été cachées par la copie. Si tel est le cas, faites en sorte de les replacer correctement, par le biais de copies sur des nouveaux calques.

14 Répétez le processus décrit de l'étape 10 à l'étape 13 pour copier et déplacer d'autres formes présentes dans votre illustration. Plus vous aurez de détails qui fonctionnent en 3D et plus l'effet final sera réussi.

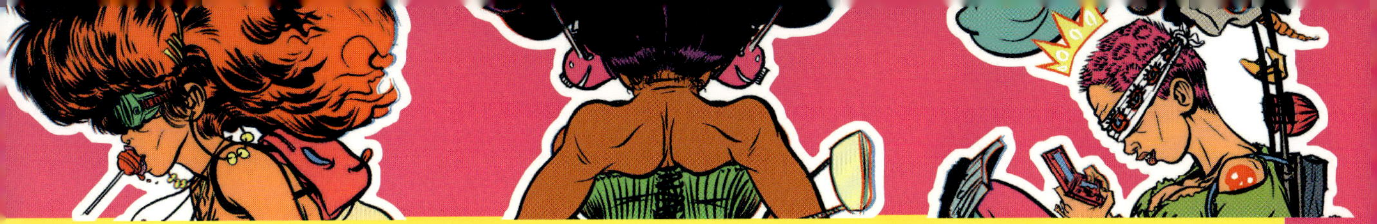

15 Ici, les cales-pieds et le pot d'échappement ont été mis en valeur. Si vous possédez des lunettes 3D, vous pourrez vous rendre compte des changements que nous avons opérés dans l'étape 14 au niveau des éléments arrière du scooter.

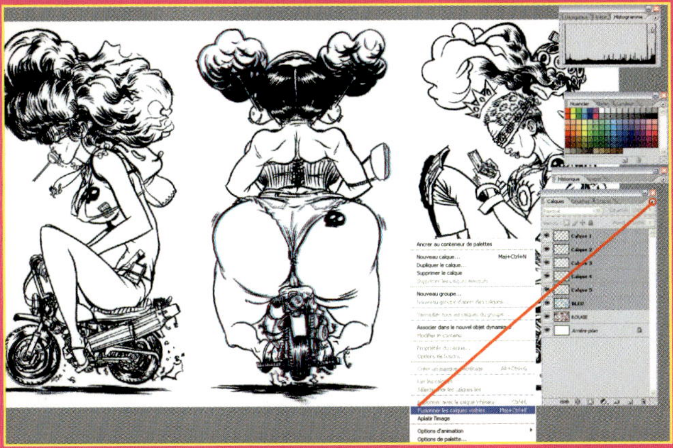

16 Fusionnez tous les calques qui proviennent du calque BLEU avec ce dernier. Une fois fusionnés, nettoyez les trous et autres réminiscences des petites ombres bleues qui sont le résultat de la multiplication des calques. Pour ce faire, verrouillez l'option « pixels transparents » et remplissez le calque avec un bleu pur.

17 Eteignez le calque ROUGE et prenez le temps de choisir les couleurs avec lesquelles vous allez remplir votre personnage. Assurez-vous que votre sélection de teinte ne va pas venir diminuer la force de votre anaglyphe.

ÉTAPE FINALE

Vous voilà parvenu au bout de ce pas à pas. Pour obtenir un résultat bien visible avec les lunettes, n'hésitez pas à laisser les contours rouges opaques. L'avantage de cette technique réside dans le fait que, même sans lunettes, votre illustration fonctionnera parfaitement uniquement en couleur.

TRANSFORMARTS

LOGICIEL UTILISÉ • PHOTOSHOP CS4

Un essai Transformers

Récréez un logo dans le plus pur style des *Transformers* et jouez avec l'éclairage et les textures.

INFO
FRANÇOIS GRASSARD
www.formacd.com
francois@coyhot.com

NIVEAU
★★★★★

DURÉE
2 heures

SUR LE WEB
Les fichiers nécessaires à la réalisation de ce tutoriel se trouvent sur notre site Internet.

En plus de vingt ans, les logos originaux représentant les deux clans des *Transformers* n'ont pas changé d'un pixel. Une bonne raison pour jeter un œil à la réalisation d'un tel insigne en utilisant uniquement *Photoshop CS4*. Nous nous pencherons plus particulièrement sur la mise en lumière et en volume de ce symbole et examinerons la mise en place de sa texture. Vous ferez d'abord une utilisation intensive des styles de calques qui apportent du relief et simulent l'éclairage ambiant. Les masques d'écrêtage vous permettront ensuite de découper les différentes textures en fonction de la silhouette de l'insigne. Les modes de fusion et les calques de réglages serviront à étalonner l'ensemble pour finalement obtenir une cohésion colorimétrique entre les différents éléments. Vous finirez la création de votre composition par l'ajout d'une silhouette de robot posé sur le titre du film. Revissez vos boulons, c'est parti ! □FG

Mise en place de l'insigne

Créez un fond qui servira d'écrin à votre logo.

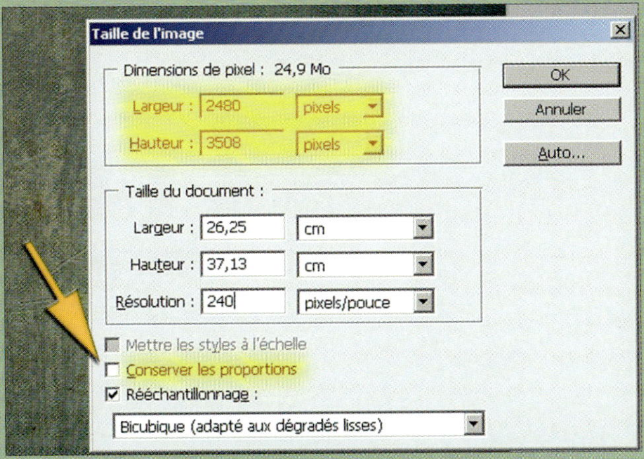

01 Une fois *Photoshop CS4* démarré, rendez-vous dans le menu « Fichier > Ouvrir » afin de charger l'image nommée « Fond_Vert.jpg » fournie dans le dossier de l'étape sur notre site Web. Pour agrandir cette image et lui donner la taille d'une page A4, appelez la fonction « Taille de l'image » à l'aide des touches Ctrl+Alt+I. Réglez la largeur sur 2480 pixels et la hauteur sur 3508 en décochant « Conserver les proportions ».

02 Dans le menu « Fichier > Importer » choisissez l'image « Scratches.jpg » fournie dans le dossier de l'étape . Cette image ira se positionner sur un nouveau calque et sera entourée d'une boîte de déformation. Tirez son coin supérieur pour l'amener en haut à droite de votre image. Faites de même pour le coin inférieur gauche, puis validez via Entrée.

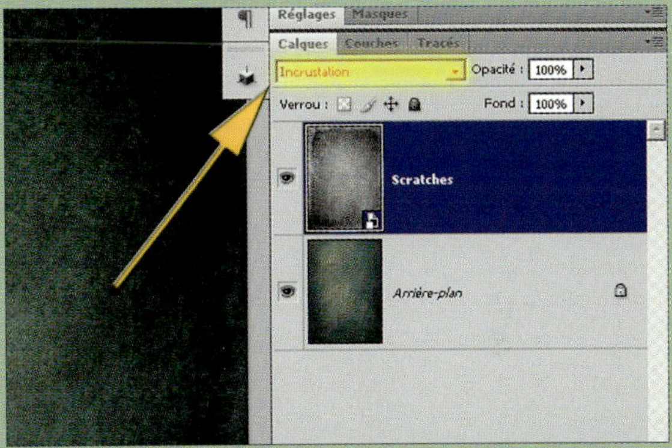

03 Tout en maintenant le calque « Scratches » sélectionné dans la pile de calques, sur la droite de votre écran, cliquez sur le bouton « Normal », en haut de cette fenêtre de calques, pour changer le mode de fusion de cette image en « Incrustation ». Les nombreuses rayures et déchirures qui composent ce calque vont alors se mélanger avec le fond vert.

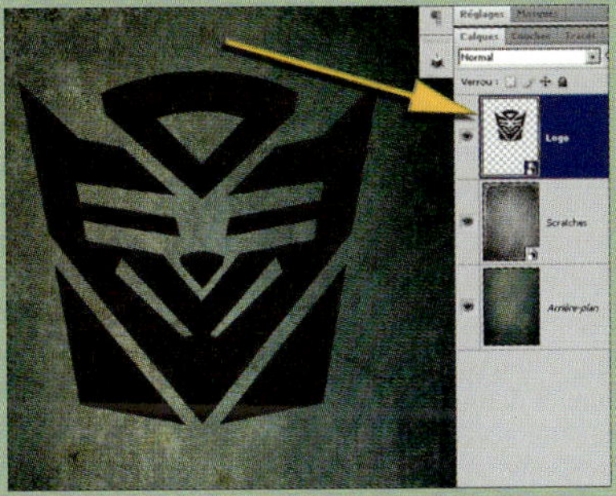

04 De la même manière que vous l'avez fait pour l'image « Scratches », importez le fichier nommé « Logo.AI » (toujours dans le dossier de l'étape). Un insigne fait alors sont apparition sur un nouveau calque, au-dessus de la pile. Utilisez la boîte englobante afin de replacer cet élément, avant de valider via la touche Entrée.

05 Importez de la même manière l'image nommée « Mur_craquele.jpg », elle aussi fournie. Déplacez-la et redimensionnez-la, si besoin, afin qu'elle recouvre complètement l'insigne. Validez à l'aide de la touche Entrée et veillez à ce que le calque « Mur_craquele » se retrouve bien au-dessus du calque « Logo », dans la pile de calques.

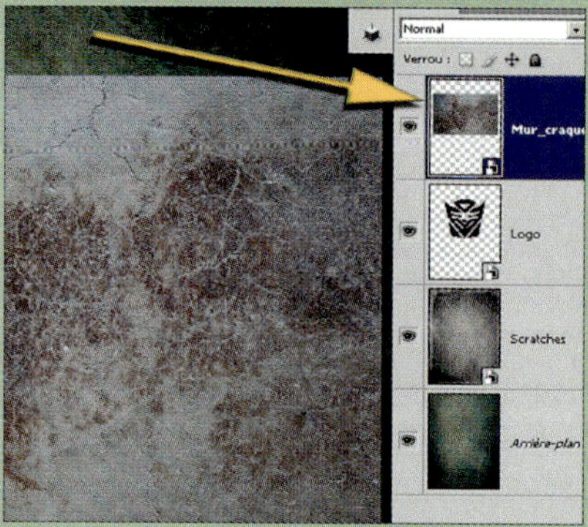

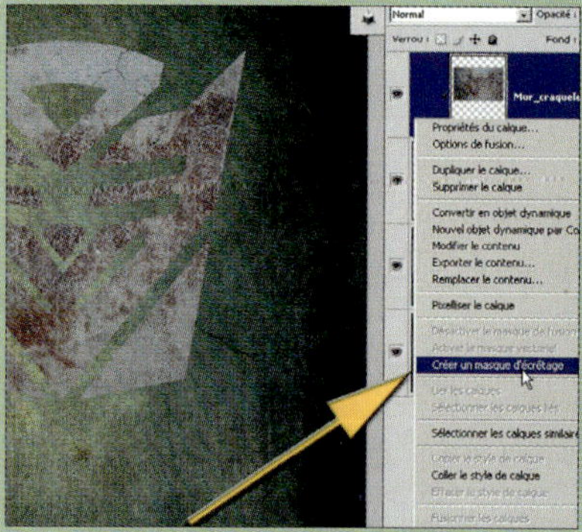

06 Dans la fenêtre de calques, cliquez avec le bouton droit de la souris sur le calque « Mur_craquele » et choisissez « Créer un masque d'écrêtage ». La texture est à présent uniquement affichée selon la découpe du calque « Logo ». Vous remarquerez cette imbrication par l'ajout, dans la fenêtre de calques, d'une flèche pointant vers le calque inférieur.

07 Cliquez sur l'icône située au bas de la fenêtre de calques, représentant un disque noir et blanc coupé en deux. Parmi la liste qui vous est proposée, choisissez « Teinte/Saturation ». Veillez à ce que ce nouveau calque de réglages soit bien placé au-dessus de la pile. Dans le panneau de réglages situé au-dessus de la fenêtre de calques, vous pouvez voir apparaître ses paramètres.

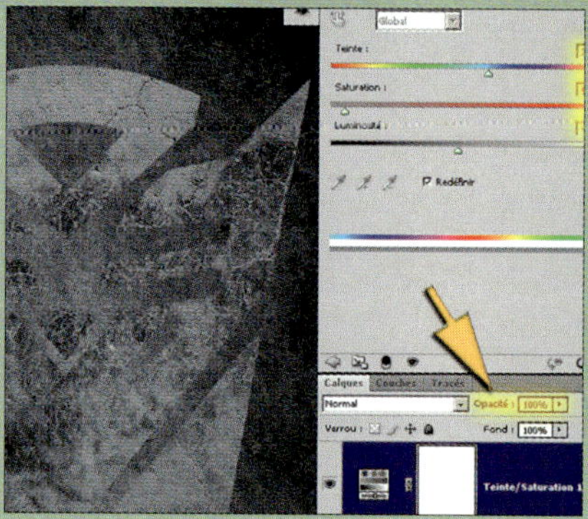

08 Dans le panneau Réglages, cochez la case « Redéfinir » afin de remplacer complètement les couleurs d'origine. Passez ensuite la « Teinte » sur 200, la « Saturation » sur 5 et la « Luminosité » sur -10. Si vous le désirez, il est possible de jouer sur l'opacité de ce calque pour retrouver un peu de la coloration initiale de la texture.

09 Vous remarquerez que le calque de réglages permettant de désaturer l'insigne agit, pour l'instant, sur la totalité de l'image. Afin de limiter son action au logo uniquement, cliquez avec le bouton droit sur le nom de ce calque et choisissez, comme précédemment, « Créer un masque d'écrêtage ». Seul l'insigne est à présent désaturé.

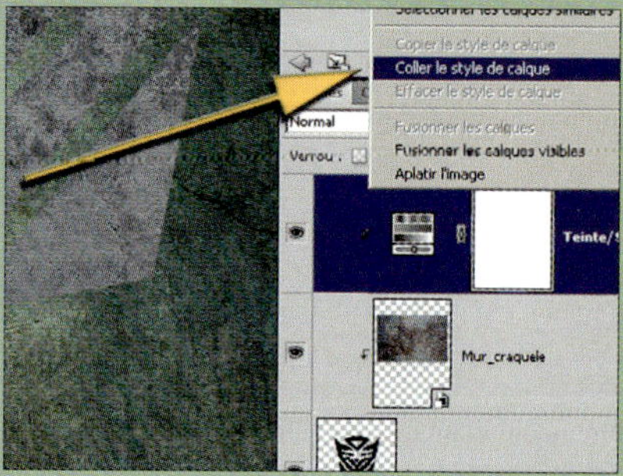

Éclairage et textures

Créez la texture de votre insigne et insérez-le dans l'arrière-plan.

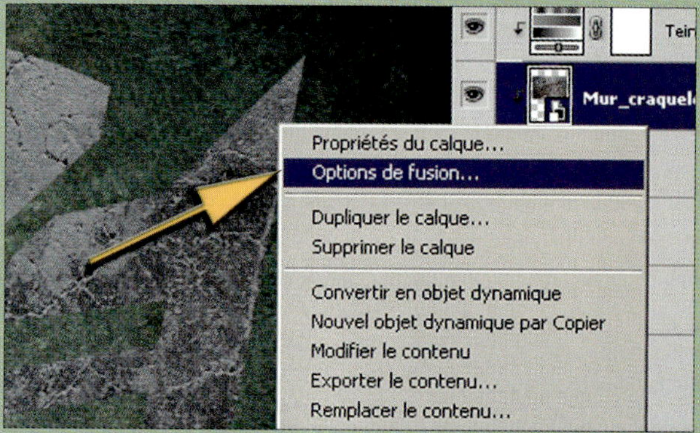

01 Dans la fenêtre de calques, cliquez avec le bouton droit de la souris sur le calque « Logo » et choisissez « Options de fusion » afin de faire apparaître la fenêtre de « Style de calque ». Cette fenêtre contient bon nombre d'effets, en majeure partie destinés à la mise en relief de ce qu'elle contient, par l'usage des bosselages ou de la projection d'ombres.

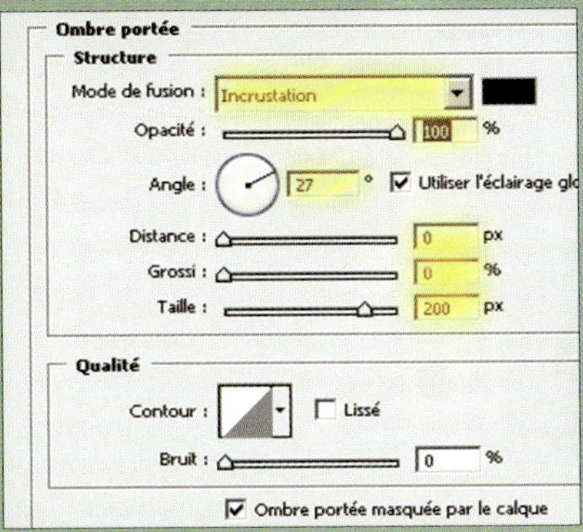

02 Dans la fenêtre « Style de calque », cliquez sur « Ombre interne » afin d'activer cet effet et d'afficher également ses paramètres dans la partie droite. Passez le mode de fusion sur « Incrustation », l'opacité sur 100 %, l'angle sur 27 %, la distance et le grossi sur 0 et la taille sur 200 pixels pour rendre cette ombre très diffuse.

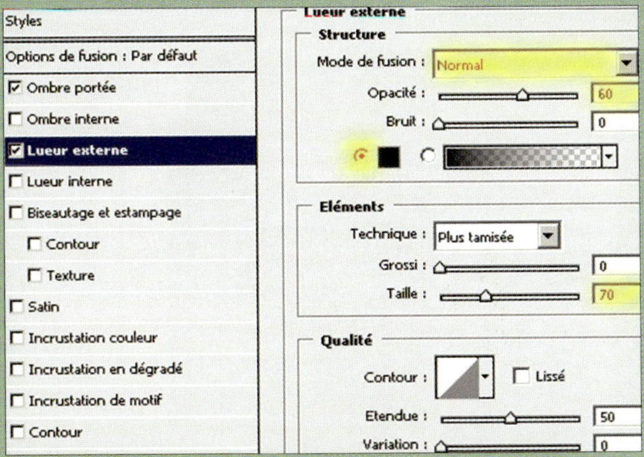

03 Toujours dans la fenêtre de « Style de calque », cliquez sur « Lueur externe ». Réglez le mode de fusion sur Normal, l'opacité sur 60 % et sa taille sur 70 pixels. Cliquez sur le carré jaune afin de le changer en noir. Le but de cette lueur externe n'est donc pas de faire briller votre insigne, mais de rajouter une deuxième ombre portée, plus nette.

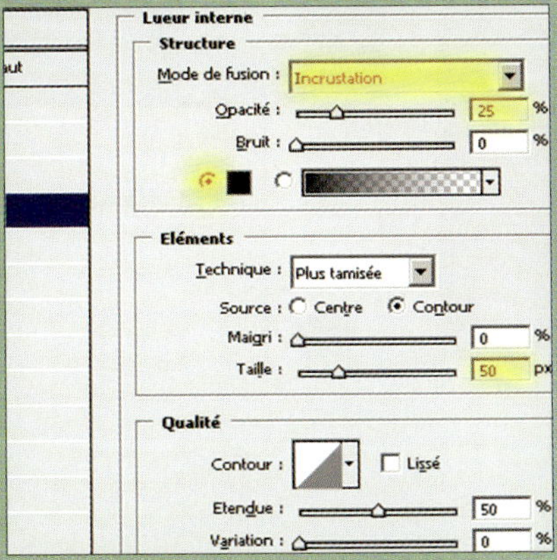

04 De la même manière que pour les deux autres styles de calque, cochez la « Lueur interne » et passez son mode de fusion en Incrustation. Réglez son Opacité sur 25 % et sa couleur sur le noir, comme pour la lueur externe. Réglez la taille à 50 pixels afin de légèrement assombrir les contours internes de votre insigne.

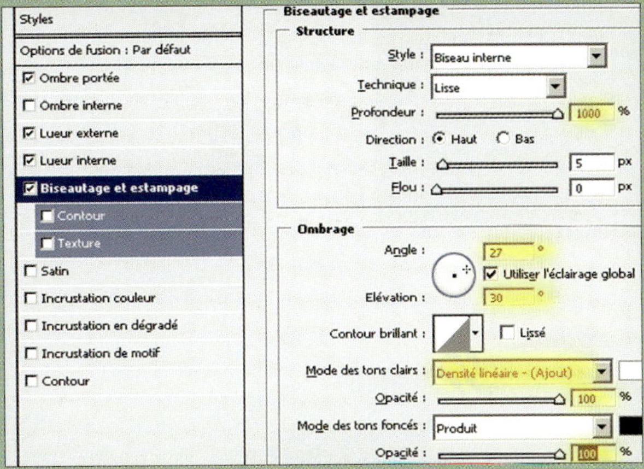

05 Toujours dans la fenêtre « Style de calque », activez le « Biseautage et estampage », puis réglez la « Profondeur » de cet effet sur 1000 %. Dans la section « Ombrage », réglez l'angle sur 27 degrés et l'élévation sur 30. Réglez le mode des tons clairs en « Densité linéaire- », l'opacité sur 100 % et le mode des tons foncés sur « Produit » à 100 % également.

06 Pour en finir avec les styles de calque de votre insigne, cliquez sur « Satin » afin de l'activer et d'afficher ses paramètres. Réglez son mode de fusion sur « Incrustation » et son opacité sur 60 %. Quant à son angle, il sera de 19 degrés, la distance de 40 pixels et la taille de 100. Décochez la case « Inverser », puis validez *via* le bouton « OK ».

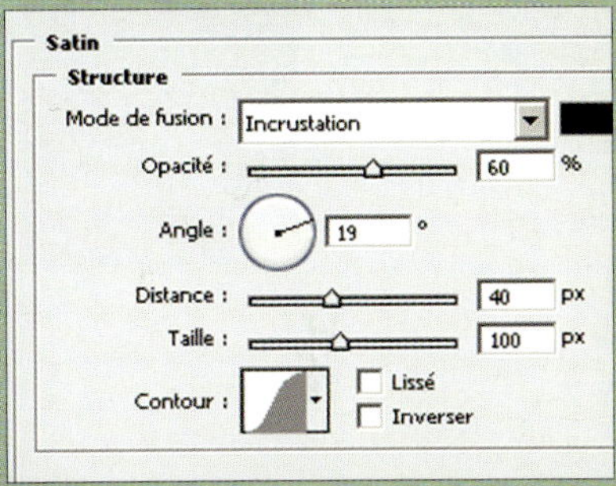

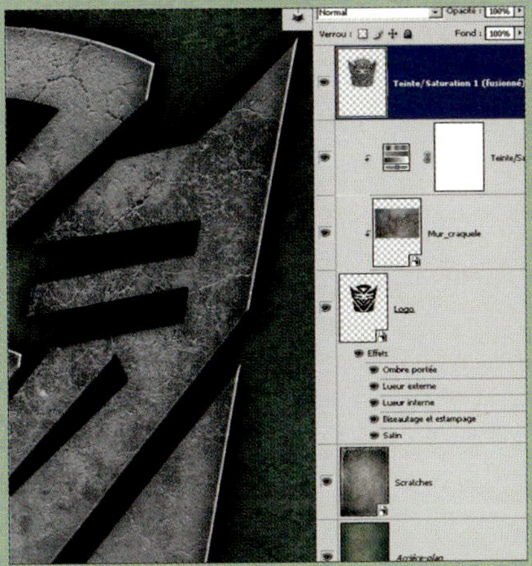

07 La fenêtre « Style de calque » maintenant fermée, sélectionnez avec la touche Shift les calques « Logo », « Mur_craquele » et « Teinte/Saturation ». Pressez les touches Ctrl+Alt+E afin d'ajouter une fusion de ces trois calques au-dessus de la pile, tout en laissant les calques d'origine intacts. Double-cliquez sur le nom de ce calque pour le renommer « Lumière ».

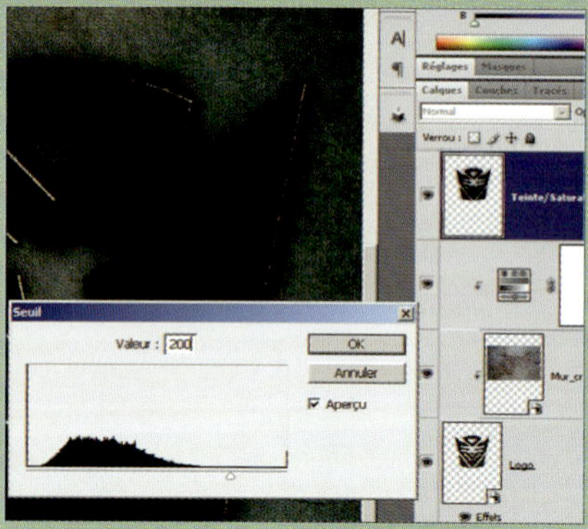

08 Tout en gardant le calque « Lumière » sélectionné, rendez-vous dans le menu « Image > Réglages > Seuil ». Dans la fenêtre flottante qui apparaît, réglez la valeur de seuil sur 200 afin de ne conserver sur ce calque que les lumières les plus hautes, telles que les reflets blancs situés sur les biseaux de l'insigne.

09 Validez via le bouton OK puis ajoutez, à nouveau sur ce calque « Lumière », un « Filtre > Atténuation > Flou gaussien », dont le rayon sera de 20 pixels. Validez pour revenir à la fenêtre de calques dans laquelle vous passerez le mode Fusion de calque flouté en Densité linéaire (Ajout). Dupliquez ce calque afin d'accentuer l'effet de brillance.

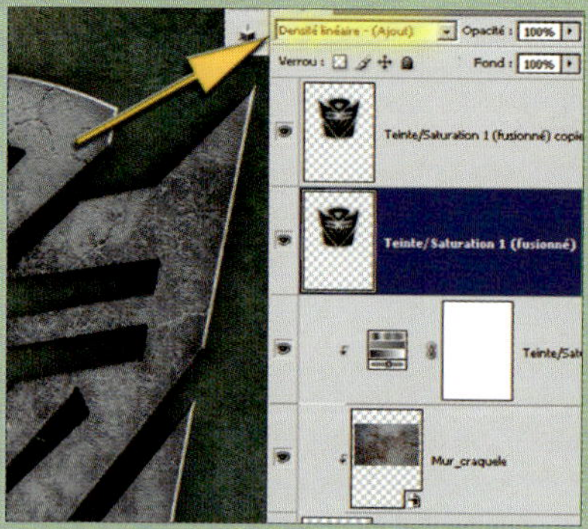

Insertion du titre

Ajoutez le titre de votre film et créez sa texture.

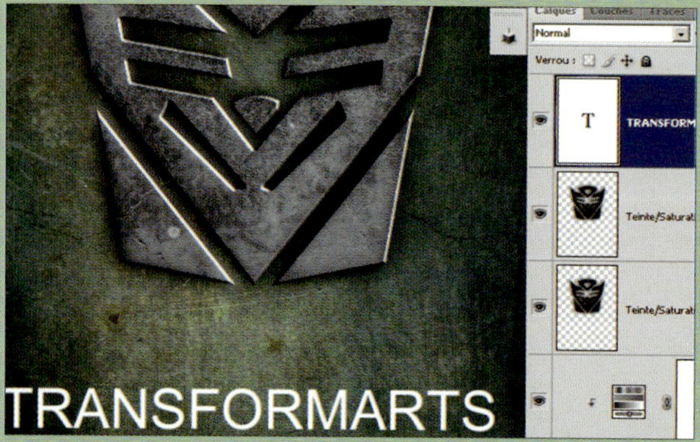

01 Parmi les éléments fournis dans le dossier de l'étape, vous trouverez la police de caractères « Transformers.ttf ». Un fois celle-ci installée sur votre machine, pressez la touche T dans *Photoshop* pour appeler l'outil Texte. Cliquez dans votre composition afin de créer un nouveau calque de texte et choisissez d'y inscrire ce qu'il vous conviendra, par exemple « TransformArts ».

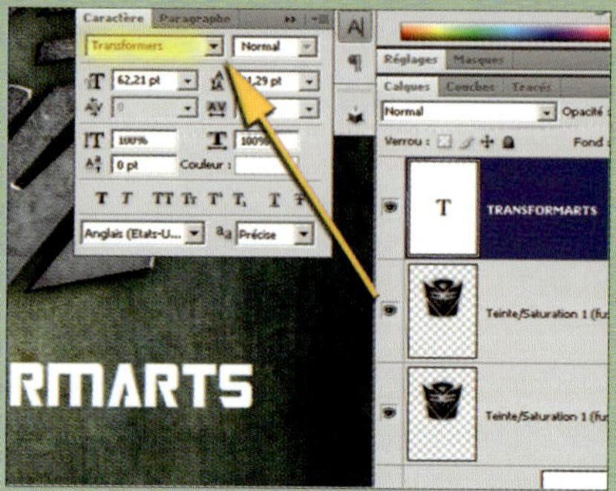

02 Veillez bien à ce que ce calque de texte contenant votre titre soit placé tout en haut de la pile de calques. Tout en maintenant ce texte sélectionné, affichez-en les propriétés *via* le menu « Fenêtre > Caractère ».
Le premier champ de cette fenêtre indique la police à utiliser. Choisissez la police « Transformers », précédemment installée sur votre machine.

03 Dans la fenêtre de calques, pressez la touche « Alt » et cliquez sur le calque « Mur_craquele » avant de glisser votre souris tout en haut de la pile. Après avoir relâché ce bouton, ce calque est dupliqué. Déplacez votre texte vers le bas de la composition. Faites de même pour le duplicata de « Mur_craquele » afin que celui-ci recouvre entièrement le texte.

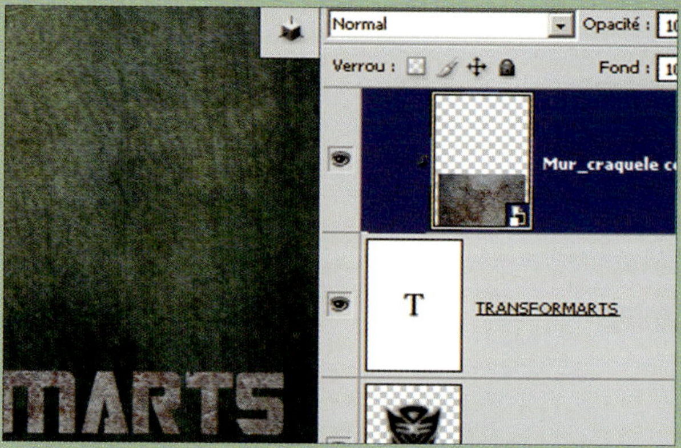

04 Dans la pile de calques, placez le curseur de votre souris entre le calque de texte et le duplicata de « Mur_craquele ». En pressant la touche Alt, vous pouvez voir que le curseur se change en deux ronds noirs intersectés. Cliquez afin de créer un masque d'écrêtage et pour faire apparaître la texture dans la découpe de votre texte, comme vous l'avez fait pour l'insigne.

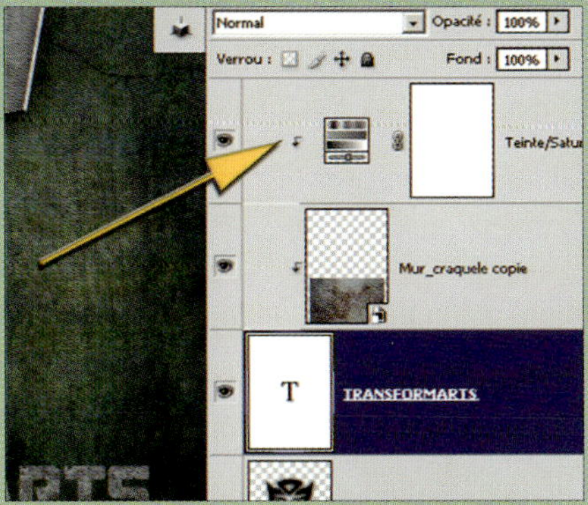

05 De la même manière que vous venez de le faire pour le calque « Mur_craquele », dupliquez le calque de réglages « Teinte/Saturation » grâce à la touche « Alt » et passez ce duplicata tout en haut de la pile. Pour éviter que ce calque n'agisse sur la totalité de l'image, passez encore une fois celui-ci en masque d'écrêtage.

06 Dans la fenêtre de calques, cliquez avec le bouton droit de la souris sur le calque « Logo » et choisissez « Copier le style de calque ». Cliquez ensuite avec le bouton droit sur le calque de texte et choisissez « Coller le style de calque ». Les même effets de relief s'appliquent alors sur le texte. Si vous le désirez, vous pouvez changer les valeurs de style de calque.

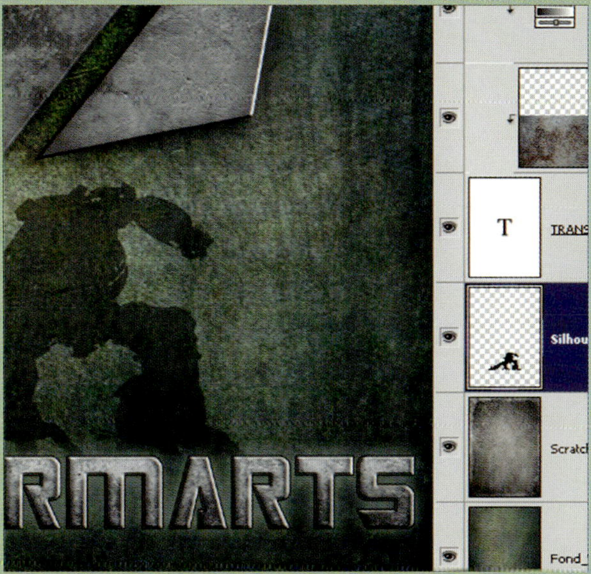

07 Pour finir, importez le fichier « Silhouette.psd », comme vous l'avez fait pour le logo, et placez celui-ci entre l'insigne et le texte, afin de poser le robot qu'il contient sur le titre. Validez son emplacement *via* la touche « Entrée » et réglez sa transparence sur 50 %. Déplacez cet élément dans la pile de calques juste sous le texte.

ÉTAPE FINALE

Selon vos envies, n'hésitez pas à utiliser des calques de réglages auxiliaires pour illuminer un peu plus l'insigne ou le fond, lesquels pourraient paraître sombres. Dans une telle composition, tout est affaire de contraste entre les zones d'ombre entourant le logo et les hautes lumières qui découpent sa silhouette.
Les variations de colorimétrie sont également importantes pour obtenir une composition qui ne soit pas monotone. La version finale fournie sur notre site contient quelques-uns de ces calques supplémentaires. Pour finir, essayez d'utiliser un logo qui vous est propre ; vous apporterez ainsi une touche personnelle à l'effet.

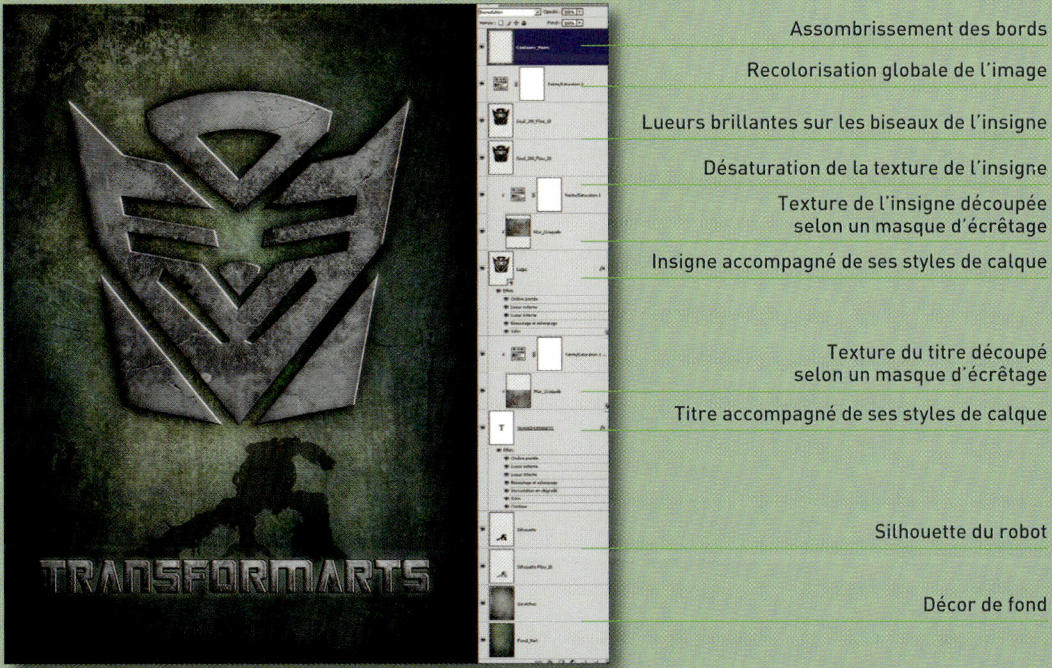

INFO

FRANÇOIS GRASSARD
francois@coyot.com

NIVEAU

★★★☆☆

DURÉE

2 heures

SUR LE WEB

Les fichiers nécessaires à la réalisation de ce tutoriel se trouvent sur notre site Internet.

→ LOGICIEL UTILISÉ • PHOTOSHOP CS4

Kamehameha !

Recréez l'affiche du film *Dragon Ball*, mettant en scène l'une des sept boules de cristal aux pouvoirs magiques.

Bien que l'année 2008 fût extrêmement chargée en ce qui concerne l'adaptation cinématographique de jeux vidéos et de mangas, l'année 2009 devrait enfoncer encore le clou faisant la joie de tous les geeks trentenaires.
À l'heure actuelle, la quasi-totalité des licences de dessins animés ayant bercé notre tendre enfance sont la propriété des grands majors de l'industrie cinématographique américaine… pour le meilleur ou pour le pire. Alors que le carton assuré de Transformers II est en finalisation et que l'adaptation du très attendu Cosmocats est en préparation, c'est au tour de *Dragon Ball* d'être interprété par de véritables acteurs faits de chair et de sang. Bien que se permettant quelques libertés avec les designs originaux des différents personnages, *Dragon Ball* n'en reste pas moins intéressant en ce qui concerne son ambiance très BD et ses effets visuels, qu'il s'agisse des transformations des « capsules » ou de l'envoi du fameux « Kamehameha » par Goku.
Afin de préparer dignement l'arrivée de ce film, attendu par les fans avec autant d'excitation que de craintes, voyons comment réaliser une affiche similaire à celle de *Dragon Ball*, mettant en scène le personnage principal, tenant dans ses mains l'une des sept boules de cristal tant convoitées. Nous découvrirons par la même occasion le nouveau panneau dédié aux calques de réglage et à la retouche des masques de fusion apparue avec la version CS4. □FG

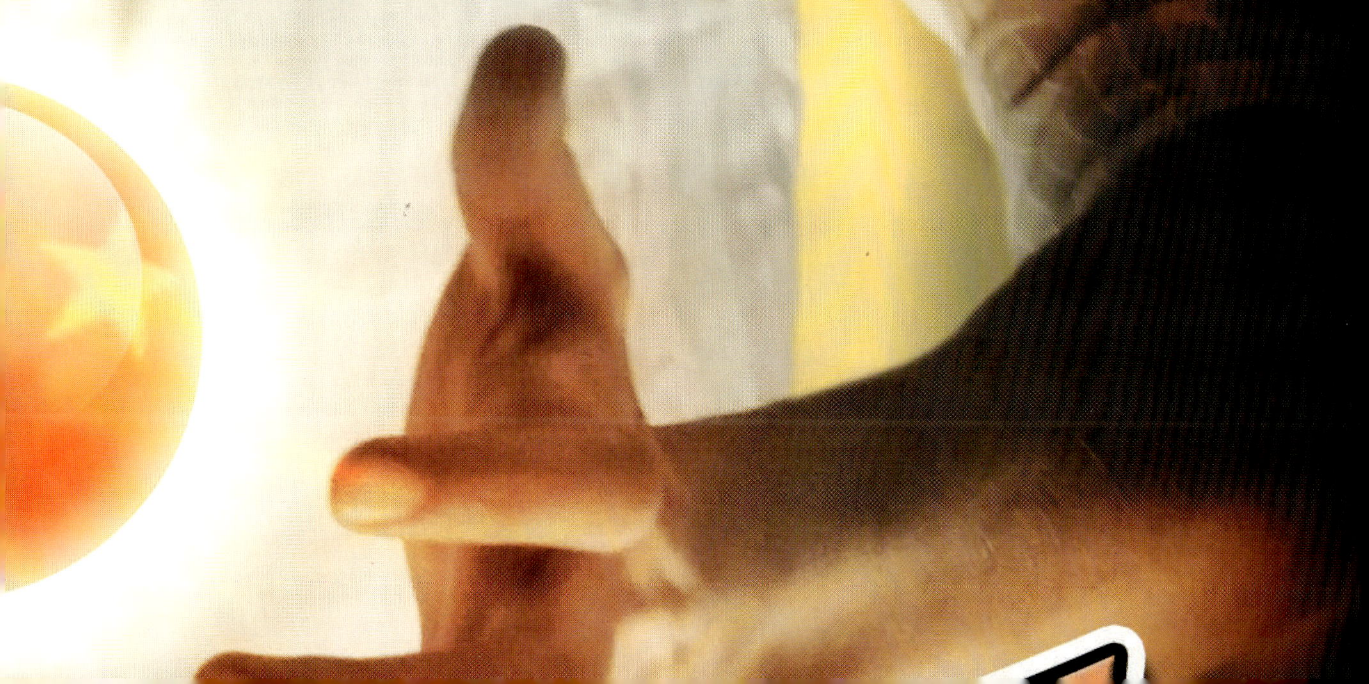

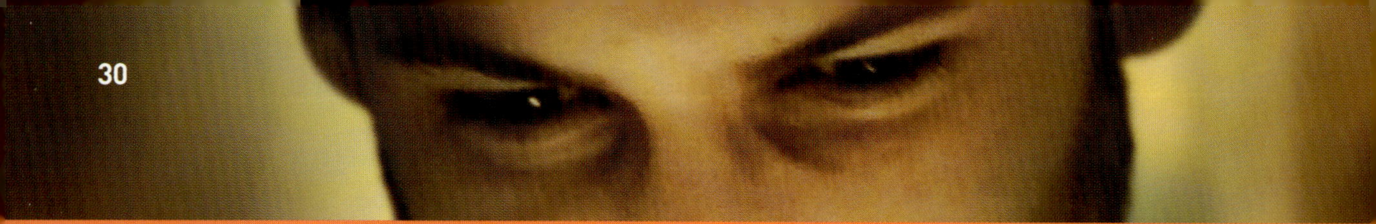

→ LOGICIEL UTILISÉ • PHOTOSHOP CS4

Décor et lumière

Insérez votre personnage dans un décor et adaptez la couleur.

01 Une fois *Photoshop CS4* démarré, ouvrez le fichier nommé « Perso.PSD » via le menu Fichier>Ouvrir. Cet élément se trouve dans le dossier de l'étape présent sur notre site Web. Celui-ci contient l'image d'un homme découpé par un masque de fusion, permettant de l'incruster facilement dans un environnement tiers.

APPARITION DE LA FENÊTRE DE STYLE DE CALQUE

Selon le type de calque utilisé, qu'il soit classique, de forme ou de texte, le fait de double-cliquer sur la vignette de celui-ci n'amènera pas forcément à l'apparition de la fenêtre de style de calque. Par contre, un bouton droit> Options de fusion sur ce calque le permettra.

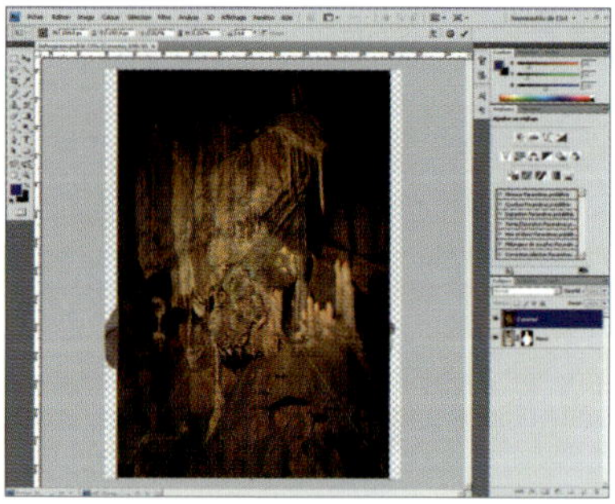

02 Rendez-vous dans le menu Fichier> Importer puis sélectionnez le fichier « Caverne.JPG ». Celui-ci vient se placer dans votre document, au-dessus du calque précédent. On remarque qu'une croix orne ce nouvel élément, indiquant que celui-ci à été importé en tant que calque dynamique.

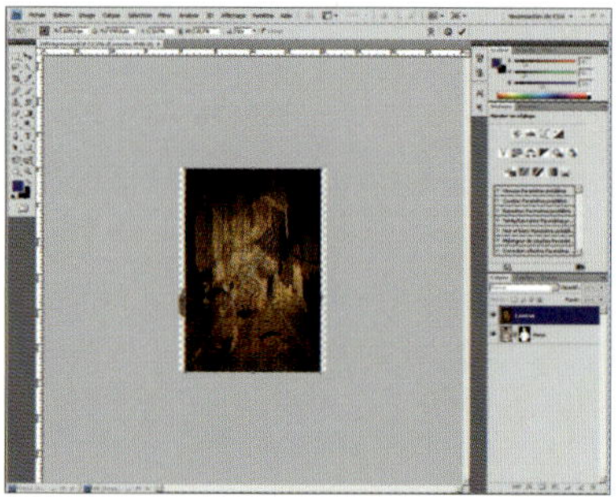

03 Pressez la touche Alt de votre clavier et faites rouler la molette de votre souris afin de dézoomer. La nouvelle version *CS4* utilise la puissance des dernières cartes graphiques pour effectuer cette opération de manière fluide, même sur les images de forte résolution.

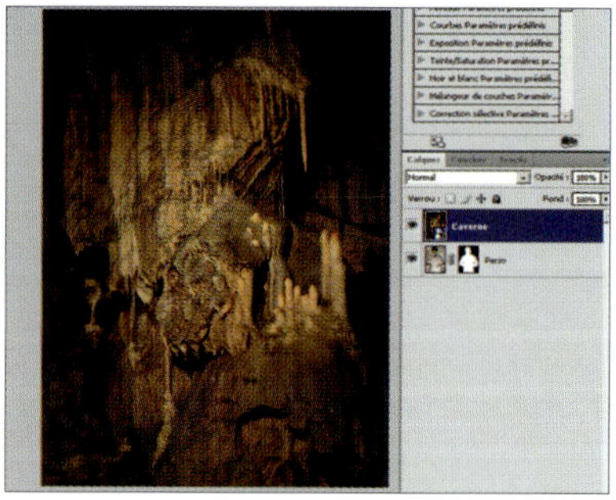

04 Tout en gardant le calque « Caverne » sélectionné, pressez les touches Alt et Shift avant de manipuler le coin supérieur droit de la boîte englobante entourant cette image. Vous pouvez la redimensionner afin de couvrir la zone de travail. Pressez la touche Entrée pour valider.

05 Sélectionnez le décor dans la pile de calque et passez-le sous le calque « Perso ». Tout en le maintenant sélectionné, rendez-vous dans le menu Filtre> Atténuation et choisissez « Flou gaussien ». Réglez celui-ci sur un rayon de 20 avant de valider via OK.

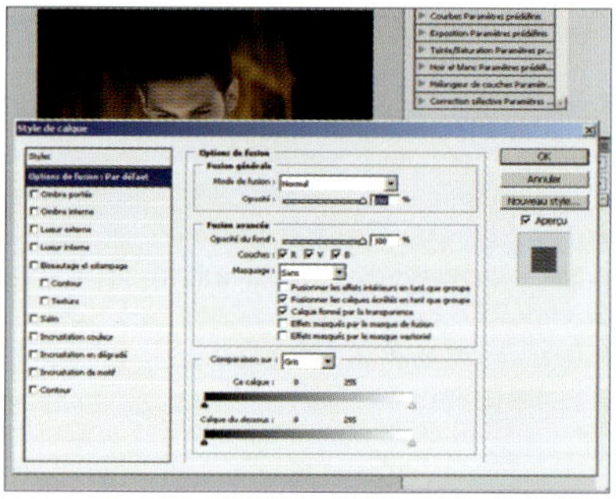

06 Double-cliquez dans la fenêtre de calques sur la vignette du calque Perso. Ne cliquez pas sur la vignette en noir et blanc représentant le masque de fusion de ce calque, mais bien sur la vignette du calque lui-même se trouvant à gauche. La fenêtre de « Style de calque » apparaît alors.

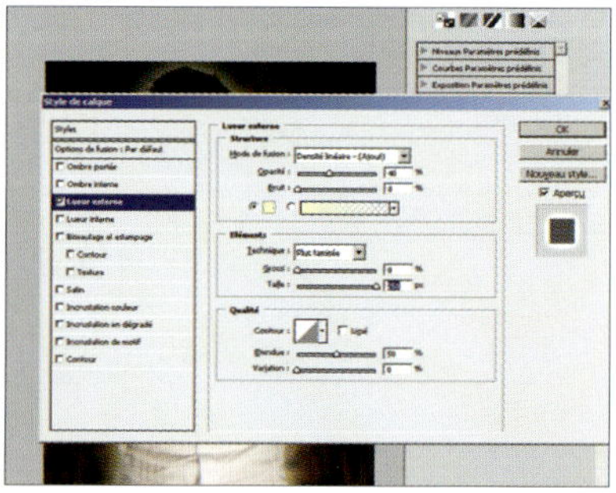

07 Dans la fenêtre de style de calque, cliquez dans sa partie gauche sur « Lueur Externe ». Réglez son mode de fusion en « Densité Linéaire - », son opacité à 40%, son grossi à 0% et sa taille à 250 pixels. Cet effet permet de générer une lueur émanant de la silhouette de notre personnage.

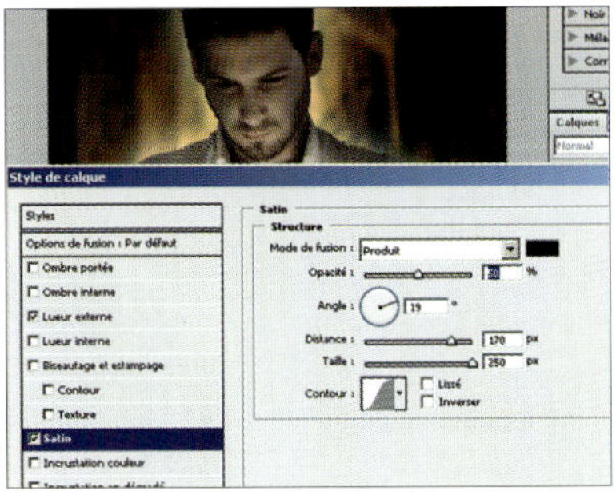

08 De la même manière que pour la « Lueur Externe », cliquez dans la partie gauche de la fenêtre de style de calque sur « Satin », faisant apparaître ses paramètres dans la partie droite. Réglez sa distance à 170 et sa taille à 250 pixels. Pour finir, décochez la case « Inverser » afin d'assombrir les contours intérieurs et ainsi accroître l'impact de la lumière centrale.

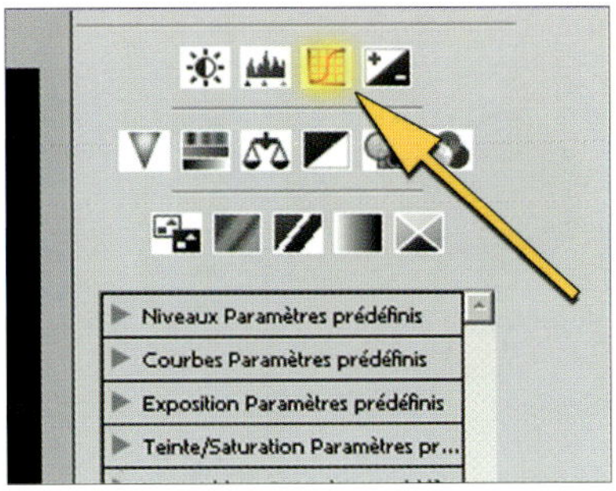

09 Au-dessus de la fenêtre de calques, on peut découvrir un nouveau panneau apparu depuis la version *CS4*, regroupant l'ensemble des calques de réglage. Ceux-ci disposent même de réglages prédéfinis accessibles via la liste sous-jacente. Tout en maintenant sélectionné le calque « Perso », cliquez sur l'icône « Courbes », troisième de la liste.

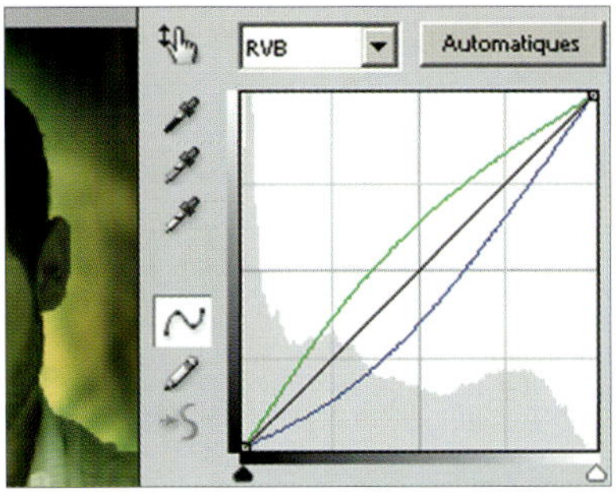

10 Un nouveau calque de réglage apparaît au-dessus de la pile de calques et le panneau supérieur est remplacé par les paramètres de cet effet « Courbes ». Passez en mode « Vert » et gonflez très légèrement la courbe vers le haut. Effectuez l'opération inverse avec la courbe bleue en rabaissant celle-ci légèrement. Laissez les courbes Rouge et RVB intactes.

Style de calque et étalonnage

Changez la direction de lumière pour une meilleure intégration.

01 Tout en gardant votre calque de réglage sélectionné, passez le mode de fusion de celui-ci en Incrustation puis son opacité à 40%. Les couleurs d'origine réapparaissent en partie tout en se mélangeant au vert de la courbe. Cliquez à présent sur le masque de fusion du calque « Perso », représenté par une vignette en noir et blanc.

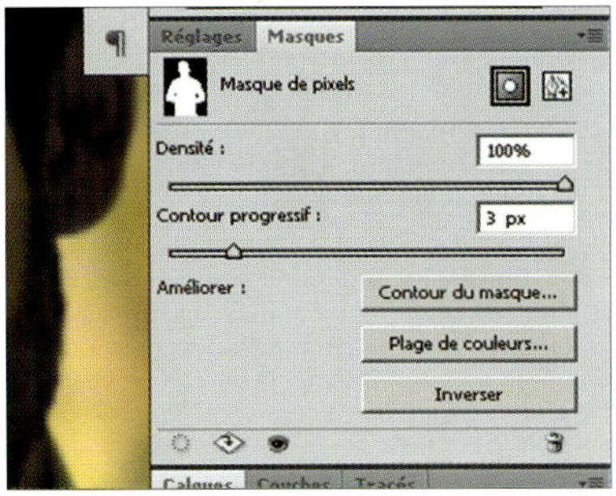

02 Cliquez, juste au-dessus de la fenêtre de calques, sur l'onglet « Masques », autre nouveauté de cette version *CS4*. Cette fenêtre permet de retoucher de manière non destructive la netteté du masque de fusion ainsi que son opacité. Réglez le « Contour progressif » à 3 afin de rendre les bords de la silhouette du personnage plus diffus et ainsi faciliter son intégration.

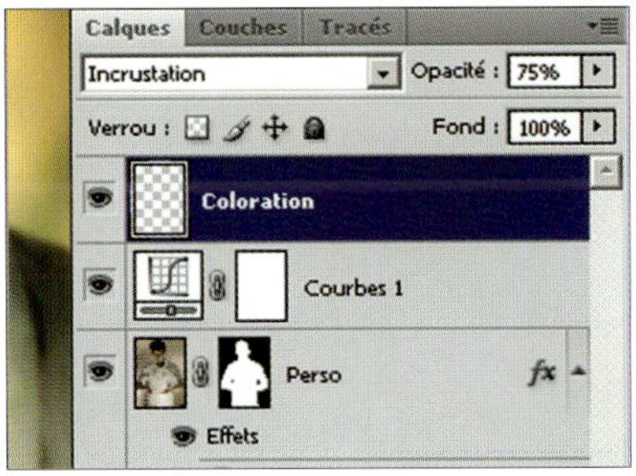

03 Sélectionnez le calque « Courbes » et cliquez sur l'icône représentant une feuille au bord corné afin de créer un nouveau calque vierge au-dessus de la pile. Passez tout de suite son mode de fusion en Incrustation et son opacité à 75%. Celui-ci va nous servir à coloriser notre personnage en fonction de la couleur de la boule.

AFFICHAGE DES CHANGEMENTS DE TAILLE ET DE DURETÉ

Attention, dans le cas où l'utilisateur aurait désactivé l'accélération OpenGL dans les préférences de *Photoshop CS4*, le redimensionnement du pinceau restera visible alors que son changement de dureté ne le sera plus.

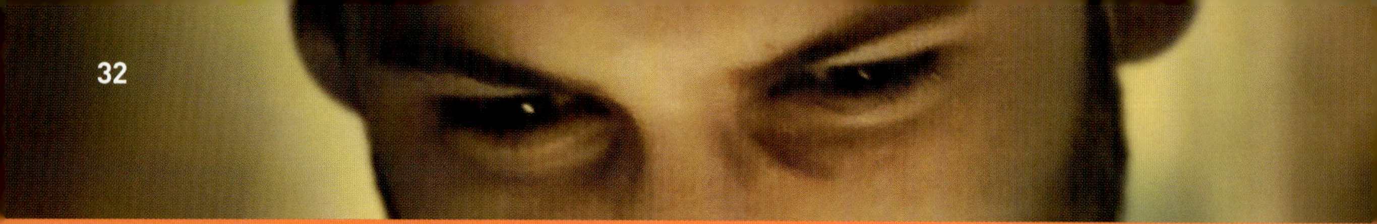

LOGICIEL UTILISÉ • PHOTOSHOP CS4

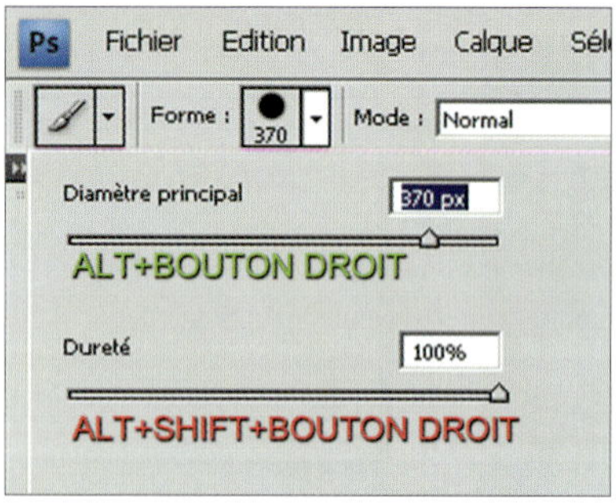

04 Pressez la touche B afin de passer en outil « Pinceau ». Afin de retoucher la taille et la dureté de celui-ci, la version *CS4* propose deux raccourcis. La touche Alt+bouton droit accompagné d'un mouvement de la souris vers la gauche ou la droite permet de changer la taille de l'outil alors que Alt+Shift+bouton droit permet de changer sa dureté.

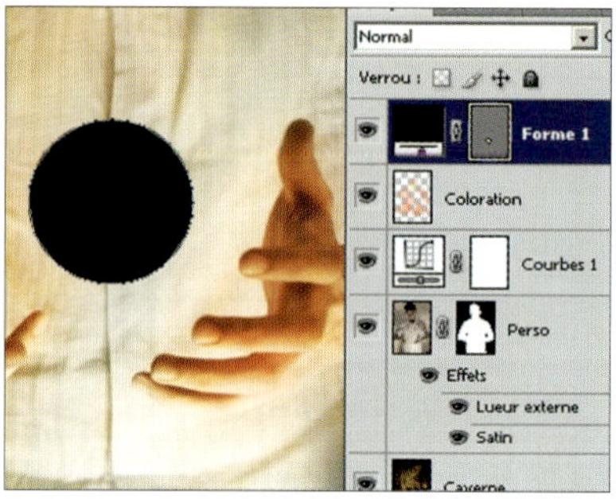

06 Pressez plusieurs fois les touches Shift+U afin d'atteindre l'outil Elispe. Vérifiez, dans la barre d'options en haut de l'interface, que celui-ci est bien en mode « Calque de forme », premier des trois icônes se trouvant sur la gauche. Tout en pressant la touche Shift afin de tracer un véritable cercle, créez la silhouette de la boule.

08 Toujours dans la fenêtre de style de calque, activez la « Lueur interne », dont la taille sera de 75 pixels. Validez via le bouton OK puis créez un nouveau calque vierge que vous placerez au-dessus de la pile. Réglez la couleur d'avant-plan sur les valeurs 238/52/8 et la couleur d'arrière-plan sur les valeurs 246/186/36.

05 Choisissez une taille de pinceau égale à la largeur des yeux de notre personnage puis choisissez une couleur jaune vif. Commencez par peindre, sur le calque vierge, le bas du visage et la chemise afin de simuler la lumière émanant de la boule. Faites de même sur l'arrière des mains et le long des bras avec une couleur plus orangée.

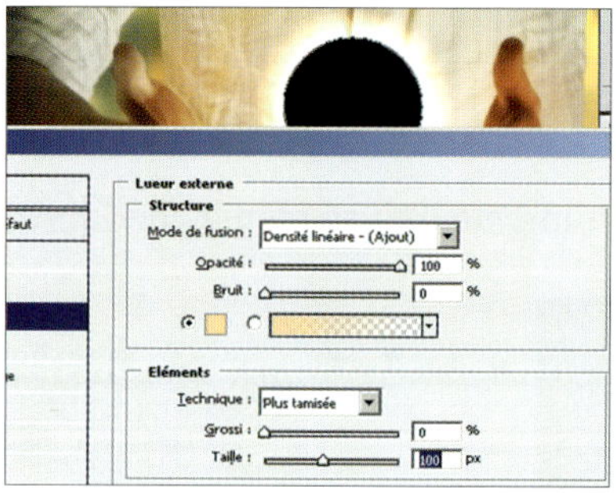

07 Dans la fenêtre de calque, double-cliquez dans la zone vierge se trouvant à droite du nom « Forme 1 » afin de faire apparaître les styles de calques. Activez la « Lueur externe », dont le mode de fusion sera réglé en « Densité linéaire - », l'opacité à 100%, la couleur sur les valeurs RVB 252/212/148 et la taille sur 100 pixels.

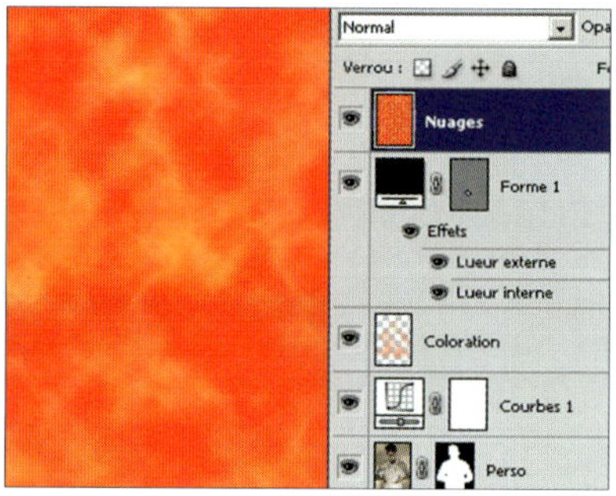

09 Tout en maintenant le calque vierge sélectionné, allez dans le menu Filtre> Rendu>Nuages. Appliquez un « Filtre>Rendu> Nuages par différence » et pressez les touches Ctrl+F. Pressez ensuite la touche Alt, placez votre souris dans la pile de calques entre les calques « Nuages » et « Forme 1 » puis cliquez.

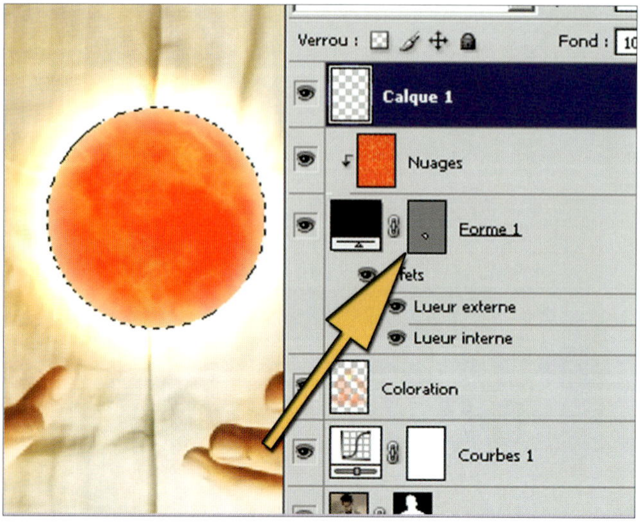

10 Votre nuage orangé apparaît maintenant uniquement dans la silhouette de votre boule, supprimant sa couleur noire d'origine. Créez un nouveau calque vierge au-dessus de la pile, pressez la touche Ctrl puis cliquez sur le masque vectoriel du calque « Forme 1 » représenté par une vignette grise. Une nouvelle sélection correspondant à la boule est dorénavant active.

BIBLIOTHÈQUE DE FORMES

Les bibliothèques de formes permettent de créer rapidement des éléments détaillés sans trop d'effort afin d'agrémenter vos compositions. Le site deviantart.com représente l'une des plus grosses ressources de bibliothèques additionnelles dont l'extension est *.abr

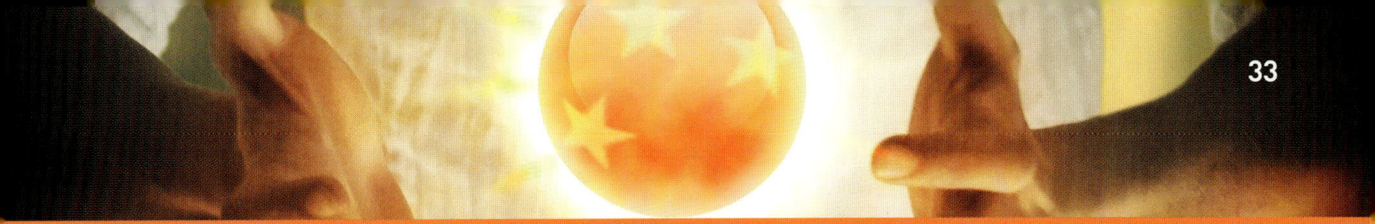

Texture de la boule

Transformez une simple forme noire circulaire en boule de cristal.

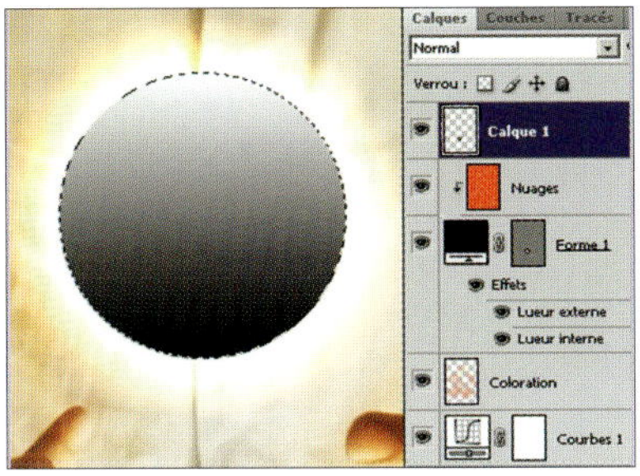

01 Pressez la touche G afin de passer en outil « Dégradé », cliquez dans la barre d'options en haut de l'interface sur le triangle jouxtant le dégradé et choisissez celui passant du noir au blanc, sur le 3ème icône. Gardez la sélection active, pressez la touche Shift, et glissez votre souris jusqu'en haut de celle-ci avant de relâcher le bouton.

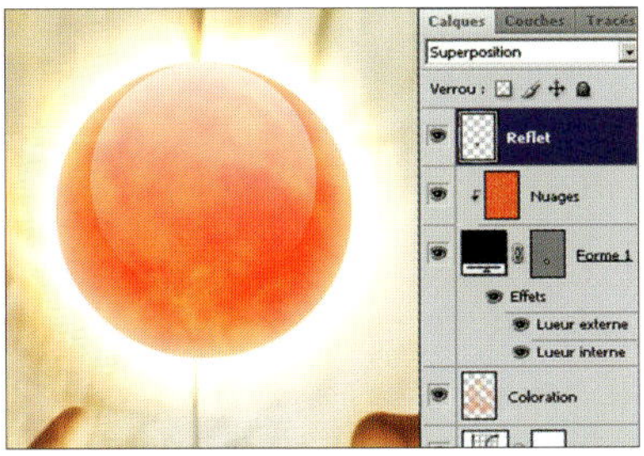

02 Pressez les touches Ctrl+D afin de désactiver la sélection et les touches Ctrl+T afin de faire apparaître l'outil de transformation manuelle vous permettant de réduire et déplacer ce dégradé. Validez cette transformation via Entrée puis passez le mode de fusion de ce calque en Superposition et son Opacité à 75 %.

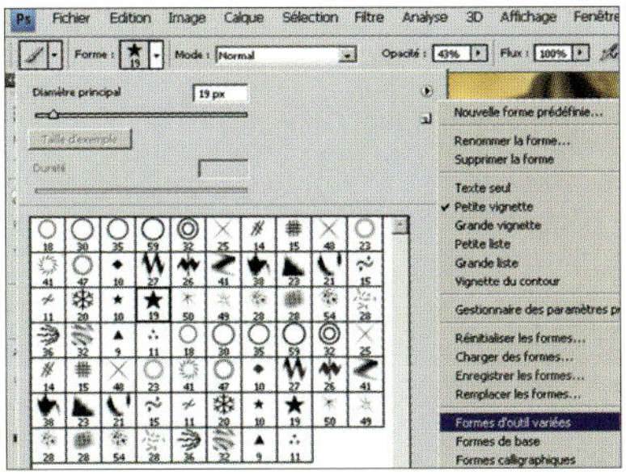

03 Créez un nouveau calque vierge au-dessus de la pile, passez en outil pinceau puis, dans la barre d'options, cliquez sur le triangle jouxtant la forme de l'outil. Cliquez à nouveau sur le triangle se trouvant à droite de la fenêtre afin de choisir « Formes d'outils variés » puis validez via OK. Réglez ensuite la couleur d'avant plan sur un jaune if.

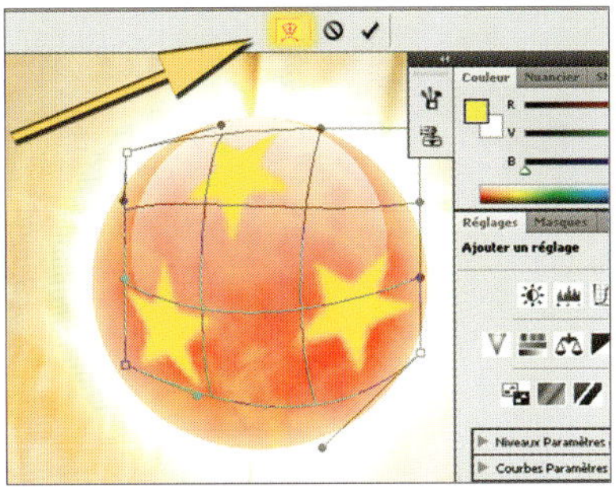

04 Cliquez sur la forme représentant une étoile, réglez la taille de celle-ci et dessinez sur le calque vierge. Pressez ensuite les touches Ctrl+T afin d'appeler l'outil de transformation manuelle puis cliquez dans la barre d'options sur le mode déformation qui vous permettra de « sphériser » vos étoiles.

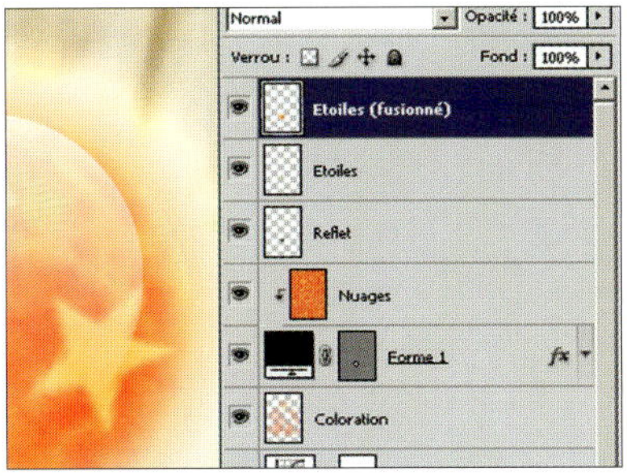

05 Passez le mode de fusion du calque avec les étoiles en Densité Linéaire - et son opacité à 60 %. Sélectionnez ensuite, grâce à la touche Shift, les calques « Forme 1 », « Nuages », « Reflet » et « Etoile ». Pressez les touches Ctrl+Alt+E afin de créer au-dessus de la pile un calque contenant la fusion de ces quatre éléments.

06 Passez le mode de fusion de ce nouveau calque en « Incrustation » puis ajoutez sur celui-ci un « Filtre>Atténuation>Flou Gaussien », dont le rayon sera de 30 pixels. Si vous le souhaitez, utilisez l'outil Doigt avec une intensité de 80 % afin de « tirer » des rayons de lumière à partir de la couronne lumineuse qui compose ce nouveau calque.

07 Créez un nouveau calque au-dessus de la pile, réglez votre couleur d'avant plan sur du noir puis pressez les touches Ctrl+A afin de sélectionner la totalité de l'image. Allez ensuite dans le menu Sélection>Modifier>Cadre et entrez la valeur 200 avant de valider. Choisissez ensuite Sélection>Modifier>Dilater d'une valeur de 100.

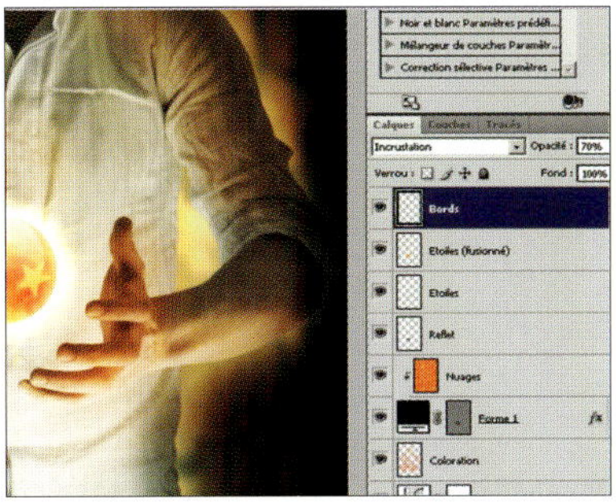

08 Tout en gardant cette sélection active, pressez la touche D puis les touches Alt+Suppr afin de la remplir de noir. Passez le mode de fusion de ce calque en « Incrustation » et son opacité à 70%. Le fait d'assombrir les bords de l'image permet de centrer le regard du spectateur sur le centre de la source lumineuse.

TYPOGRAPHIE ET MASQUE DE FUSION

Comme vous pouvez le remarquer sur la page d'ouverture de ce pas à pas, le titre « Star Ball » a été ajouté à notre composition. Vous trouvez dans le dossier de cette étape (sur le site Web) la police « Sayan_sans », imitant à la perfection le style *Dragon Ball*. En l'installant dans votre système puis ouvrant le fichier « Star_Ball_Final.PSD » vous pourrez visualiser les différents styles de calque appliqués à ce titre. Les nouvelles fonctions de *Photoshop CS4* nous ont permis ici de modifier le masque découpant notre personnage de manière non destructive. Ceci permet notamment d'éviter les innombrables copies auxquelles vous deviez précédemment vous adonner afin de pouvoir éventuellement revenir sur votre découpe originale.

→ LOGICIEL UTILISÉ • PHOTOSHOP CS5

Mouvement statique

Suggérez le mouvement grâce à une simple image fixe.

Comment suggérer un mouvement via une simple image fixe ? Les adeptes de l'art cinétique, dès le début du vingtième siècle, se sont penchés sur le sujet et ont permis de définir de multiples techniques utilisées aujourd'hui par des milliers d'artistes. Les effets graphiques utilisés par le manga afin de suggérer la vitesse sont directement issus de ce type de développement artistique. Le problème est de pouvoir traiter séparément les différents éléments de l'image. Il faut donc les séparer afin de les rendre indépendants. Pour cela, nous utiliserons deux nouvelles fonctions de *Photoshop*. L'une traitant de la sélection rapide des éléments et l'autre du remplissage automatique de certaines zones de l'image selon son contenu. Nous utiliserons ensuite un nouvel outil de déformation visant à modifier la position d'un personnage tout en évitant le sempiternel découpage du corps en tranches. □ FG

INFO

FRANÇOIS GRASSARD
Formateur et auteur d'un CD-Rom sur le soft graphique *After Effects* à destination du site Hyperlink.
Site : www.coyhot.com
Blog : http://coyhot.blogspot.com
Mail : francois@coyhot.com

NIVEAU
★★☆☆☆

DURÉE
2 heures

SUR LE WEB
Les fichiers nécessaires à la réalisation de ce tutoriel se trouvent sur notre site Internet.

Détourage du batteur

Utilisez les nouvelles fonctionnalités d'amélioration des masques.

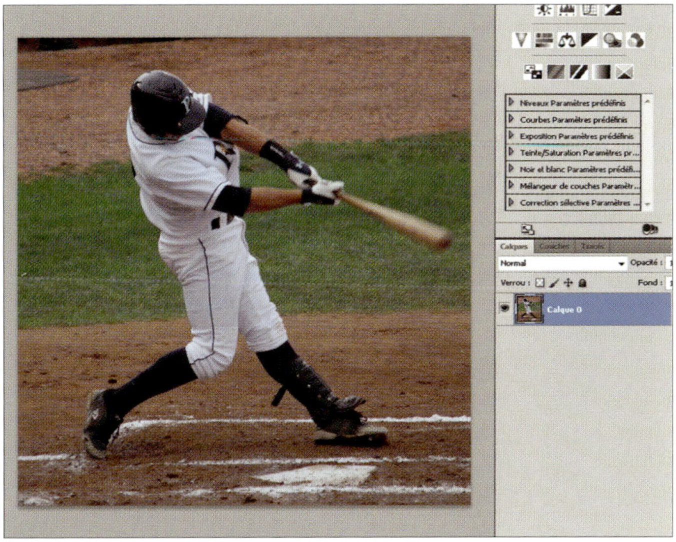

01 Une fois *Photoshop CS5* démarré, rendez-vous dans le menu Fichier > Ouvrir afin de charger l'image « Baseball.JPG » fournie dans le dossier de l'étape. La fenêtre de calques affiche pour l'instant un seul élément de type « Arrière-plan ». Pressez la touche Alt et double-cliquez sur la vignette de ce calque afin de le transformer en calque classique.

02 Pressez les touches Shift+W, deux fois si besoin, afin d'appeler l'outil de Sélection rapide. Réglez, via la barre d'options en haut de l'interface, sa taille à 25 et cochez « Accentuation automatique ». Cliquez/glissez cet outil le long des jambes de votre batteur afin de commencer la sélection. Il se peut que des zones non désirées soient également sélectionnées.

03 Tout en maintenant l'outil de Sélection rapide activé, pressez la touche Alt et cliquez sur les zones indésirables afin de les retrancher à la sélection courante. L'écart entre les deux bras ou encore les contours de la batte peuvent être ainsi corrigés. Alternez l'ajout et le retrait à la sélection afin de l'affiner, sans pour autant perdre trop de temps en précision.

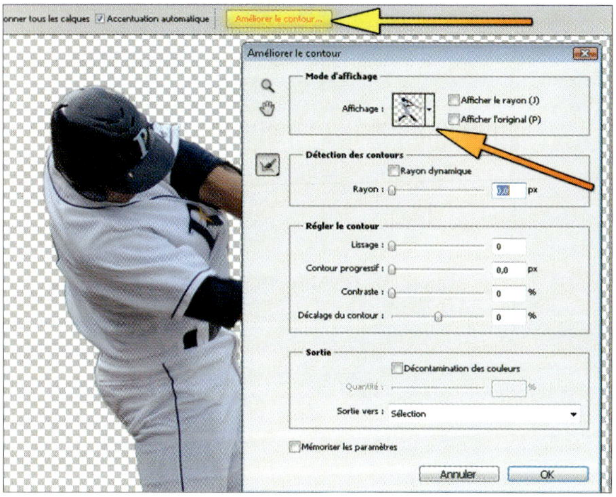

04 Tout en gardant la sélection active et en conservant l'outil de sélection rapide, cliquez sur la barre d'options, en haut de l'interface, sur le bouton « Améliorer le contour ». Une nouvelle fenêtre apparaît, vous permettant de choisir le mode de prévisualisation de la découpe. Pressez la touche L afin de placer votre batteur sur un fond transparent.

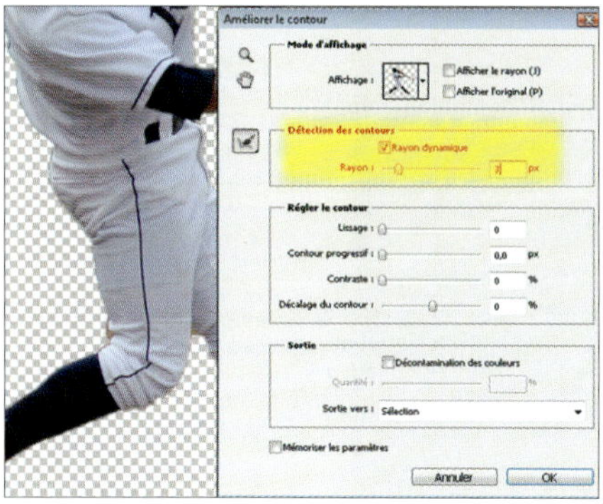

05 Cochez la case Rayon Dynamique, et poussez le Rayon jusqu'à 3 pixels. Cette option permet de rechercher des détails fins ou des transitions abruptes sur une distance de 3 pixels autour des bords de la sélection. Le rayon dynamique permet d'adapter automatiquement cette valeur au contenu des contours afin de ne pas flouter les détails.

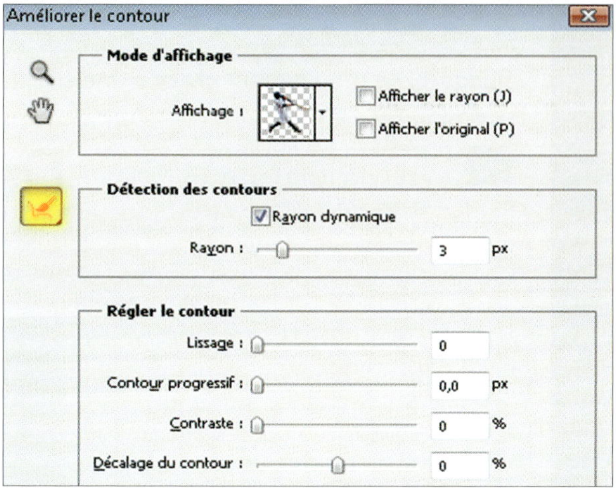

06 Afin de donner un coup de main à l'outil d'Amélioration du contour, cliquez sur l'icône se trouvant sur la gauche de sa fenêtre de réglage. Cliquez et glissez ensuite votre souris sur les contours de votre batteur. Une fois le bouton relâché, la valeur de 3 pixels va être supplantée par les raffinements locaux qu'il vous est possible de peindre.

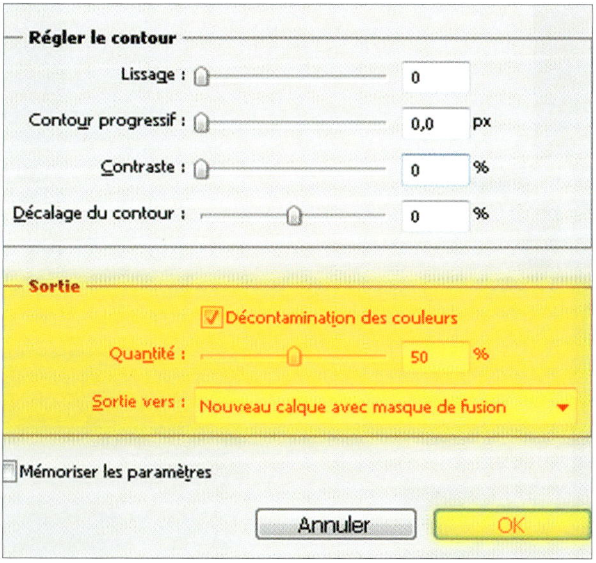

07 En pressant la touche Alt, vous pouvez au contraire peindre une zone où l'optimisation des contours se basera sur des transitions très franches afin de les accentuer, très pratique pour notamment les contours du pantalon ou de la casquette. Cochez ensuite la case « Décontamination des couleurs », réglez la quantité à 50% et choisissez « Nouveau calque avec masque de fusion ».

Effacement du batteur de l'image de fond.

Utilisez les nouvelles fonctions de remplissage..

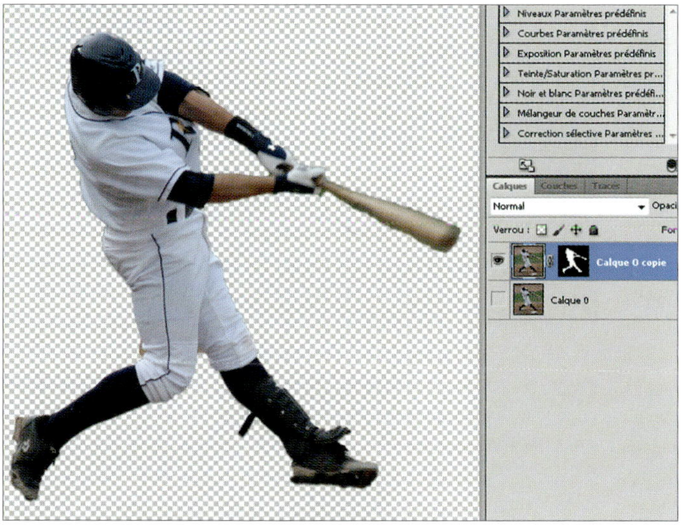

01 Après avoir validé l'Amélioration des contours via le bouton OK, un nouveau calque fait son apparition, tout en haut de la pile de calques. Celui-ci contient un masque de fusion découpant le batteur selon la sélection que vous venez de définir. L'image en elle-même a légèrement été modifiée afin de réduire les effets de frange colorée.

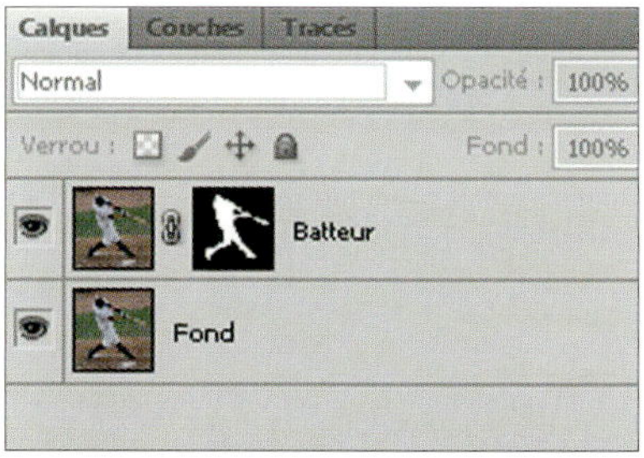

02 Afin de clarifier la configuration de vos calques, double-cliquez dans la fenêtre de calques sur le nom « Calque 0 » afin de le renommer en « Fond ». Faites de même avec le calque « Calque 0 copie », préalablement générer par *Photoshop* lors de la phase de détourage afin de le renommer « Batteur ».

03 Dans la fenêtre de calques, cliquez sur l'œil se trouvant sur la gauche du calque « Batteur » afin de le rendre invisible. Pressez la touche Alt et cliquez sur le masque de fusion du calque « Batteur » afin de récupérer une sélection correspondant à ce celui-ci. Rendez-vous ensuite dans le menu Sélection > Modifier > Dilater afin d'entrer une valeur de 20 pixels.

04 Toujours dans la fenêtre de calques, sélectionnez le calque « Fond » et pressez les touches Shift+F5 afin d'appeler la fenêtre « Remplir ». Dans le panel « Contenu », cliquez sur la liste déroulante jouxtant « Avec » afin de passer en mode « Contenu pris un compte ». Validez via OK et attendez quelques secondes afin de faire disparaître votre batteur !

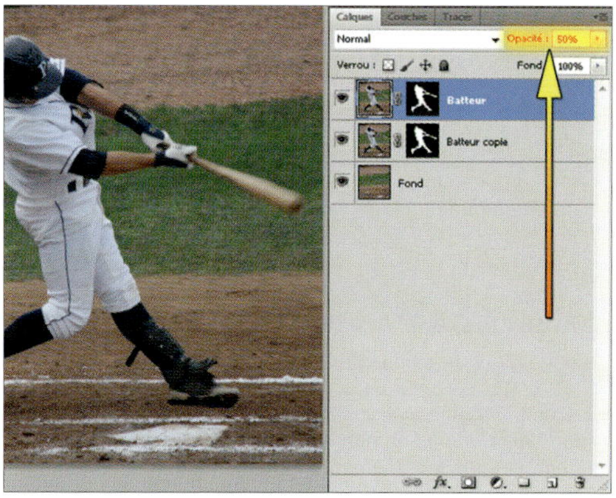

05 Pressez la touche Alt, cliquez dans la fenêtre de calques sur le calque « Batteur » et glissez votre souris vers le bas, juste entre les deux calques actuellement présents dans la pile. Un duplicata de « Batteur » fait alors son apparition. Cliquez ensuite sur le calque « Batteur » original et passez son Opacité à 50%.

→ LOGICIEL UTILISÉ • PHOTOSHOP CS5

Changement de position du joueur

Utilisez l'outil de déformation de la marionnette.

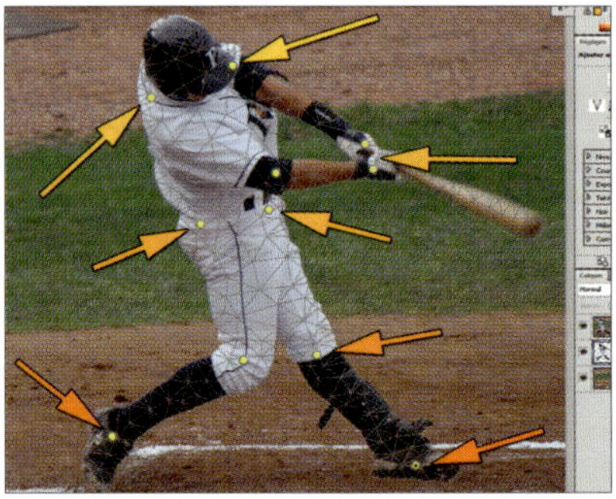

01 Tout en gardant l'outil marionnette activé, cliquez à plusieurs reprises sur les articulations du batteur. A chaque clic, un nouveau point sera ajouté à la marionnette. Placez par conséquent plusieurs points de contrôle sur les épaules, les coudes, les hanches, les genoux, les poignées et les chevilles. Commencez avec un petit nombre de points pour bien comprendre le principe.

02 Toujours en utilisant l'outil Marionnette. Cliquez et glissez les points de contrôles préalablement dispersaient sur votre modèle. Vous pourrez ainsi déformer à votre guise ce batteur afin de légèrement changer sa position. Le but ici est de replacer le joueur selon son mouvement, dans une position légèrement antérieure à la position initialement présentée.

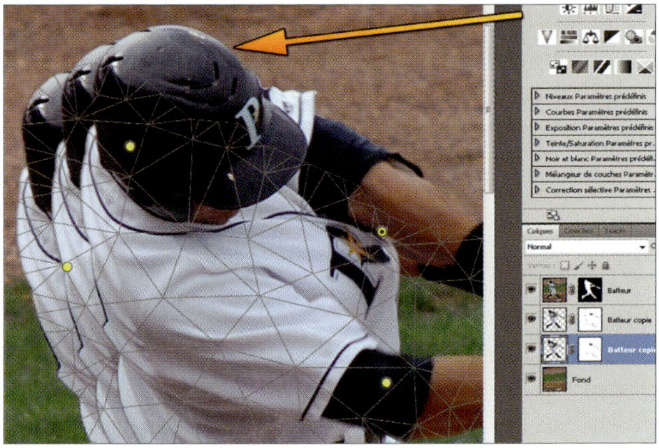

03 Repassez l'Opacité du calque original, se trouvant au-dessus de la pile, à 100%. Dans la fenêtre de calques, cliquez avec le bouton droit sur le nom du calque que vous venez de déformer et choisissez « Dupliquer le calque ». Glissez ce duplicata sous ces deux congénères, rendez-vous à nouveau dans « Déformation de la marionnette » et réitérez l'opération.

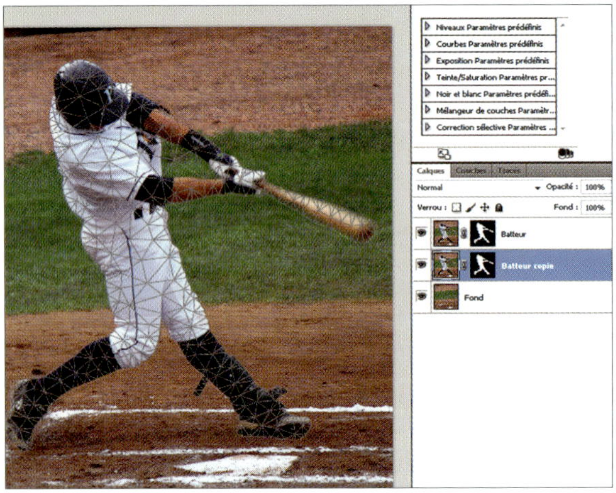

06 Sélectionnez le calque duplicata de « Batteur » et rendez-vous dans le menu Édition > Déformation de la marionnette. Un modèle similaire à un objet 3D apparaît maintenant, défini en fonction du contenu du calque. La découpe liée au masque de fusion est ici utilisée pour créer cette « cage de déformation ».

07 Si la cage de déformation n'apparait pas dans la vue représentant votre composition, jeter un œil sur la barre d'options se trouvant en haut de l'interface. Tout en maintenant l'outil Marionnette activé, veillez à ce que la case « Afficher filet » soit activée. Les options « Mode » et « Densité » peuvent quand elles rester en « Normal » et l'Expansion à 2.

04 Effectuez plusieurs fois cette opération de duplication et de déformation afin de générer plusieurs échos du joueur et ainsi recréer son mouvement. Une fois en présence de neuf échos, réduisez progressivement l'opacité de chacun de 10%. En partant du haut vers le bas, l'opacité sera donc de 100%,90%,80%,70% et ainsi de suite jusqu'à 10%.

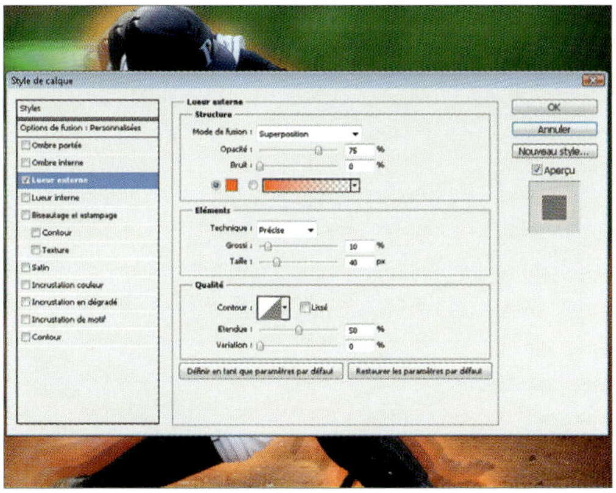

05 Cliquez avec le bouton droit sur le batteur se trouvant au-dessus de la pile et choisissez « Options de fusion ». Parmi les styles de calque qui viennent d'apparaître, cliquez sur la partie gauche de la fenêtre sur « Lueur externe ». Cliquez ensuite sur le carré jaune afin de passer sur une couleur rouge/orangée puis réglez le « Grossi » à 10% et la « Taille » à 40 pixels.

ÉTAPE FINALE

Optimisation du temps de travail

L'outil de déformation Marionnette, initialement intégré dans *After Effects* depuis la version CS4, vous permet de changer rapidement la position du batteur sans être contraint de découper le corps du sportif en plusieurs morceaux. Un gain de temps indéniable. Mais le remplissage selon le contenu est sans conteste l'effet le plus magique. Le fait de pouvoir effacer le joueur de manière automatique en moins de 10 secondes fait partie du miracle. Vous trouverez dans le dossier de cette étape le fichier final de ce pas-à-pas contenant des ajustements, notamment des corrections colorimétriques ainsi que l'amplification des effets de lumière.

CONSEILS

Légendes de l'image décortiquée :

1/ Image initiale découpée grâce aux outils d'amélioration de contour

2/ Duplicatas du batteur progressivement déformés par la « Déformation de marionnette » et dont l'opacité décroit au fur et mesure des copies.

3/ Image contenant uniquement le fond, générée le nouvel outil de remplissage selon le contenu.

→ LOGICIEL UTILISÉ • PHOTOSHOP CS4

Créez vos skins!

Si la forme de vos lecteurs MP3 n'influe pas sur la qualité de vos musiques, il est agréable de posséder un lecteur élégeant. Créez votre propre skin en partant de rien.

→ Avant la déferlante mondiale de l'ovni nommé Winamp, l'aspect esthétique d'un lecteur multimédia n'avait que peu d'importance pour l'utilisateur. Mais voilà que le monde découvrait avec ce logiciel simple et gratuit la possibilité de personnaliser facilement son interface, afin d'écouter non seulement sa musique favorite, mais également de la présenter dans l'écrin de son choix. Un véritable challenge créatif s'offrait alors aux infographistes de tout poil, donnant lieu à des merveilles du genre, affluant par centaines sur les sites de plus en plus nombreux dédiés à ce que l'on appelait dès lors les skins. D'abord cantonnés à des surfaces rectangulaires, les skins se sont diversifiés au fil des mois, prenant des formes de plus en plus arrondies et simulant des matériaux de plus en plus complexes. Des interfaces à l'aspect métallique ou réflectif débarquèrent de toutes parts, donnant lieu à de véritables recherches approfondies sur ce qu'on allait appeler plus tard les « Web Layouts ». Aujourd'hui, les lecteurs multimédias sont de plus en plus sophistiqués et sont spécialement conçus pour accepter n'importe quel type de skin, permettant même via des langages de scripts propriétaires de programmer les comportements des différents boutons. Voyons comment réaliser avec *Photoshop* ce type d'interfaces, en nous basant uniquement sur les très puissants styles de calque. Ces fonctions parfois méconnues de *Photoshop* sont en effet la véritable essence des skins. □FG

INFO

FRANÇOIS GRASSARD
francois@coyot.com

NIVEAU

★★☆☆☆

DURÉE

2 heures

SUR LE WEB

Les fichiers nécessaires à la réalisation de ce tutoriel se trouvent sur notre site Internet.

→ LOGICIEL UTILISÉ • PHOTOSHOP CS4

Aspect général de l'interface

Mettez en place la texture de verre qui va constituer l'interface.

CALQUE DE FORME

Le fait d'utiliser des calques de forme plutôt que des calques classiques a pour avantage de pouvoir redimensionner ces éléments sans perte de qualité, les formes en question étant vectorielles et recalculant les styles de calque en fonction de leurs nouvelles tailles.

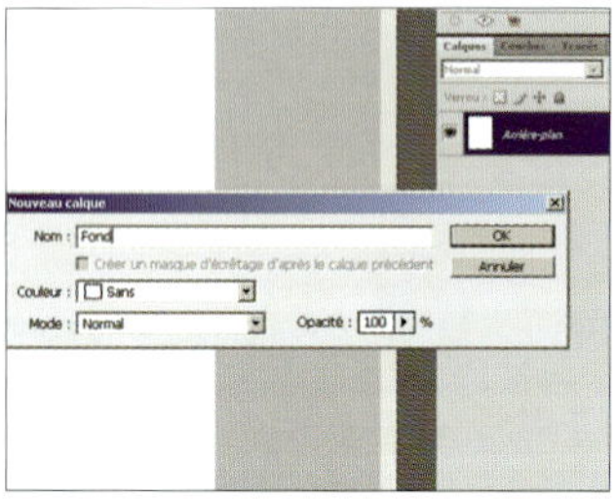

01 Allez dans le menu Fichier>Nouveau puis réglez le « paramètre prédéfini » sur « Papier format international » et la « Taille » sur A4 puis validez via OK. Dans la fenêtre de calques, double-cliquez sur le seul calque présent nommé « Arrière-Plan » et renommez-le « Fond ».

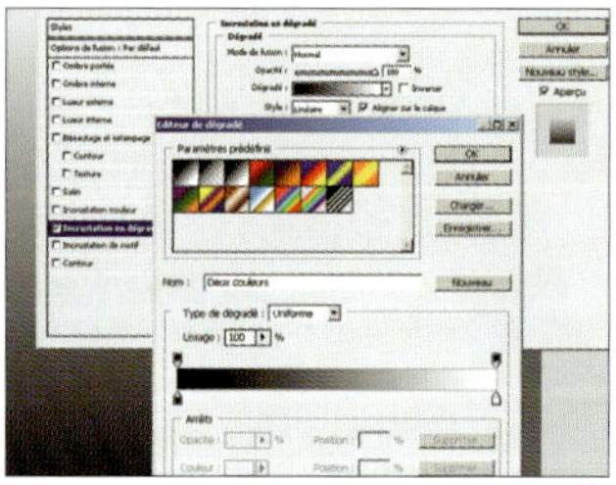

02 Dans la fenêtre de calques, faites un double-clique sur la vignette du calque « Fond » afin de voir la fenêtre de style de calque. Cliquez sur « Incrustation de dégradé » puis sur le dégradé de couleur se trouvant entre les mots « Dégradé » et « Inverser ». L'éditeur de dégradé s'affiche alors.

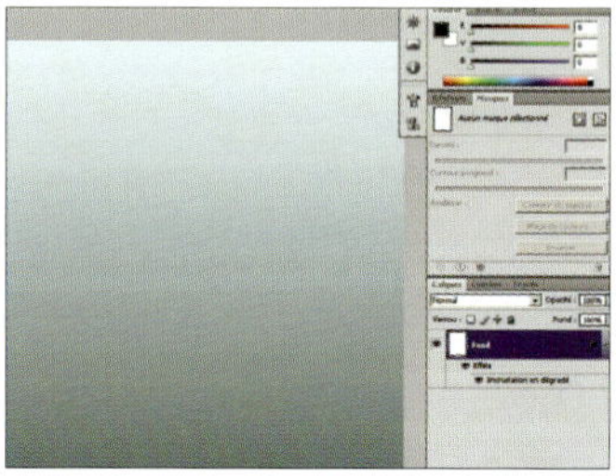

03 Dans l'éditeur de dégradé, faites un double-clique sur la borne inférieure gauche afin de changer sa couleur pour les valeurs RVB 26/71/64. Faites de même avec la borne inférieure droite en la réglant sur les valeurs 231/240/243. Validez votre dégradé en cliquant 2 fois sur OK.

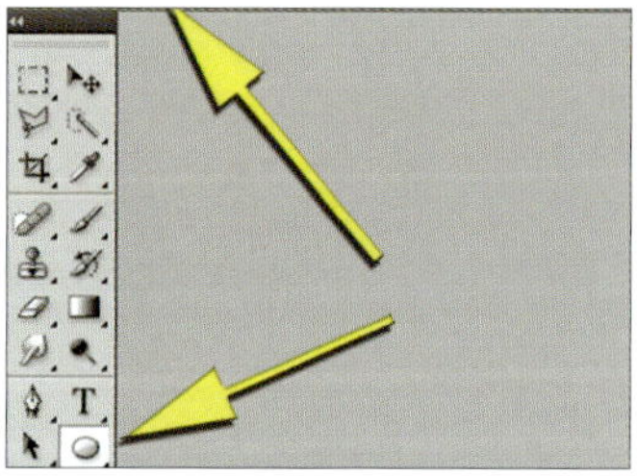

04 Pressez plusieurs fois les touches Shift+U afin d'atteindre l'outil Ellipse. Une fois sélectionné, veillez bien dans la fenêtre d'options en haut à gauche de l'interface à ce que le mode « Calque de forme » soit activé. Celui-ci est représenté par l'icône situé juste à la gauche de l'icône « plume ».

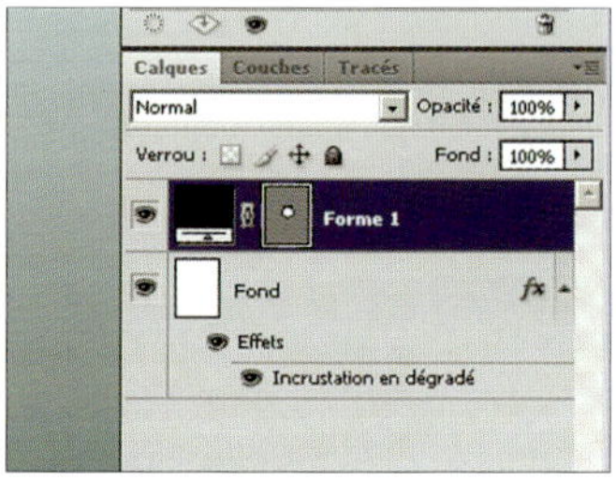

05 Pressez la touche Shift afin de contraindre les proportions largeur/hauteur de votre ellipse, puis cliquez/glissez votre souris dans votre composition afin de créer un cercle vectoriel. L'ajout de cette forme a pour effet la création d'un calque au-dessus de la pile, portant le nom de « Forme 1 ».

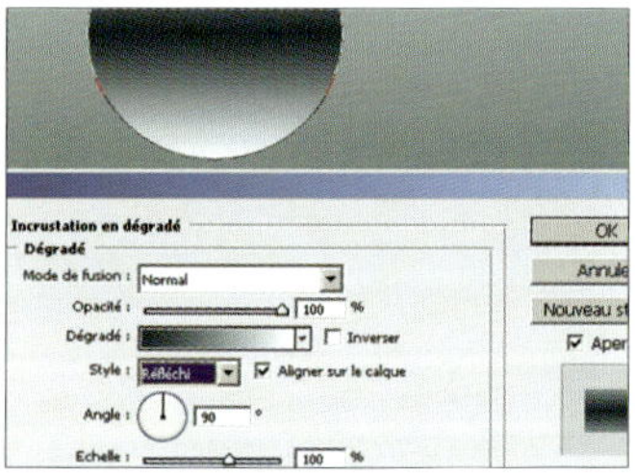

06 Double-cliquez dans la zone vierge à droite du calque « Forme 1 ». La fenêtre de style de calque apparaît alors nous permettant de cliquer sur « Incrustation en dégradé » dont le style sera réglé en « Réfléchi ». Réglez les valeurs RVB sur 0/50/60 pour la 1ère borne et 255/255/255 pour la 2ème.

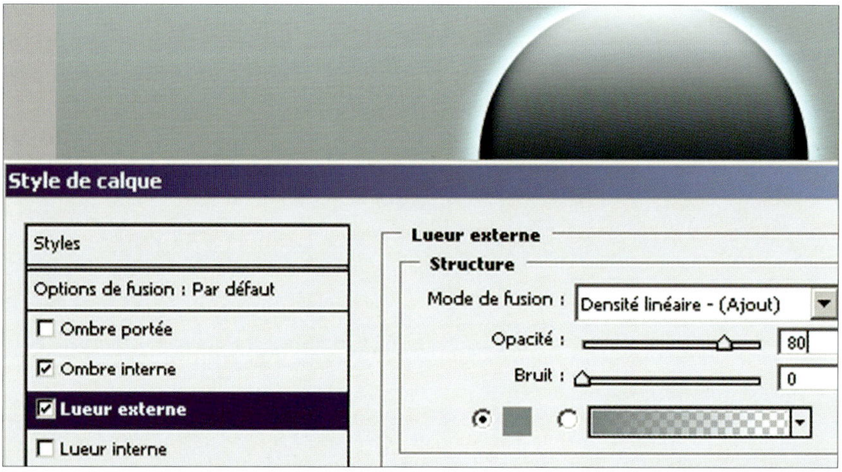

07 Toujours dans la fenêtre de style de calque, cliquez sur « Ombre interne » et réglez le mode de fusion de celle-ci en « Densité couleur + ». Réglez son opacité à 100 %, sa distance et son maigri à 0 alors que sa taille sera de 50 pixels.

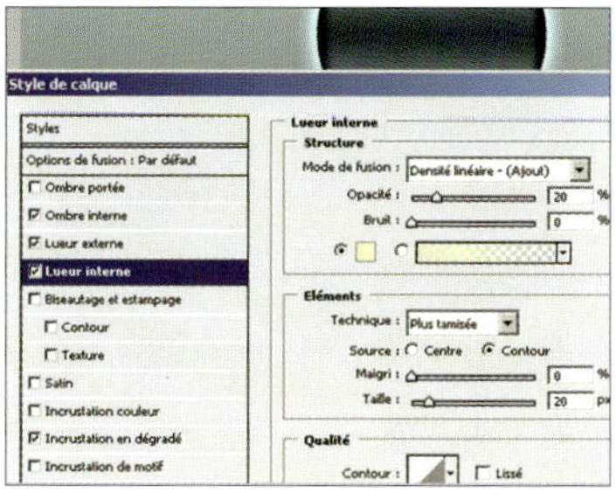

08 Cliquez sur « Lueur externe », puis réglez son mode de fusion en Densité linéaire -, son Opacité à 80 %, sa couleur sur les valeurs RVB 122/148/154 et sa taille sur 70 pixels. Cliquez également sur « Lueur interne » puis réglez son mode de fusion en Densité linéaire -, son Opacité à 20 % et sa taille sur 20 pixels. Le but étant d'obtenir la création d'une lueur.

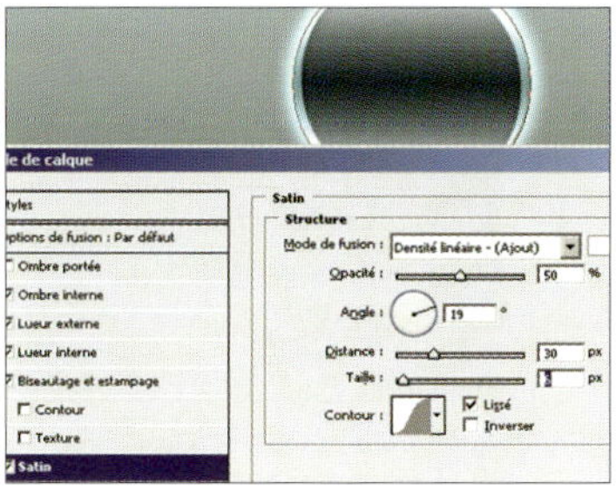

09 Toujours dans la fenêtre de style de calque, activez le « Biseautage et estampage » dont la profondeur sera de 1 000 %, la taille de 0 et le flou de 10 pixels. Cliquez ensuite sur « Satin » dont le mode de fusion sera réglé en Densité linéaire -, la couleur sera blanche, la distance de 30 et la taille de 6. Décochez la case « Inverser » et cochez la case « Lissé ».

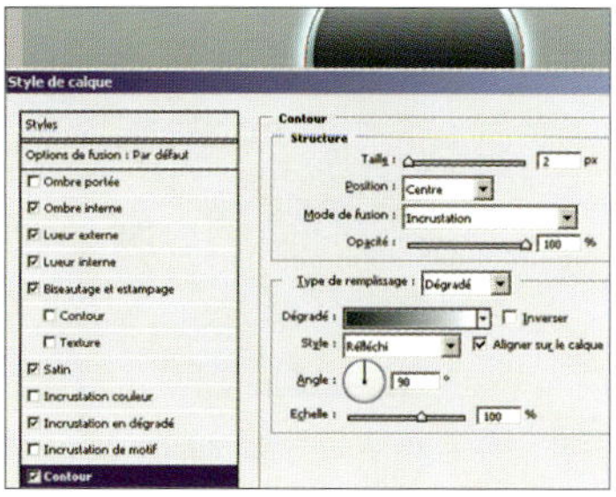

10 Cliquez enfin sur « Contour », dont la taille sera de 2 pixels et dont le mode de fusion sera réglé en Incrustation. La position sera de type « Centre », le remplissage sera réglé sur « Dégradé » toujours de valeurs 0/50/60 et 255/255/255 et dont le style sera en mode « Réfléchi ». Validez le tout via les boutons OK afin de sortir de la fenêtre de style de calque.

Constitution des différents blocs

Ajoutez autant d'éléments que vous le voulez.

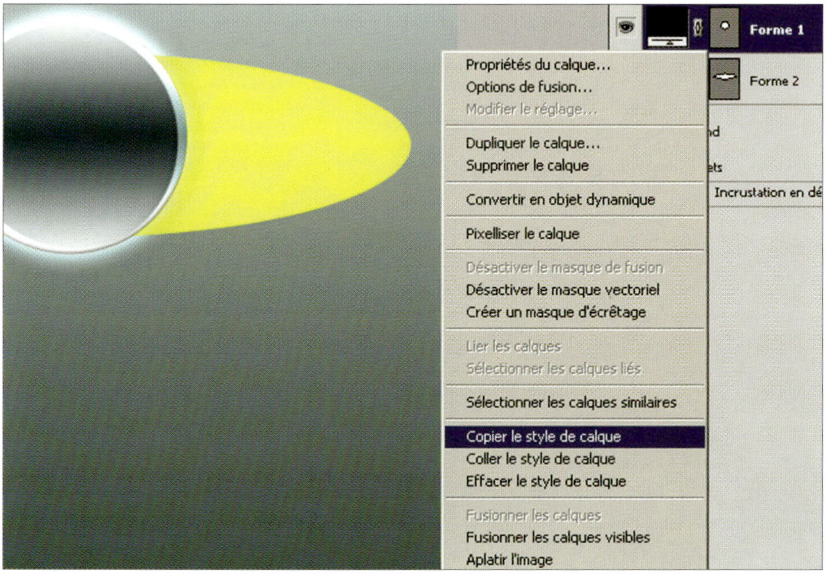

01 Cliquez sur le calque « Fond » puis passez à nouveau en outil Ellipse afin de créer un nouvel élément via un autre calque de forme. Ce nouveau calque devrait normalement se trouver entre le calque « Fond » et la sphère réflective que vous venez de créer. Cliquez avec le bouton droit sur le calque contenant cette dernière et choisissez « Copier le style de calque ».

02 Cliquez à présent avec le bouton droit de la souris sur le calque « Forme 2 » et choisissez « Coller le style de calque ». Le même effet réflectif est alors appliqué immédiatement à cette nouvelle forme. Il est alors très facile et rapide de rajouter à votre skin différent modules découlant du même style graphique.

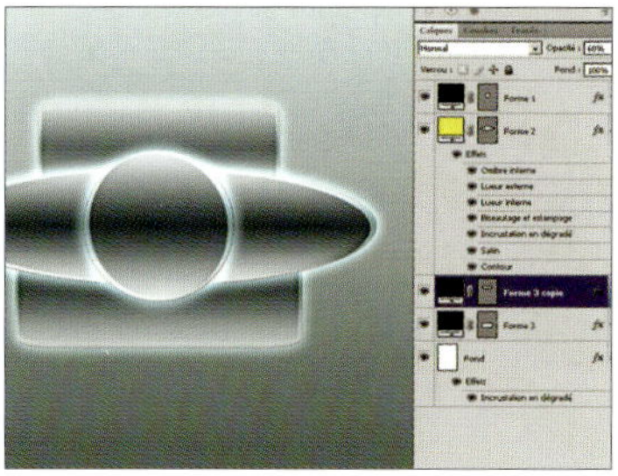

03 Comme vous venez de le faire pour cette forme ovale, ajoutez à nouveau 2 autres calques de forme en utilisant cette fois-ci l'outil Rectangle arrondi. Dans la barre d'options, en haut de l'interface, réglez le rayon de ces arrondis à 100 pixels. Puis effectuez un nouveau « Coller le style de calque » afin d'appliquer le même style graphique.

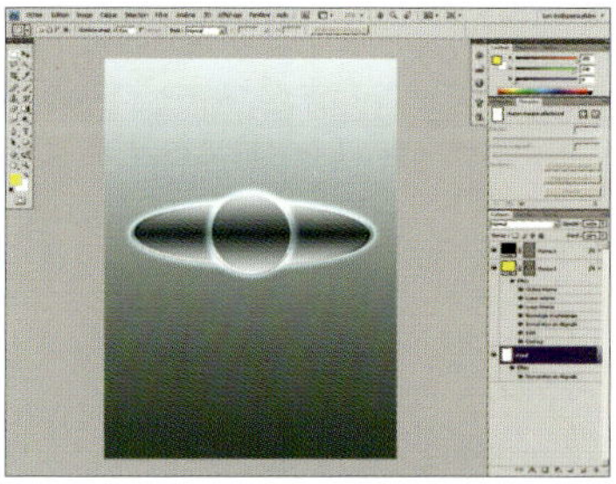

→ LOGICIEL UTILISÉ • PHOTOSHOP CS4

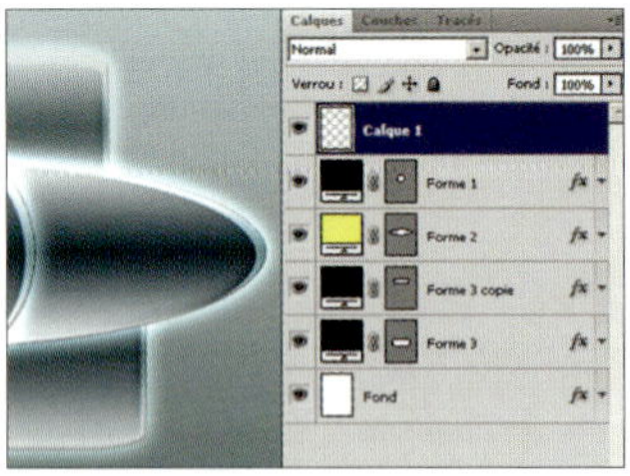

04 En réglant l'opacité de ces deux nouveaux calques à 60 %, vous accentuez l'effet de profondeur. Créez un calque vierge en cliquant au bas de la fenêtre de calques sur l'icône représentant une feuille au bord corné. Placez ce nouveau calque au-dessus de la pile puis pressez la touche D afin d'assigner du blanc sur la couleur d'arrière-plan.

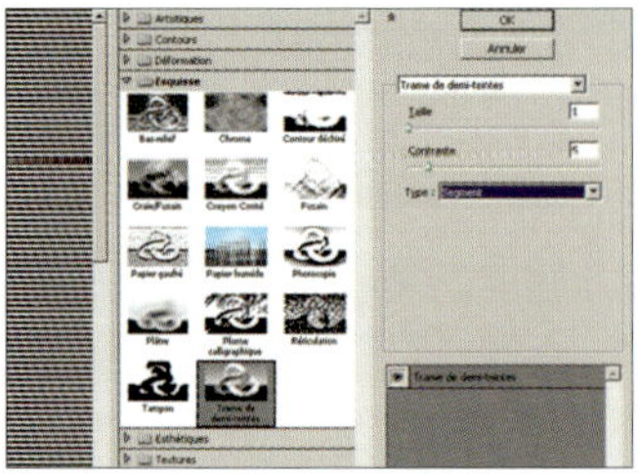

05 Tout en gardant ce calque vierge sélectionné, pressez les touches Ctrl+Suppr afin de le remplir de blanc sur la totalité de sa surface. Ajoutez ensuite un « Filtre >Esquisse >Trame de demi-teintes ». Réglez le type sur « Segment », la taille sur 1 puis le contraste sur 25. Validez via le bouton OK, remplissant ce calque de lignes noires.

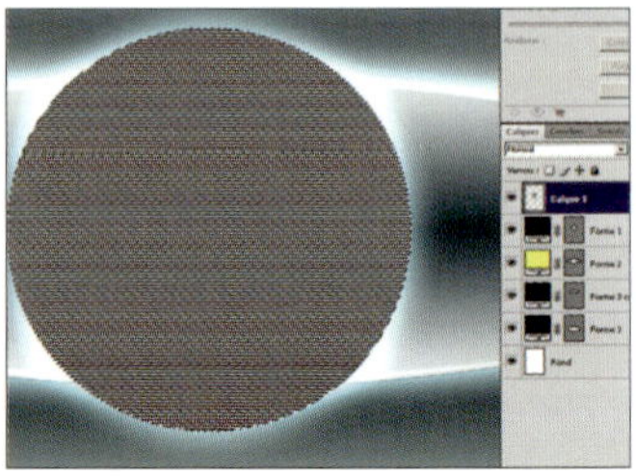

06 Pressez la touche Ctrl et cliquez, dans la fenêtre de calques, sur la 2ème vignette du calque « Forme 1 ». Une sélection correspondant à sa silhouette est alors générée. Pressez les touches Ctrl+Shift+I afin d'inverser cette sélection, puis sélectionnez le calque contenant les lignes noires et pressez la touche Suppr.

TYPE D'AFFICHAGE GRÂCE AU FILTRE « TRAME DE DEMI-TEINTES »

Le filtre « Trame de demi-teintes » permet de choisir le type « Point » plutôt que « Segment ». Grâce à cet effet, on peut facilement recréer un afficheur de type LED, comme par exemple un écran géant dans un stade de football.

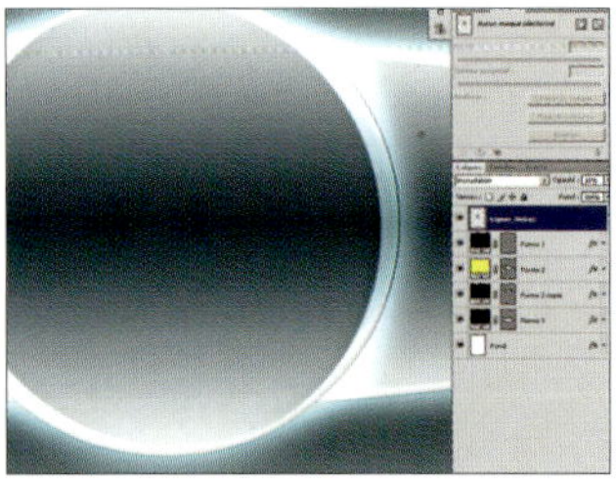

07 Maintenant que ces lignes ont pris la même forme que votre sphère, passez le mode de fusion du calque les contenant en « Incrustation » ainsi que son opacité à 10 %. Pressez ensuite les touches Ctrl+D afin de désactiver la sélection courante. Effectuez les mêmes opérations afin de rajouter le même type de lignes dans les autres parties de l'interface.

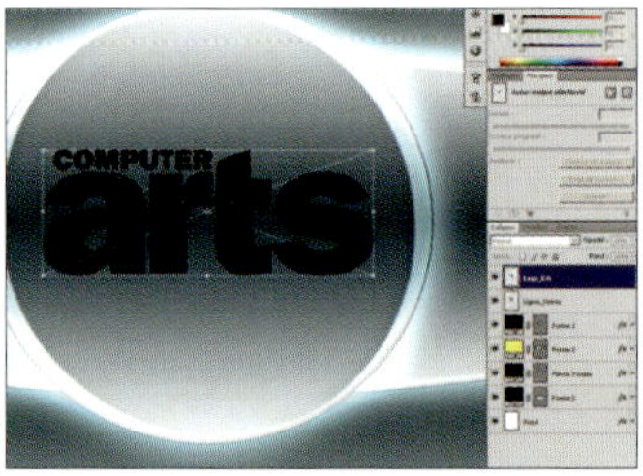

08 Rendez-vous dans le menu Fichier > Importer et chargez le fichier « Logo_CA.AI » fourni dans le dossier de cette étape depuis notre site Web. Une boîte englobante permet de réduire la taille de ce logo afin de le faire rentrer dans la sphère centrale. Pressez les touches Alt et Shift avant de manipuler un des coins de cette boîte pour garder les proportions d'origine.

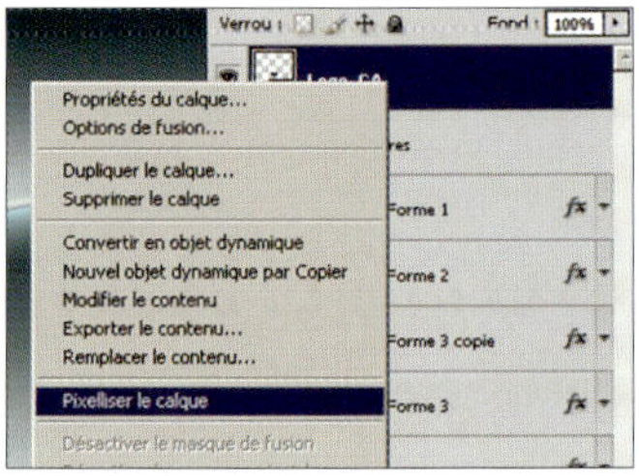

09 Veillez bien à ce que le nouveau calque contenant le logo de votre magazine favori soit au-dessus de la pile puis cliquez sur le nom de celui-ci avec le bouton droit de la souris et choisissez « Pixelliser le calque ». Double-cliquez ensuite sur sa vignette afin de faire apparaître sa fenêtre de style de calque. Intéressez-vous aux optionsl'incrustation de dégradé.

10 Dans les paramètres de style de calque, cliquez sur Incrustation en dégradé, dont les deux bornes du dégradé auront pour valeurs RVB 209/209/209 et 255/255/255. Activez également la « Lueur externe » dont l'Opacité sera de 50% et la taille sera de 10 pixels. Validez le tout via les différents boutons OK.

Contrôleurs et informations

Ajoutez des boutons de contrôles à votre lecteur multimédia.

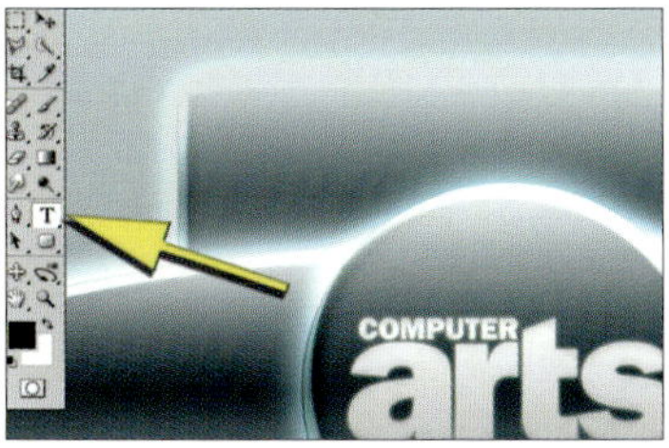

01 Vous trouverez dans le dossier de cette étape la police Webdings, contenant un grand nombre de symboles très pratiques, permettant de générer de manière vectorielle les symboles « Play », « Stop », etc. et ce de manière extrêmement rapide. Installez cette police dans votre machine et pressez la touche T afin d'appeler l'outil Texte.

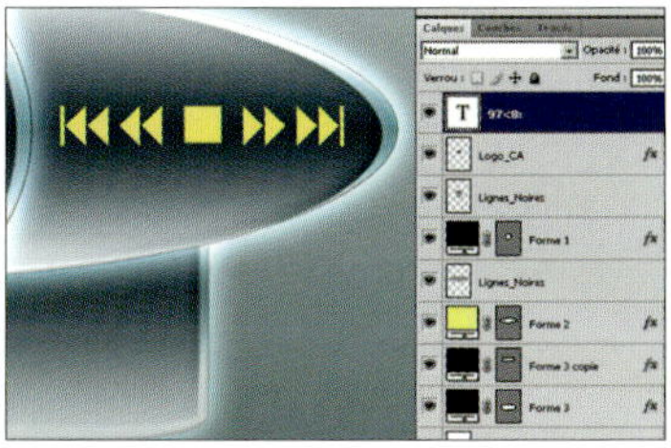

02 Cliquez dans votre composition et tapez « 97<8: ». Ces 5 caractères utilisés avec la police « Webdings » afficheront deux boutons de lecture avant et arrière ainsi que le bouton « Stop ». La couleur de cette typographie n'a pour l'instant aucune importance. Validez via la touche Entrée du pavé numérique et redimensionnez si besoin.

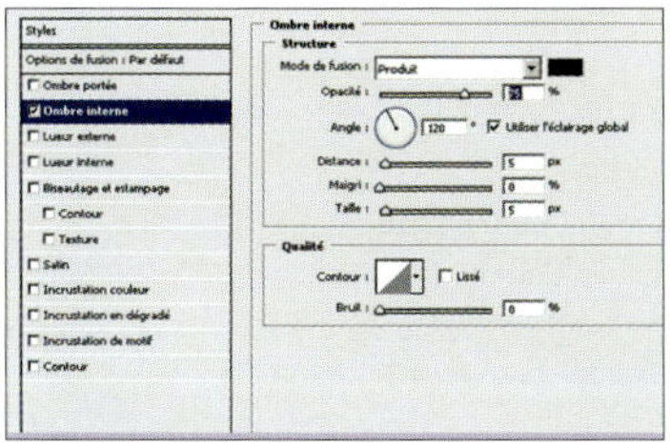

03 Dans la fenêtre de calques, double-cliquez dans la zone vierge se trouvant à droite du nom « 97<8: » afin d'afficher la fenêtre de style de calque. Commencez par cliquer sur « Ombre interne », dont la distance sera de 5, le grossi de 0 et la taille de 5. Selon l'effet de profondeur que vous voudrez donner à vos boutons, modifiez si besoin le paramètre « Taille ».

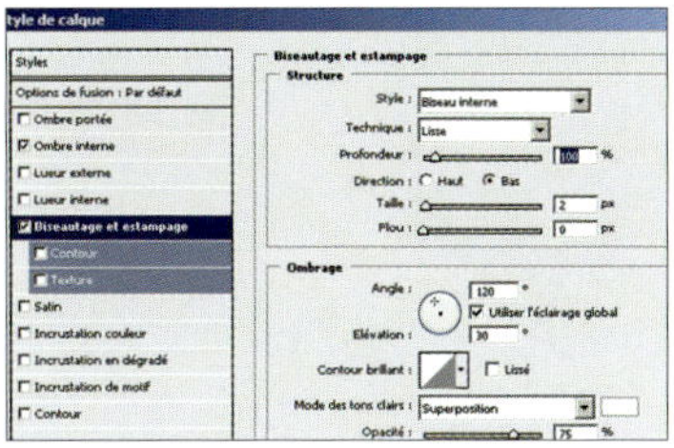

04 Toujours parmi les styles de calque, activez le « Biseautage et estampage », dont la profondeur sera de 100 %, la direction vers le bas, la taille de 2 pixels et le flou de 0. Là encore, n'hésitez pas à jouer sur la taille et la profondeur si vous désirez des boutons plus marqués ou au contraire plus diffus.

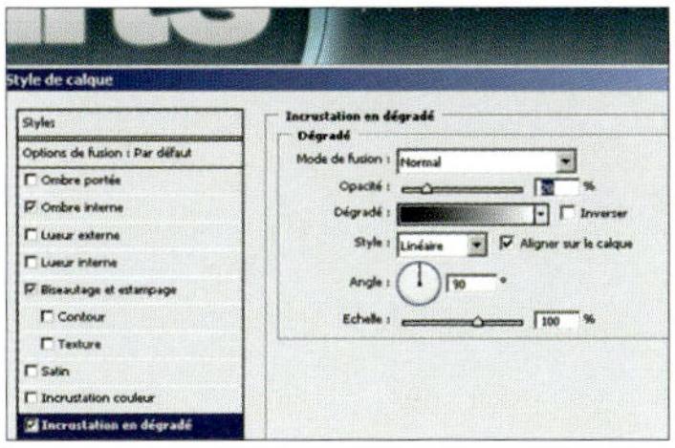

05 Cliquez sur « Incrustation en dégradé » en passant l'Opacité de celui-ci à 20 %. Ce dégradé donne du volume à vos boutons, mais il est possible de changer leur couleur en modifiant celle du texte. Rappelons qu'il suffit pour cela de double-cliquer sur l'icône « T » du calque de texte et de modifier la couleur dans la barre d'options.

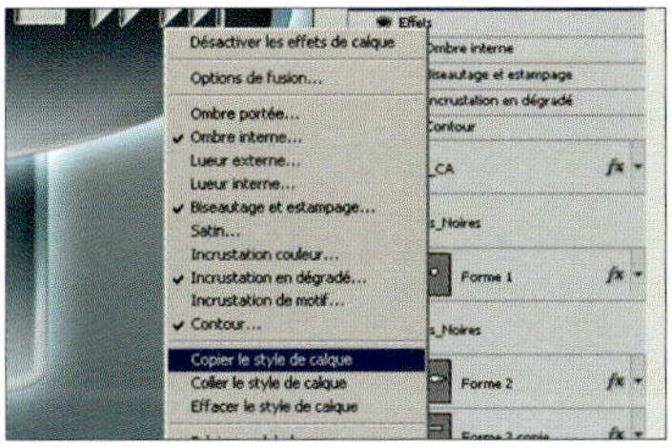

06 Toujours dans la fenêtre de style ce calque, activez le « Contour », dont la taille sera de deux pixels et dont la couleur sera blanche. Confirmez via les boutons OK afin de valider l'ensemble de ces styles de calques. Il vous suffit ensuite de cliquer avec le bouton droit sur le calque de texte et de choisir « Copier le style de calque ».

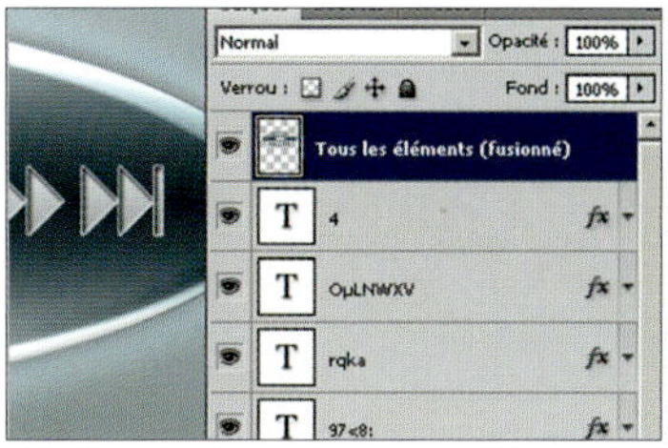

07 Grâce à l'outil texte et aux nombreux autres symboles dont dispose la police Webdings, ajoutez d'autres boutons à votre interface avant de leur « Coller le style de calque » que vous venez de copier. Sélectionnez ensuite tous les calques de votre composition, sauf le fond et pressez les touches Ctrl+Alt+E afin d'en obtenir un duplicata, fusionné dans un seul calque.

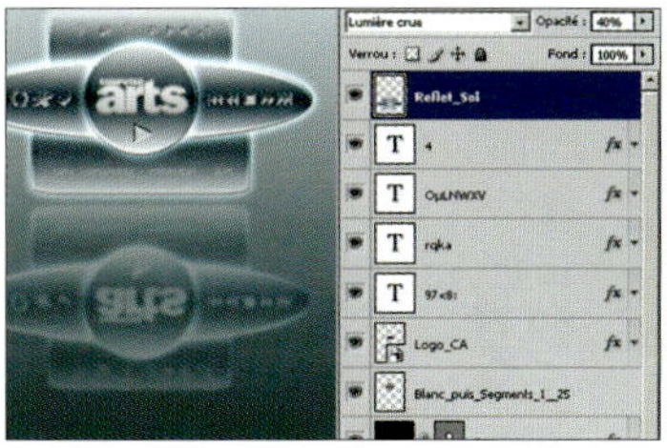

08 Avec ce nouveau calque sélectionné, rendez-vous dans le menu Edition> Transformation>Symétrie axe vertical. Veillez à ce que ce calque soit au-dessus de la pile, déplacez son contenu vers le bas et passez son mode de fusion en Lumière crue à 40 % d'opacité. Ajoutez sur celui-ci un flou gaussien de rayon 30.

UN DOMAINE DE RECHERCHES INFINI

Ce type d'exercice montre qu'il est tout à fait possible de générer une interface extrêmement travaillée en partant du néant. Les outils de création de formes accompagnés de la puissance des styles de calque permettent de faire de véritables miracles. En tapant dans un moteur de recherche comme Google les mots « photoshop orb tutorial » - et pour peu que vous ne soyez pas anglophobe -, vous aurez à votre disposition des dizaines et des dizaines d'informations vous indiquant quelques-unes des centaines de combinaisons possibles. En vous exerçant sur plusieurs types de créations, vous emmagasinerez plusieurs combinaisons qui, vous le verrez, reviennent assez souvent dans l'habillage moderne que l'on peut retrouver sur le web ou dans de nombreuses icônes de bureau.

VISUALISEZ LE CONTENU DES POLICES DE CARACTÈRES

Afin de mieux vous rendre compte des formes contenues dans une police comme la Webdings, les systèmes d'exploitation disposent d'outils vous permettant de visualiser la totalité du contenu d'une police, comme la « Table des caractères » sous Windows ou la table de « Caractères spéciaux » sous Mac.

→ LOGICIEL UTILISÉ • PHOTOSHOP CS5

Peinture & effets de matières

Transformez une image en peinture grâce à votre tablette graphique.

INFO

FRANÇOIS GRASSARD Formateur et auteur d'un CD-Rom sur le soft graphique *After Effects* à destination du site Hyperlink.
Site : www.coyhot.com
Blog : http://coyhot.blogspot.com
Mail : francois@coyhot.com

NIVEAU
★★☆☆☆

DURÉE
2 heures

SUR LE WEB
Les fichiers nécessaires à la réalisation de ce tutoriel se trouvent sur notre site Internet.

→ La peinture numérique est un domaine dans lequel la recherche ne cesse d'évoluer. Afin d'attirer les artistes dits « traditionnels » et les inciter à troquer leurs pinceaux contre une tablette graphique, des logiciels comme *Painter* propose d'imiter le mieux possible les différents outils utilisés par les peintres ou les dessinateurs. La discipline fait de plus en plus d'émules, y compris dans le domaine du logiciel libre avec des applications comme *MyPaint* ou encore *The Gimp*. *Photoshop* se devait donc de réagir ! Voilà qui est chose faite avec ces nouveaux outils pinceaux, gérant notamment de manière très précise les nouvelles tablettes Wacom 6D, prenant en compte la rotation du poignet et affichant en temps réel l'écrasement du pinceau virtuel. Nous allons voir comment utiliser ces nouvelles fonctionnalités afin de transformer une photo en peinture. L'intérêt est que contrairement à certains plug-ins visant à effectuer cette conversion de manière automatique, la patte de l'artiste à ici un vrai rôle à jouer dans la personnalisation de l'œuvre. □ FG

Mise en place de la photo d'origine

Mettez en place l'image qui servira de base à votre travail.

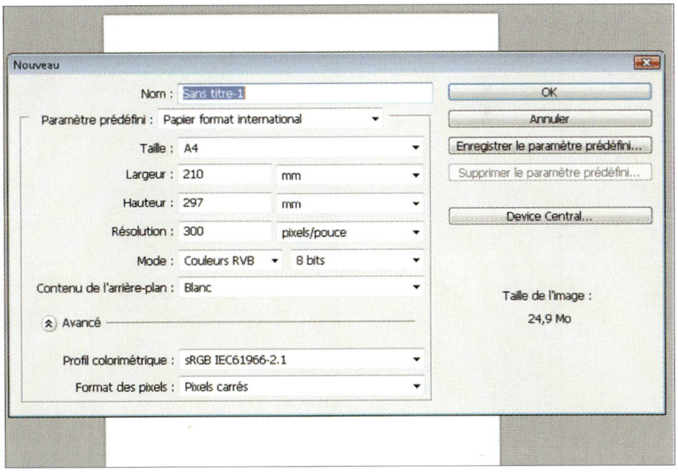

01 Pour commencer, ouvrez *Photoshop CS5* puis pressez les touches Ctrl+N afin de créer un nouveau document. Afin de travailler sur un format dédié à l'imprimerie, choisissez dans les paramètres prédéfinis le « Papier format International ». Réglez la taille sur A4 tout en laissant les autres paramètres par défaut.

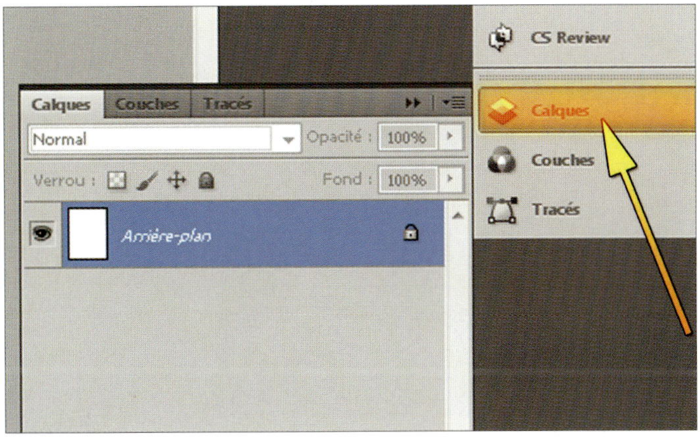

02 Validez via le bouton OK afin de créer votre document A4. Dans la partie droite de l'interface, cliquez sur le bouton « Calques » afin de faire apparaître la pile de calques qui pour l'instant ne contient qu'un seul élément de type arrière-plan. Celui-ci est verrouillé par défaut, vous empêchant de supprimer quoi que ce soit dans cet espace.

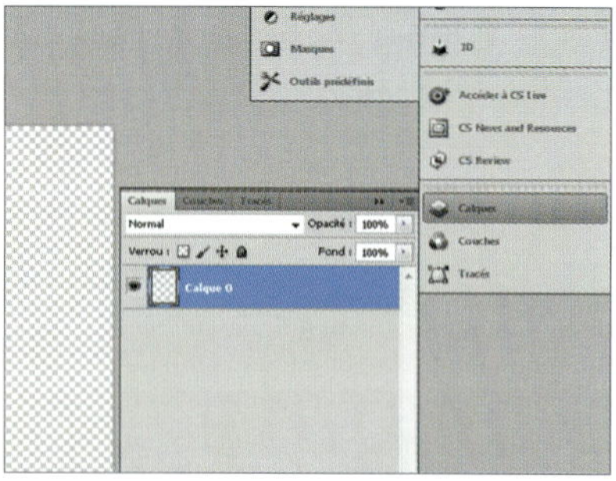

03 Pressez la touche Alt puis faites un double-clique sur le nom « Arrière-Plan » pour convertir celui-ci en calque classique. Pressez ensuite les touches Ctrl+A afin de sélectionner l'ensemble du contenu de ce calque puis pressez la touche Suppr pour le supprimer. Votre pile de calque contient à présent un calque vide nommé « Calque 0 ».

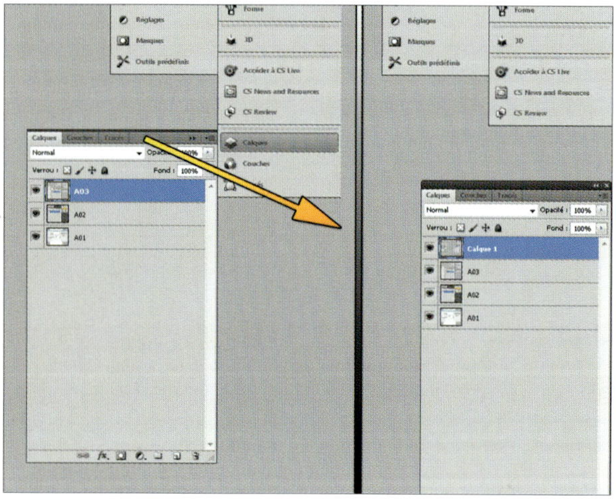

04 Vous constatez que les fenêtres se trouvant à droite de l'interface se déplient et se replient d'un simple clic, permettant ainsi de gagner beaucoup de place. Cependant, une fenêtre aussi redondante que la fenêtre de calques a un véritable intérêt à rester afficher en temps que fenêtre flottante. Cliquez/glissez sur la partie droite jouxtant « Tracé » afin de l'extraire.

05 Rendez-vous dans le menu Fichier > Importer afin de choisir l'image « Ile.jpg » fournie dans le dossier de cette détape depuis notre site Web. Cette image apparaît à présent sur le « Calque 0 » de votre composition, que *Photoshop* vient de renommer « Ile » de manière automatique. Celle-ci est également entourée d'un cadre vous permettant de la redimensionner.

06 Pressez les touches Alt et Shift puis cliquez sur le coin supérieur droit du cadre entourant l'image avant de glisser votre souris afin d'agrandir cet élément. Étirez cette image jusqu'à ce qu'elle remplisse complètement la zone de travail. Déplacez si besoin cette photo vers la gauche afin de mieux centrer le pic rocheux puis validez via la touche « Entrée ».

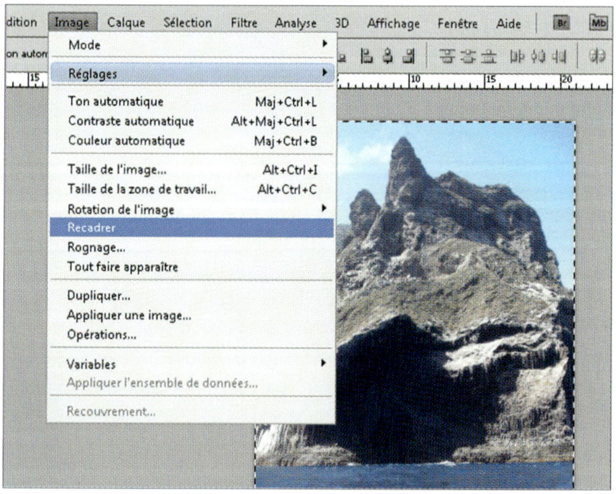

07 Dans la fenêtre de calques, cliquez avec le bouton droit sur le nom du calque « Ile » afin de choisir « Pixelliser le Calque ». Pressez ensuite les touches Ctrl+A afin de sélectionner l'ensemble de la surface de votre composition. Rendez-vous dans le menu Image et choisissez l'option Recadrer afin de supprimer les éléments extérieurs à votre composition.

Transformation de la photo en peinture

Utilisez l'outil Pinceau mélangeur afin de peindre votre photo.

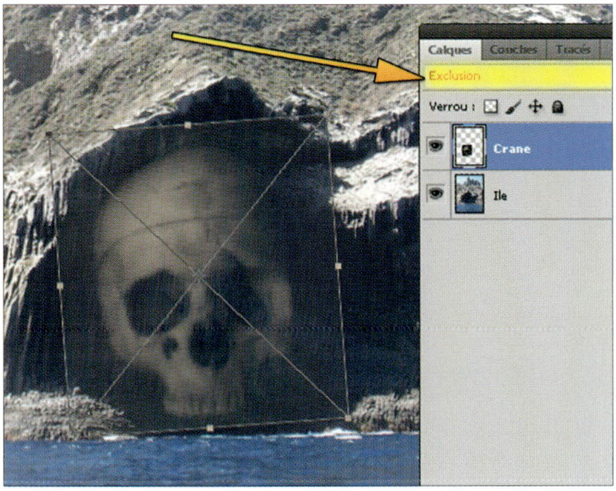

01 De la même manière que vous venez d'importer l'image de l'île, ajoutez sur un nouveau calque l'image « Crane.JPG » fourni dans le dossier de cette étape. Validez son importation via Entrée puis passez son mode de fusion de Normal à Exclusion. Pressez ensuite les touches Ctrl+T pour le repositionner et superposer ce crâne à la roche, dans la zone sombre de la paroi.

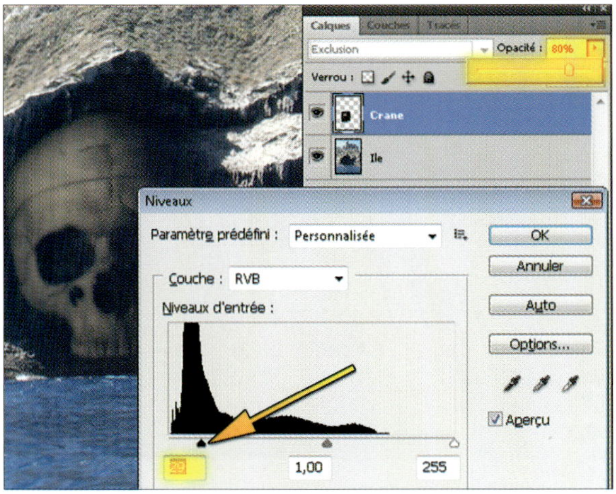

02 Cliquez avec le bouton droit sur le nom du calque « Crane » afin de le pixelliser. Pressez ensuite les touches Ctrl+L afin d'ouvrir la fenêtre des Niveaux. Glissez vers la droite le triangle se trouvant à gauche de l'histogramme afin d'assombrir les parties entourant le crâne. Réglez ensuite l'Opacité de ce calque à 80%.

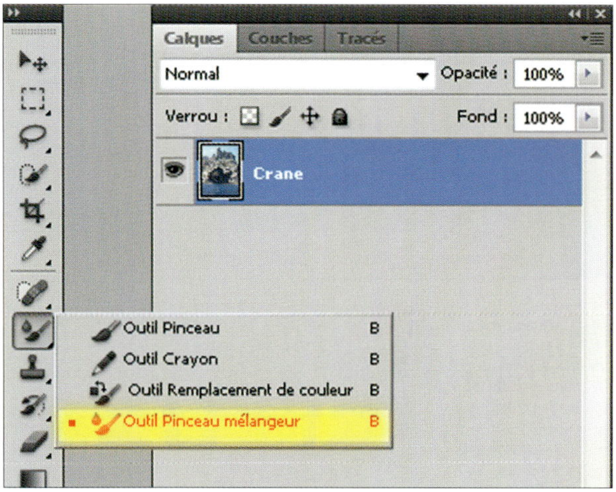

03 Dans la fenêtre de calques, sélectionnez les calques « Ile » et « Crane » grâce à la touche Shift. Pressez ensuite les touches Ctrl+E afin de fusionner ces deux éléments. Dans la barre d'outils, à gauche de l'interface, cliquer en laissant le bouton gauche de la souris enfoncée sur l'icône représentant un pinceau. Choisissez Outil Pinceau mélangeur.

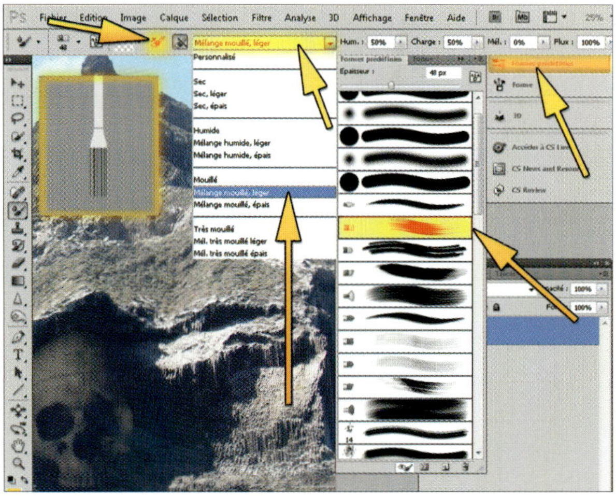

04 Dans la barre d'options se trouvant en haut de l'interface, cliquez sur « Personnalisé » afin de choisir un « Mélange mouillé, léger ». Veillez à ce que l'option « Changer de forme après chaque contour », représenté par un pinceau jouxtant une flèche, soit désactivée. Cliquez sur « Formes prédéfinies » afin de choisir un pinceau plat, visualisable sur la gauche de l'écran.

→ LOGICIEL UTILISÉ • PHOTOSHOP CS5

Peinture et ajout de détails.

Voyons comment fondre certains éléments et en ajouter d'autres.

01 Avec la sélection active, les coups de pinceaux se trouvant sur les bords de la montagne ne dépasserons sur le ciel. Aucune partie de celui-ci ne sera utilisée pour être mélangé avec les couleurs de la montagne. Veillez simplement à donner vos coups de pinceau de l'intérieur vers l'extérieur de la sélection.

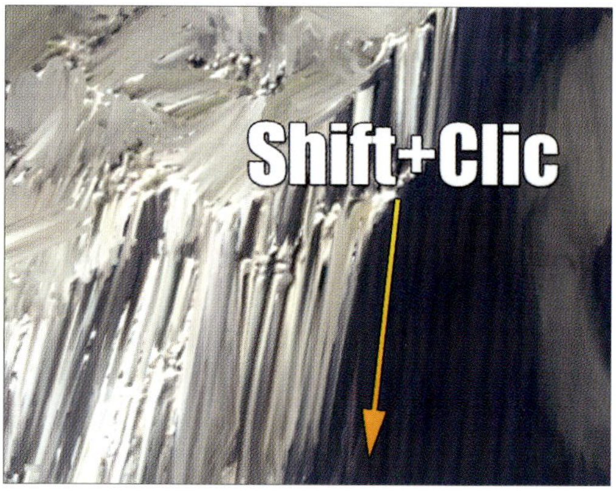

02 Sur les zones les plus abruptes de la paroi, il est parfois difficile de donner des coups de pinceaux parfaitement parallèles aux lignes naturelles de la roche. Mais en cliquant une première fois sur le point de départ du coup de pinceau puis en pressant la touche Shift et en cliquant une deuxième fois sur le point d'arrivée, l'outil sera utilisé selon une ligne droite.

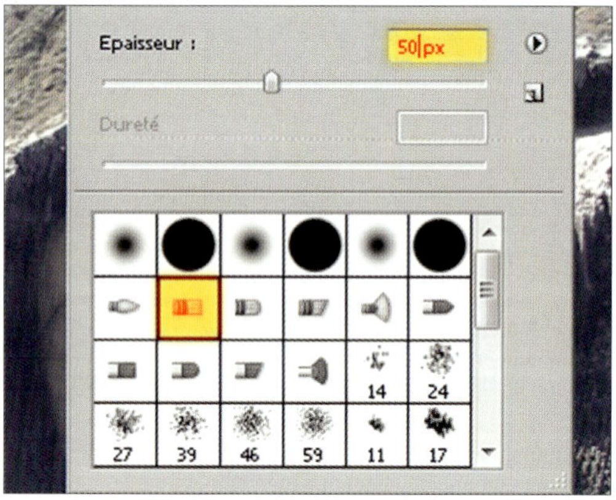

05 Cliquez avec le bouton droit de la souris sur votre composition afin de régler la taille du pinceau aux alentours de 50. Si vous disposez d'une tablette graphique, il vous sera beaucoup plus facile de travailler précisément, la pression du stylet permettant de pondérer l'étalement des couleurs et leur mélange. Placez votre stylet au dessus du pic montagneux.

06 Via de très courtes pressions, effectuez des mouvements de faible amplitude mais de manière très rapide en suivant les lignes naturelles de la roche. En lignes droites lorsqu'il s'agit d'une descente abrupte de la falaise et de manière circulaire lorsqu'il s'agit de roche aux bords arrondis. Vous pourrez ainsi varier les styles, en adaptant si besoin la taille du pinceau.

07 Afin de conserver l'intégrité des limites naturelles entre le ciel et la montagne, cliquez sur l'outil de Sélection rapide, accessible via la touche W. Donnez un coup de pinceau sur la partie bleutée du ciel de la gauche vers la droite afin de créer une sélection correspondant à cette zone. Pressez ensuite Ctrl+Shift+I afin d'inverser la sélection.

03 L'utilisation du pinceau mélangeur sur la zone de la mer pourrait être aisé, si les lignes d'écumes n'étaient pas complément horizontales. Votre poignée ne pourra peut-être pas se tordre assez pour tracer des lignes bien droites. Aussi, pressez la touche R afin de tourner votre composition de la même manière que si vous tourneriez une feuille de papier.

04 Afin d'atténuer la présence du crâne en l'assombrissant, pressez la touche Alt et cliquez avec le bouton gauche sur cette zone sombre. Un nouveau piqueur de couleur faire son apparition, bien plus efficace que précédemment. Passez l'opacité de l'outil pinceau à 20 % et peignez par-dessus le crâne afin de rendre moins présent.

05 Passez maintenant votre couleur de premier-plan sur du blanc. Le fait d'avoir utilisé le pinceau mélangeur sur la zone contenant la mer à réduit considérablement les zones d'écumes blanchâtres. Peignez de nouvelles zones blanches grâce à un pinceau fin, via de petits traits horizontaux.

ÉTAPE FINALE

Mélange et pigments

Comme vous avez pu le remarquer, l'outil de mélange des couleurs à tendance, selon les paramètres utilisés à fortement atténuer les détails. C'est bien là son but, mais dans un cas comme celui de l'écume cela peut rendre l'image fade et sans contraste. Pour cette raison, il peut être intéressant de conserver l'image d'origine sur un calque à part afin d'aller ponctuellement repiquer une couleur en particulier. Vous pourrez ainsi repeindre certaines zones de votre image, généralement des impacts de lumière ou des petites zones d'ombres.

→ LOGICIEL UTILISÉ • PHOTOSHOP

Marvel Vs. Photoshop

Allons tisser dans les coins avec Spider-Man une toile de couleurs à faire pâlir les dieux de la quadrichromie et de l'art séquentiel.

Jusqu'au début des années 90, la colorisation des comics américains était laissée aux mains des éditeurs et de leurs stagiaires qui écrivaient dans les marges les valeurs CMJN à utiliser en aplats sur chaque élément. La vision de ces points rouges, espacés d'1 mm, tentant en vain de reproduire les tons chair, hantent encore nos cauchemars. La création de studios indépendants tels Image ou Malibu Comics a permis de briser le statu quo complaisant des deux titans Marvel et DC en introduisant la révolution visuelle qu'offrait l'informatique. Tout d'abord à l'aide de logiciels faits maison puis de *Photoshop*, la couleur devient une affaire sérieuse, un investissement de temps, de travail et de talent comparable au dessin et à l'encrage.

L'exemple proposé ici est un dessin de Joe Quesada (rédacteur en chef de Marvel), encré par Jimmy Palmiotti, précédemment publié dans Daredevil Volume 2 intitulé L'Ange gardien. Les techniques utilisées sont assez simples et ne demandent pas un niveau très avancé, mais une certaine connaissance du dessin et de la théorie des couleurs sera définitivement un plus. Nous allons tenter de vous guider, de la préproduction jusqu'au produit fini, et de vous montrer comment préparer et colorer vos propres pages. Avant de commencer, calibrez attentivement la luminosité et le contraste de votre écran en comparant l'illustration imprimée ci-contre avec la version incluse dans le dossier de l'étape. Alors, révisez vos couleurs complémentaires et primaires. □CA

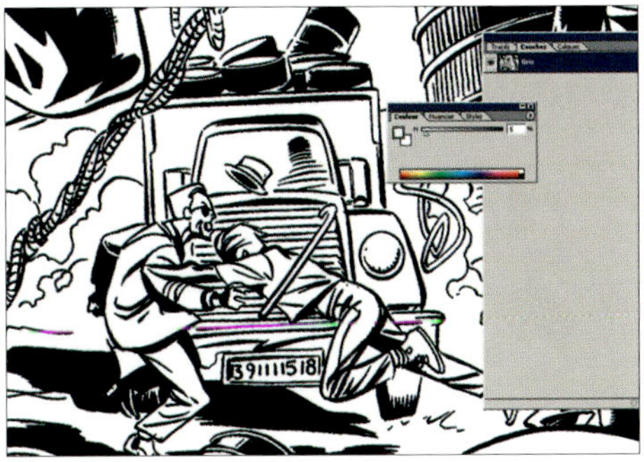

02 Choisissez une partie du dessin assez complexe, si possible avec des trames serrées, et affichez-la à une échelle de 1:1 (outil Zoom>Pixel réel). Allez dans « Image>Réglage>Seuil » et trouvez une valeur moyenne où les lignes ne sont pas trop fines et où les petits espaces ne se referment pas. Sauvegardez une version TIF avec le suffixe « Dessin », pour plus de sécurité.

INFO

Richard Isanove est un coloriste primé et un illustrateur de bandes dessinées. Installé à Londres, il travaille principalement pour Marvel Entertainment.

01 Différents encreurs utilisent des noirs plus ou moins opaques, des épaisseurs de trait qui varient à l'extrême ; il est donc prudent de s'offrir une marge d'erreur en scannant le dessin en nuances de gris plutôt que noir et blanc, puis de le nettoyer sous *Photoshop*. Scannez à 300 ppp pour un format A3. Un fichier prêt à imprimer sans marge chez Marvel est de 2 800 x 4 200 pixels.

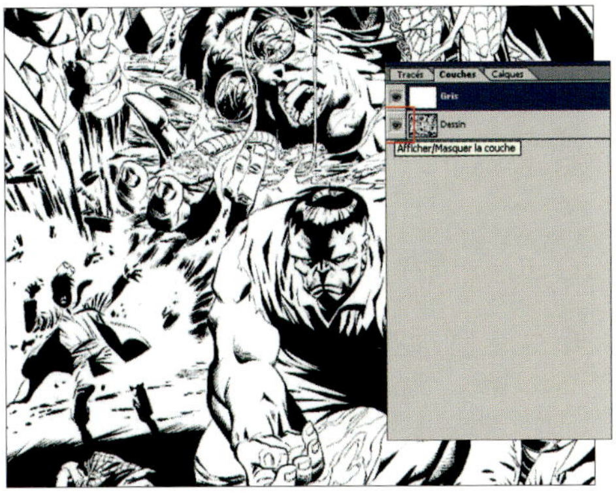

03 Copiez le dessin. Sur la palette des couches, cliquez sur la flèche, créez une nouvelle couche Alpha avec les options nom : Dessin/Zones sélectionnées/ Couleur : noir (R=0, V=0, B=0)/opacité : 100 %. Collez le dessin. Afin d'éviter des problèmes ultérieurs de sélection, assurez-vous que la case dans « Édition>Couleur>Mode avancé> Option de conversion>Simulation » (image 8bits/couche) n'est pas cochée.

NIVEAU

Intermédiaire

DURÉE

8 heures

SUR LE WEB

Les fichiers nécessaires à la réalisation de ce tutoriel se trouvent sur notre site Internet.

→ LOGICIEL UTILISÉ • PHOTOSHOP

04 Retournez sur la couche Nuance de gris, effacez le dessin (en appuyant sur D pour avoir les couleurs n & b en avant et arrière-plans puis Suppr). Choisissez « Image>Mode>RVB ». Dans la fenêtre des couches, sélectionnez l'œil dans la colonne en face de la couche Alpha « Dessin ». Le dessin est à présent visible mais non altérable. Nous allons travailler sur les couches RVB.

05 Attaquons les aplats. En utilisant le lasso, sélectionnez les éléments du dessin et remplissez avec différentes couleurs. Il ne s'agit pas de faire des choix définitifs, simplement de définir des zones aisément sélectionnables avec la Baguette magique. Vérifiez qu'aucun de vos outils n'a l'option « Lisser ». Et maintenant, un peu de patience...

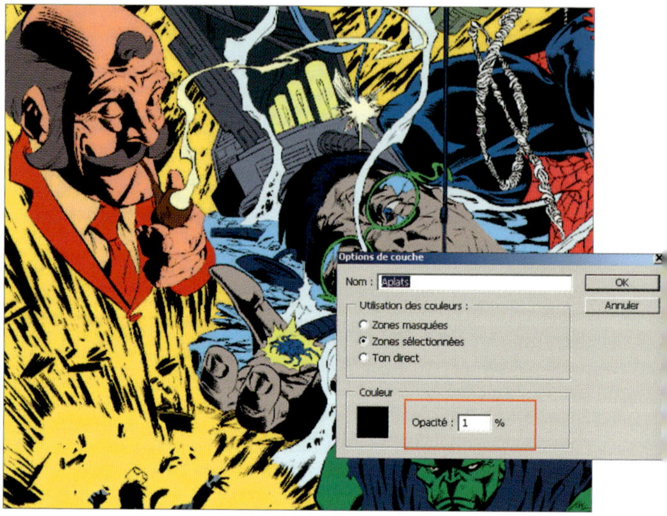

06 Copiez les aplats. Créez une nouvelle couche Alpha avec les options nom : Aplats/Zones sélectionnées/couleur : noir (R=0, V=0, B=0)/opacité : 1 %. Collez. Sélectionnez l'œil en face de cette nouvelle couche, la rendant ainsi en théorie visible. Cependant, à 1 %, elle reste en toute logique invisible, cela permet des allers et retours faciles entre les couches.

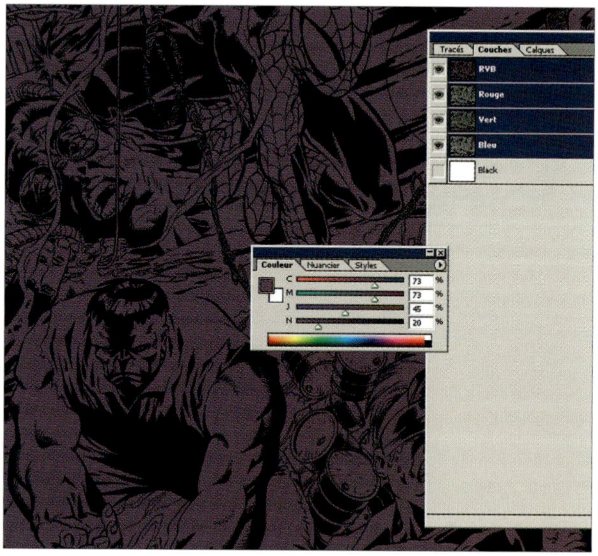

07 Choisissez une couleur de fond, un ton général qui unifiera toutes les ombres, pour éviter d'avoir un effet final de peinture par numéro. Cette base colorée, dont la somme des valeurs CMJN tourne aux alentours de 250, doit être assez neutre mais peut varier entre vert, violet, marron, etc. selon l'ambiance que vous désirez créer.

08 Établissez les principales sources lumineuses avec des dégradés en options Radial et « Premier plan transparent », en variant les modes (normal, superposition, produit et incrustation) à 30 % d'Opacité pour éviter d'avoir de grosses taches de couleurs sans nuances. Il s'agit de déterminer, avec des valeurs moyennes, les différents centres d'intérêt.

09 Cliquez sur la couche Aplats. Sélectionnez avec la baguette magique les zones sur lesquelles vous allez travailler. Retournez sur la couche RVB. Établissez avec l'aérographe les valeurs moyennes des couleurs locales en prenant bien soin de respecter l'éclairage indiqué par le dessin.
Pour les ombres les plus sombres, ajoutez un peu du ton neutre mentionné à la vignette 07.

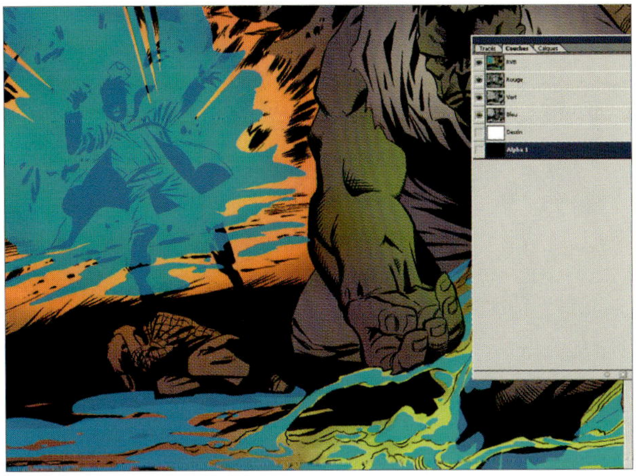

10 Le travail sur les personnages est souvent le plus intéressant ; il est donc conseillé de les garder pour la fin. Après un rapide travail d'approche à l'aérographe, découpez au Lasso (option Lisser) des sélections qui suivent et complètent le dessin, en essayant d'en accentuer les motifs et les textures (montrées ici en Masque).

11 Avec des dégradés et l'aérographe, faites un premier passage avec une couleur un peu plus claire que le fond et, en général, plus chaude. On obtient de bons résultats en utilisant le mode Superposition avec un jaune ou un orange très clair à faible opacité. Faites une deuxième génération de sélections au Lasso. Là encore : dégradés et aéro.

Du RVB au CMJN

La plupart des modes (Couleur, Incrustation, Superposition, Éclaircir) ainsi que certains filtres ne fonctionnent qu'en RVB. Les imprimeurs veulent des CMJN. Pour les convertir et éviter toute surprise, travaillez toujours avec l'option Image> Mode>Aperçu CMJN. Chaque éditeur a des paramètres de publication variant aussi selon la qualité du papier. Informez-vous avant de commencer. Ils vous donneront une « limite d'encre totale ».

12 Ajoutez les derniers reflets. L'astuce est de créer des formes abstraites qui fonctionnent avec le trait, pour en accentuer volutes et courbes. L'élégance et le naturel du produit fini dépendront de la symbiose entre le dessin et ces sélections. On les appelle Frisks, d'après le nom du film transparent utilisé pour faire des caches à l'aérographe.

13 Appliquez la même technique partout, en respectant les sources lumineuses et en prenant soin de créer des centres d'attention : que l'œil circule dans la page. Faites beaucoup de détails ou un simple coup d'aérographe selon les zones. Si tous les éléments sont rendus avec le même niveau de détails, vous risquez de disperser l'attention.

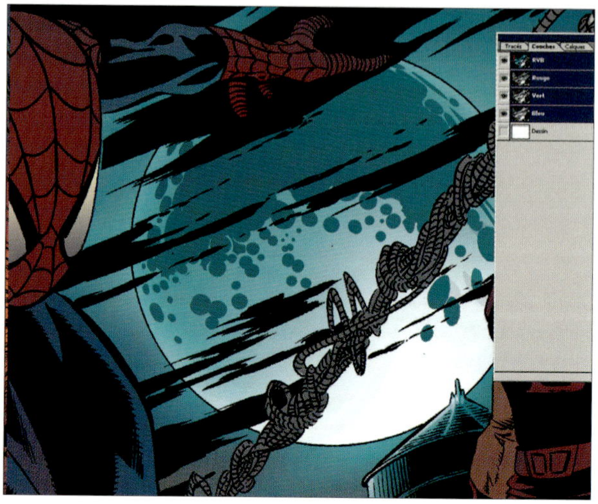

14 La lune : faites un simple dégradé allant d'un bleu de valeur moyenne au blanc. Pour l'ombre, dessinez une sélection constituée de petits ronds, soit au Lasso, soit en Mode Masque avec un pinceau. Plus les cercles s'éloignent du centre, plus ils sont aplatis et créent un effet de globe. Remplissez avec une couleur sombre.

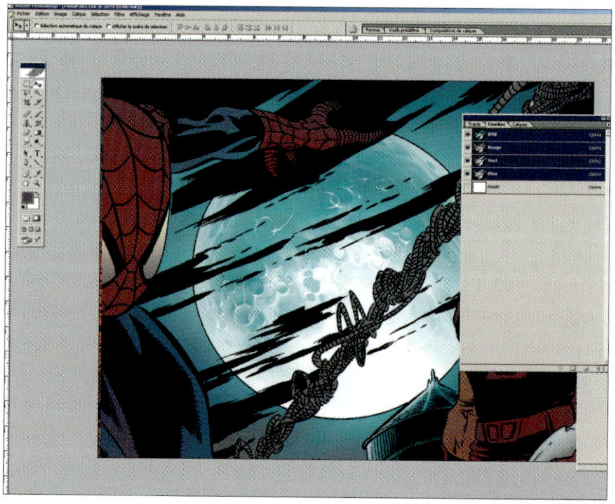

15 Attaquez l'autre face avec un dégradé linéaire blanc. Dessinez des cercles un peu irréguliers autour des ronds d'ombre et donnez de délicats coups d'aéro blanc du côté de la lumière. Plus on s'approche de la face cachée, plus les reflets doivent être fins. Rajoutez une ombre à quelques cratères, adoucissez les contours à l'aéro en main libre.

16 Il est utile de considérer la composition colorée : l'œil rebondit entre les éléments d'une même couleur. Il faut donc créer des chemins pour guider le regard dans la page. Les super-héros ont des codes couleurs, mais vous pouvez jouer avec les lumières et la saturation. Le rouge de Spider-Man et de Daredevil crée un cercle à droite de l'image.

17 Le vert de Hulk se retrouve dans le liquide sous le bandage, puis dans le tee-shirt du petit personnage et enfin dans les ampoules en haut à gauche. Le jaune-orange crée un X : de l'explosion au Daredevil jaune et des flammèches aux cheveux roux. Les tons chair suivent la même diagonale. Le violet de la vignette 7 produit un lien visuel qui cimente le tout.

18 Ajoutez le rendu des tons moyens, en gardant en tête la dynamique de la composition, l'éclairage et les volumes. Inspirez-vous du dessin autant que possible et accentuez les détails anatomiques. Choisissez toujours un point d'éclairage fort (tête et épaule de Spidey). Découpez des Frisks de plus en plus fins et sinueux quand ils s'éloignent.

19 Pour une image dynamique, utilisez des couches de couleurs de plus en plus chaudes. L'aérographe laisse apparaître un peu de la couleur précédente ; il est donc crucial de choisir ces tons intermédiaires en fonction du reflet utilisé et aussi du ton de base. Ainsi, pour passer du violet du fond à un jaune, utilisez un intermédiaire orange.

Le recouvrement

Une fois le fichier converti, il reste une étape cruciale parfois négligée : le recouvrement. Cette fonction crée dans les couches CMJN, une transition de quelques pixels entre la couleur et la sous-couche du noir.
Cela offre une marge d'erreur au cas où la plaque noire de l'imprimeur ne serait pas parfaitement alignée. Allez dans « Image> Recouvrement », choisir Largeur = 0,5 Points. Si vous utilisez des rouges sombres, cela peut donner un aspect un peu baveux. Cela ne se verra pas à l'impression, mais si cela vous dérange, sélectionnez le dessin (Ctrl + Dessin) avant de « Recouvrir ». Alors, seule la sous-couche sera affectée.

20 En règle générale, choisissez des couleurs progressivement plus chaudes. Les couleurs purement froides posent problème. Pour les bleus, utilisez un ton intermédiaire avec autant de jaune que de magenta (ex : C=95, M=50, J=50, B=15). Pour les blancs, mettez d'abord une couche d'un jaune très léger (C=0, M=0, J=40, B=0).

21 Ajoutez des reflets de bleu et blanc purs. En mettant du jaune dans leurs substrats, ces couleurs, qui ont souvent tendance à apparaître déconnectées du reste de l'œuvre, rentrent dans la logique d'une progression lumineuse du froid vers le chaud. Cette approche est plus fine que le simple Foncé-Moyen-Clair, aussi appelée « peinture par numéros ».

22 Les visages sont souvent une étape décisive pour le dessin. Avant de commencer, étudiez soigneusement l'anatomie, la lumière, les expressions. Cela s'applique aussi évidemment au reste de la page. Le but est de compléter et d'accentuer le travail du dessinateur. La forme des Frisks doit s'adapter au style graphique de chaque dessinateur.

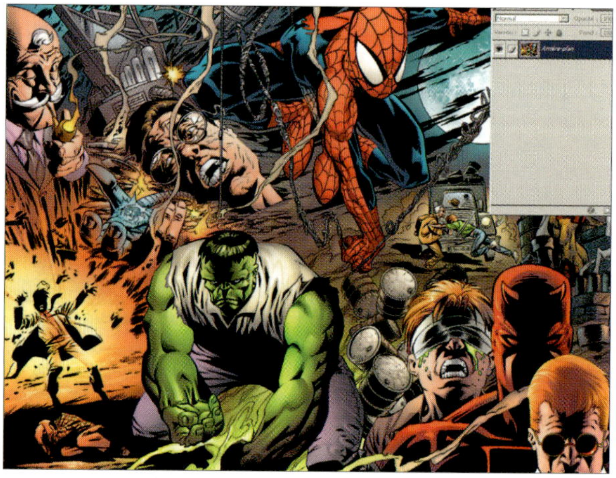

23 Une fois tous les éléments complétés, à l'aide de dégradés à faible opacité, affinez le tout afin de bien séparer les personnages du fond. Utilisez les modes Obscurcir, Produit, Incrustation avec une couleur froide foncée (par ex : C=65, M=90, J=25, B=15) et Éclaircir, Superposition, Incrustation avec une couleur chaude claire (C=0, M=15, J=85, B=0).

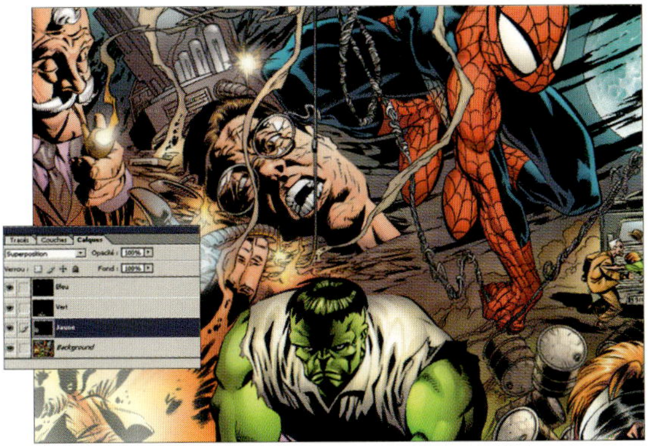

24 Retirez l'œil de la couche « Dessin », sélectionnez-la (Ctrl+Dessin). Remplissez de noir (D puis Alt+Suppr). Désélectionnez. Créez un calque en mode superposition que vous remplirez de noir. À petites touches d'aéro et de dégradés à l'encre blanche, accentuez les points les plus lumineux : les flammes, l'explosion, etc. Créez un calque par couleur.

Travailler en CMJN

Certains éditeurs ne veulent pas utiliser de noir dans la composition des couleurs de peur de les voir baver sur le dessin (dans le cas de papier médiocre). Leur suggestion : travailler en CMJN. Vous pouvez aussi travailler normalement et, une fois le fichier converti, allez sur la couche du noir. Faites « Tout sélectionner », soustraire le dessin (Alt+Ctrl+ Dessin). Copiez. Basculez sur les couches CMJN (en utilisant Maj) et, enfin, collez. La page apparaît à présent n & b. Changez le mode du calque en Produit. Les couleurs sont foncées proportionnellement à la valeur des gris dans le calque. Retournez sur la couche noire, pressez D et « Suppr » afin qu'il n'y reste que le dessin. Aplatissez et recouvrez.

ÉTAPE FINALE

Passez en « Image>Mode>Aperçu CMJN ». Allez dans « Réglage>Teinte/Saturation ». Cochez Redéfinir. Jouez avec Teinte et Saturation pour obtenir la couleur désirée. N'utilisez « Luminosité » qu'en valeurs négatives. Aplatissez les calques. Pour changer la couleur d'une ligne (Fumée, Lune), faites une sélection aux alentours, réduisez en pressant Maj+Ctrl+Alt+Dessin. Enfin, remplissez avec la couleur de votre choix.

→ LOGICIEL UTILISÉ • PHOTOSHOP CS3 ET ULTÉRIEUR

De l'art abstrait dans vos projets personnels

Pour JUN, les travaux les plus impressionnants ne sont pas forcément issus de commandes. Il suffit de bien choisir les éléments de départ, de passer quelques heures sur le projet et de faire preuve d'un peu d'imagination.

Si les travaux personnels sont souvent synonymes de manques de moyens, cela ne signifie pas pour autant qu'ils manquent de qualités. Tout dépend de votre imagination et de votre créativité. Dans ce tutoriel, nous allons vous montrer comment, en consacrant un peu de temps, vous pouvez surmonter les difficultés d'un petit budget, en créant une œuvre d'art abstraite impressionnante avec l'aide de *Photoshop*. À la fin de cette étape, vous devriez avoir deux nouvelles bibliothèques d'éléments à utiliser dans vos futurs projets. Les processus et les techniques décrits ici peuvent être réutilisés de différentes manières. De même, l'image finale de ce tutoriel peut être déclinée à l'infini selon vos désirs. À vous d'expérimenter avec les résultats obtenus. □CA

INFO

JUN
Co-fondateur du studio singapourien UFHO, JUN est à la fois designer, illustrateur et directeur artistique dans des domaines aussi variés que la mode, la musique, l'art ou encore la publicité. Il représente également la partie créative de la boutique en ligne Kittozutto. Pour des informations supplémentaires, rendez-vous sur www.ufho.com et sur www.kittozutto.com

NIVEAU
★★★★☆

DURÉE
5 heures

SUR LE WEB
Les fichiers nécessaires à la réalisation de ce tutoriel se trouvent sur notre site Internet.

01 Dans cette étape, créez une version de pégase, le Destrier ailé de Bellérophon. Cherchez une photo de cheval dans une banque d'images, ou si vous le pouvez, prenez-la vous-même. Inutile d'avoir l'animal en entier, car il est pratiquement impossible d'avoir d'origine la pose désirée. Pour information, le cheval de cette étape est constitué de trois clichés différents.

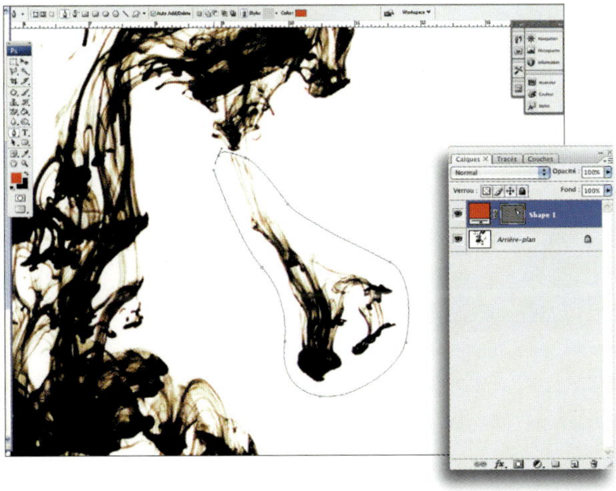

02 Constituez-vous une bibliothèque d'images représentant des coulures d'encre de Chine. Des photos d'encre se diluant dans l'eau sont certainement les plus intéressantes. Enregistrez les images dans un dossier puis ouvrez-les toutes. Utilisez l'outil Plume afin de découper les coulures désirées.

→ LOGICIEL UTILISÉ • PHOTOSHOP CS3 ET ULTÉRIEUR

03 Organisez vos coulures détourées sur divers calques puis désaturez-les. Extrayez chaque calque de coulures de son arrière-plan en effectuant un Ctrl/Cmd + clic sur la couche bleue dans le panneau des couches. Inversez la sélection. Créez un nouveau calque et remplissez la sélection de noir. Procédez ainsi pour toutes les images.

04 Ouvrez le fichier du cheval servant de modèle ainsi que toutes les coulures. Créez un groupe appelé « smoke » dans le fichier PSD du cheval. Importez les coulures d'encre détourées et déformez-les afin d'épouser la forme du cheval à l'aide de l'outil Déformation. Une fois satisfaite, pressez la touche Entrée afin de confirmer la déformation.

05 Poursuivez le processus jusqu'à recouvrir complètement le modèle de cheval. Pour cela, faites bien attention au sens des coulures. N'hésitez pas à expérimenter en jouant sur les déformations. Vous pourrez toujours masquer les zones qui ne « fonctionnent pas » plus tard.

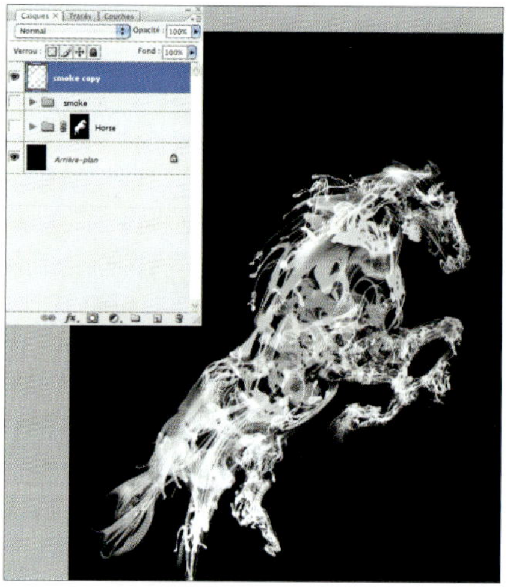

06 Ensuite, colorisez le cheval ainsi obtenu. Dupliquez le groupe « smoke » et cachez l'original. Fusionnez le nouveau groupe. Inversez les couleurs vers le blanc et remplissez le calque d'arrière-plan avec du noir. Étant donné que nous utiliserons une courbe de transfert de dégradé pour colorier l'image, faites bien attention aux résultats inversés concernant les couleurs noires et blanches.

CV visuel

Sélection des travaux personnels et des commandes de JUN.

Reborn – 2008 Pour ce projet personnel, j'ai combiné 5 paysages différents pour obtenir l'arrière-plan. Le reste a été créé dans *Photoshop*.

Run – 2008 Cette image fait partie de ma série intitulée *Forward*. Il s'agit d'une illustration constituée d'une image de référence ainsi que des photos de coulures d'encre de Chine.

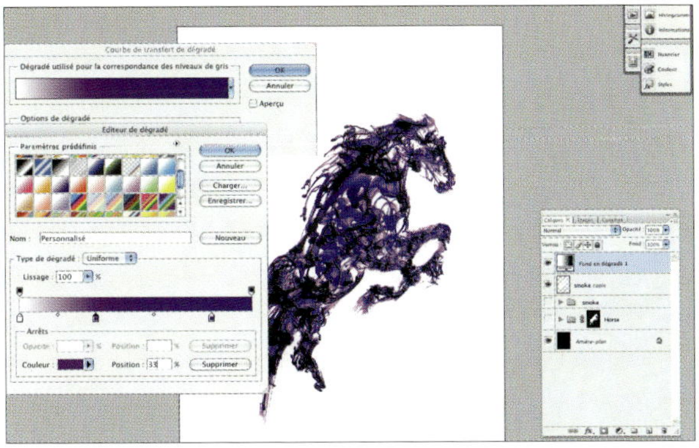

07 Créez au-dessus du calque smoke un nouveau calque de réglage pour la courbe de transfert de dégradé. Comme vous le constatez, vous allez mettre en couleur les coulures d'encre à l'aide d'un dégradé. Laissez les options Dispersion et Inversion désélectionnées. Les couleurs actuelles importent peu étant donné que l'on pourra les modifier plus tard en ayant recours aux réglages de teintes et de saturation. J'ai choisi ici une teinte orangée.

08 Créez un nouveau calque au-dessous du calque smoke. Obscurcissez certaines zones afin de compléter la silhouette du cheval. Prenez une brosse douce réglée sur blanc et peignez les endroits qui ne sont pas recouverts d'encre. Vous obtenez un magnifique équidé tout en couleur.

09 Passez ensuite à la création de la structure interne et aux ailes de la créature. Consultez des banques d'images afin de trouver des photos de moteur, ou si vous le pouvez, faites-les vous-même. Dans mon exemple, j'ai choisi le détail d'une moto que j'ai détouré à l'aide de l'outil Plume. Désaturez votre sélection.

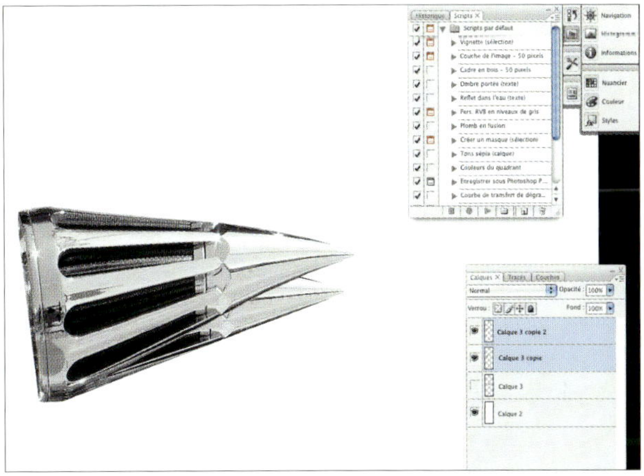

10 Maintenant, créez une nouvelle Action afin d'enregistrer vos prochains pas. Une fois en mode Enregistrer, dupliquez le calque, faites-le un peu pivoter puis utilisez les outils Transformations ou Déformations. Confirmez la transformation puis cessez d'enregistrer.

Animusicity – 2006 Pour ce flyer destiné à promouvoir le groupe *Ministry of Sound*, il a fallu que j'accorde l'expression d'un animal avec la position d'un corps humain, ce qui était assez inhabituel à l'époque.

Soccer – 2008 J'ai commencé ce projet personnel dans le but d'explorer de nouvelles compétences. Pour le mettre en œuvre, il m'a suffi de *Photoshop* et de deux images représentant un footballeur et une balle.

Dis[c]integrate poster – 2006 Pour ce poster, réalisé pour le groupe *Ministry of Sound*, j'ai brisé des vieux CD que j'ai ensuite scannés pour les importer dans *Photoshop*. J'ai par la suite eu recours aux outils de masquage, de déformation et d'image de référence ainsi que différents modes de fusion.

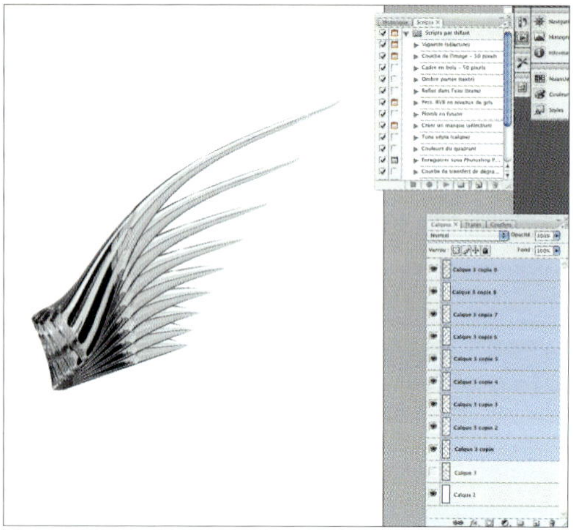

11 Vous venez de créer une Action. Pressez le bouton Lecture à plusieurs reprises et vous verrez apparaître devant vos yeux les ailes de votre cheval. Effectuez des essais en modifiant la distorsion et la direction de votre Action afin de créer diverses formes abstraites.

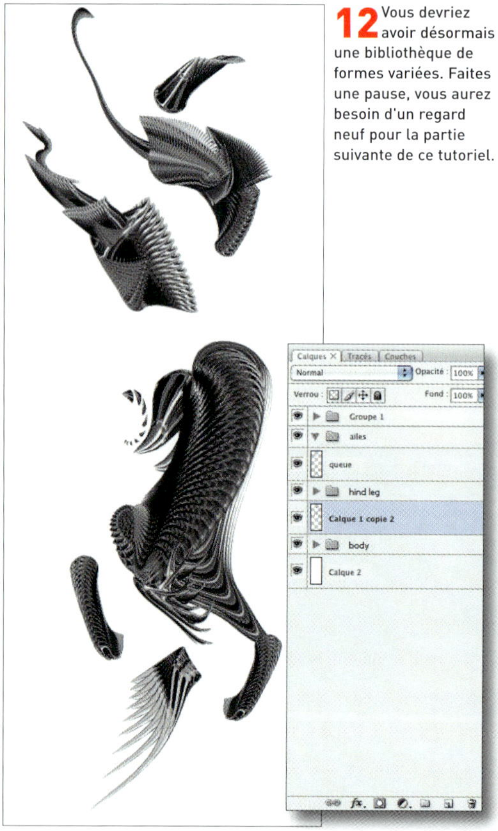

12 Vous devriez avoir désormais une bibliothèque de formes variées. Faites une pause, vous aurez besoin d'un regard neuf pour la partie suivante de ce tutoriel.

13 Faites glisser votre bibliothèque de formes abstraites au-dessous du calque de la courbe de transfert & de dégradés de votre modèle de cheval. Je l'ai appelé « body ». Réglez le Mode de fusion de ce groupe sur Lumière ponctuelle.

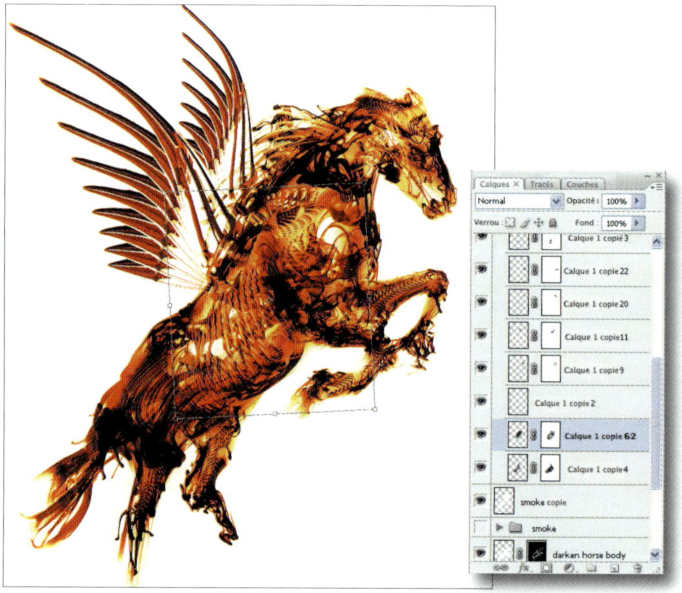

14 Déformez le reste des formes abstraites en fonction de vos besoins et masquez les zones non désirées. Une fois de plus, créez un nouveau calque au-dessus des calques des ailes. Sélectionnez un pinceau blanc à bord arrondi pour assombrir les ailes.

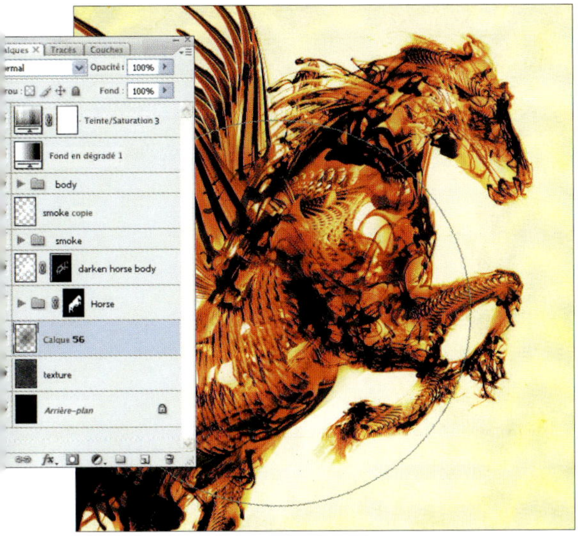

15 Afin que l'arrière-plan se fonde parfaitement avec le cheval, faites glisser ou bien créez vous-même des images de textures dans le calque situé au-dessus du calque d'arrière-plan. Choisissez Densités des couleurs et une opacité de 35 %. Créez un calque au-dessus puis une auréole blanche derrière le cheval à l'aide d'un pinceau noir à bord arrondi.

16 Ouvrez le fichier « solstice_31.jpg » fourni dans le dossier de cette étape depuis notre site Web et faites-le glisser au-dessous du calque des textures. Fixez son opacité à 85 %.

17 Il est temps désormais de faire interagir votre Pegase avec son environnement. Ajoutez des ombres, des lumières, des effets de brume et autres détails à votre composition. J'ai, par exemple, ajouté un petit effet de lens flare près de la tête du cheval.

ÉTAPE FINALE

Félicitations, vous venez d'achever cette étape ! En combinant avec habileté des images venant de banques et de photographies, vous obtenez votre propre créature mythique. Laissez libre cours à votre imagination et ajoutez vos touches personnelles pour finaliser le projet. Ici, le contraste et la luminosité ont été légèrement modifiés.

3D ART

INFO
FRANÇOIS GRASSARD
francois@coyot.com

NIVEAU
★★☆☆☆

DURÉE
2 heures

SUR LE WEB
Les fichiers nécessaires à la réalisation de ce tutoriel se trouvent sur notre site Internet.

→ LOGICIEL UTILISÉ • PHOTOSHOP CS5

La 3D pour de vrai

Tirez partie des avantages de la 3D dans vos compositions typographiques.

→ L'insertion d'éléments 3D dans *Photoshop* est réellement possible depuis la version CS3, avec le support de l'importation de fichiers tels que le 3DS, l'OBJ ou le COLLADA.
Même si le logiciel peut importer ces fichiers, il est important de rappeler que *Photoshop* n'est pas un logiciel 3D. L'édition de formes complexes et surtout les rendus très sophistiqués sont difficilement à sa portée. Les temps de rendu demandés pour obtenir une qualité d'anti-aliasing correct sont bien souvent prohibitifs, notamment sur des compositions à haute résolution.
Néanmoins, les nouvelles fonctionnalités ajoutées dans la version CS5 peuvent permettre à toute personne étrangère à ce monde parfois obscur qu'est la 3D de tirer partie de certains de ces fondements. L'utilisation de la nouvelle fonction « Repoussé » sur du texte permet de mettre au placard des dizaines de stratagèmes utilisés depuis des années pour simuler de la 3D dans *Photoshop*, avec plus ou moins de succès.
Nous allons voir dans ce pas à pas comment utiliser au mieux cette nouvelle fonctionnalité afin de créer un effet typographique accrocheur.
Nous utiliserons ensuite des fonctions plus classiques comme les styles de calque afin d'uniformiser les éléments 2D et 3D. □ FG

Mise en place de l'image de fond

Définissez l'ambiance de votre composition.

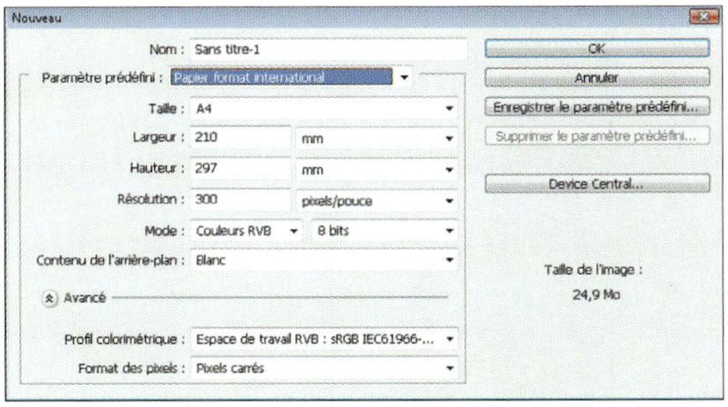

01 Une fois *Photoshop CS5* démarré, rendez-vous dans le menu Fichier > Nouveau afin de créer un nouveau document. Nous allons ici choisir une image de type A4 mais si votre machine n'est pas des plus puissantes, il est possible de travailler sur une image plus petite. En effet, les fonctions 3D de *Photoshop* réclament énormément de ressources.

03 Inversez la luminance du fond Ctrl+I pour le passer en noir. Passez en outil « Pinceau » puis faites un clic droit sur votre composition afin de choisir une forme ronde aux bords diffus. Faites Alt+Shift+Bouton droit afin d'afficher le nouveau sélecteur de couleurs de la CS5.

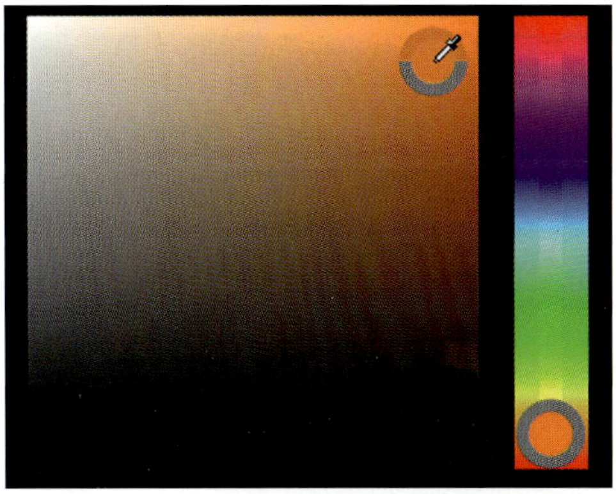

02 Rendez-vous dans le menu Édition > Préférences > Performance. Dans la section Paramètres GPU, cliquez sur Paramètres avancés et choisissez Avancé. Validez puis cliquez, dans le menu gauche, sur 3D afin de vérifier que la section Rendu interactif soit bien réglée sur OpenGL. La manipulation des objets 3D sera ainsi beaucoup plus réactive.

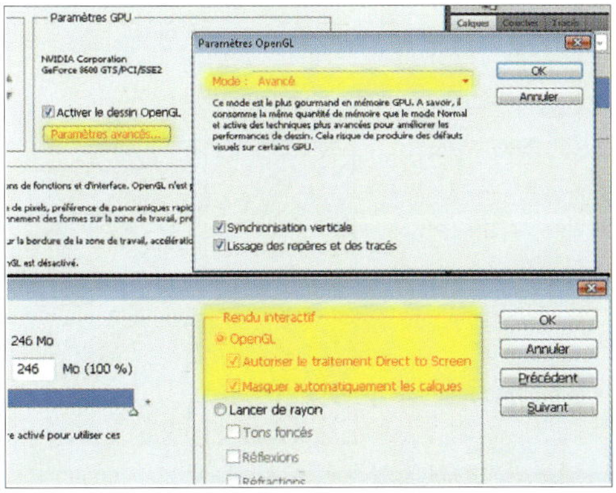

04 Choisissez un bleu foncé puis, avec l'outil Pinceau, pressez la touche Alt et cliquez au centre de votre composition avec le bouton droit afin de définir dynamiquement la taille de celui-ci. Agrandissez le rond rouge permettant de visualiser cette taille jusqu'à ce qu'il touche les bords de la composition. Cliquez ensuite d'un coup sec afin de créer un dégradé radial.

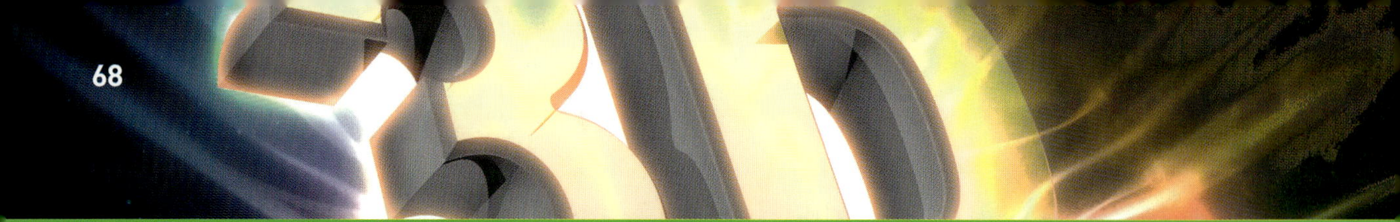

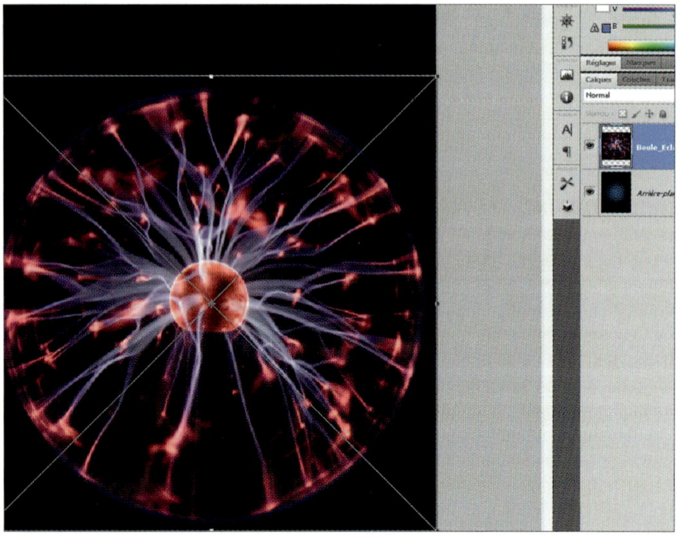

05 Rendez-vous dans le menu Fichier > Importer afin d'ajouter à votre composition le fichier « Boule_Eclair.jpg », fourni dans le dossier de l'étape depuis notre site Web. Cette image devrait se placer sur un nouveau calque, au-dessus de la pile. Elle est également redimensionnée de manière automatique afin de combler la largeur de l'image. Validez son importation via la touche Entrée.

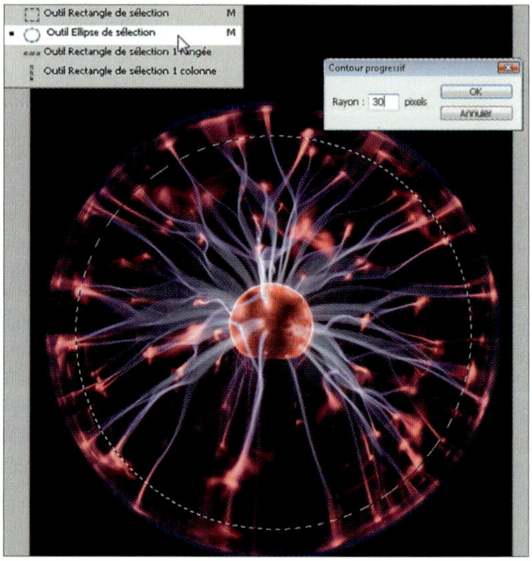

06 Dans la fenêtre des Calques, cliquez avec le bouton droit sur le nom du calque « Boule_Eclair » afin de choisir « Pixelliser le calque ». Avec l'outil de sélection Ellipse, pressez la touche Shift et créez un cercle de sélection de taille inférieure à celle de la boule. Faites Alt+Ctrl+D pour d'appliquer un contour progressif de 30 pixels.

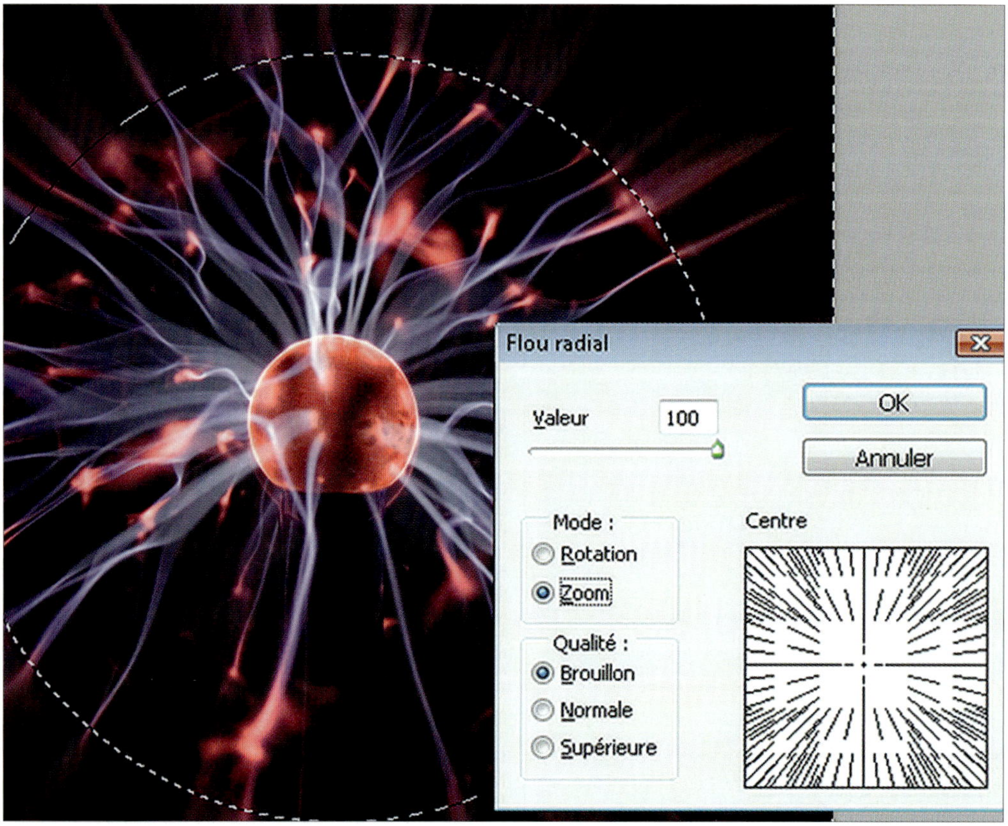

07 Pressez les touches Ctrl+Shift+I afin d'inverser la sélection et appliquez un filtre Atténuation > Flou radial d'une valeur de 100, en mode « Zoom » et en qualité « Brouillon ». Pressez plusieurs fois les touches Ctrl+F afin de multiples fois le même effet et ainsi tirer un peu plus les rayons de lumières extraits du contour de la boule.

Ajout de la typographie en 3D

Utilisez la fonction « Repoussé » sur du texte.

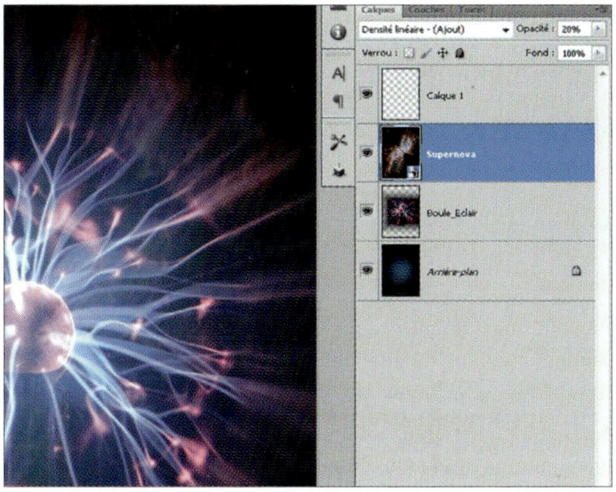

01 Passez le mode de fusion du calque « Boule_Eclair » de Normal à Densité Linéaire -. Importez de la même manière que précédemment l'image « Supernova.JPG » au-dessus de la pile de calques et passez son mode fusion en Densité Linéaire - à 20% d'Opacité. Au bas de la fenêtre de calques, créez un nouveau calque via l'icône représentant une feuille au bord corné.

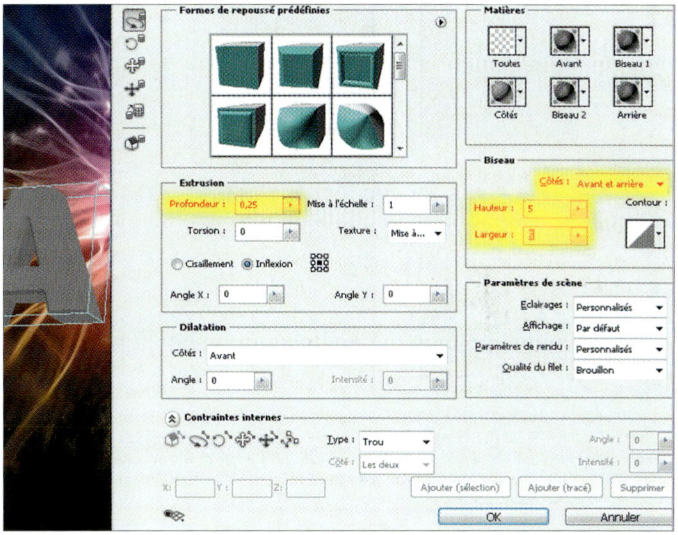

02 Passez le mode de fusion de ce nouveau calque en Couleur. De la même manière qu'au début de ce pas à pas, choisissez une couleur vive et donnez un large coup de pinceau afin de recoloriser le coin supérieur droit de votre composition. Faites de même pour les trois autres coins, mais en variant le plus possible les couleurs utilisées.

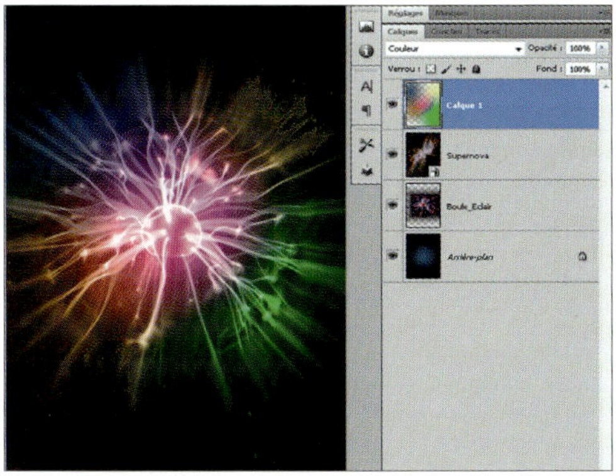

03 Passez en outil texte via la touche T et choisissez dans la barre d'options, en haut de l'interface, une police de type Arial Black. Cliquez puis tapez la lettre « A » avant de régler la taille de celle-ci afin qu'elle représente environ 1/5 de la largeur de la composition et dont la couleur sera un gris neutre. Validez via la touche Entrée du pavé numérique.

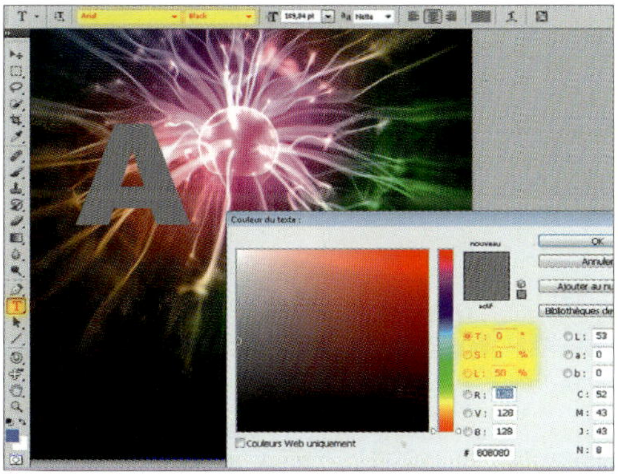

04 Tout en gardant le calque de texte sélectionné, rendez-vous dans le menu 3D > Repoussé > Calque de texte. Confirmez l'opération de pixellisation vous permettant d'accéder au panneau Repoussé . Dans la section Extrusion réglez la profondeur à 0,25 puis, dans la section Biseau, passez «Côtés » en « Avant et arrière » et réglez la hauteur et la largeur à 5.

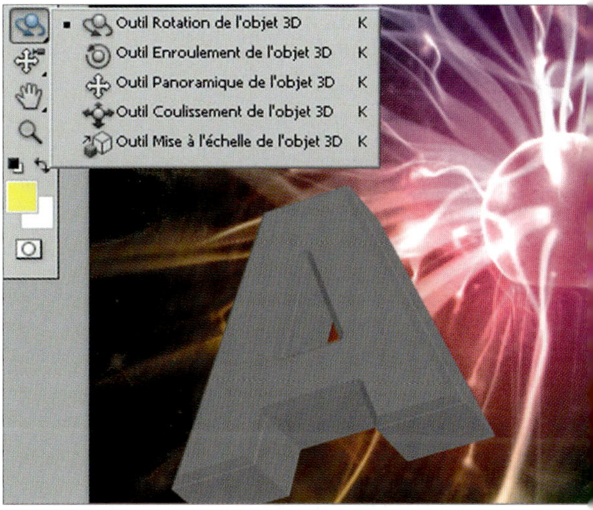

05 Validez via le bouton OK. Pressez la touche K afin de passer en outil « Rotation d'objet 3D ». Grâce à celui-ci, orientez la lettre A comme bon vous semble, si possible en jouant sur les fortes perspectives et tourner le bas de la lettre vers la caméra. Via les touches Shift+K, cyclez dans les outils de transformation jusqu'à l'outil de coulissement afin d'avancer la lettre. Largeur à 5.

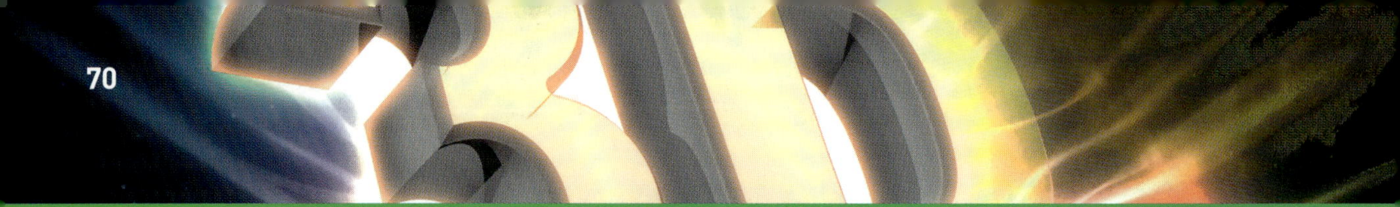

06 Dans la fenêtre de calques apparaissent à présent deux textures de « Diffusion ». « Matière de l'extrusion de A » et « A ». Double-cliquez sur « A » afin d'ouvrir cette texture dans un nouvel onglet. On voit apparaître la texture grise de la lettre A, permettant d'obtenir un repère ainsi qu'une forme de découpe. « Via Fichier > Importer », ajoutez au-dessus de la pile « Béton.JPG ».

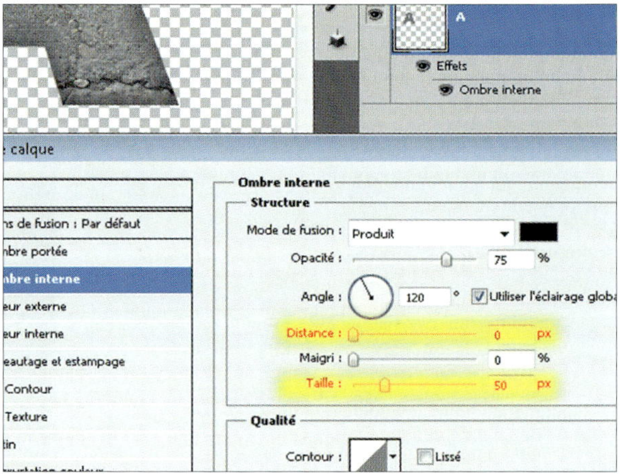

07 Placez cette texture au-dessus de la lettre A, validez ce placement par la touche « Entrée » puis cliquez avec le bouton droit sur le nom « Béton » afin de choisir « Créer un masque d'écrêtage ». Double-cliquez dans l'espace vierge à droite du nom du calque « A » afin d'afficher les styles de calque. Activez « Ombre interne » puis passez sa distance à 0 et sa taille à 50.

Texture de la typographie 3D

Définissez la texture appliquée au matériau de votre lettre

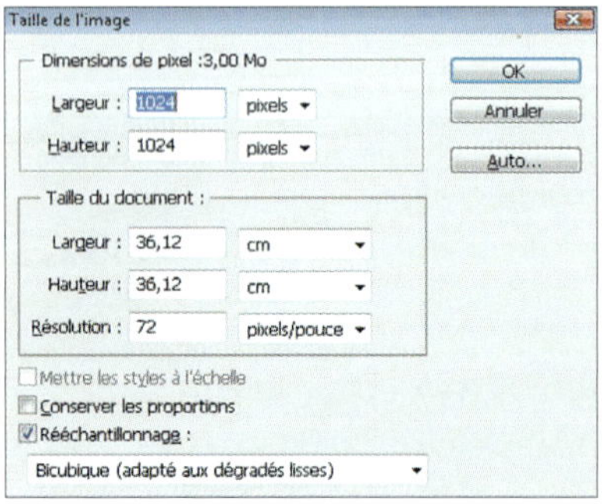

01 Via les onglets, revenez dans votre composition afin de visualiser la texture plaquée sur la face avant de votre lettre extrudée. Double-cliquez sur « Matière de l'extrusion de A » afin d'ouvrir également cette texture dans un nouvel onglet. L'extrusion étant de valeur 0,25, celle-ci est égale à ¼ de la surface. Pressez Alt+Ctrl+I afin de modifier la taille de l'image.

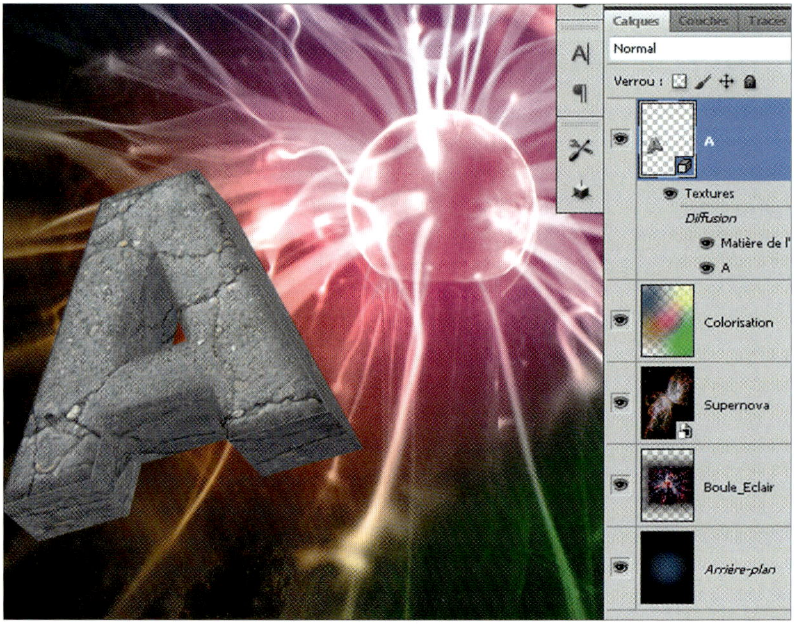

02 Décochez la case « Conserver les proportions » et passez la « Hauteur » à 256, soit ¼ de la résolution d'origine. Importez de la même manière que précédemment la texture « Béton.JPG » afin de recouvrir la totalité de la surface. Si besoin, ajoutez un nouveau calque afin de noircir certaines zones et ainsi rendre la texture moins uniforme.

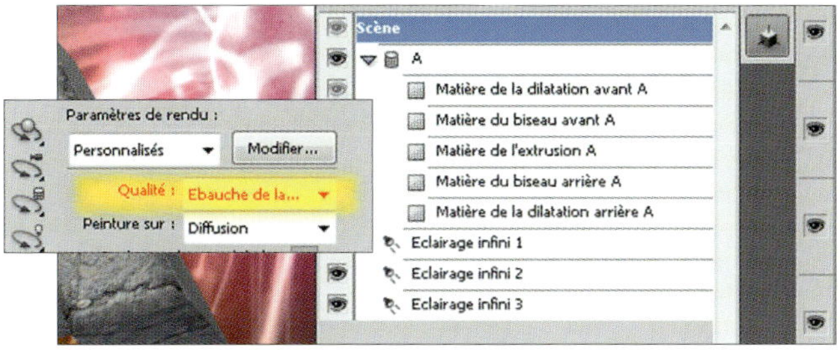

03 Tout en maintenant le calque A sélectionné, cliquez sur l'icône permettant de faire apparaître la fenêtre 3D, à droite de l'interface. Dépliez le menu déroulant « Qualité » afin de choisir « Ebauche de lancer de rayon » et ainsi obtenir un Anti-Aliasing correct et des ombres. Attention, cette opération peut-être relativement longue sur les images à haute résolution.

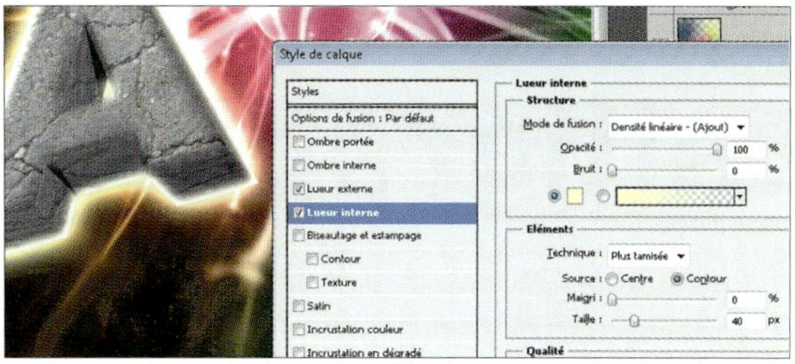

04 Double-cliquez dans la zone vierge jouxtant le nom du calque A afin de faire apparaître les styles de calque. En activant la « Lueur externe » puis la « Lueur interne » et en réglant leurs tailles sur 40, votre lettre s'illuminera afin de se mieux se fondre avec l'image de fond. L'ajout d'autres styles de calque peut permettre une meilleure intégration.

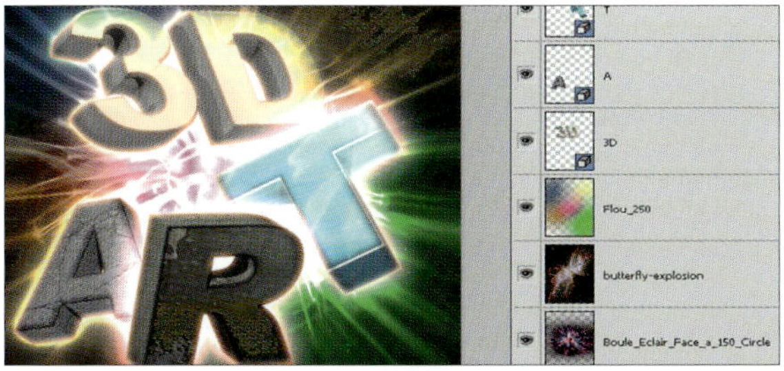

05 Effectuez toutes les opérations relatives à la fonction « Repoussé » pour chaque lettre que vous désirez ajouter à votre composition. Variez les textures et les paramètres de transformation pour chacune d'entre elle afin de multiplier les couleurs et les formes. Via un clic droit faites un Copier/Coller les Styles de calque, vous pourrez reporter ces effets d'une lettre à une autre.

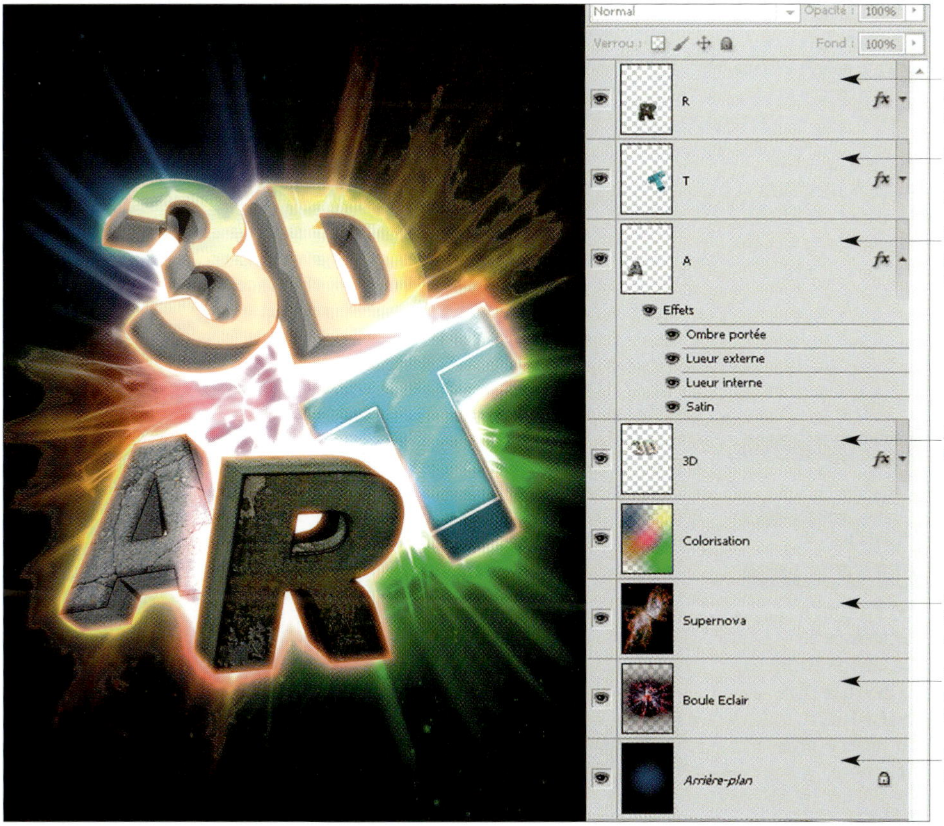

7 – Chaque lettre contient sa propre scène 3D permettant une orientation indépendante.

6 – La pixellisation 3D permet de réduire les ressources demandées par *Photoshop*.

5 – Les styles de calques permettent une meilleure intégration avec l'arrière-plan.

4 – Typographie extrudée via la fonction Repoussé.

3 – Supernova ajoutée via le mode fusion Densité linéaire - à 20% d'Opacité.

2 – Boule à plasma ajoutée via le mode fusion Densité linéaire - et floutée de manière radiale.

1 – Arrière-plan contenant un dégradé radial.

→ LOGICIEL UTILISÉ • PHOTOSHOP CS3

Microcosme calligraphique

Photoshop est sans contexte le logiciel de référence lorsque vous voulez créer une image en utilisant la technique du photomontage. Nous allons voir ensemble comment créer une image originale sur la base de lettres en pierre.

→ Cette étape va nous permettre de réaliser un photomontage de lettres en pierre hébergeant personnages humain et animal. Dans un premier temps, il s'agira de créer la lettre pour la transformer en sélection et d'utiliser cette dernière pour sélectionner une partie d'image de pierre. Tout en lui appliquant un effet de biseautage/estampage, nous ajouterons du volume à notre lettre. Vous transformerez certains des effets en calques. Cette technique s'avérera bien utile pour utiliser les masques de fusion afin d'effacer certaines zones où les pixels sont indésirables. Il existe plusieurs façons de détourer une image. Nous utiliserons surtout la méthode consistant à retoucher la couche de couleur où le contraste entre le noir et le blanc est le plus marqué. Pour mieux intégrer vos éléments les uns par rapport aux autres et pour donner plus de réalisme à l'ensemble de votre travail, vous utiliserez régulièrement différentes formes de Pinceau. Dans la palette de forme, vous utiliserez de nombreuses options pour affiner votre image. En particulier la dynamique de couleur qui lors de l'ajout d'herbe fera un mélange entre la couleur de premier plan et celle de deuxième plan. □CJS

INFO

CHIEN JAUNE STUDIO est un studio de création numérique online et offline comprenant exclusivement des créatifs indépendants, tous issus de cursus différents (illustration, photographie, design, art contemporain, architecture).
www.chienjaunestudio.com

NIVEAU

★★☆☆☆

DURÉE

2 heures

SUR LE WEB

Les fichiers nécessaires à la réalisation de ce tutoriel se trouvent sur notre site Internet.

→ LOGICIEL UTILISÉ • PHOTOSHOP CS3

Typographie minérale

Le plus gros du travail lors de cette étape résidera dans les sélections des différents éléments qui constitueront votre image finale.

01 Ouvrez dans *Photoshop* l'une des images de pierre présentes dans le dossier de l'étape depuis notre site Web. Choisissez une typographie de votre choix puis ajoutez une lettre sur votre document. Agrandissez cette lettre pour obtenir un caractère assez grand puis faites un Ctrl (ou Cmd) clic sur le calque pour créer une sélection de la lettre.

02 Sélectionnez l'onglet Tracé puis cliquez sur l'icône en bas de la palette « convertir une sélection en tracé ». En utilisant la flèche blanche « A » transformez votre tracé jusqu'à obtenir une lettre déformée. Masquez le calque de fond si celui-ci nuit à la visibilité de votre travail.

03 En cliquant sur le calque du tracé tout en maintenant la touche Ctrl (ou Cmd) enfoncée, créez une sélection de votre tracé. Retournez sur l'onglet des calques puis sélectionnez celui avec la matière de pierre. Faites Faites un Ctrl / Cmd+C puis un Ctrl / Cmd+V pour dupliquer la matière de pierre sur un nouveau calque.

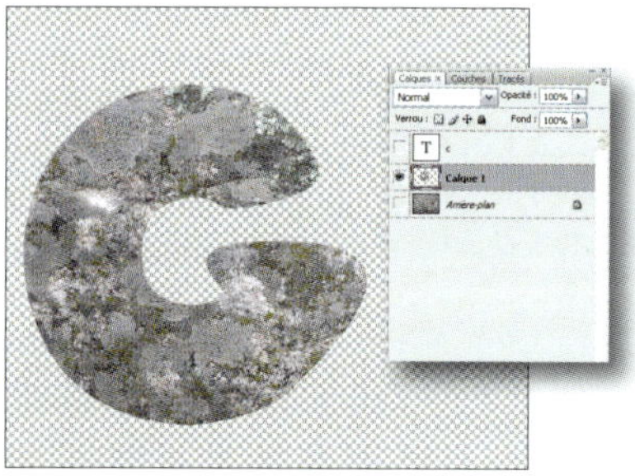

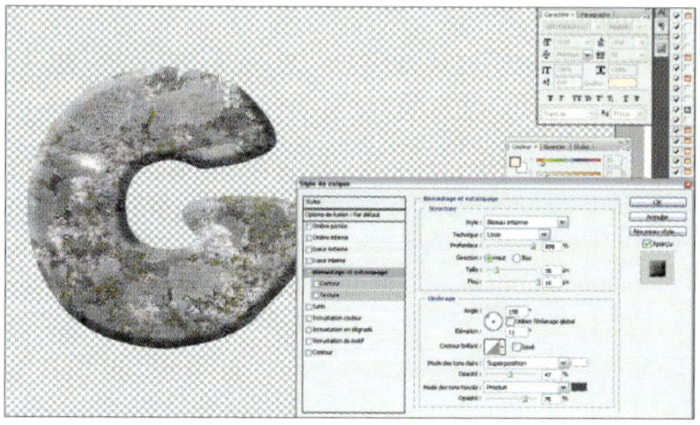

04 Cliquez en bas de la palette des calques sur fx puis choisissez « Biseautage et Estampage ». Dans la fenêtre contextuelle, réglez les différentes options pour ajouter un effet de volume à votre lettre. Choisissez une lumière et des ombres pas trop franches en jouant sur l'opacité.

05 Retournez sur l'onglet de Tracé puis refaites une sélection de ce dernier. En utilisant l'outil Lasso et la touche Alt enfoncée faites en sorte de ne garder que la sélection du bout de la lettre. Faites un Ctrl / Cmd+C puis un Ctrl / Cmd+V pour coller à nouveau de la matière de pierre sur un nouveau calque au-dessus de tous les autres.

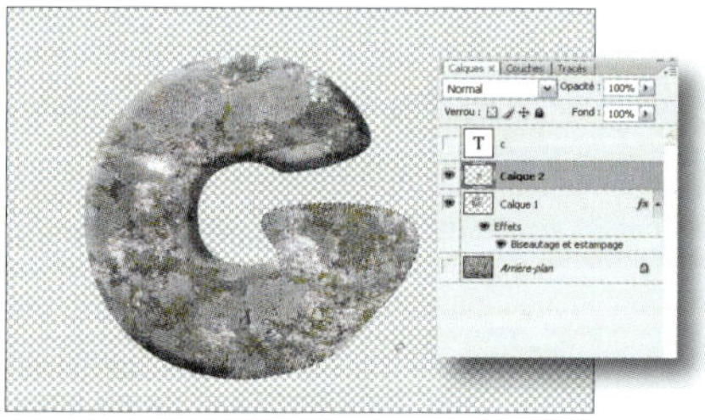

06 Copiez le style du calque de votre lettre (Clic droit sur le calque) puis collez-le sur la dernière copie du bout de la lettre. Toujours dans les styles, ajoutez une ombre portée. Faites en sorte que l'ombre ne soit pas trop foncée en réglant son opacité ou en choisissant une couleur foncée plutôt que du noir.

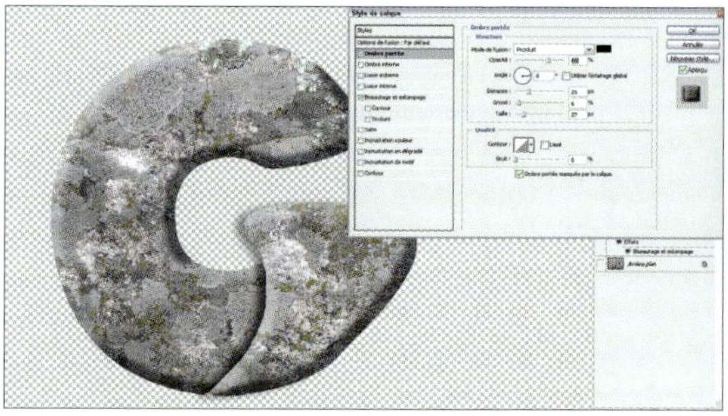

Option de déformation

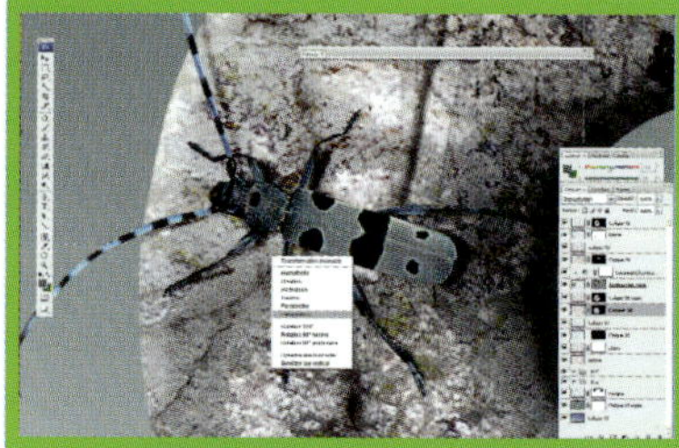

Dans certains cas il vous sera utile de déformer vos éléments. Pour cela, faites un Ctrl (ou Cmd)+T puis un clic droit pour faire apparaître le menu contextuel puis choisissez Déformation. Utilisez alors les courbes de Bézier pour déformer votre forme.

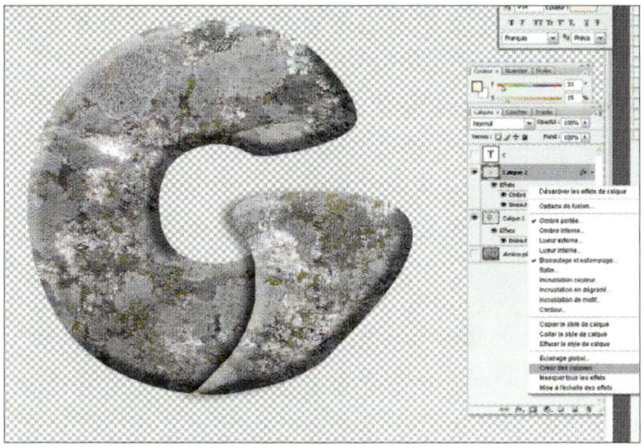

07 Faites un clic droit (ou Cmd +clic) sur l'effet et choisissez « créer des calques ». Votre effet est alors transformé en plusieurs calques liés ou non au calque d'origine. Vous pouvez alors ajouter des masques de fusion pour effacer certaines zones des différents calques et ainsi obtenir un effet réaliste.

08 Ouvrez un des fichiers de feuille depuis le dossier de l'étape (sur notre site) et utilisez l'outil Plume pour sélectionner uniquement la feuille sans l'arrière-plan. Une fois votre sélection en tracé terminée, choisissez Calque>Masque vectoriel>Tracé sélectionné. Glissez cette image dans le document sous le bout de la lettre.

09 Faites un Ctrl (ou Cmd)+T pour redimensionner votre feuille et la positionner dans la fente de la lettre. Sur ce calque, ajoutez une ombre portée. Dupliquez la feuille, réduisez la copie puis positionnez-la sous la feuille d'origine. Vous pouvez ajouter autant d'éléments que vous le souhaitez.

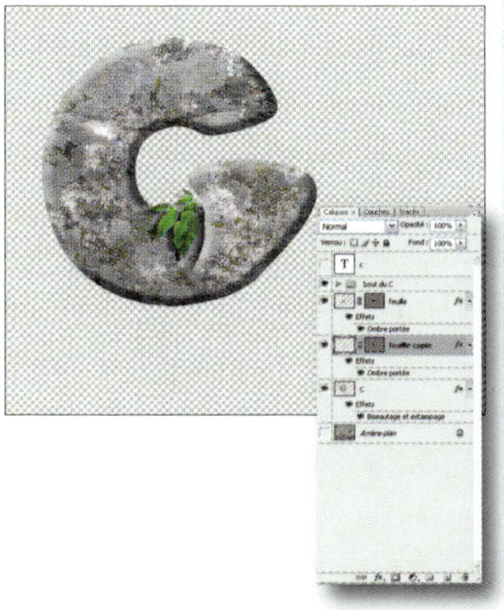

10 Ouvrez le fichier herbe.jpg présent sur le dossier de l'étape, puis glissez-le sur votre document *Photoshop*. Faites un Ctrl / Cmd + T pour le redimensionner en fonction de la taille de la lettre. Ajoutez un masque de fusion sur ce calque de la forme du bout de votre lettre. Travaillez sur ce masque pour faire disparaître certains éléments de l'herbe.

11 Créez un nouveau calque au-dessus de celui de l'herbe puis prenez l'outil Pinceau avec l'option de forme « Brin d'herbe ». Choisissez deux verts différents comme couleur de premier plan et d'arrière-plan. Dessinez des brins d'herbe sur le bord de l'image de pelouse.

12 Sur plusieurs calques positionnés sous celui de la pelouse, dessinez à l'aide de différentes formes de brosse des zones de marron pour recréer l'illusion de la terre sous l'herbe. N'hésitez pas à changer vos modes de calque pour gagner en réalisme. Ouvrez la palette des formes pour régler vos formes selon vos souhaits.

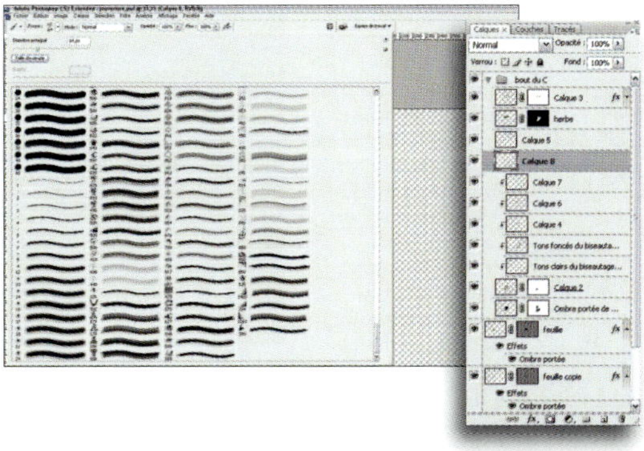

13 Nous avons besoin de nouvelles formes de brosse pour continuer notre travail. Double-cliquez sur les deux fichiers .abr présents sur le dossier de l'étape puis fermez et ouvrez *Photoshop* pour que ces deux lots de formes soient apparents et actifs depuis la palette des formes.

→ LOGICIEL UTILISÉ • PHOTOSHOP CS3

14 En utilisant ces nouvelles formes que vous venez d'installer dans *Photoshop*, dessinez des coulures sur un nouveau calque. Liez ce calque de coulures avec celui du bout de la lettre en cliquant entre les calques tout en maintenant la touche Alt enfoncée. Une flèche apparaît alors sur vos calques liés.

17 Glissez et déposez votre calque avec l'arbre sur votre fichier de travail. Redimensionnez et positionnez votre arbre sur l'herbe. De la même manière, nous avons travaillé sur une des couches d'une photo de poisson pour l'isoler du fond. Vous trouverez aisément des photos de poissons sur le site de fotolia.

Maîtrisez les formes de Pinceau

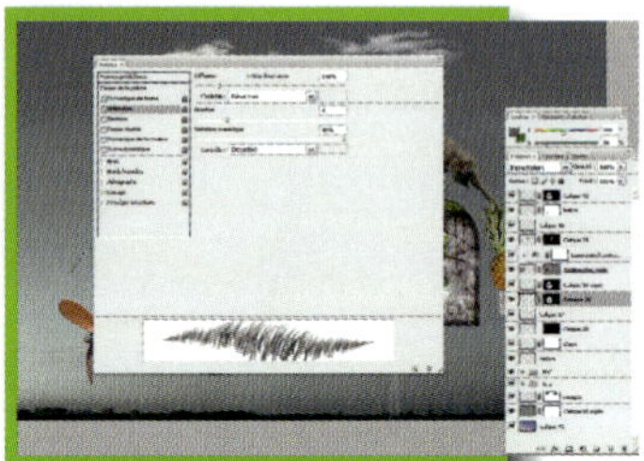

Dans la palette de forme (F5) vous trouverez de nombreuses options qui vous seront fort utiles lors de votre création. En particulier lorsque vous allez ajouter de l'herbe sur le haut de vos lettres.

15 Ouvrez le fichier arbre.jpg présent dans le dossier de l'étape, puis recadrez-le de telle manière à faire disparaître le sol. Cliquez sur l'onglet de Couches puis dupliquez la couche bleue (la plus contrastée). Choisissez une forme ronde que vous réglez en mode incrustation. Dessinez avec du noir dans les zones sombres de l'arbre.

18 Exactement comme dans les étapes précédentes, nous avons ajouté de la pelouse sur la partie haute de notre lettre C. N'oubliez pas de rajouter des coulures sous la zone d'herbe ainsi que des fêlures dans la pierre. Pour cela nous nous sommes servis de différentes formes de pinceau.

16 Répétez l'action mais en choisissant du blanc pour ne dessiner que dans les zones claires de la photo. Vous devez obtenir une image strictement en noir et blanc. Faites un Ctrl (ou Cmd) + clic sur la couche que vous venez de retravailler pour créer une sélection. Retournez sur votre calque, inversez la sélection puis créez un masque de fusion.

19 Dans le cas du détourage de personnages, nous ne pouvons pas toujours utiliser uniquement la méthode de retouche sur les couches. En effet, notre image (téléchargée sur le site de iStockphoto) n'est pas assez contrastée par rapport au fond. Nous avons donc choisi d'utiliser l'outil Plume pour faire la première sélection.

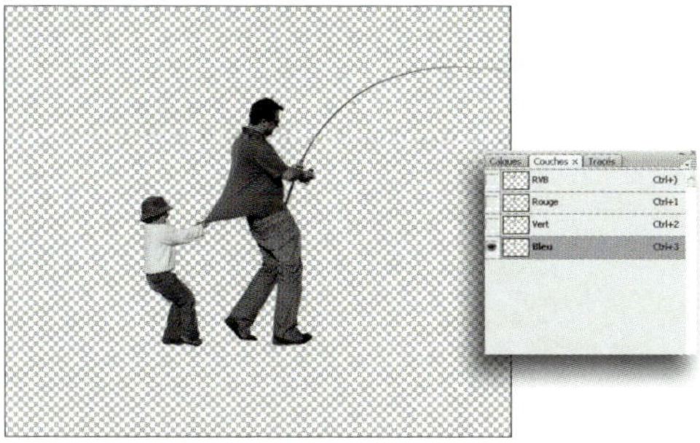

20 Une fois cette sélection du personnage terminée, nous avons créé un masque de fusion pour faire disparaître le fond. Nous avons ensuite grossièrement sélectionné puis copié la canne à pêche pour utiliser la couche de bleu afin de l'isoler du fond. Nous avons fusionné les deux images (les personnages et la canne) pour ne créer qu'un seul calque.

22 Réglez la luminosité et le contraste de telle manière à faire ressortir le contraste entre les blancs et les noirs. Comme précédemment, utilisez un Pinceau rond en mode Incrustation pour dessiner du blanc dans les zones claires et du noir dans les zones sombres.

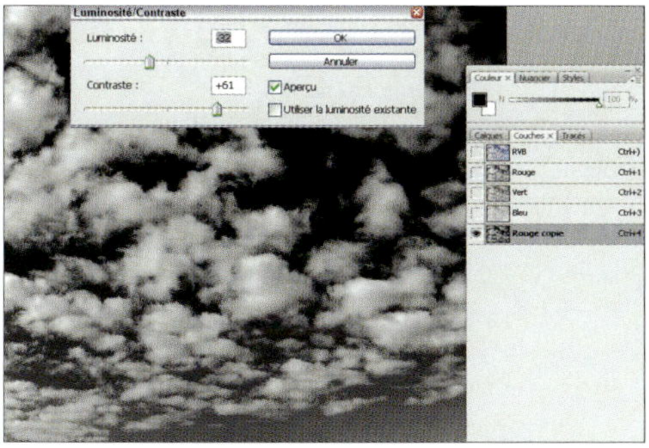

21 Choisissez et téléchargez une image de nuages (par exemple sur le site www.cgtextures.com/). Cliquez sur l'onglet des couches puis dupliquez la couche la plus contrastée (la rouge dans notre exemple). Choisissez Image>Réglages>Niveau automatique puis Image>Réglages>Luminosité/Contraste.

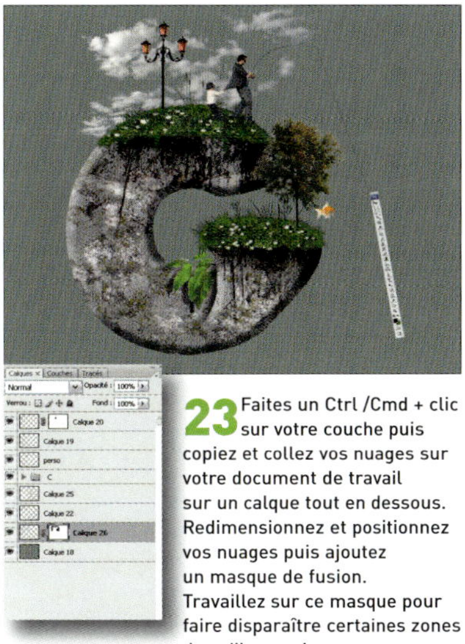

23 Faites un Ctrl /Cmd + clic sur votre couche puis copiez et collez vos nuages sur votre document de travail sur un calque tout en dessous. Redimensionnez et positionnez vos nuages puis ajoutez un masque de fusion. Travaillez sur ce masque pour faire disparaître certaines zones dans l'image des nuages.

24 Dans le cas de détourage d'un élément sur un fond uni, le plus rapide reste d'utiliser la baguette magique et de cliquer sur le fond. Pour affiner cette sélection, choisissez « Sélection>Améliorer le contour » puis réglez les différentes options pour dilater, étendre ou encore lisser votre sélection.

Retouche avec le filtre Extraire

Dans le cas de l'éléphant, nous avons choisi d'utiliser « Filtre>Extraire » pour l'isoler du fond. Détourez l'animal avec l'outil Sélecteur de contour. Lorsque votre contour est fermé remplissez avec l'outil Remplissage puis validez.

ÉTAPE FINALE

Créez de nouvelles lettres puis comme dans les étapes précédentes ajoutez des éléments graphiques tels que des cascades, des animaux ou encore des végétaux. Vous trouverez certaines photographies dans le dossier de cette étape, mais n'hésitez pas à consulter les sites de banque d'images.

→ LOGICIEL UTILISÉ • PHOTOSHOP

Éloignez-vous de Photoshop

Si vos illustrations deviennent de moins en moins inspirées, cassez la monotonie de vos œuvres en vous éloignant un peu de votre ordinateur. Derek Lea vous montre comment quitter *Photoshop* afin de mieux le retrouver et l'utiliser.

Quand certaines personnes vous parlent d'incorporer des éléments réels dans leurs œuvres, elles pensent généralement en terme de fonds scannés ou se basent sur un effet de texture facilement reconnaissable. Ce projet a pour but de changer votre vision des choses. Il existe tellement d'autres possibilités. Grâce à *Photoshop*, vous manipulerez plusieurs images et les préparerez avant d'utiliser des méthodes de dessin traditionnelles pour ainsi personnaliser vos compositions. Vous rescannerez ensuite ces éléments pour les utiliser comme base de travail, permettant d'obtenir une composition véritablement originale. Tous ces éléments seront ensuite assemblés via l'entremise de couches alpha, d'aplats de couleurs, de masques et de groupes. Suivez les étapes de ce pas à pas afin de créer des visuels uniques tout en gardant la possibilité de modifier chaque élément indépendamment.☐CA

INFO

DEREK LEA

Illustrateur et auteur, Derek Lea est un créateur d'images. Quand il n'enrichit pas son univers graphique, il écrit des livres et enseigne son art à la jeune génération. Pour plus d'informations, www.dereklea.com.

NIVEAU

★★★☆☆

DURÉE

3 heures

NOTE

Pour ce projet, vous pouvez dessiner vos propres images et prendre vos photos. Vous utiliserez *Photoshop CS2* ou *CS3* afin de réaliser ce pas à pas.

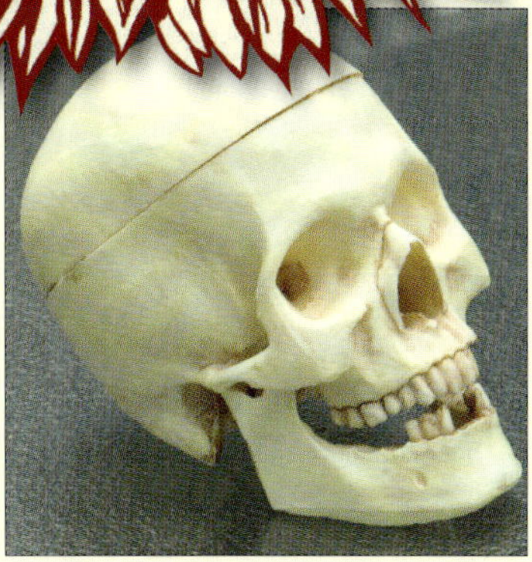

01 Lorsque vous photographiez les éléments à utiliser dans votre illustration, ne vous souciez pas de la lumière, de l'exposition ou même de la netteté. Ces images ne vous serviront que de modèle pour la réalisation de vos tracés et n'ont pas besoin d'être parfaites. Ce crâne fut photographié très rapidement en extérieur sous un ciel couvert afin d'obtenir un éclairage uniforme.

02 La pieuvre ainsi que la fleur furent photographiées en extérieur le même jour. Le décor entourant ces éléments n'a aucune importance, puisque nous allons tout redessiner. L'arbre ainsi que le poteau électrique seront insérés comme des photos à l'état brut sans être redessinés. Photographiés devant un ciel uniforme, ils seront plus faciles à extraire.

03 Une fois ces éléments photographiés et importés dans *Photoshop*, l'étape suivante consiste à les convertir afin de pouvoir les redessiner facilement. Ouvrez l'image du crâne et choisissez « Image > Réglages > Noir et Blanc ». Le but est maintenant d'augmenter les contrastes tout en préservant les détails. Choisissez le réglage prédéfini « Filtre bleu contraste élevé ».

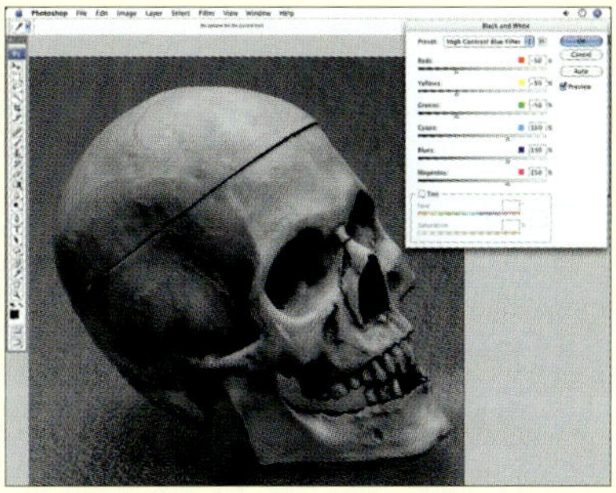

→ LOGICIEL UTILISÉ • PHOTOSHOP

04 N'hésitez pas à modifier les valeurs des différents paramètres si nécessaire. Une fois satisfait du résultat, imprimez l'image en noir et blanc sur une feuille blanche aussi grande que possible. Répétez cette opération pour la fleur ainsi que pour la pieuvre.

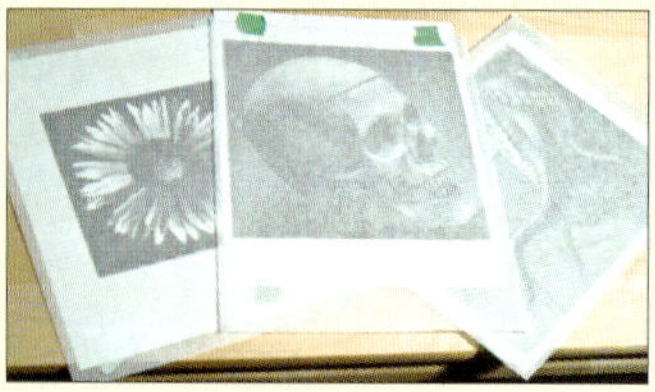

05 Prenez chacune de vos impressions et scotchez juste au-dessus de celles-ci une feuille de papier assez translucide pour pouvoir voir au travers. N'hésitez pas à séparer les différents tracés sur plusieurs feuilles. Ces images doivent en fait vous servir de guide, alors restez bien concentré.

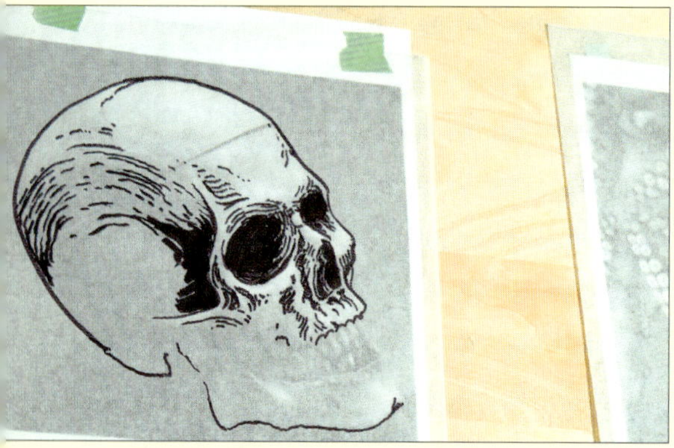

06 Utilisez un marqueur noir ou un feutre afin de tracer vos contours. Le but est ici de recréer de larges zones noires accompagnées de lignes très fines, recréant l'ambiance lumineuse de l'image originale. Cette phase laisse libre court à votre interprétation de l'image et vous permet de vous exprimer.

Transformer de façon manuelle

À l'affichage de la boîte englobante de l'outil Transformation manuelle, vous pouvez faire une multitude de choses, comme déplacer les coins de cette boîte afin de redimensionner l'image, tout en pressant la touche Shift afin de préserver les proportions. Cliquer sur un coin en maintenant la touche Ctrl/Cmnd permet de déformer cette boîte, alors qu'un clique à l'extérieur de celle-ci permet de la faire tourner. Le bouton droit de la souris permet d'accéder à d'autres options comme le miroir.

07 Continuez à tracer de cette manière chacune de vos impressions. N'hésitez pas à changer de feutres afin de varier les styles de traits ainsi que leurs épaisseurs. Prenez votre temps et assurez-vous de bien reproduire les parties ombrées du modèle. Laissez par contre la feuille vierge aux endroits les plus éclairés.

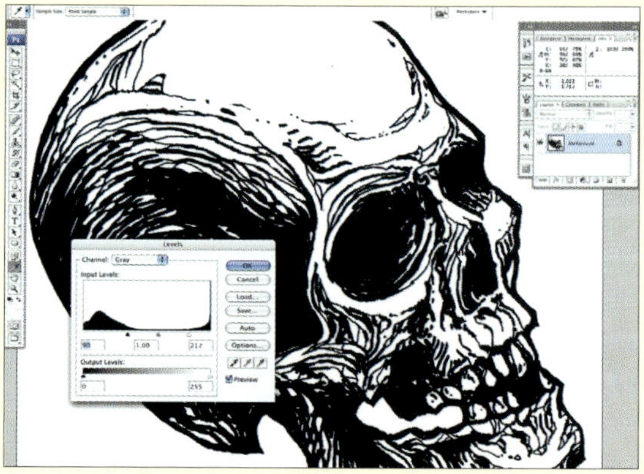

08 Retirez avec précaution les morceaux de scotch qui fixent vos tracés sur les impressions. Scannez chacun de ces dessins à une résolution d'au moins 300 en mode Niveaux de gris. Effectuez si besoin des retouches de luminance afin d'obtenir des blancs et des noirs parfaits.

09 Sauvez chacune de ces images scannées dans des fichiers séparés et gardez-les ouvertes dans *Photoshop* pour l'instant. Vous les fermerez une fois intégrés dans votre composition. Créez un nouveau document de 238 mm de haut pour 185 mm de large en mode CMJN. Celui-ci vous servira de document de travail.

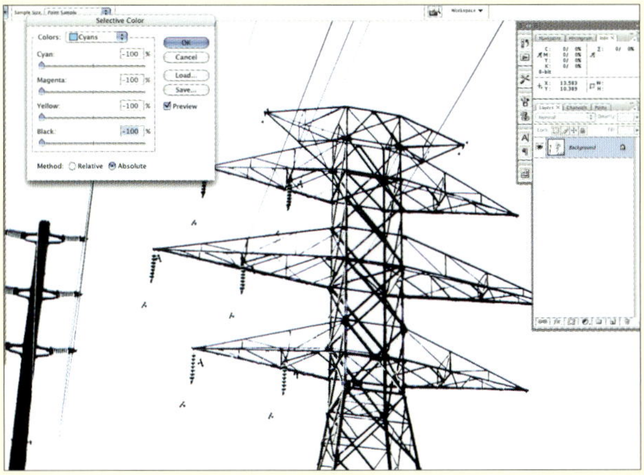

10 Tout en gardant votre document de travail ouvert, chargez l'image contenant le poteau électrique. Pressez les touches Ctrl/Cmd+L afin de modifier les niveaux. Déplacer les bornes gauche et droite afin d'augmenter le contraste. Choisissez ensuite « Image > Réglages > Couleur Sélective » et réduisez les valeurs de Cyan, Bleu et Blanc.

Options de couches

Par défaut, une zone blanche couvrant entièrement une couche amènera à une sélection totale de la zone de travail. A contrario, une zone noire restera désélectionnée. C'est pourquoi nous inversons le contenu de ces couches. Si vous ne voulez pas intervertir sur leurs contenus, double-cliquez avec la touche Ctrl sur l'une des vignettes de la fenêtre Couches et modifiez la manière dont le contenu sera interprété.

11 Ouvrez l'image contenant le premier arbre et effectuez les mêmes opérations que précédemment afin de supprimer les couleurs et augmenter le contraste. Faites de même avec le deuxième arbre dont la saturation est plus faible. Un simple ajustement des niveaux devrait suffire. Laissez ces fenêtres ouvertes, sélectionnez-les (Ctrl/Cmd+A), et copiez-les (Ctrl/Cmd+C).

12 Après avoir copié l'image du poteau électrique, retournez dans votre document de travail. Cliquez, au bas de la fenêtre des couches, sur le bouton d'ajout de couche. Pressez Ctrl/Cmd+I afin de l'inverser, la rendant blanche, puis pressez Ctrl/Cmd+V afin de coller le contenu de la mémoire dans cette couche. Pressez Ctrl/Cmd+T afin d'afficher l'outil de transformation manuelle.

→ LOGICIEL UTILISÉ • PHOTOSHOP

13 Cliquez/glissez, avec la touche Shift, un des coins de la boîte englobante afin d'agrandir proportionnellement l'image. Pressez la touche Entrée afin d'appliquer la transformation. Cliquez sur la vignette de la couche avec la touche Ctrl/Cmd afin d'en récupérer la sélection. Puis pressez Ctrl/Cmd+Shift+I afin de l'inverser. Créez un nouveau calque gris de type « Couleur unie » via le bouton se trouvant en bas de la fenêtre des Calques.

14 Dupliquez ce calque et choisissez « Édition > Transformation > Symétrie Axe Horizontal » afin de l'inverser. Créez un nouveau calque gris clair en dessous des autres, faisant office de fond. Copiez l'image du deuxième arbre et collez-le dans une nouvelle couche. Utilisez la méthode précédente pour créer un calque plus sombre à partir de la sélection inversée venant de l'Alpha.

Duplication des calques

Comme bon nombre de fonctions dans *Photoshop*, la duplication peut être effectuée de différentes manières. Vous pouvez presser la touche Alt/Option et cliquer/glisser une vignette dans la fenêtre de calques, ou simplement glisser l'un de ces calques sur le bouton de création de calques, au bas de la fenêtre.
Vous pouvez aussi utiliser la fonction Dupliquer du menu Calque.

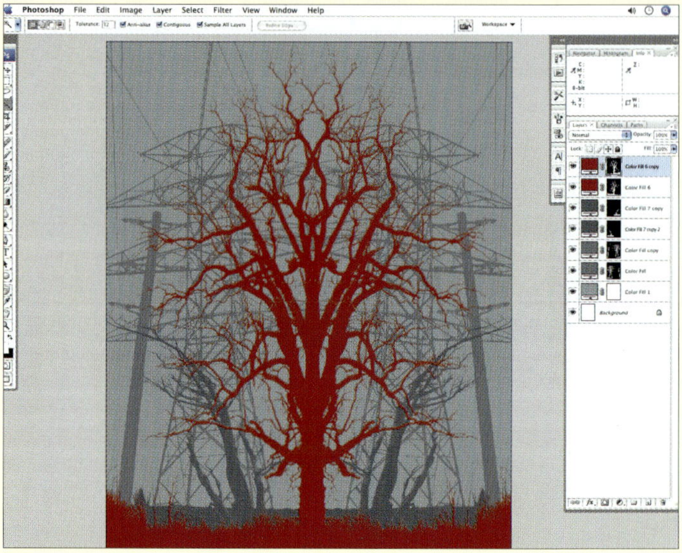

15 Dupliquez ce nouveau calque, retournez-le et déplacez-le de l'autre côté de la composition. Copiez l'image du premier arbre et chargez, comme indiqué précédemment, l'inverse de la sélection venant d'une nouvelle couche. Utilisez-la pour créer un nouvel aplat rouge, puis dupliquez et repositionnez ce calque.

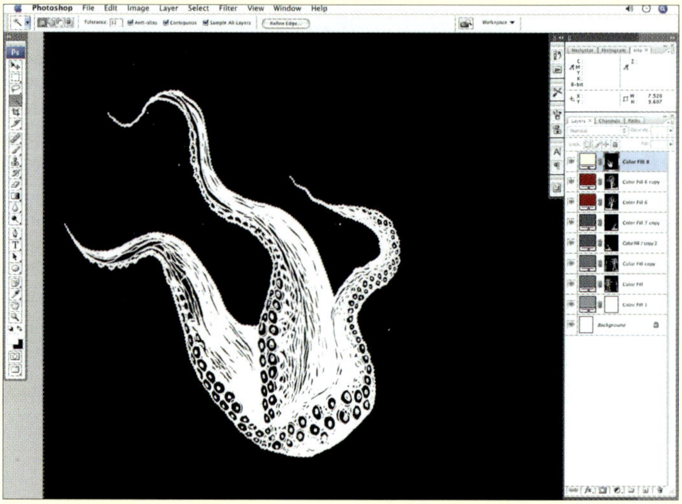

16 Collez vos tracés issus des tentacules dans une nouvelle couche et utilisez la même méthode pour obtenir un nouveau calque jaune à partir de la sélection inverse. Pressez la touche Alt/Option puis cliquez sur l'icône du masque du nouveau calque « Couleur Unie » afin de le visualiser. Cliquez en dehors des tentacules avec la baguette magique.

17 Inversez la sélection et créez un nouveau calque solide de la même couleur rouge que pour l'arbre. Glissez ce calque sous celui contenant les tentacules jaunes. Sélectionnez ces deux éléments dans la fenêtre de calques et pressez Ctrl/Cmd+G afin de les grouper. Grâce à l'outil de déplacement, ramenez ce groupe vers le bas de la composition.

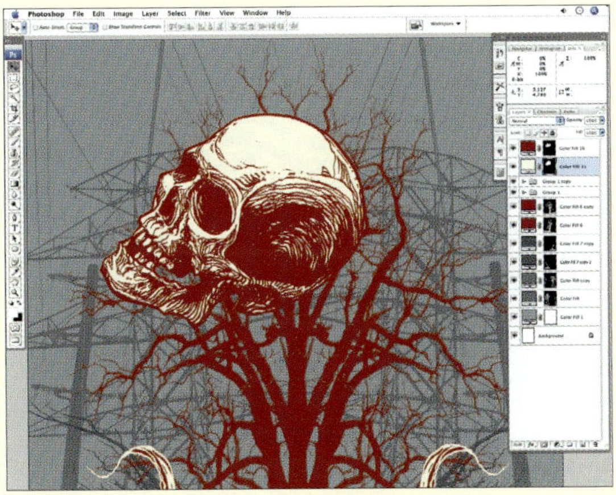

18 Dupliquez ce groupe de la même façon qu'un calque et symétrisez-le horizontalement. Déplacez ce duplicata de l'autre côté de la composition. Comme vous l'avez fait précédemment, répétez le processus appliqué aux tentacules pour le crâne, à la différence que vous utiliserez des tracés rouges plutôt que jaunes.

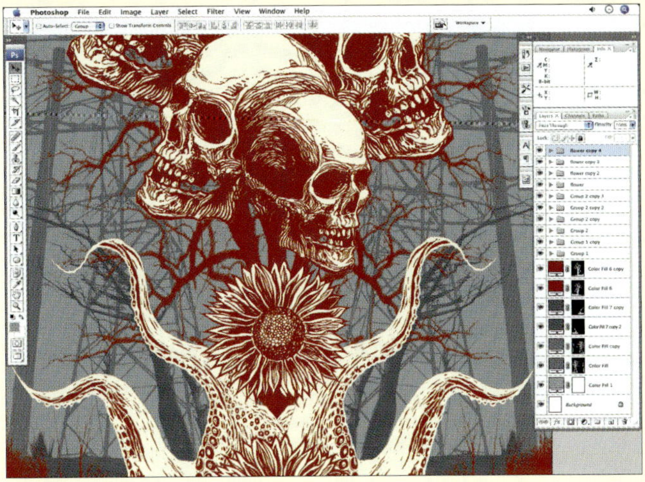

19 Groupez ces deux calques et faites des duplicatas de ce groupe afin de multiplier les crânes. Utilisez l'outil de Transformation manuelle afin de changer la taille, l'inclinaison et la position de ces crânes. Répétez le processus à nouveau pour les tracés issus des fleurs afin de les disposer harmonieusement dans votre composition.

ÉTAPE FINALE

Maintenant que vous avez un fichier contenant plusieurs calques accompagnés de leurs couches Alpha, n'hésitez pas à agrémenter votre création avec de nouveaux calques et à jouer sur différents modes de fusions et valeurs d'opacité. Pensez à ajouter d'autres fleurs, de tailles et de formes différentes afin d'embellir votre composition.

COMPUTER
Création
Beauté
Graphique
Dessin
Art
Mode
3d
Pao
ART
Croquis
Illustration
Compositing

INFO
FRANÇOIS GRASSARD
francois@coyot.com

NIVEAU
★★☆☆☆

DURÉE
2 heures

SUR LE WEB
Les fichiers nécessaires à la réalisation de ce tutoriel se trouvent sur notre site Internet.

→ LOGICIEL UTILISÉ • PHOTOSHOP CS5

Sac de nœuds

Apprenez toutes les ficelles de la « déformation de la marionnette ».

Les outils de déformations permettant de resculpter de manière précise le contenu d'un calque ne sont pas légion dans *Photoshop*. L'outil de transformation manuelle en mode déformation fût une première étape. Le filtre Fluidité en fût une autre, bien que détériorant assez rapidement les détails de l'image. Mais pour replier un calque sur lui ou bien faire des nœuds avec ses extrémités, aucune solution n'existait jusqu'alors. La fonction de « déformation de la marionnette » peut servir à bon nombre d'applications. Elle peut réduire un tour de taille en quelques secondes ou au contraire gonfler les muscles d'un athlète. Cette fonction peut également servir à contrecarrer des distorsions non uniformes sur une image ou plaquer un texte sur une surface bosselée. Dans le cas de notre pas à pas, nous allons utiliser cette formidable fonctionnalité afin de replier de petites cordelettes sur elles-mêmes et ainsi écrire un mot avec ces segments de cordes. Nous verrons préalablement comment utiliser le remplissage selon le contenu afin d'augmenter, comme par magie, la taille de la corde sans pour autant la déformer.

Allongement de la corde et mise en place du fond

Utilisez le remplissage selon le contenu afin d'allonger la corde.

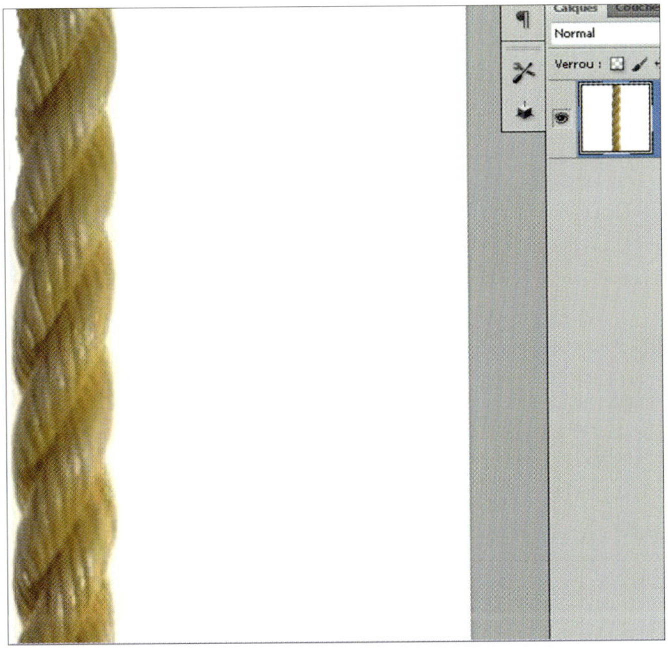

01 Une fois *Photoshop CS5* démarré, chargez via le menu Fichier > Ouvrir, l'image nommée « Corde.JPG » depuis le dossier de l'étape depuis notre site Web. Dans la fenêtre des Calques, pressez la touche Alt et double-cliquez sur le nom Arrière-Plan afin de convertir celui-ci en calque classique. Le voilà à présent sous le nom « Calque 0 ». Double-cliquez sur ce nom afin de le renommer « Corde ».

02 Ce segment de corde est un peu trop court pour que vous puissiez vous en servir comme matière première. Afin de créer un morceau de corde plus long, rendez-vous dans le menu Image > Taille de la zone de travail. Cliquez sur l'unité « cm » afin de passer en % puis réglez la hauteur à 400% avant de valider via le bouton OK.

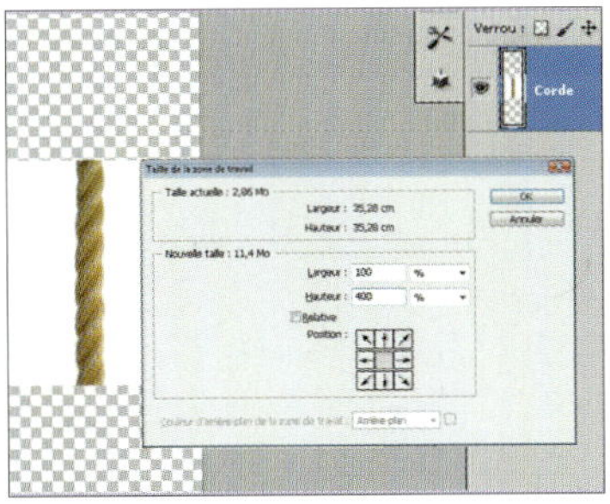

03 Pressez la touche Ctrl puis cliquez, dans la fenêtre des Calques, sur la vignette du calque « Corde » afin d'en extraire une sélection correspondant à la découpe du contenu. Pressez ensuite les touches Shift+Ctrl+I afin d'inverser la sélection puis Shift+F5. Une nouvelle fenêtre dédiée au remplissage apparaît, réglée en mode « Contenu pris en compte ». Validez via OK.

➜ LOGICIEL UTILISÉ • PHOTOSHOP CS5

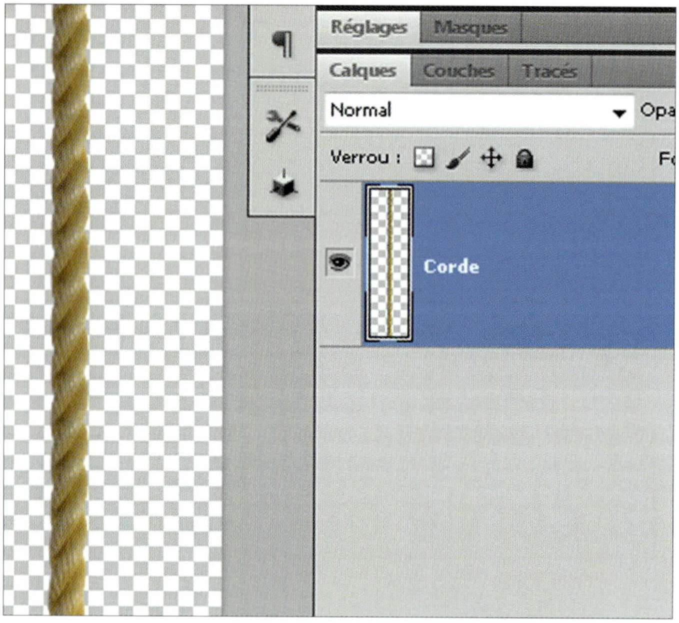

04 Comme par magie, le segment de corde est à présent quatre fois plus long. Passez en outil de Sélection rapide en activant dans la barre d'options, en haut de l'interface, « l'Accentuation automatique ». Cliquez/glissez tout le long de la corde afin de la sélectionner, puis pressez les touches Ctrl+I afin d'inverser la sélection. Pressez plusieurs fois la touche Suppr.

06 Validez l'importation de ce cadre via la touche « Entrée » puis effectuez un clique droit sur le nom du calque « Cadre » afin de le « Pixelliser ». Tout en maintenant ce calque sélectionné, rendez-vous dans le menu Edition > Échelle basée sur le contenu. Redimensionnez le cadre de manière rectangulaire puis validez via Entrée.

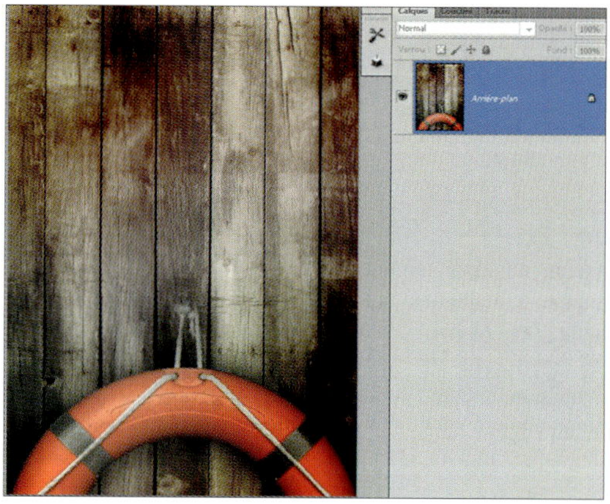

05 La corde est à présent un élément indépendant, détouré et prêt à être utilisé. Par question d'esthétisme, vous pouvez si vous le souhaitez découper les bouts de la corde de manière plus naturelle grâce à l'outil Gomme. Ouvrez de manière parallèle dans un nouvel onglet le fichier « Fond.JPG ». Rendez-vous ensuite dans le menu Fichier >Importez et choisissez « Cadre.PSD ».

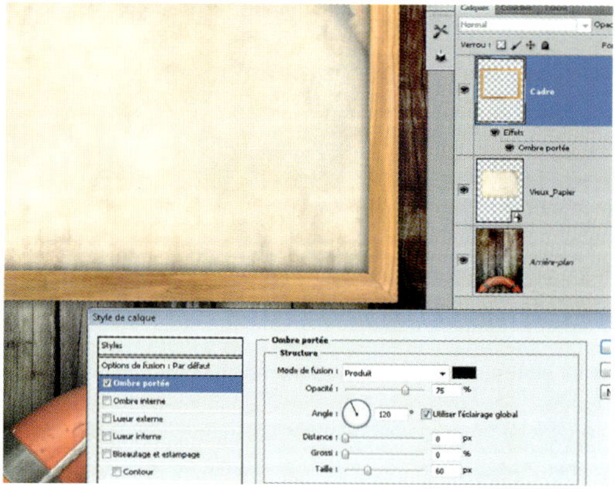

07 Sélectionnez le calque « Arrière-plan » puis importez de la même manière l'image « Vieux_Papier.JPG ». Placez-là sous le cadre afin que les bords de celui-ci viennent la recouvrir. Double-cliquez sur la zone vierge à droite du nom du calque « Cadre » afin d'activer le style de calque « Ombre portée », dont la distance sera de 0 et la taille de 60.

Ne tirez pas trop sur la corde

La « déformation de la marionnette » nous a permis ici de littéralement faire des nœuds avec nos segments de cordelette. La même fonction peut-être utilisée pour modifier la position d'un personnage, comme vous pourrez le voir dans ces pages lors du pas à pas utilisant un joueur de baseball. Faites attention toutefois, lors du déplacement des points, de ne pas trop « tirer sur la corde ». Les déformations ou les étirements trop importants ne tarderont pas à se faire ressentir. C'est pourquoi la résolution initiale de votre élément est très importante. Si elle est trop faible, la moindre torsion aura pour effet une forte dégradation de l'image, même en augmentant la densité du maillage via la barre d'options pendant la manipulation des points. Vous trouverez dans le fichier de cette étape le fichier PSD final qui vous permettra d'apprécier toutes les subtilités de la composition.

Ajout des cordelettes

Utilisez la « déformation de la marionnette » afin de sculpter vos lettres.

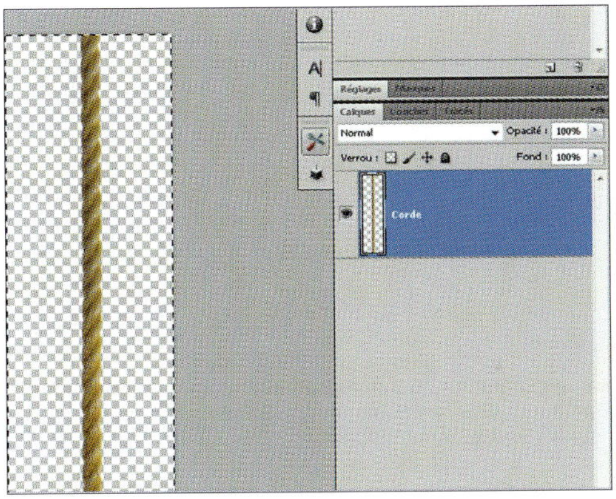

01 Retournez dans l'onglet contenant la corde que vous avez précédemment allongée. Sélectionnez le seul calque présent, puis pressez les touches Ctrl+A afin de sélectionner l'ensemble de la zone de travail. Pressez les touches Ctrl+C afin de copier en mémoire la totalité du contenu de ce calque, c'est-à-dire la cordelette préalablement découpée.

02 Retournez dans l'onglet contenant votre composition. Dans la fenêtre des Calques, cliquez sur le calque « Cadre », puis pressez les touches Ctrl+V afin de copier, sur un nouveau calque, un exemplaire de la cordelette. Sélectionnez cette copie et utilisez l'outil de Transformation manuelle (Ctrl+T).

03 Pressez les touches Alt+Shift, puis cliquez/glissez le coin supérieur droit de la boîte englobante qui entoure maintenant votre corde. Réduisez ainsi la taille de cette cordelette jusqu'à ce que sa hauteur soit égale à un tiers ou un quart de la hauteur du cadre. Validez et renommez le calque contenant cette ficelle « Cordelette ».

04 Pressez la touche Alt puis, dans la fenêtre de calques, cliquez/glissez légèrement vers le bas le calque « Cordelette » afin de le dupliquer. Cette technique de duplication va vous permettre d'avoir un modèle de ficelle dont vous pourrez repartir pour chaque nouvelle lettre. Renommez ce nouveau calque C et déplacez spatialement celui-ci vers la droite.

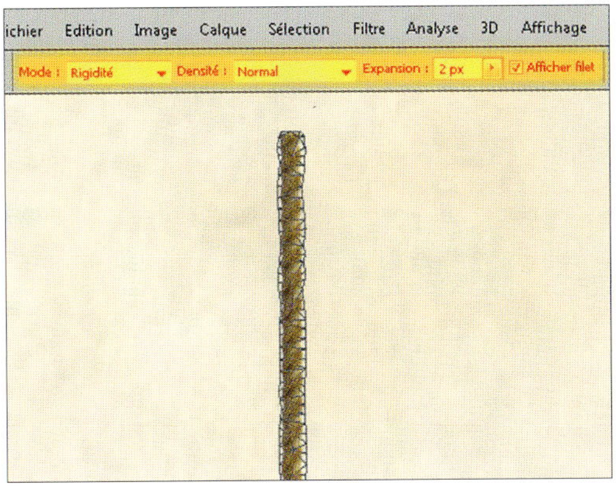

05 Tout en maintenant ce duplicata sélectionné, rendez-vous dans le menu « Édition » afin de choisir « Déformation de la marionnette ». Dans la barre d'options se situant en haut de l'interface, veillez à ce que le mode soit réglé sur « Rigidité », la densité sur « Normale », « l'Expansion » à 2 et que la case « Affichez le filet » soit bien cochée.

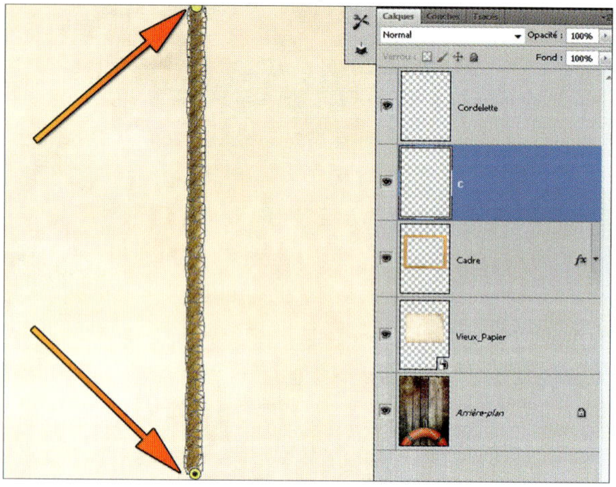

06 Cliquez sur les deux extrémités de la cordelette afin d'ajouter deux points de contrôles jaunes. Attention, veillez bien à positionner ces points aux limites du calque, à l'intérieur. Si vous visez à côté, *Photoshop* vous indiquera qu'il lui est impossible d'ajouter ces points. Si vous êtes trop à l'intérieur, les déformations futures seront quelque peu disgracieuses.

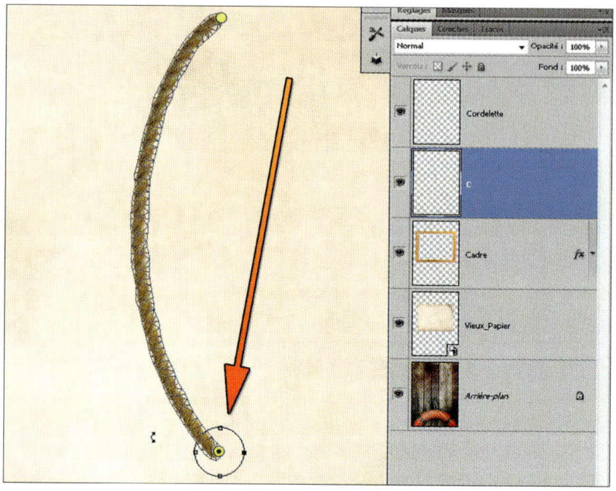

07 Toujours en mode « Déformation de la marionnette », glissez ces points afin de déformer votre cordelette. Avec seulement deux points, le segment reste pour l'instant tendu. Mais en pressant la touche Alt et en plaçant votre souris sur l'un de ces points, un cercle vous permet d'infléchir la courbure de votre cordelette. Cliquez/glissez sur le contour de ce cercle.

Gestion des croisements et des ombres

Découvrez comment gérer les intersections de votre modèle.

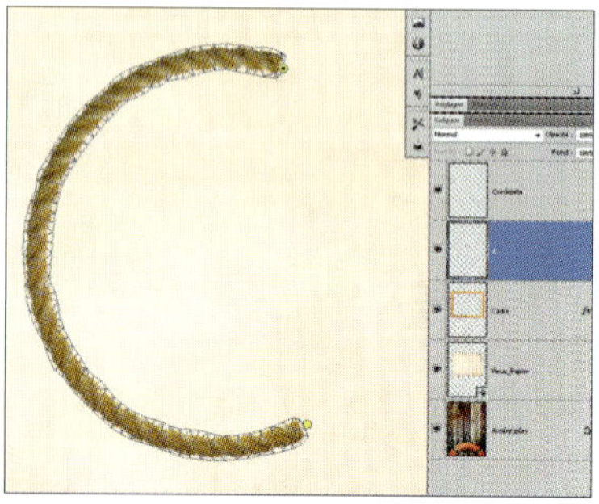

01 Après avoir induit une courbure à chaque extrémité de la corde, rapprochez les deux points afin de former un C. Si besoin, corrigez de nouveau la courbure de chaque bout de la cordelette grâce à la touche Alt. Une fois votre lettre mise en place, validez cette déformation via la touche Entrée. Dupliquez comme précédemment une nouvelle cordelette.

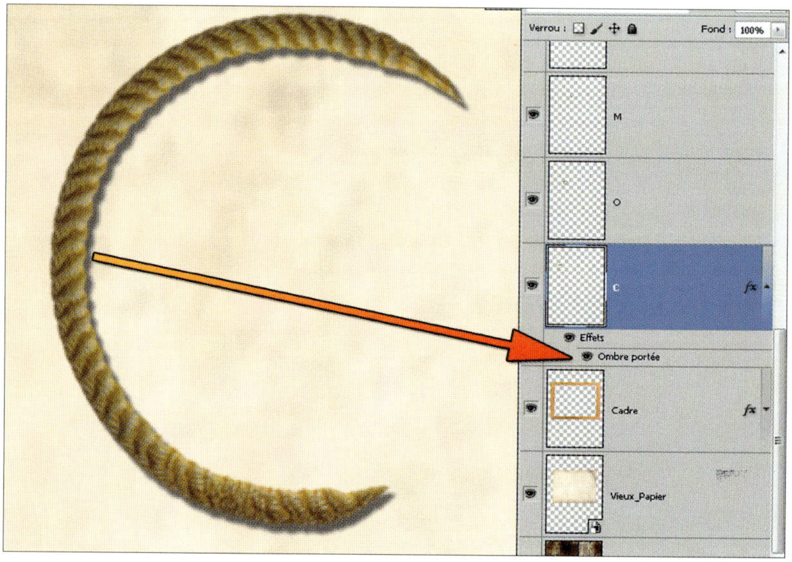

02 Effectuez le même type d'opération pour chacune des lettres du texte que vous voulez constituer. Il vous faudra pour cela ajouter des points intermédiaires et parfois gérer les interpénétrations des différents segments de la corde. Par exemple, la lettre O peut voir ses deux extrémités se croiser. Le problème est de savoir quel bout va passer sur l'autre.

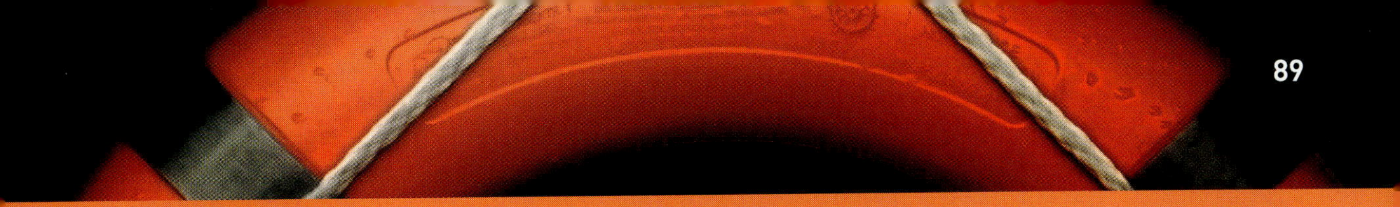

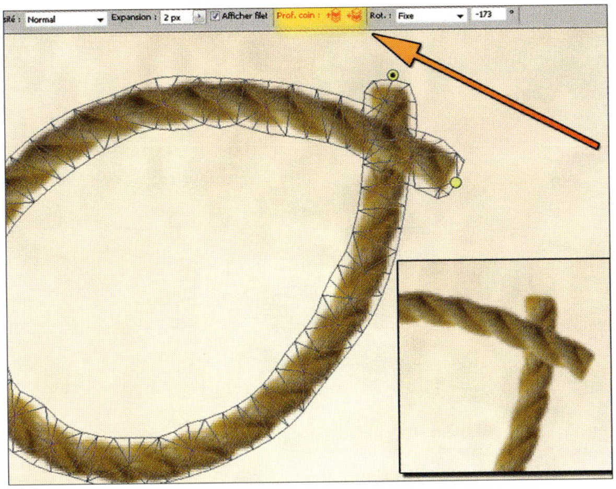

03 En gardant la « déformation de la marionnette ». active, cliquez sur l'un des deux points situés à l'une des extrémités afin de le sélectionner. En haut de l'interface, on peut voir deux icônes jouxtant « Prof coin ». En cliquant sur l'un ou l'autre, vous indiquez à *Photoshop* qui passe sur qui. Dans le cas de nœuds multiples, plusieurs niveaux d'intersections peuvent être gérés.

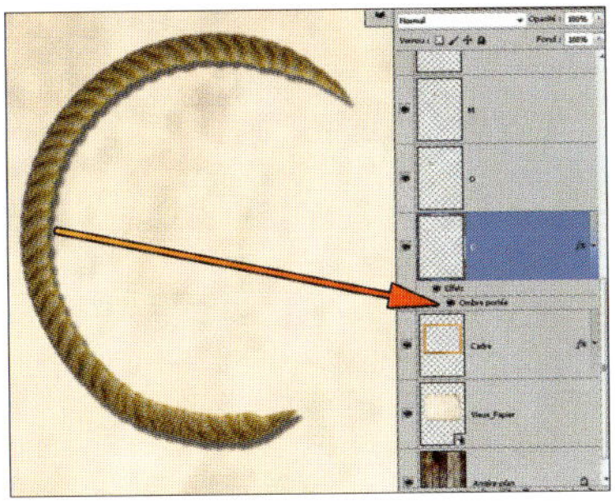

04 Une fois toutes les lettres constituées, double-cliquez dans la fenêtre des Calques sur la zone située à droite du nom d'un des calques.
La fenêtre de styles de calque s'ouvre alors. Cliquez sur Ombre portée dans la partie gauche avant de régler dans la partie droite l'opacité à 50% et la taille à 2. En validant on peut voir ces styles dans la fenêtre des Calques.

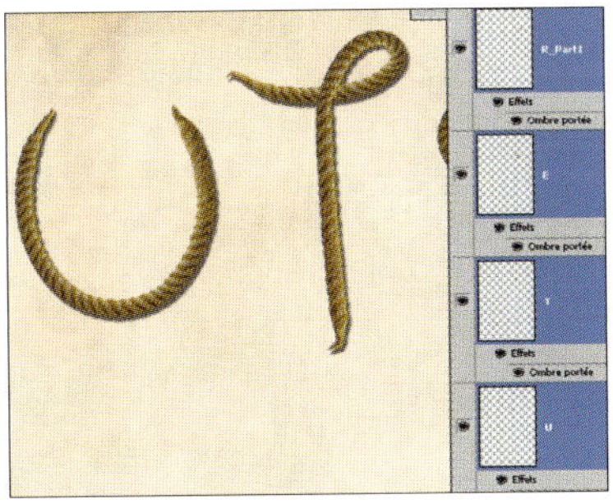

05 Dans la fenêtre des Calques, cliquez avec le bouton droit sur le calque venant de recevoir l'ombre portée. Choisissez « Copier le style ce calque ».
Toujours dans la fenêtre de calques, sélectionnez grâce à la touche Ctrl tous les autres calques constituants l'ensemble des lettres, effectuez un clic droit et choisissez « Copier le style de calque ».

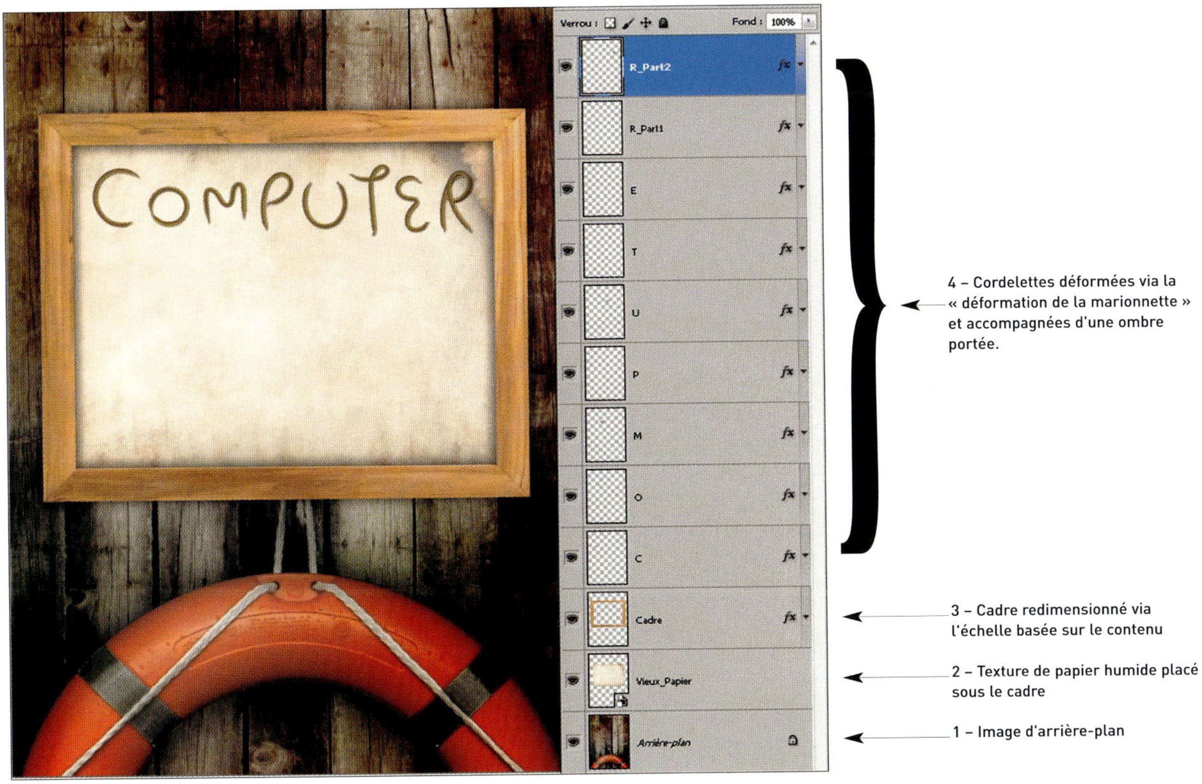

→ LOGICIEL UTILISÉ • PHOTOSHOP CS3

MECHA DESIGNS ET TEXTURE 2D

Illustrateur pour les revues *Wired* et *Men's Health*, Ronald Kurniawan partage avec vous les secrets de son succès. Découvrez comment réaliser des images fortes destinées à la presse.

INFO

RONALD KURNIAWAN Connu sous les initiales RW, Ronald est diplômé de la prestigieuse école de design, ArtCentral College, de Pasadena. Aujourd'hui, il officie comme illustrateur à Los Angeles. Il a réalisé des images pour de grands noms comme Sony, Mattel, Disney ou encore Toyota. Pour en savoir plus sur cet auteur, rendez-vous sur www.ronaldkurniawan.com

NIVEAU

★★★☆☆

DURÉE

5 à 8 heures

SUR LE WEB

Les fichiers nécessaires à la réalisation de ce tutoriel se trouvent sur notre site Internet.

➜ À l'heure de l'événement des technologies du numérique, le monde de l'illustration est en perpétuelle transformation. Il est devenu aisé de modifier votre travail rapidement et de manière efficace, si vous savez utiliser les bons outils dans *Photoshop*. Pour Ronald Kurniawan, les possibilités sont aujourd'hui infinies « J'aime insuffler la vie dans des objets inanimés et les entourer de tous les éléments qui peuvent me faire rire. Des nombres, des chapeaux de cow-boy, de la typographie, des animaux en plastique, etc. ».

Les illustrations de cet auteur commencent par la lecture d'un article de presse qu'il parvient à résumer en un seul et unique mot. Un résultat issu d'un brainstorming personnel dans lequel Ronald doit se battre pour oublier plus de cent mauvaises idées jusqu'à l'apparition de la lumière « J'essaye de faire des associations d'idées paradoxales, de concepts antinomiques. ». Dans le pas à pas qui suit, il a décidé de mélanger de la fourrure de gorille avec un robot proche des mecha designs de Shōji Kawamori sur la série à succès Macross (www.macross.co.jp). □ CA

01 La première chose à faire lorsque vous vous lancez dans la création d'une illustration est de regarder autour de vous quelles sont les sources d'inspiration que vous pourriez utiliser. N'hésitez pas à jeter un œil aux dessins que vous avez réalisé les semaines précédentes pour éviter de vous répéter. Si vous n'aviez pas encore travaillé sur le design d'un robot, alors peut-être que le temps est venu de combler cette lacune…

02 Si l'inspiration ne vous vient pas, ouvrez le fichier Robot.jpg présent dans le dossier de l'étape depuis notre site Web. Il s'agit d'une sorte de robot Mecha affublé d'un dos velu et d'un bras de singe. Ronald a fait légèrement évoluer son design au fil de ses esquisses car il trouvait l'aspect poilu de sa machine quelque peu étrange. Son dessin a été scanné avec une Epson Perfection 3170. Un scanner qui donne de bons résultats avec des images en niveaux de gris.

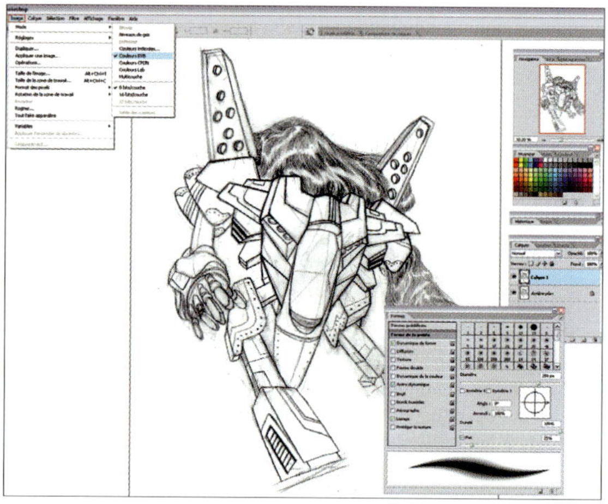

03 Dans le cas où vous utiliseriez une de vos créations, ouvrez-la dans *Photoshop*, et avant toute chose, notamment le nettoyage des imperfections dues au scanne, dupliquez-la. Ensuite, passez votre image en mode RVB.

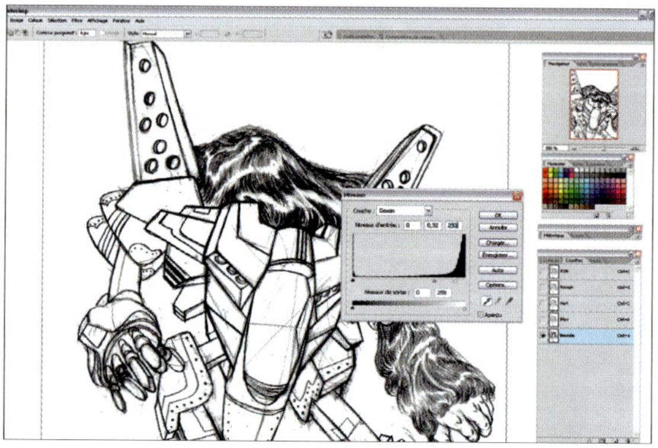

04 Maintenant, il est temps de nettoyer votre image et d'y ajouter des touches de couleurs. Dans la palette des Couches, dupliquez la couche Bleu et renommez-la « Dessin ». Sélectionnez la couche que vous venez de dupliquer et faites Image>Réglages>Niveaux. Ici, il faut pousser le contraste des tons moyens pour réaliser une sélection précise de votre dessin. Pour ce faire, déplacez le curseur des tons moyens vers la droite.

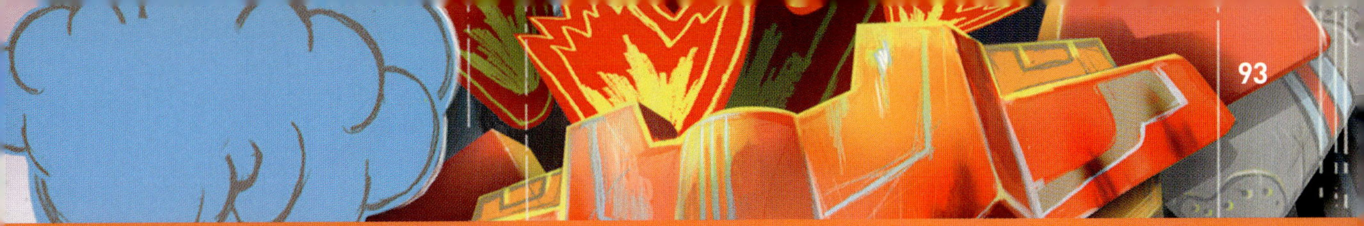

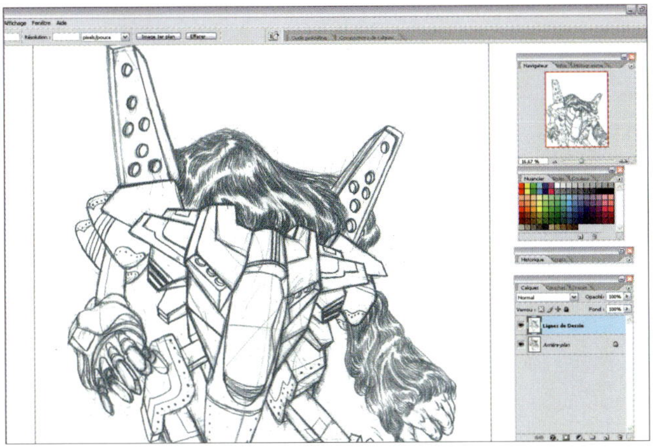

05 Toujours en gardant la couche « Dessin » active, cliquez sur le bouton « Récupérer la couche comme sélection » ou faites un Ctrl/Cmd+ clic gauche sur la vignette de la couche. Maintenant, passez de la palette des Couches sur celle des Calques (toujours avec la sélection active). Créez un nouveau calque et remplissez-le d'une couleur (à l'aide de l'outil Pot de peinture).

Harmonie colorée

Si vous désirez que votre image soit percutante, il faut que le choix de vos couleurs soit plus que judicieux. Pour commencer, faites des essais avec des associations de couleurs inhabituelles tout en gardant à l'esprit leur complémentarité (ici le bleu avec le orange). Si d'aventure vos couleurs se mettaient à vibrer, un état de fait désagréable à l'œil, baissez la saturation d'une des couleurs mise en cause et leur problème devrait se régler de lui-même.

06 À ce stade, allez dans la palette des Tracés et créez un nouveau tracé de votre personnage à l'aide de l'outil Plume. L'intérêt de procéder de la sorte réside dans une plus grande souplesse de sélection pour peindre les différentes parties du robot.

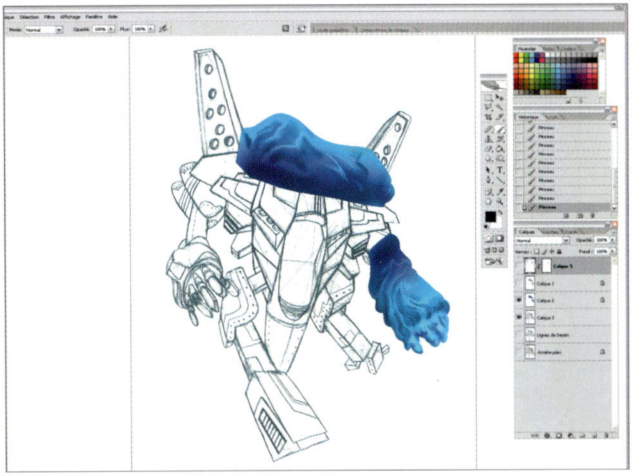

07 Créez un nouveau calque (en le plaçant au-dessus de la pile) et commencez à mettre votre dessin en couleur. Posez les bases de vos teintes, tout en sachant que vous pourrez revenir dessus plus tard. Faites une sélection de la zone à peindre et utilisez une grosse brosse (avec l'outil Pinceau) ainsi qu'une opacité de 100 %.

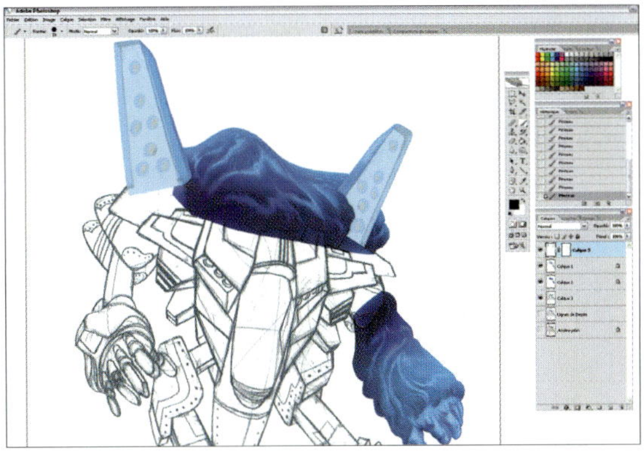

08 Dans cette capture, vous pouvez voir l'esquisse originale et le début de la colorisation. Pour mettre en avant les parties claires, n'hésitez pas à utiliser l'outil Densité – en réglant sa Gamme sur « Tons clairs ».

→ LOGICIEL UTILISÉ • PHOTOSHOP CS3

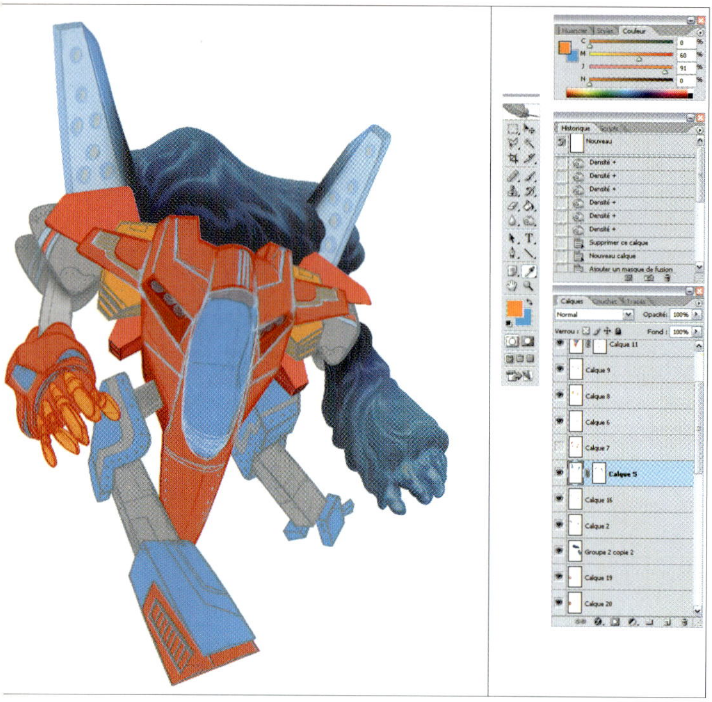

09 Ensuite concentrez-vous sur le reste du corps. Il est intéressant de voir comment des couleurs d'arrière et de premier plan peuvent se fondre ensemble. Utilisez les tracés que vous aurez préalablement réalisés pour remplir et travailler sur les différentes parties de votre personnage.

10 Pour donner un peu plus de force à votre illustration, dessinez des effets de flammes, de nuages ou encore d'explosions. Si vous n'avez pas le temps, ouvrez le fichier Explosion.jpg depuis le dossier de l'étape. Si vous décidez de créer vos propres effets, procédez de la même façon que lors de l'étape 02 de ce pas-à-pas.

11 Pour obtenir des effets 3D saisissants, il vous faudra porter une attention particulière au travail sur les flammes. À l'aide de l'outil Transformation manuelle, commencez par changer leur perspective. Si les effets de flammes vous paraissent trop plats, n'hésitez pas à forcer sur les inclinaisons (Edition> Transformation> Inclinaison/Torsion/Perspective).

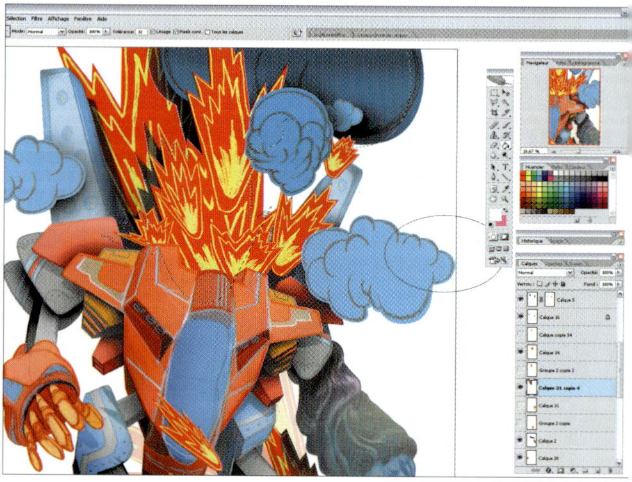

12 Pour renforcer de la profondeur de champ, ajoutez des ombres, ce qui amplifiera la simulation de rendu 3D. Dans notre exemple, ces ombres ont été obtenues avec l'utilisation de l'outil Densité +, avec une brosse d'environ 500 pixels et entre 2 et 7 % d'exposition.

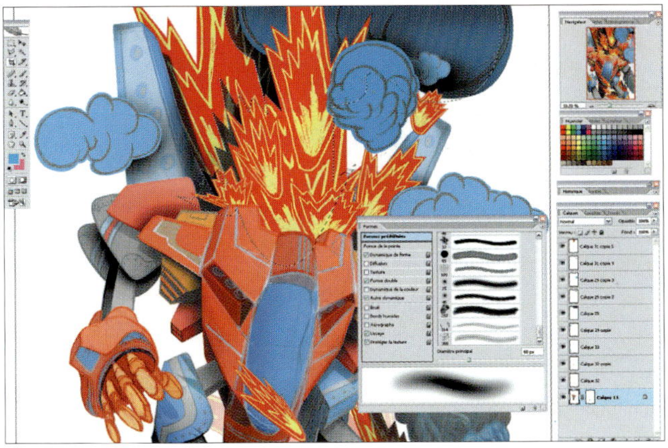

13 La prochaine étape consiste à créer une lumière rasante avec une petite brosse pour intégrer les effets de flammes avec le corps du robot. Pour simuler les brûlures sur l'armure du robot, utilisez une brosse dont vous réglerez le Mode sur Densité couleur +. Pour parfaire l'illusion, ajoutez un nouveau calque que vous remplierez de gris.

15 Une fois cela mis en place, faites tomber une légère pluie depuis les nuages. Utilisez l'outil Trait avec une épaisseur de 4 pixels et une Opacité réglée à 50 %. Prenez garde à ne pas surcharger votre illustration en ajoutant un trop grand nombre de détails.

14 Pour achever la composition, il ne vous reste plus qu'à ajouter des ombres au sol et un fond (ici une lune avec un dégradé du magenta au blanc en passant par une touche de gris). Les nuages en premier plan bénéficient du même traitement graphique que les effets de flammes.

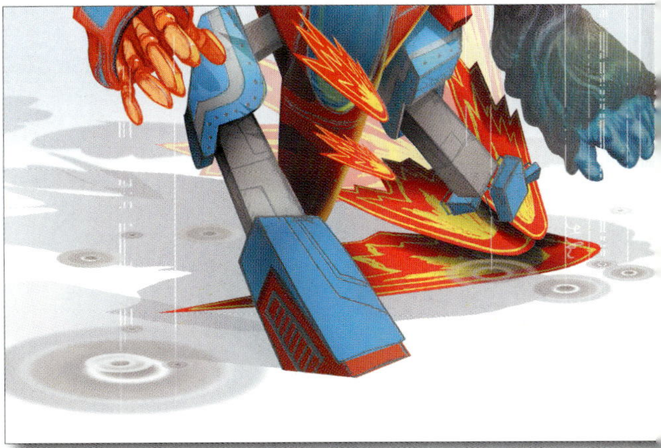

ÉTAPE FINALE

La pluie génère des flaques sur le sol. Dans notre pas à pas, elles ont été simulées à l'aide de l'outil Ellipse de sélection puis remises en perspective de la même façon que dans l'étape 11. Il ne vous reste plus qu'à rehausser les textures de votre robot à l'aide de petites touches de lumière pour achever votre illustration.

INFO

JUSTIN MALLER est un graphiste originaire de Melbourne (Australie). Il travaille à plein temps comme free lance et dirige un groupe créatif sur http://depthcore.com Son portfolio personnel est visible à l'adresse http://superlover.com

NIVEAU

★★☆☆☆

DURÉE

1 à 2 heures

SUR LE WEB

Les fichiers nécessaires à la réalisation de ce tutoriel se trouvent sur notre site Internet.

→ LOGICIEL UTILISÉ • PHOTOSHOP

Retouche Rock'n'Roll

Retoucher la photo d'un groupe de rock ou de musiciens de heavy metal peut se révéler des plus amusants. Cependant, n'allez pas croire qu'il s'agit là d'une opération sans difficultés. Bien au contraire, elle mobilise les techniques fondamentales de *Photoshop*.

Chaque artiste ou designer, à un moment donné de sa carrière, finit par contribuer peu ou prou à un projet créatif en relation avec l'industrie du disque. Les séances photo pour les magazines, les pochettes d'album, les affiches de concert, les produits dérivés, les flyers promotionnels… il existe pratiquement autant de façons de travailler pour ce milieu qu'il y a de groupes sur MySpace ! L'un des problèmes auquel la plupart des designers sont confrontés lorsqu'ils collaborent avec de tels groupes est la piètre qualité de leurs photos. Si les musiciens n'appartiennent pas à un label, avec l'accès que cela implique à toute une panoplie de moyens créatifs (ce qui est vraisemblable, étant donné qu'ils vous confient leur direction artistique !), la photographie se résume souvent à quelques poses génériques pauvrement mises en lumière. Heureusement, de nombreux défauts peuvent facilement être rattrapés dans Photoshop en ayant recours à quelques techniques fondamentales et en faisant preuve d'un peu d'intuition. Combinez le tout avec un ou deux calques de réglages et vous finirez par obtenir un cliché dans la pure tradition du rock' n' roll, sans que la retouche soit décelable pour autant. □CA

01 Lancez *Photoshop* et importez la photo Original.jpg depuis le site Web. Ce genre de cliché est représentatif de ce que reçoivent les graphistes de la part d'un groupe sans grands moyens. Mais restons positifs, on y voit les membres et c'est le principal !

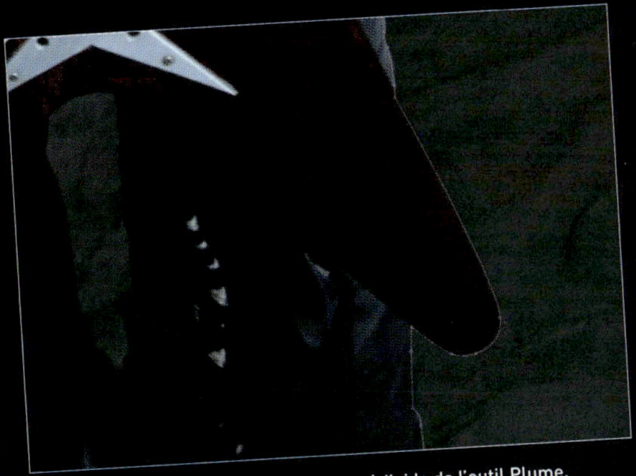

02 Tracez les contours de vos héros à l'aide de l'outil Plume. Zoomez d'environ 300 % et délimitez soigneusement les formes. Utilisez autant de points d'ancrage que nécessaire afin d'obtenir une sélection la plus précise possible ainsi que des courbes parfaites.

→ LOGICIEL UTILISÉ • PHOTOSHOP

03 Cliquez droit ou faites un Ctrl+clic sur votre contour, puis sélectionnez « Définir une sélection ». Dans la boîte de dialogue, réglez le rayon sur 0 pixel et vérifiez que les options « Lissé » et « Nouvelle sélection » sont bien cochées. Faites Ctrl+J (ou Cmd+J) pour créer un nouveau calque à partir de la sélection. Nommez-le « Groupe ».

04 Choisissez un gris profond comme couleur de premier plan et le noir pour l'arrière-plan. Employez un dégradé radial avec un point d'arrivée largement en dehors de l'image.

05 Concentrez-vous sur le guitariste de gauche. Votre objectif est d'ajouter quelques ombres sur des parties de son visage et de son corps pour dramatiser l'ambiance et obtenir un rendu digne d'un studio professionnel. Avant de commencer, vous devez désaturer son visage. Utilisez l'outil Saturation et réglez la désaturation à 60 %. Épongez avec soin le rouge de son visage.

06 Optez pour l'outil Densité+. Réglez la gamme sur « Tons moyens » et augmentez massivement la densité du côté gauche de son visage. Passez à l'outil Densité-. Fixez son exposition à 50 % pour éclaircir le côté droit de son visage et ainsi contraster avec les ombres que vous avez créées.

07 Sélectionnez une fois de plus l'outil Densité+. Cette fois-ci, réglez la gamme sur « Tons foncés ». Utilisez un petit pinceau pour travailler autour des pointes de son poignet de force, puis nettoyez-les en utilisant l'outil Densité-. Augmentez la taille du pinceau et utilisez l'outil Densité+ sur sa chemise et sur ses bras.

08 Choisissez l'outil Densité- et assurez-vous de travailler dans les « Tons clairs ». Attardons-nous sur la guitare. Utilisez l'outil Densité- sur la plaque blanche pour la faire ressortir. Foncez ensuite la couleur du jeans avec l'outil Densité+.

Effets rapides

Si vous êtes pressé d'obtenir un effet, les calques peuvent vous faire gagner beaucoup de temps pour régler la courbe de transfert de dégradé. Pour les utiliser, il suffit de réduire la saturation de l'image à 0 et de placer la palette désirée au sommet, tout en ajustant les modes de calques et l'opacité selon ses goûts.

11 Vous devez maintenant ajouter un calque pour paramétrer le mélangeur de couches de réglage. Réglez les valeurs de la « Couche de sortie rouge » à -80, 200, -30, 0 et les valeurs de la « Couche de sortie bleue » à -60, +200, -50, 0. Vous devriez uainsi obtenir un effet argenté et fantômatique. Cliquez sur OK pour ajouter le calque de réglage.

09 Répétez les étapes précédentes sur l'autre guitariste. Compte tenu des ombres projetées par l'éclairage ambiant, vous n'aurez pas besoin d'en ajouter beaucoup sur son visage. Procédez alors avec discernement. Sinon, continuez à assombrir les vêtements et à éclaircir la peau et la guitare.

10 Ajoutez un calque de réglage sur la balance des couleurs à votre composition. Réglez les tons foncés avec approximativement 30 % en faveur du bleu, les tons clairs avec environ -15 % vers le jaune et les tons moyens avec -20 % vers le cyan et 40 % vers le bleu pour obtenir un rendu naturel.

12 Faites Ctrl+A / Cmd+A pour tout sélectionner et Ctrl+C / Cmd+C pour copier. Collez votre sélection dans un nouveau calque. Paramétrez le mode du calque sur « Lumière crue » et fixez son opacité à 50 %. Cela procurera à votre image du contraste et de la prestance.

→ LOGICIEL UTILISÉ • PHOTOSHOP

13 Ajoutez à la composition un calque de réglage pour la courbe de transfert de dégradé. Mettez au point un dégradé avec des teintes chaudes, en partant d'un pourpre profond jusqu'à un doré lumineux en passant par un ton orangé moyen. Enfin, cliquez sur OK.

15 Ajoutez un calque de réglage des niveaux. Vous avez déjà pris soin de la plupart des ombres requises avec l'outil Densité+. Maintenant, il est temps de retrouver un certain équilibre dans les tons clairs en déplaçant légèrement le curseur des tons moyens vers la gauche afin de réduire un peu les niveaux du contraste.

14 Réglez le mode de votre calque de courbe de transfert de dégradé sur « Superposition » et fixez son opacité aux alentours de 50 %. Créez un masque de fusion pour y mettre en arrière-plan un dégradé radial allant du blanc au noir. Veillez à ce que le point d'arrivée du dégradé se situe en dehors de l'image. La courbe de transfert de dégradé ajoutera ainsi un peu de chaleur à votre photo.

Adaptez les fonds

Ne vous sentez pas limité par un arrière-plan de « faux studio ». Le style que nous avons tenté d'obtenir ici évoque les portraits habituels de rockers. Cependant, rien ne vous empêche de concevoir des fonds plus « funkies », l'essentiel étant de coller au style de musique que vous souhaitez illustrer.

ETAPE FINALE

Ajoutez une ombre portée autour de vos personnages à l'aide d'un flou gaussien. Utilisez l'outil Densité+ pour que les contours s'intègrent correctement avec l'arrière-plan et les ombres. Expérimentez avec diverses combinaisons « Mélangeur de couches > Courbe de transfert de dégradé » si vous désirez obtenir un effet plus stylisé.

→ LOGICIEL UTILISÉ • PHOTOSHOP CS4

L'écran s'affiche félin

Faites la promotion d'un ordinateur portable en jouant sur la profondeur.

INFO

FRANÇOIS GRASSARD
www.formacd.com
francois@coyhot.com

NIVEAU

★★★★★

DURÉE

2 heures

SUR LE WEB

Les fichiers nécessaires à la réalisation de ce tutoriel se trouvent sur notre site Internet

Bien connue dans le domaine de la publicité, la simulation du relief et de la profondeur est un point important lorsqu'il s'agit de promouvoir des objets qui en sont dépourvus. Comment jouer sur la dynamique de l'image si l'on doit présenter un écran d'ordinateur portable éteint d'une épaisseur égale à celle d'une biscotte. À cela, une seule solution : faire sortir l'image de son support pour l'enrichir de la profondeur qui lui manque. Pour ce faire, il est important de marquer une rupture entre l'écran et l'image qu'il affiche, tant au niveau de la luminosité que de la colorimétrie. Deuxième chose importante : l'interaction de ces éléments avec leur environnement. On peut ajouter des ombres portées pour informer de la distance entre les objets, voire d'éventuels contacts entre eux. Afin de mettre en application ces principes, vous allez vous atteler à la promotion d'un ordinateur portable ne manquant pas de mordant. Après l'avoir intégré à son environnement, vous ferez sortir de son écran une panthère rugissante. Quand la félinité se met au service du marketing, il est temps de sortir son Photoshop… à défaut de ses griffes. □ FG

Mise en place du fond

Préparez l'installation de votre ordinateur portable dans une ambiance bleutée.

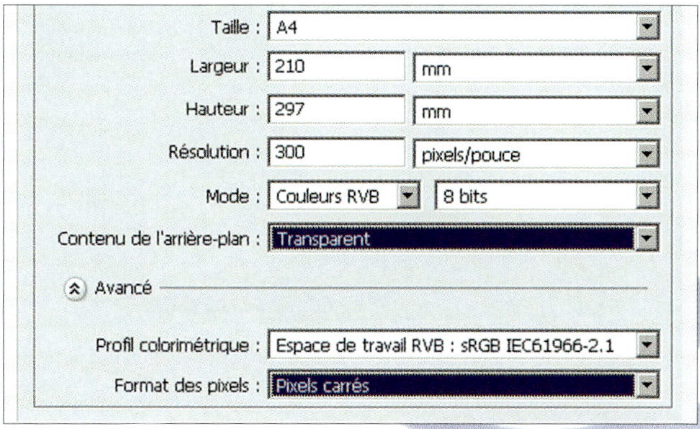

01 Une fois *Photoshop CS4* démarré, rendez-vous dans le menu « Fichier > Nouveau » afin de créer un nouveau document. Réglez le paramètre prédéfini sur « Papier format international » et la taille sur « A4 ». Modifiez le « Contenu de l'arrière-plan » afin de le passer sur « Transparent », puis validez *via* le bouton « OK ».

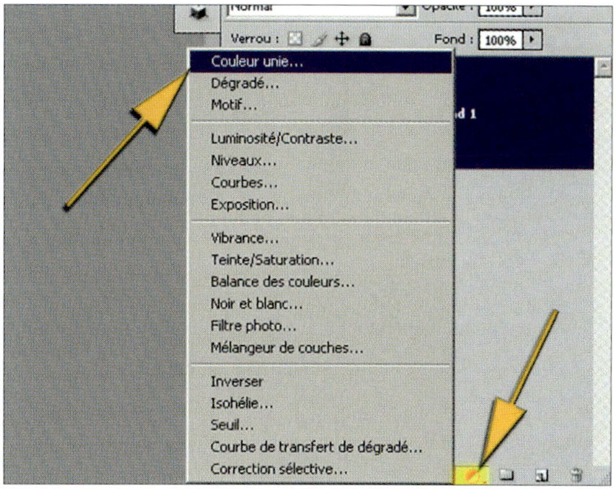

02 Au bas de la fenêtre de calques, sur la droite de l'interface, cliquez sur l'icône représentant un disque noir et blanc coupé en deux afin de créer une nouvelle « Couleur unie », dont les paramètres RVB auront tous trois la valeur 150. Validez *via* « OK » et double-cliquez dans la fenêtre de calques sur la vignette de ce nouveau calque. Une fenêtre flottante apparaît.

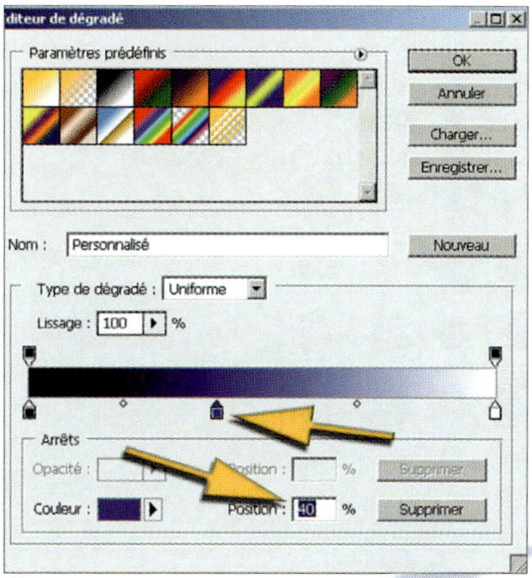

03 Dans la partie gauche, activez « Incrustation en dégradé ». Dans la partie droite, passez l'opacité sur 35 %, le style sur « Réfléchi » et cochez « Inverser ». Cliquez sur le dégradé en niveau de gris afin de l'éditer dans une nouvelle fenêtre. Cliquez dans la zone se trouvant sous le dégradé afin d'ajouter un nouveau point, de position 40 % et de valeurs RVB 24/48/153.

04 Rendez-vous dans le menu « Fichier > Importer » pour ajouter à votre composition le fichier Reflets.jpg fourni sur le site Web. Cet élément apparaît sur un nouveau calque placé au-dessus de la pile. Cliquez sur le coin supérieur gauche du rectangle entourant l'image afin de placer ce dernier en haut à gauche de votre composition. Faites de même avec le coin inférieur droit.

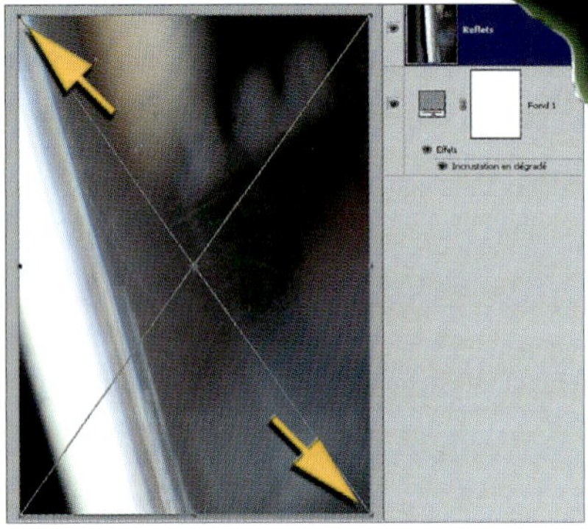

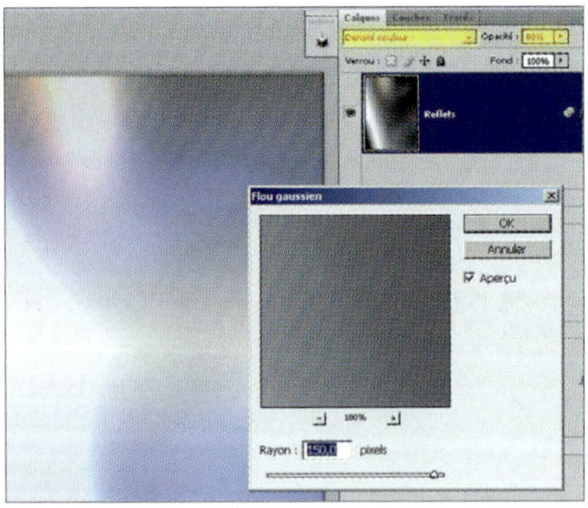

05 Validez le placement de cette image *via* Entrée, puis cliquez avec le bouton droit sur le nom du calque « Reflets » et choisissez « Pixéliser le calque ». Ajoutez-y un « Filtre > Atténuation > Flou gaussien » de rayon 150. Validez puis cliquez sur le bouton « Normal » en haut de la fenêtre de calques pour passer le mode de fusion en Densité couleur-.

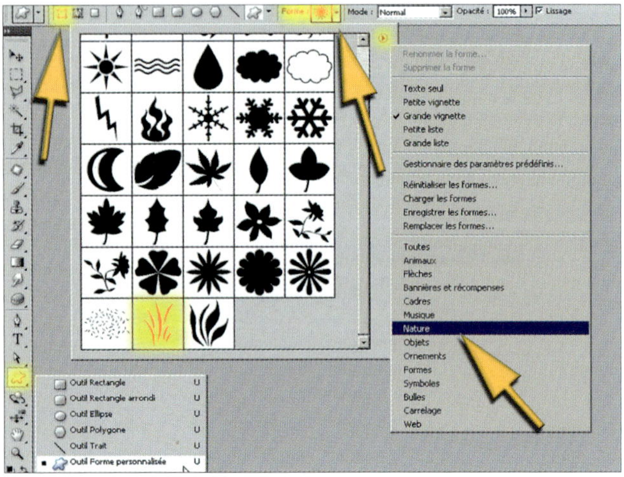

06 Dans la barre d'outils, sélectionnez l'outil Forme personnalisée. Dans la barre d'options, assurez-vous que celui-ci est réglé en mode Calque de forme. Cliquez ensuite sur le triangle jouxtant le paramètre « Forme » pour faire apparaître les différentes formes disponibles. Cliquez sur le petit triangle en haut à droite afin de sélectionner la bibliothèque « Nature ».

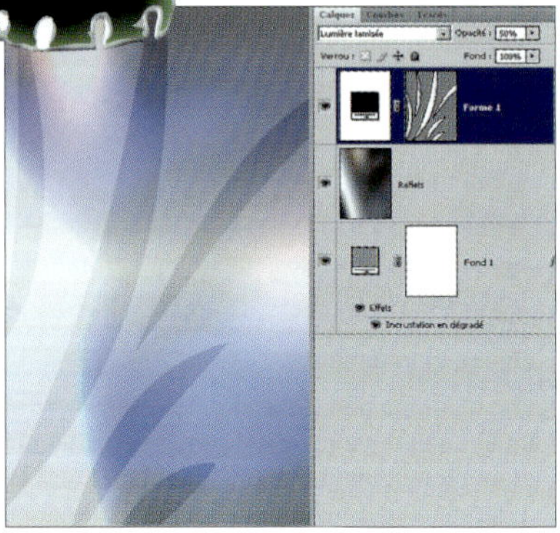

07 Sélectionnez la forme « Herbe 2 » puis passez la couleur de l'avant-plan en noir. Cliquez/glissez dans votre fenêtre de composition afin d'ajouter un nouveau calque de forme noir au-dessus de la pile contenant la forme préalablement sélectionnée. Une fois celui-ci positionné, passez le mode de fusion de ce calque sur Lumière tamisée et son Opacité sur 50 %.

Insertion de l'ordinateur portable

Ajoutez l'ordinateur et préparez l'insertion de la panthère.

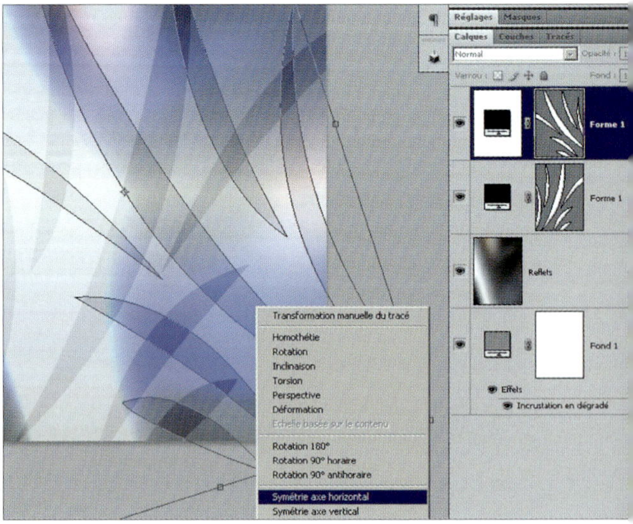

01 Cliquez avec le bouton droit de la souris sur le nom du calque de forme afin de choisir « Dupliquer le calque ». Validez puis pressez les touches Ctrl+T pour appeler l'outil de transformation manuelle. Un rectangle englobe à présent la forme. Cliquez dessus avec le bouton droit de la souris et choisissez « Symétrie axe horizontal ». Validez *via* la touche Entrée.

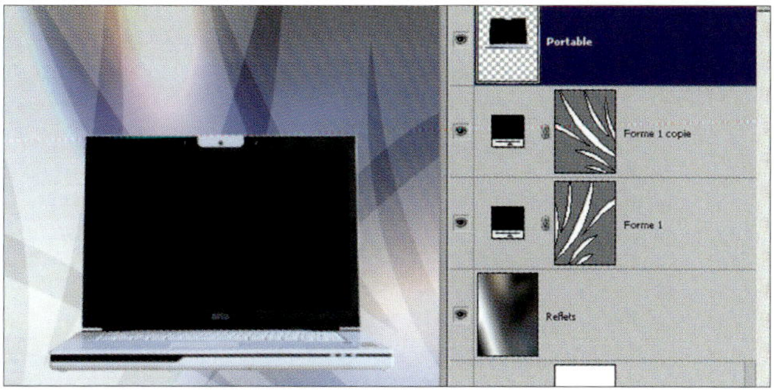

02 Comme vous l'avez fait pour le reflet, insérez l'image nommée « Portable.psd » sur un nouveau calque en passant par le menu « Fichier > Importer ». Validez *via* « Entrée » et veillez à ce que ce nouveau calque se trouve bien au-dessus de la pile. Cliquez avec le bouton droit de la souris sur le nom du calque « Portable » et choisissez « Pixéliser le calque ».

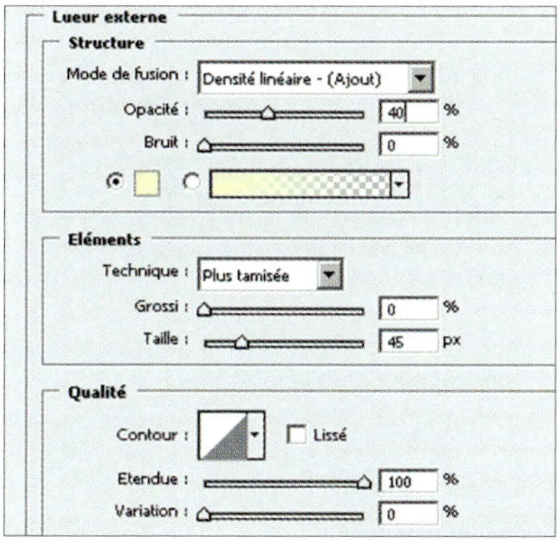

03 Double-cliquez sur la vignette du calque « Portable » pour faire apparaître la fenêtre de « Style de calque ». Activez la « Lueur externe », dont l'opacité sera de 40 %, la taille de 45 pixels et dont le mode de fusion sera réglé en « Densité linéaire (Ajout) ». Pour finir, passez l'étendue sur 100 % afin de dilater au maximum cette lueur.

04 Toujours dans la fenêtre de style de calque, activez la « Lueur interne ». Cliquez sur le carré jaune afin de changer sa couleur pour les valeurs RVB 193/194/216. Passez sa taille à 25 pixels, puis validez *via* « OK ». Dans la fenêtre de calque, cliquez avec le bouton droit sur le nom du calque « Portable » et choisissez « Dupliquer le calque ». Validez *via* « OK ».

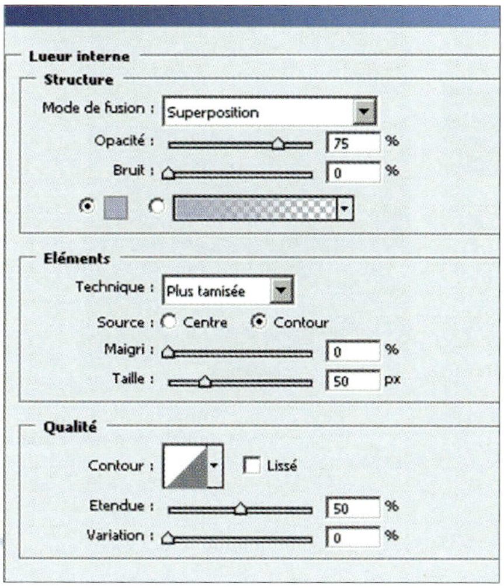

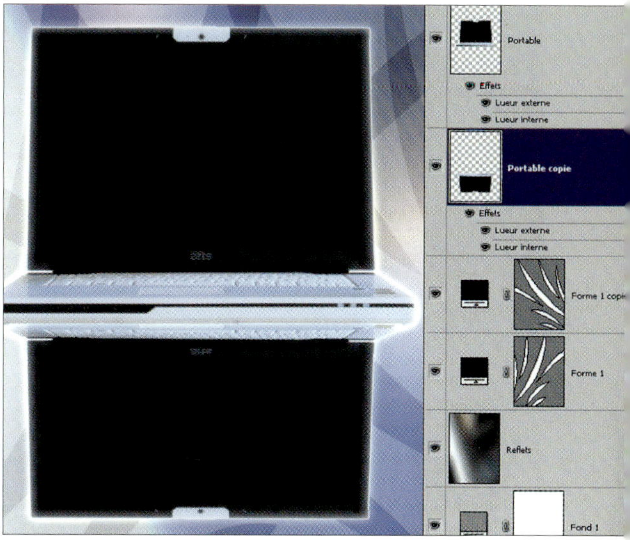

05 Dans la pile de calques, glissez ce duplicata sous l'original puis pressez les touches « Ctrl+T » afin d'appeler l'outil de transformation manuelle. Cliquez sur la boîte englobante qui entoure le calque avec le bouton droit, choisissez « Symétrie axe vertical ». Réduisez verticalement la taille de cette boîte afin d'écraser ce duplicata, puis déplacez-le vers le bas.

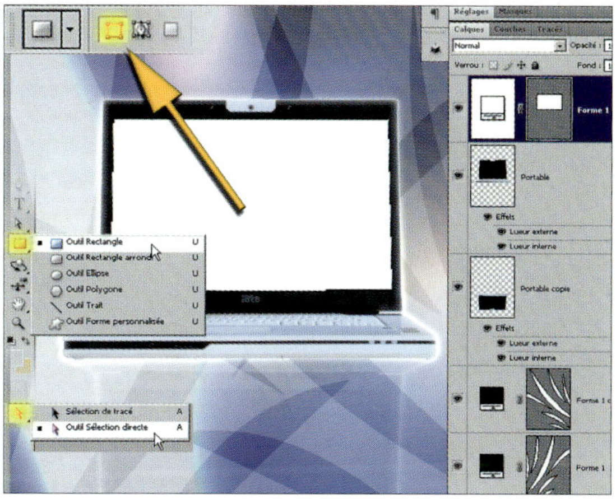

06 Passez le mode de fusion de ce calque dupliqué en « Lumière tamisée » et son opacité sur 40 %. Activez ensuite l'outil Rectangle en veillant à ce que celui-ci soit réglé en mode Calque de forme. Tracez un rectangle pour définir l'intérieur de l'écran. L'outil de sélection directe vous permettra d'ajuster, par la suite, les quatre coins de ce rectangle.

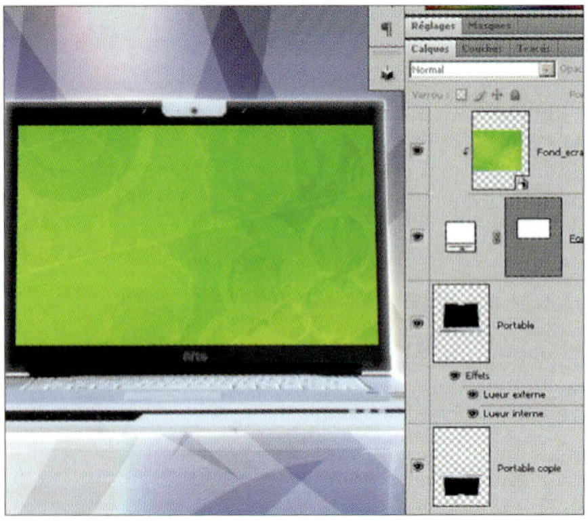

07 Via le menu « Fichier > Importer », insérez au-dessus de la pile de calques l'image « Fond_ecran.jpg ». Déplacez celle-ci afin qu'elle recouvre la totalité de l'écran puis validez son positionnement par la touche « Entrée ». Cliquez ensuite sur le nom de ce calque avec le bouton droit et sélectionnez « Créer un masque d'écrêtage ».

Ajout de la panthère

Intégrez la panthère sortant de votre écran.

01 Au-dessus de la pile de calques, insérez le fichier « Panthère.ai » en passant par le menu « Fichier > Importer ». Placez l'animal devant l'écran, la patte avant posée sur le clavier. Dans la fenêtre de calques, pressez la touche « Alt », puis glissez le masque vectoriel contenu dans le calque de forme vers le calque « Panthère » afin d'y assigner un duplicata.

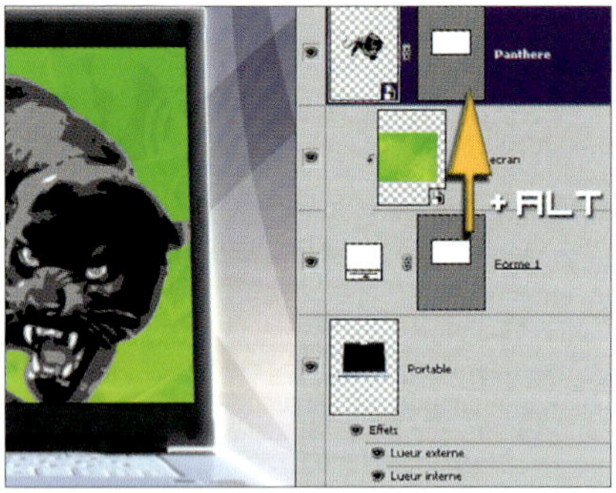

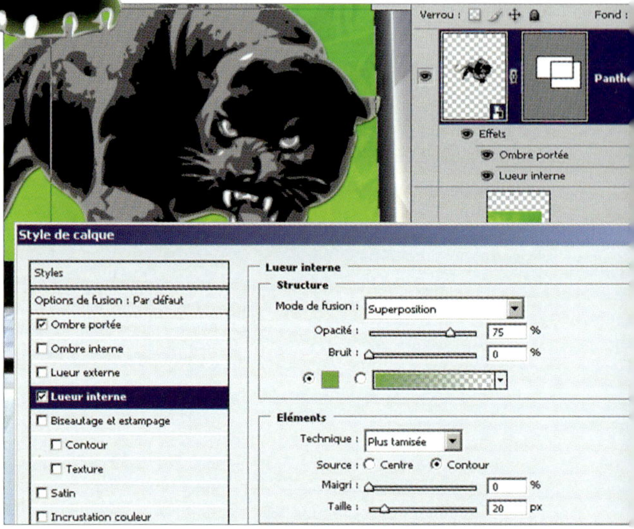

03 Cliquez avec le bouton droit de la souris sur le nom du calque « Panthère » et choisissez « Options de fusion », qui affiche ses styles de calque. Activez l'ombre portée en laissant ses paramètres par défaut. Activez également la « Lueur interne », dont la couleur aura pour valeurs RVB 134/170/43 et dont la taille sera de 20 pixels.

02 Tout en maintenant ce nouveau masque vectoriel sélectionné, repassez en outil Rectangle, en veillant toujours à ce que celui-ci soit en mode Calque de forme. Pressez la touche « Shift » et tracez un nouveau rectangle qui viendra s'ajouter à celui déjà existant, ceci afin de laisser apparaître la patte avant et toute la partie droite de l'animal.

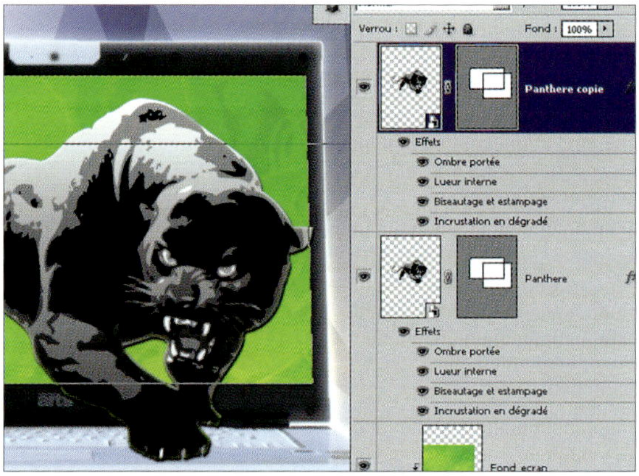

04 Toujours dans la fenêtre de style de calque, activez le « Biseautage et estampage » en laissant les paramètres par défaut, puis activez l'« Incrustation en dégradé ». Passez son mode de fusion en « Incrustation », puis pressez la case « Inverser », avant de valider. Dupliquez ensuite ce calque afin d'obtenir deux panthères identiques et, surtout, superposées.

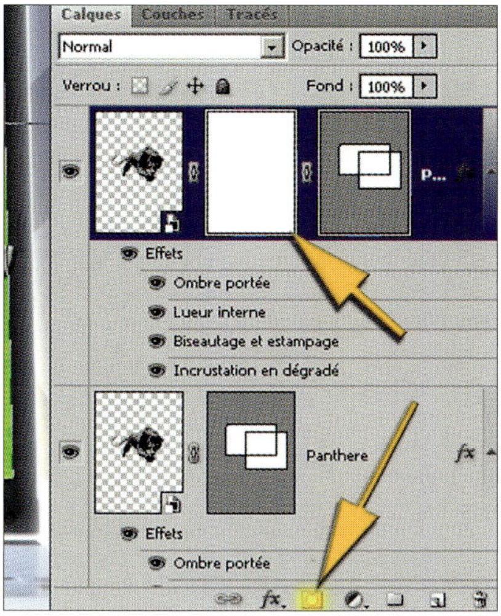

05 Passez le mode de fusion du calque « Panthère », situé le plus bas dans la pile, sur « Incrustation ». Sélectionnez ensuite sa copie qui se trouve juste au-dessus dans la pile. Au bas de la pile de calques, cliquez sur l'icône représentant un rond blanc entouré d'un rectangle gris, pour ajouter un masque de fusion à ce calque.

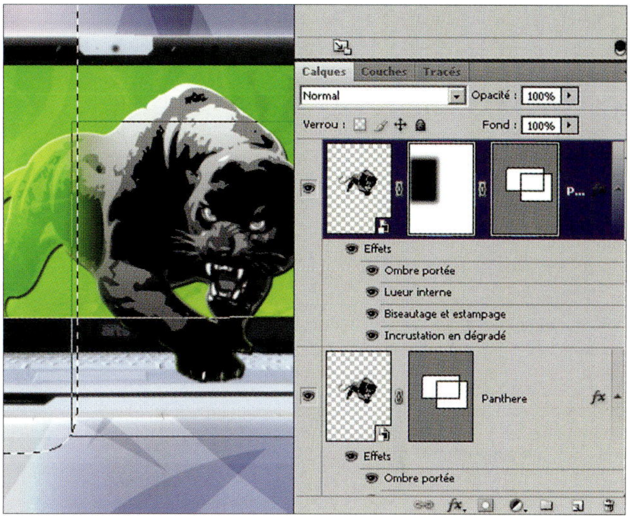

06 Dans la fenêtre de calques, cliquez sur le masque de fusion qui vient d'être ajouté sur le calque supérieur. Grâce à l'outil de sélection rectangulaire, tracez une sélection englobant la partie arrière de la panthère. Pressez les touches « Alt+Ctrl+D » et entrez 75 pixels afin de rendre les bords plus diffus. Pressez ensuite les touches « D » puis « Ctrl+Suppr » pour masquer cette zone.

ÉTAPE FINALE

Afin d'améliorer l'intégration de la panthère sur le clavier de l'ordinateur portable, il est possible d'ajouter des ombres et pénombres, jouant à la fois sur la luminosité et la couleur. En ouvrant le fichier final dans le dossier de l'étape présent sur notre site Web, vous remarquerez que ce simple calque comportant les ombres portées de la patte avant de l'animal sur les touches, réalisé d'un simple coup de pinceau noir, peut apporter beaucoup de réalisme. La dispersion des reflets en fonction de la distance, créée par l'ajout de masques de fusion, peut également jouer un rôle important dans l'unité de l'image finale.

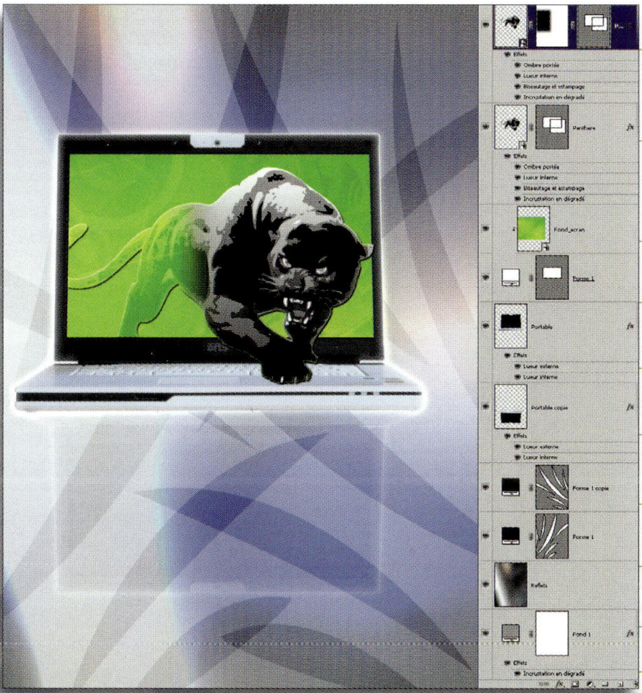

Panthère en mode de fusion « Normal » pour la partie droite de l'animal

Panthère en mode de fusion « Incrustation » pour la partie gauche de l'animal

Fond d'écran découpé selon le calque inférieur grâce au masque d'écrêtage

Découpe de l'écran grâce à un calque de forme

Portable accompagné de ses styles de calque

Reflet semi-transparent du portable dans le sol

Duplicata et inversion des formes décoratives

Formes décoratives s'ajoutant au fond en semi-transparence

Reflets floutés visant à augmenter les contrastes du fond

Couleur unie supportant le dégradé initial

Art of Love

➜ LOGICIEL UTILISÉ • PHOTOSHOP CS4

Un amour sans tache

Le haut niveau de détails des taches de Rorschach permet d'obtenir une image très travaillée.

INFO
FRANÇOIS GRASSARD
www.formacd.com
francois@coyhot.com

NIVEAU
★★★★★

DURÉE
2 heures

SUR LE WEB
Les fichiers nécessaires à la réalisation de ce tutoriel se trouvent sur notre site Internet.

➜ Utilisés par les psychologues pour explorer la psyché humaine, les tests de Rorschach et leur beauté artistique n'ont pas échappé à la curiosité des graphistes, lesquels y voient de plus en plus souvent la possibilité d'y exprimer des images figuratives. Du visage d'une femme en passant par la forme des continents ou encore le logo d'une entreprise, le haut niveau de détails de ces éclats d'encre offre immédiatement une image très travaillée, mettant rapidement en valeur le symbole qu'elle véhicule. Bien qu'il existe sur Internet des centaines de formes prédéfinies, téléchargeables et utilisables dans *Photoshop*, visant à reproduire cet effet, rien ne vaut un beau mur blanc sur lequel on projette un encrier ou encore un œuf vidé à la paille, dont la coquille encore intacte peut être remplie d'une encre noire très dense. L'appareil photo en poche, il est alors possible de se créer une grande collection de taches qui offrira l'avantage d'être très variée, mais par-dessus tout totalement unique ! Nous verrons comment combiner ces formes, dont le hasard a décidé de l'apparence, à des images clairement définies, dans un mariage harmonieux et esthétique. ☐FG

02 Dans la fenêtre de calques, cliquez avec le bouton droit de la souris sur le calque « Feuille » et sélectionnez « Dupliquer le calque ». Passez par la fenêtre flottante qui vient de s'ouvrir et nommez ce duplicata « Feuille_Floue » puis validez *via* « OK ». En maintenant ce duplicata sélectionné, appliquez un « Effet > Atténuation > Flou gaussien », dont le rayon sera de 15 pixels.

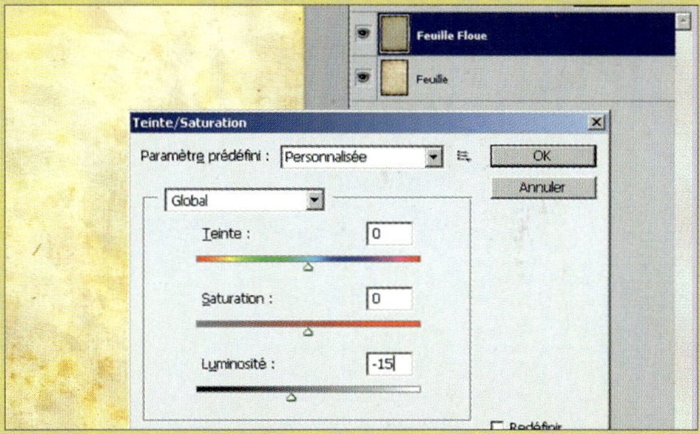

03 Tout en maintenant le calque « Feuille_Floue » sélectionné, pressez les touches « Ctrl+U » pour appeler l'outil Teinte et Saturation. Réglez le paramètre « Luminosité » à -15 afin d'assombrir cette image, puis validez *via* « OK ». En haut de la fenêtre de calques, cliquez sur « Normal » pour changer le mode de fusion de ce calque en « Incrustation ».

Traiter les photos en noir et blanc

Convertissez les photos en dessins monochromatiques.

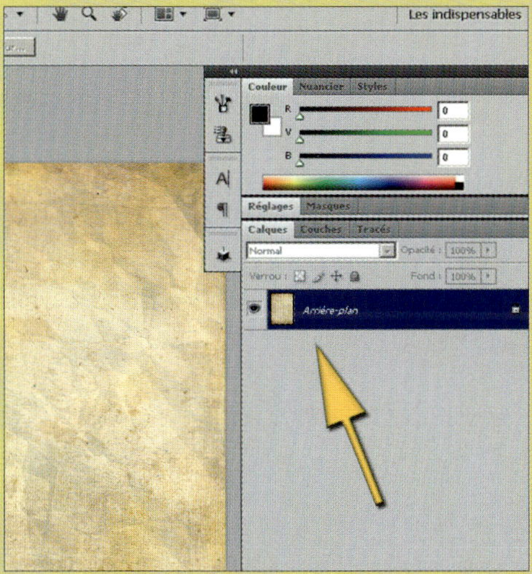

01 Une fois *Photoshop CS4* démarré, pressez les touches « Ctrl+O » pour faire apparaître la fenêtre de chargement et ouvrir le fichier « Feuille.jpg », fourni dans le dossier de l'étape. Vous remarquerez que, sur la droite de l'interface, cette image est maintenant convertie en calque de type « Arrière-plan ». Double-cliquez dessus et renommez-le « Feuille ».

04 Rendez-vous dans le menu « Fichier > Importer » et choisissez le fichier « Homme.jpg » fourni sur le site Web. Pressez les touches « Alt+Shift » et cliquez sur le coin supérieur droit de la boîte englobante entourant l'image. Tout en maintenant le bouton enfoncé, déplacez votre souris afin de réduire la taille de cette image. Validez son importation avec la touche « Entrée ».

05 Dans la fenêtre de calques, vous remarquerez que la vignette du calque « Homme » est surplombée d'une icône indiquant que cette image a été importée en tant qu'objet dynamique. Afin de faciliter l'application d'effets sur cette image, cliquez avec le bouton droit de la souris sur ce calque et choisissez « Pixéliser le calque ». L'icône en question disparaît.

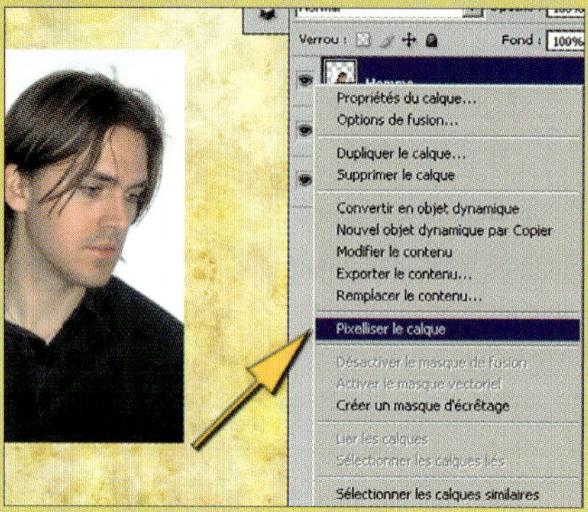

06 Pressez la touche « D » pour réinitialiser les couleurs d'avant et d'arrière-plan en noir et blanc. Maintenez le calque « Homme » sélectionné et appliquez sur celui-ci un « Filtre > Esquisse > Contour déchiré », dont le paramètre « Balance » sera de 25, le « Lissage » de 14 et le « Contraste » de 1. Validez *via* le bouton « OK » afin de revenir à votre composition.

07 De la même manière que vous venez de le faire pour l'homme, importez l'image « Femme.jpg ». Redimensionnez-la avant de valider son emplacement pour finalement la pixéliser. Appliquez également sur ce nouveau calque un filtre « Contour déchiré » dont la « Balance » sera de 21, le « Lissage » de 12 et le « Contraste » de 3.

08 Maintenant que ces deux photos ont été converties en noir et blanc, les zones blanches obstruant la feuille posent problème. Sélectionnez l'un des deux calques contenant l'une des photos et passez son mode de fusion de « Normal » à « Produit ». Faites de même pour l'autre photo. Les zones blanches semblent alors devenir transparentes.

09 Grâce à l'outil de déplacement – première icône de la barre d'outils situé sur la gauche de l'interface –, sélectionnez puis déplacez les calques « Homme » et « Femme » pour positionner les deux protagonistes dos-à-dos. L'arrière de la tête masculine doit rejoindre la chevelure de la jeune femme jusqu'à la recouvrir.

Les taches d'encre

Sculptez vos contours avec l'ajout d'éclaboussures.

01 Dans la fenêtre de calques, cliquez sur le calque « Homme » afin de le sélectionner. Cliquez ensuite au bas de cette fenêtre sur l'icône représentant un rond blanc dans un rectangle plus foncé. Ceci aura pour effet d'ajouter à votre calque un masque de fusion, également accessible *via* le menu « Calque > Masque de Fusion > Tout faire apparaître ».

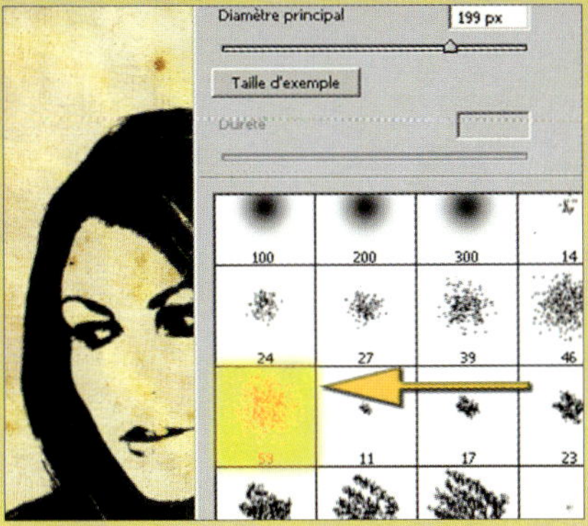

02 Un masque de fusion a pour affet de définir les zones transparentes d'un calque, sans pour autant en supprimer le contenu. Les zones noires comprises sur le masque de fusion rendront les pixels du calque transparents. Pressez la touche « B » afin de passer sur l'outil Pinceau, puis cliquez avec le bouton droit dans votre composition pour changer sa forme.

03 Réglez le diamètre du pinceau à 200 environ, puis cliquez dans la fenêtre de calques sur le masque de fusion, tout blanc pour le moment. Pressez la touche « D » pour repasser la couleur d'avant-plan en noir. Faites disparaître les zones indésirables de cette photo en peignant les zones de transparence.

04 Effectuez la même opération d'ajout de masque de fusion sur le calque « Femme » pour faire également disparaître certaines zones indésirables et pour créer, ainsi, avec la découpe du calque « Homme », une forme similaire à la lettre V, rappelant la base d'un cœur. Repositionnez les calques, si besoin, afin que le contact des têtes rappelle aussi cette forme.

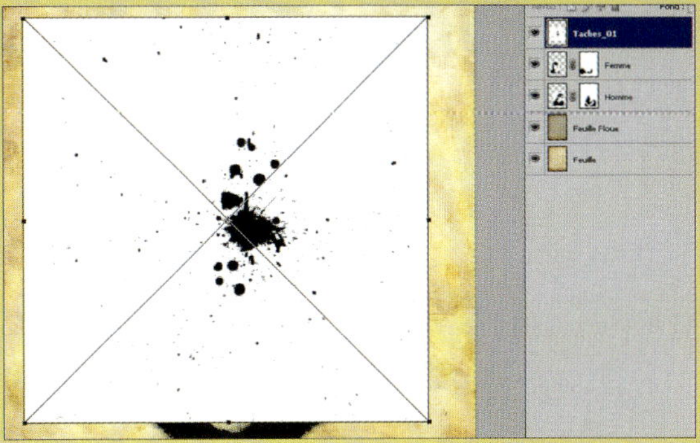

05 Importez de la même manière que pour les calques « Homme » et « Femme » l'image « Tache_01.jpg » fournie sur le site Web. Validez son placement *via* la touche « OK », mais, à la différence des autres calques, vous conserverez ses propriétés de calques dynamiques. De nombreux duplicatas de ce calque vont en effet être utilisés et déformés dans tous les sens.

06 Comme pour les calques « Homme » et « Femme », passez le mode de fusion du calque « Tache_01 » en « Produit » afin de rendre les zones blanches transparentes. Tout en maintenant ce calque sélectionné, pressez les touches « Ctrl+T » afin d'appeler l'outil de transformation manuelle. Placez cet éclat à la jonction des deux têtes.

07 Dans la fenêtre de calques, cliquez avec le bouton droit de la souris sur « Tache_01 » et sélectionnez « Dupliquer le calque ». Validez et pressez à nouveau les touches « Ctrl+T » pour déplacer cette nouvelle tache. En plaçant la souris sur l'extérieur de la boîte de déformation, il est possible de faire tourner la forme, en même temps qu'un de ses coins agira sur sa taille.

08 En faisant une nouvelle utilisation de la fonction « Importer », il est possible d'insérer l'image « Tache_02.jpg ». Celle-ci est plutôt destinée à l'habillage des parties basses du montage, représentant des éclats d'encre alignés les uns à côté des autres. Passez son mode de fusion en « Produit » et replacez-la à l'aide de l'outil de transformation manuelle *via* les touches « Ctrl+T ».

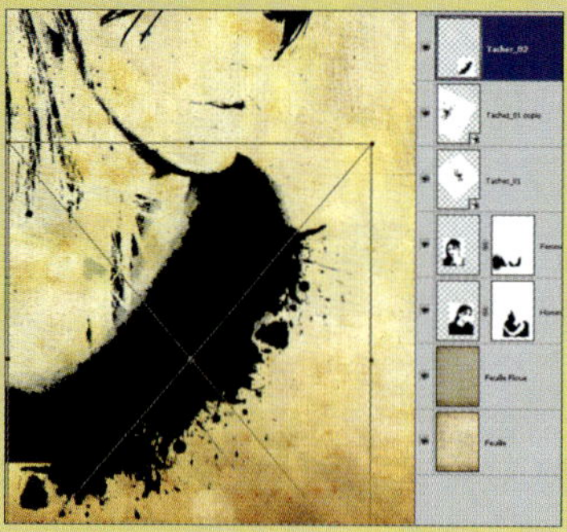

09 En dupliquant, déplaçant, tournant et redimensionnant ces deux taches d'encre, il est possible d'obtenir une montage extrêmement détaillé. Ne lésinez pas sur le nombre de calques utilisés pour habiller vos deux tourtereaux. Plus les ramifications seront nombreuses et plus l'effet sera convaincant.

Colorisation et couche Alpha

Découvrez comment créer une véritable transparence.

01 Dans la fenêtre de calques, sélectionnez, à l'aide de la touche « Shift », tous les calques constituant les taches d'encre ainsi que les deux photos. Pressez les touches « Ctrl+E » pour les fusionner, puis double-cliquez sur le nom du calque produit afin de le renommer « Silhouette ». Les zones blanches précédemment invisibles font de nouveau leur apparition.

03 Dans la fenêtre de calques, sélectionnez le calque « Silhouette » et pressez les touches « Ctrl+A » puis « Ctrl+C » afin de copier cette image dans la mémoire de votre machine. Pressez ensuite la touche « Alt » et cliquez sur le masque de fusion pour le faire apparaître dans la fenêtre de composition. Vous pouvez ainsi travailler dessus.

02 Au bas de la fenêtre de calques, cliquez sur l'icône représentant une feuille au coin corné afin d'ajouter un nouveau calque au-dessus de la pile. Pressez les touches « D » puis « Alt+Suppr » pour remplir complètement ce nouvel élément de noir. Comme précédemment, cliquez ensuite sur l'icône d'ajout de masque de fusion pour en ajouter un à cette étendue noire.

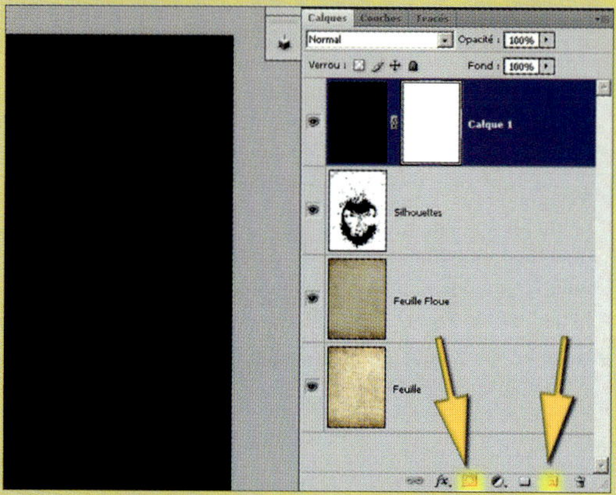

04 Pressez les touches « Ctrl+V » afin de copier le contenu de la mémoire sur le masque de fusion et pressez les touches « Ctrl+D » puis « Ctrl+I » pour inverser ce masque de fusion. Pour finir, cliquez avec le bouton droit de la souris sur le masque de fusion ett sélectionnez « Appliquer le masque de fusion ». Cliquez sur le calque « Silhouette » et supprimez-le avec la touche « Suppr ».

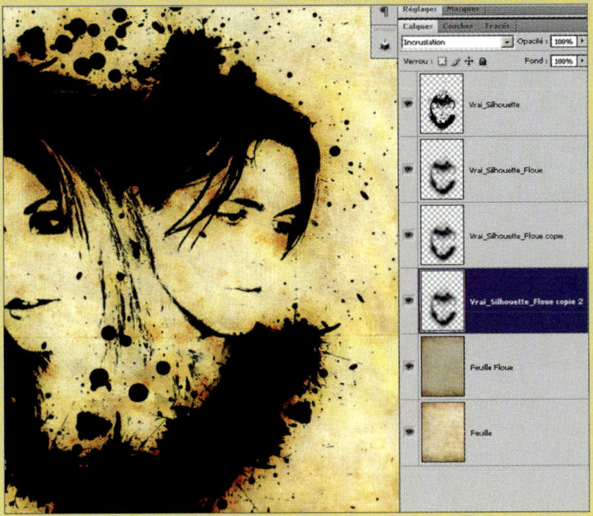

05 Maintenant que vous disposez d'une véritable découpe, en ce qui concerne la silhouette du couple, dupliquez ce calque et glissez ce duplicata sous l'original. Appliquez sur celui-ci un « Filtre > Atténuation > Flou gaussien » d'un rayon de 50 pixels. Validez puis dupliquez deux fois ce duplicata afin d'accentuer l'effet de débordement que vous venez de mettre en place.

06 Cliquez au bas de la pile de calques sur l'icône représentant un disque coupé en deux pour ajouter un calque « Couleur unie », dont les valeurs RVB seront 93/3/76. Placez-le au-dessus de la pile et cliquez sur son nom avec le bouton droit de la souris. Sélectionnez « Créer un masque d'écrêtage ». Réglez son opacité sur 60 %.

07 Créez un nouveau calque au-dessus de la pile, pressez les touches « Ctrl+A » puis la touche « D ». Rendez-vous dans le menu « Sélection > Modifier > Cadre ». Réglez celui-ci sur 100. Validez puis pressez « Alt+Suppr » afin de remplir cette sélection de noir. Passez le mode de fusion de ce calque en « Incrustation » avant de le dupliquer pour renforcer la brûlure entourant la feuille.

ÉTAPE FINALE

Une fois le mariage des deux protagonistes célébré dans cet éclat d'encre, il ne vous reste plus qu'à insérer les noms des amoureux. Le fichier final Photoshop fourni sur le site vous donne d'ailleurs un exemple de ce type d'applications, qui utilise une police de caractères également fournie. Idéal pour créer un faire-part de mariage, cet effet peut être utilisé à l'occasion d'autres créations. Pour réaliser *Crazy*, le vidéoclip de Gnarts Barkley, cette technique a été utilisée tout au long du titre afin de mêler le visage du chanteur à des actions décrites dans les paroles de la chanson.

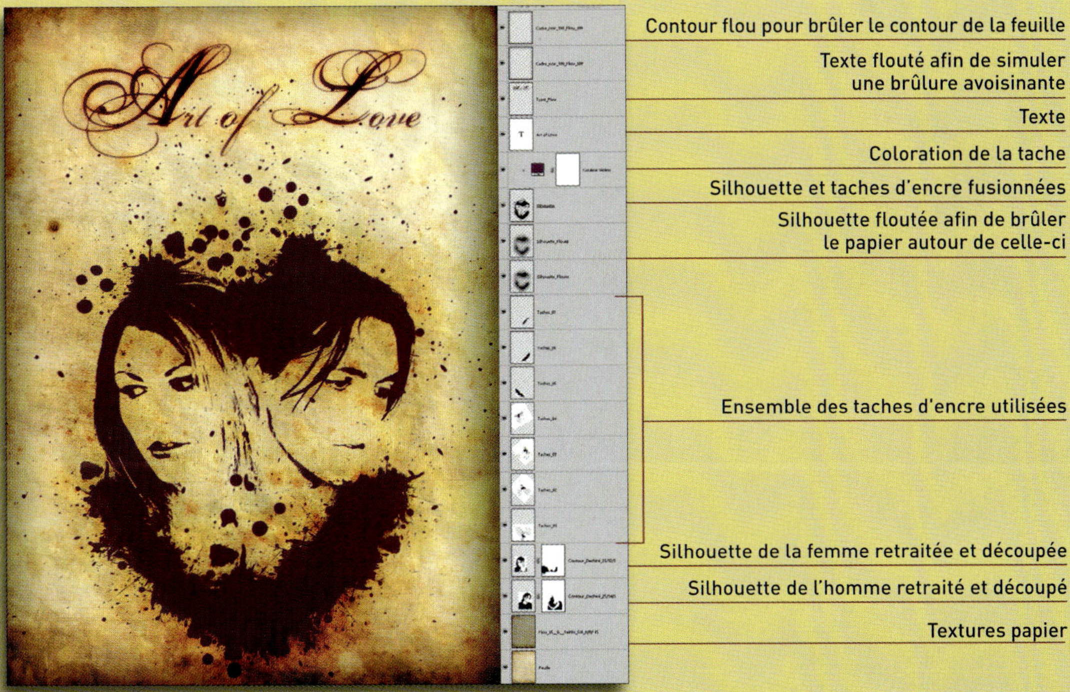

Un photomontage pétillant !

Dans ce pas-à-pas, nous allons aborder quelques techniques de photomontage. Comment concevoir un assemblage plein de fraîcheur à partir de plusieurs photos qui n'ont, de prime abord, rien de commun.

INFO
CHIEN JAUNE STUDIO
www.chienjaunestudio.com

NIVEAU
★★★★☆

DURÉE
4 heures

SUR LE WEB
Les fichiers nécessaires à la réalisation de ce tutoriel se trouvent sur notre site Internet.

→ Avant de passer au photomontage, il est important de correctement choisir les photos qui composeront votre visuel. Vous devez donc déjà avoir une idée très précise de votre visuel final. Vous pouvez faire une recherche de photos sur les nombreux sites de banques d'images, mais, même si ces derniers sont bien fournis, trouver le visuel qu'on a en tête est parfois difficile. N'étant jamais mieux servi que par soi-même, pourquoi ne réaliseriez-vous pas vos propres prises de vue ? Avec un simple appareil numérique, installez-vous un mini-studio. Prenez un carton blanc pour le fond et une lampe de bureau que vous positionnerez à l'arrière de la bouteille pour faire ressortir les reflets. Faites plusieurs essais de mise en place, puis mettez la bouteille de soda quelque temps au congélateur afin d'obtenir du givre. Une fois la bouteille sortie, enduisez-la de glace pilée. Faites plusieurs prises de vue sans bouger ni l'appareil photo, ni la bouteille de place, pour obtenir différents niveaux de reflets et de lumière. Vous pourrez ensuite monter ces différents niveaux ensemble comme s'ils avaient été réglés lors d'une seule prise de vue. C'est cette phase que nous allons aborder dans ce pas-à-pas. □CJS

Création des reflets

À l'aide des différentes prises de vue, vous allez remodeler la lumière de votre bouteille de soda.

01 Si vous n'avez pas de clichés de bouteille, ouvrez le fichier Base-bouteille.psd (dans le dossier de l'étape depuis notre site Web. Vous y trouverez les quatre calques qui vous serviront de base pour les reflets. Sélectionnez le calque « base » puis choisissez l'outil Plume. Dans l'onglet « Tracé », créez un calque. Tracez le contour de la bouteille en vous servant des courbes de Bézier.

02 Dans l'onglet en haut à droite, sélectionnez « Définir une sélection > Rayon : 0 px ». Cliquez sur l'onglet « Calques », puis sur le calque « base ». Créez un masque de fusion. Maintenez la touche « Ctrl » enfoncée, puis cliquez sur le masque pour resélectionner le contour de la bouteille. Sélectionnez le calque « bas » et créez à nouveau un masque de fusion. Procédez de la même façon pour les calques « centre » et « haut ».

03 Récupérez la sélection du masque « base », touche « Ctrl » enfoncée. Sélectionnez le masque « base » à l'aide de l'outil Pinceau « Diamètre : 400 px > Dureté : 0 % » et « Couleur de premier plan : noir ». Travaillez le masque de façon à ne laisser apparaître que les parties claires de la bouteille. Procédez de la même manière pour chacun des masques.

04 Sélectionnez tous les calques en maintenant la touche « Maj » enfoncée. Cliquez sur l'icône du menu contextuel de la palette Calques « Nouveau groupe d'après des calques ». Nommez-le « détourage ». Toujours à l'aide du menu contextuel, dupliquez le groupe et nommez-le « détourage aplat ». Sélectionnez tous les calques, fusionnez-les, puis nommez le calque obtenu « bout reflet ».

Montez le décor

Installez votre bouteille de soda dans une gerbe d'eau.

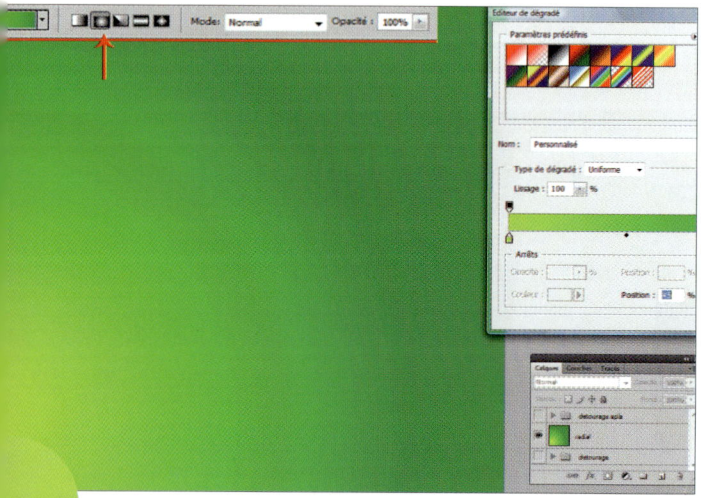

01 Créez un nouveau calque au-dessus du groupe « détourage ». Sélectionnez l'outil Dégradé radial. Double-cliquez sur le dégradé existant, puis sur le curseur pour la première étape de dégradé. Entrez les valeurs « C31/M0/J83/N0 » pour la première couleur. Pour la deuxième, « C80/M22/J100/7 > Position : 45 % ». Étirez votre dégradé en commençant par le bas gauche de la zone de travail.

02 Créez un nouveau calque « réfléchi ». Sélectionnez « Dégradé réfléchi > Couleur : noir et blanc > Mode : différence ». Étirez le dégradé en commençant une fois en haut à gauche, puis une fois en bas à droite. Répétez l'opération jusqu'à obtention de l'effet désiré. Changez le mode de fusion du calque en « Lumière tamisée > Opacité : 80 % ».

03 Sélectionnez le calque « bout reflet ». À l'aide de l'outil Transformation, réduisez la bouteille à 80 % et faites-lui faire une rotation horaire de 30 degrés. Ajoutez un calque de réglage « Luminosité : 6/Contraste : 26 »; écrêtez-le avec le calque inférieur, puis ajoutez un calque de réglage « Vibrance : 5/Saturation : 9 », et écrêtez-le avec le calque inférieur.

04 Créez un nouveau calque que vous remplirez de la couleur C39/M0/J9/N10. Passez-le en mode « Incrustation > Opacité : 35 % ». Maintenez la touche « Alt » enfoncée et passez le curseur à la base du calque. Le curseur change alors d'aspect. Cliquez pour écrêter ce calque avec celui du dessous. Ce calque donne une tonalité ambiante à la bouteille.

05 Importez le fichier « feuille.jpg » au-dessus du groupe « détourage aplat ». Effectuez un clic droit sur celui-ci et passez-le en « Transformation manuelle > Rotation : 45° > OK ». Ajoutez au calque un masque de fusion. Réglez son opacité sur 50 %. À l'aide de l'outil Pinceau, intégrez les feuilles sur la bouteille. Une fois l'intégration terminée, réglez l'opacité du calque sur 100 %.

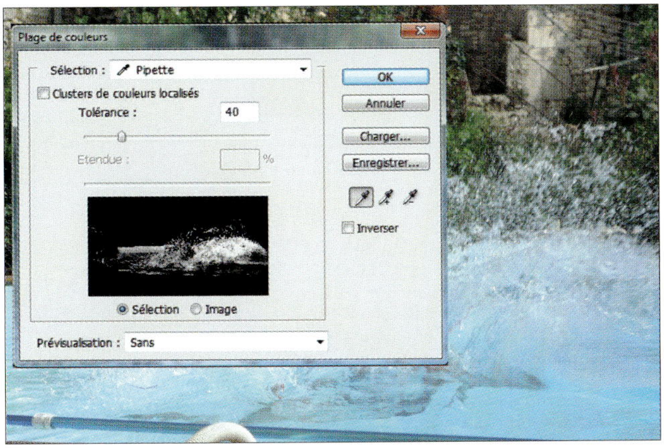

06 Ouvrez le fichier « eau.jpg ». Sélectionnez la gerbe d'eau de la piscine « Sélection > Plage de couleurs > Sélection : Pipette ». À l'aide de la Pipette+, sélectionnez différentes zones de couleurs pour garder le maximum de la gerbe d'eau. Validez puis copiez la sélection obtenue dans votre document « bouteille.psd » au-dessus du calque « feuille ».

07 Nommez ce calque « eau1 ». Dupliquez ce calque deux fois et nommez respectivement les calques obtenus « eau2 » et « eau3 ». Ajouter des masques à chacun. Positionnez-les autour de la bouteille à l'aide de l'outil Transformation manuelle (clic droit) pour apporter un effet d'éclaboussure dynamique autour de la bouteille.

08 Sélectionnez l'outil Pinceau « Forme : effet pointillé : 59 px > Diamètre : 440 px ». Travaillez sur chacun des masques des calques « eau » pour parfaitement intégrer la gerbe d'eau et ôter les zones superflues. Afin d'accentuer les gouttes, sélectionnez chacun des calques, puis allez dans « Filtre > Renforcement > Accentuation > Gains : 50 % > Rayon : 4 px ».

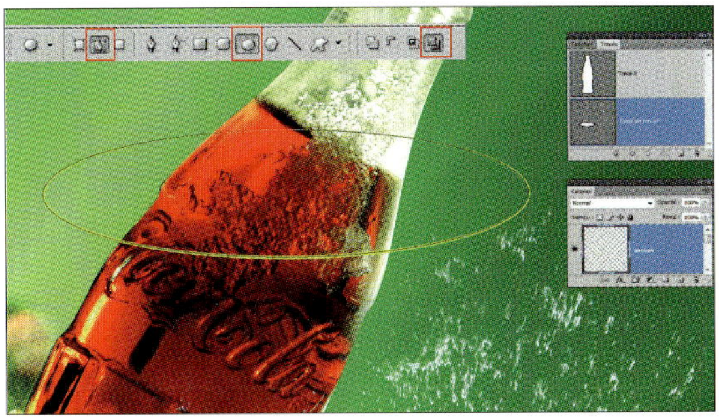

09 Créez un nouveau calque « anneau ». Choisissez la couleur de premier plan C9/M0/J91/n0, puis l'outil Pinceau « Forme : 5 px > Dureté :100 % ». Sélectionnez l'outil Ellipse. Créez un tracé ovoïde plus large que la bouteille, puis faites un clic droit sur le tracé « Contour du tracé > Forme Pinceau > OK ». Appuyez sur la touche « Echap » pour désélectionner le tracé.

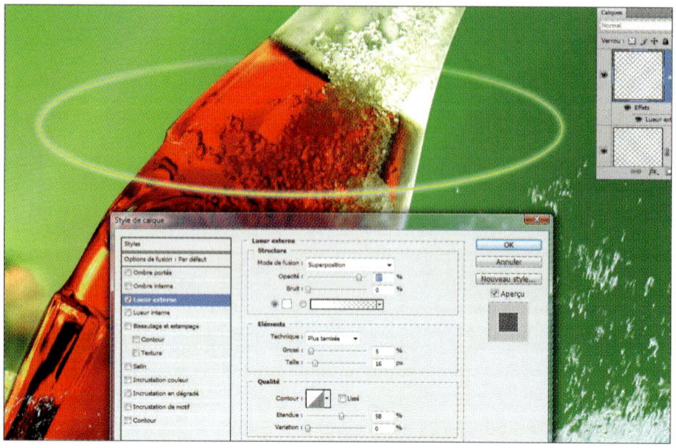

10 Double-cliquez sur le calque : la palette des effets s'affiche. Sélectionnez « Lueur externe > Structure > Mode : Superposition > Opacité : 87 % > Couleur : blanc > Élément > Plus tamisée > Grossi : 5 % > Taille : 16 px > Étendue : 58 % > OK ». Faites faire une rotation à votre ellipse afin de la positionner dans l'axe de la bouteille.

11 Créez un masque sur le calque « anneau » et masquez la partie supérieure de l'anneau pour donner un effet d'encerclement de la bouteille. Maintenez la touche « Alt » enfoncée, avec l'outil Déplacement, et dupliquez deux fois l'anneau. Retouchez les masques de chacun des calques.
Réduisez le deuxième anneau à 90 % et le troisième à 80 %.

12 Créez des arabesques autour de votre bouteille. Ajoutez un nouveau calque « arabesque ». Sélectionnez l'outil Pinceau. « Couleur de premier plan : jaune ». Ouvrez la palette de formes et sélectionnez la forme « rond net : 5 px > Diamètre : 7 px > Pas : 140 % ». Tracez les arabesques. À l'aide du clic droit, copiez l'effet de calque des anneaux et collez-le sur le calque « arabesque ».

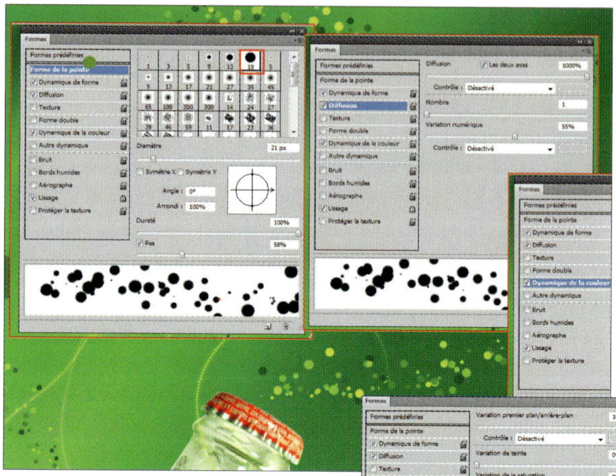

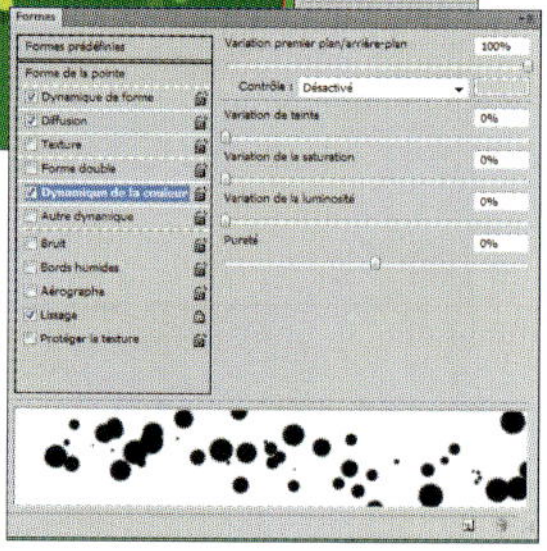

13 Modifiez les couleurs « Premier plan : C9/M0/J93/M0 > Arrière-plan : C85/M41/J100/N41 ». Sélectionnez l'outil Pinceau, ouvrez la palette de formes. Sélectionnez « Forme de la pointe : 19 > Diamètre : 21 px > Pas : 58 % > Dynamique de la forme > Variation de taille : 100 % (le reste à 0 %) > Diffusion > Les 2 axes > 1000 % > Nombre :1 > Variation : 55 % > Dynamique de couleur > Variation : 100 % ».

14 Créez un nouveau calque « confetti 1». Partez du bouchon de la bouteille et dessinez un jet de confettis. Changez le diamètre du pinceau pour 190 px et créez un nouveau calque. Dessinez à nouveau une pluie de confettis. Renouvelez cette opération plusieurs fois pour produire une variation dans les tailles de confettis. N'hésitez pas à positionner des calques sous la bouteille afin d'obtenir un effet de profondeur et à jouer avec l'opacité.

15 Sélectionnez les trois calques « eau » en maintenant la touche Alt enfoncée. « Créez un nouveau groupe d'après les calques » à partir du menu contextuel de la palette Calques. Sélectionnez le calque « feuille », dupliquez-le et placez-le au-dessus du groupe « eau ». Passez-le en mode Incrustation.

16 Dupliquez le premier calque « eau » et placez-le au-dessus du calque « réfléchi ». Faites-lui faire une « symétrie axe horizontale » afin de bien voir les fines gouttes de la gerbe d'eau. Avec le pinceau Forme, appliquez « Effet pointilliste : 59 px > Diamètre : 380 px ». Retravaillez le masque pour affiner les gouttes d'eau. Passez-le en mode « Mélange maximal ».

ÉTAPE FINALE

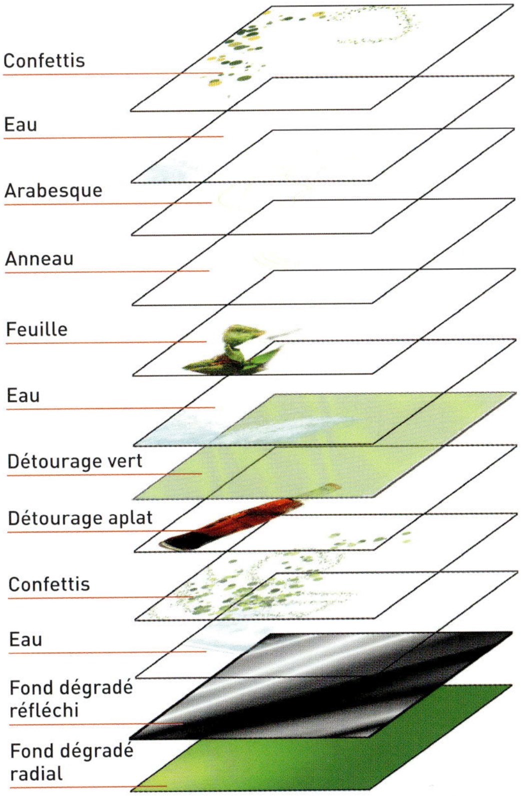

1. Les arabesques
Si vous ne possédez pas de tablette graphique, vous pouvez dessiner les arabesques à la plume en vous servant des courbes de Bézier, afin d'obtenir des tracés plus précis et de belles courbes.

2. Les groupes de calques
Lorsqu'on se retrouve avec de nombreux calques, il est parfois gênant de scroller dans la palette des calques. N'hésitez pas à créer des groupes afin de réunir les éléments similaires.

3. Créez vos propres formes
Mémorisez vos formes de pinceaux : ceci vous évitera de les paramétrer à chaque fois. Cliquez sur le bouton « créer une forme» au bas de la palette de formes prédéfinies. Enregistrez la bibliothèque : elle apparaîtra ainsi directement dans la palette.

4. Le dégradé réfléchi
À la différence du dégradé linéaire qui applique son dégradé en ligne droite du point de départ au point d'arrivée, le dégradé réfléchi applique un dégradé de part et d'autre du point de départ, en appliquant des dégradés linéaires symétriques.

COMIC BOOK # 2
LINA SWEETFACE

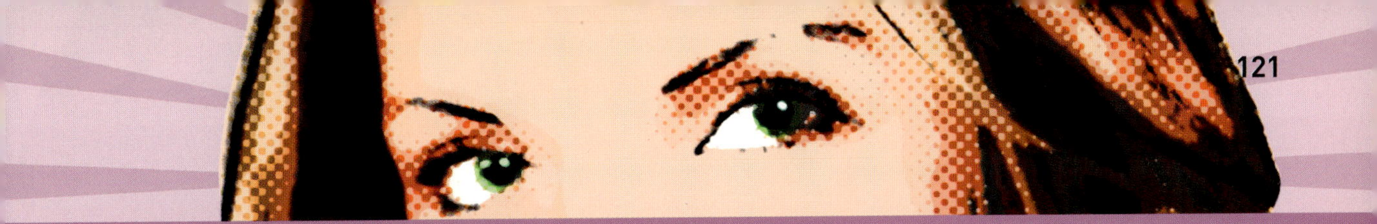

→ LOGICIEL UTILISÉ • PHOTOSHOP CS4

Rendu BD avec Photoshop

Souvent utilisé pour coloriser une BD, *Photoshop* peut également être utile pour la création à partir de photos.

→ Plus que tout autre art graphique, la bande dessinée est une discipline qui, depuis son apparition en 1830, a su se créer un environnement hautement reconnaissable, régi par des codes ayant résisté au temps. Bien que des vagues successives aient permis d'engendrer plusieurs déviations graphiques dans ce qu'il convient d'appeler le Neuvième Art, les années 1950 ont marqué un tournant dans l'histoire de la BD. Exploitée avant cette époque comme outil de propagande très efficace dans différents pays dont les États-Unis, la bande dessinée est aujourd'hui considérée comme une discipline essentiellement ludique. Si vos aptitudes en dessin sont quelque peu légères, mais que l'envie de tirer le portrait de vos amis façon « Comics » vous occupe, *Photoshop* peut se révéler être la solution. À partir d'une simple photographie, il est possible de changer cet amas de pixels en une suite de lignes épurées, accompagnées d'un effet de trame rappelant à la fois les sérigraphies d'Andy Warhol et les BD des années 1950. □FG

INFO

FRANÇOIS GRASSARD Formateur et auteur d'un CD-Rom, *After Effects*, sur le soft graphique à destination du site Hyperlink.
www.formacd.com
francois@coyhot.com

NIVEAU

★ ★ ★ ★ ★

DURÉE

2 heures

SUR LE WEB

Les fichiers nécessaires à la réalisation de ce tutoriel se trouvent sur notre site Internet.

Effet de trame

Décomposez votre image pour qu'elle ne soit formée que de points.

01 Une fois *Photoshop CS4* démarré, rendez-vous dans le menu Fichier > Ouvrir, afin de choisir l'image nommée « Fille.jpg », fournie sur le site Web. Dans la fenêtre de calques se trouvant sur la droite de l'interface, vous pouvez voir que le seul calque constituant cette composition est verrouillé en arrière-plan. Pressez la touche « Alt », puis double-cliquez sur le nom de ce calque.

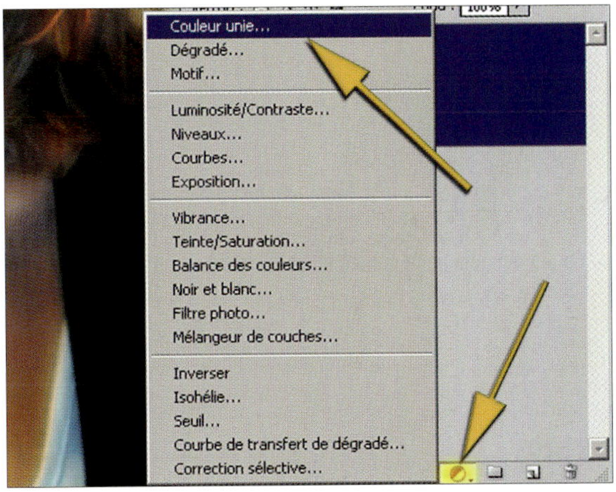

02 Au bas de la fenêtre de calques, cliquez sur l'icône représentant un disque noir et blanc scindé en deux. Choisissez, parmi la liste qui apparaît, « Couleur unie ». Un sélecteur vous permet alors de définir la couleur de l'aplat qui va être généré. Réglez-le sur du blanc, validez, puis passez ce nouveau calque au bas de la pile, sous celui contenant la jeune fille.

03 Dans la fenêtre de calques, double-cliquez sur le nom du « Calque 0 » contenant la jeune fille afin de le renommer « Fille ». Pressez la touche « Alt » de votre clavier et glissez ce calque tout en bas de la pile, sous le calque de couleur unie. Un duplicata de ce calque est alors généré. Cachez son œil sur la gauche de la vignette. Celui-ci nous servira par la suite.

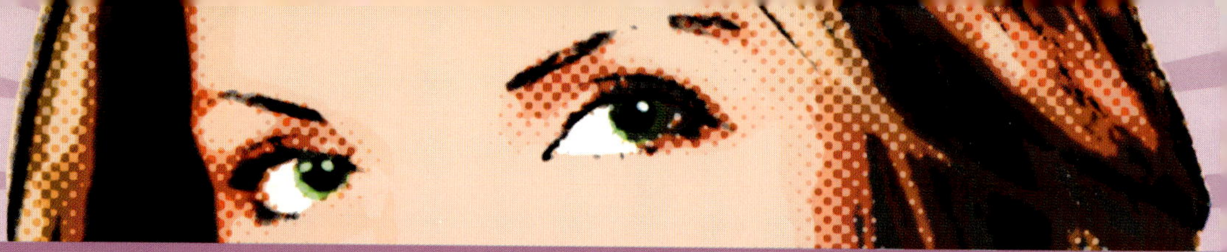

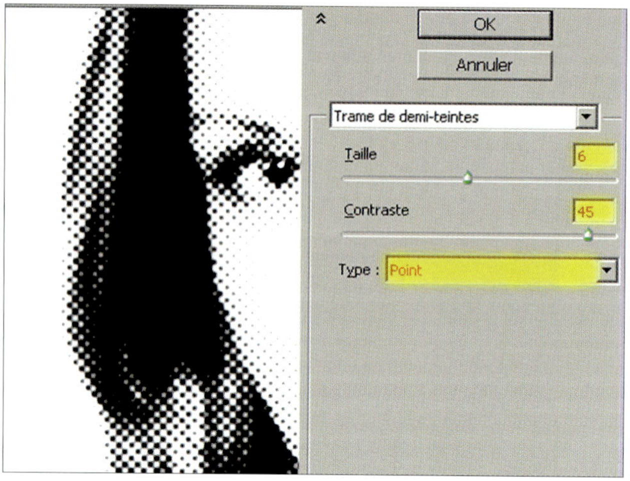

04 Pressez la touche « D » afin de réassigner du noir et du blanc aux couleurs d'avant et d'arrière-plan. Dans la fenêtre de calques, sélectionnez le calque « Fille » en haut de la pile et appliquez sur celui-ci un « Filtre > Esquisse > Trame de demi-teintes ». Réglez la « Taille » sur 6 et le « Contraste » sur 45. Le type sera, lui, réglé sur « Point ».

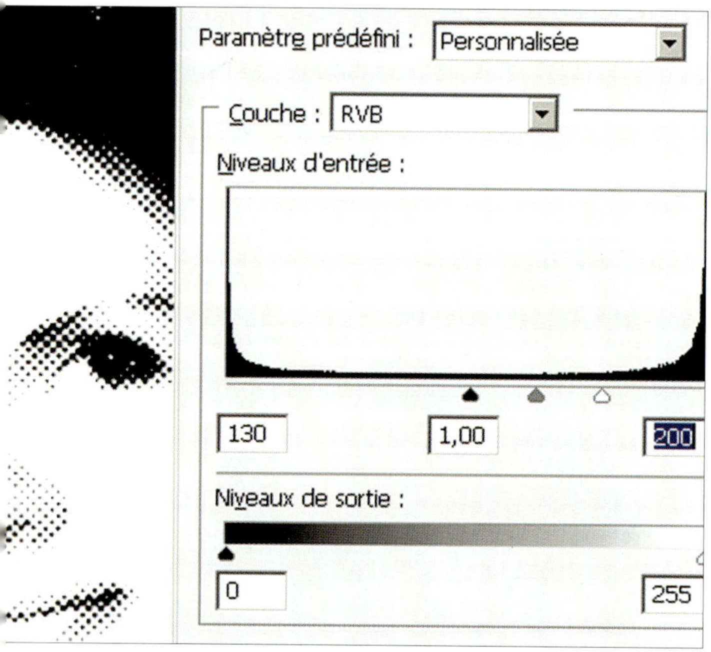

05 Toujours sur le calque « Fille », ajoutez un « Filtre > Atténuation > Flou gaussien », dont le rayon sera de 2 pixels. Validez *via* « OK », puis pressez les touches « Ctrl+L » afin d'appeler l'outil Niveaux. Juste sous le graphique, vous verrez apparaître trois valeurs, à gauche, au centre et à droite. Remplissez respectivement ces champs avec 130/1/200.

06 Dans la fenêtre de calques, pressez la touche « Alt » et cliquez/glissez le calque situé tout en bas de la pile afin de générer un duplicata, tout en haut. Vous l'aurez compris, ce calque inférieur vous sert de réserve afin de récupérer, selon votre souhait, une image originale de la jeune fille. Veillez à ce que l'« œil » de ce nouveau calque soit bien activé.

07 Sélectionnez le calque sur lequel vous avez appliqué la « Trame de demi-teintes » et passez son opacité, en haut à droite de la fenêtre de calques, sur 50 %. Sélectionnez ensuite le calque, situé tout en haut de la pile, fraîchement dupliqué et appliquez sur celui-ci une « Image > Réglages > Isohélie », dont le niveau sera de 4, puis appliquez-lui un flou gaussien de rayon 2.

Effet de colorisation et dessin au trait

Colorisez votre image et soulignez ses contours pour lui apporter une touche BD.

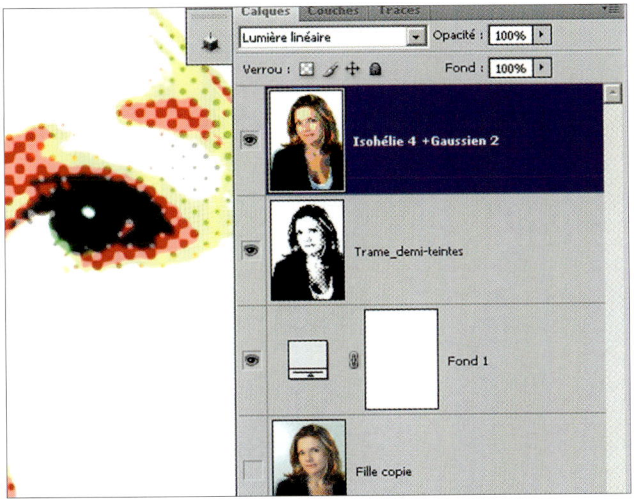

01 Vous disposez à présent des deux premiers éléments qui vont vous permettre de donner un aspect BD à votre image. Dans la fenêtre de calques, sélectionnez celui sur lequel vous venez d'appliquer l'isohélie et cliquez en haut de cette fenêtre sur le bouton « Normal » pour passer le mode de fusion de ce calque en « Lumière linéaire ».

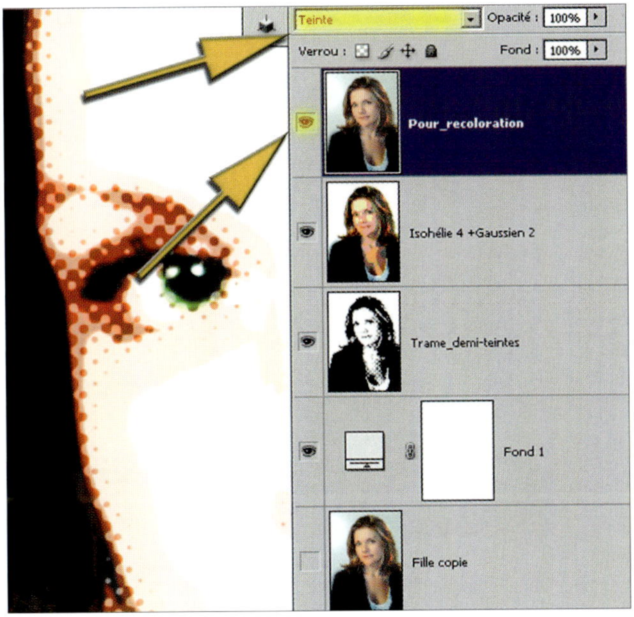

02 L'isohélie a fortement modifié les couleurs de votre image. Afin de recoloriser cet effet et de retrouver ainsi les teintes d'origine, cliquez/glissez avec la touche « Alt » sur le calque de réserve, au bas de la pile, pour le dupliquer comme précédemment au-dessus de la pile. Passez le mode de fusion de ce nouveau calque sur « Teinte ». Veillez à ce que son « œil » soit actif.

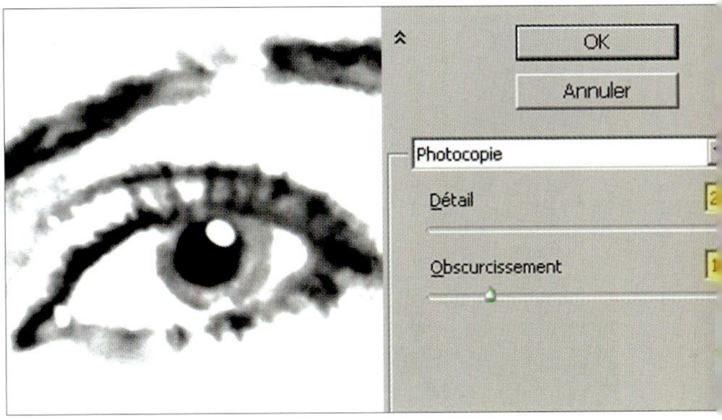

03 Pressez la touche « D » afin d'assigner, si ce n'est déjà fait, les tons noir et blanc aux couleurs d'avant et d'arrière-plan. À nouveau, dupliquez le calque de réserve se trouvant au bas de la pile pour amener son duplicata tout en haut. Appliquez sur celui-ci un « Filtre > Esquisse > Photocopie » dont le « Détail » sera de 24 et l'« Obscurcissement » de 10.

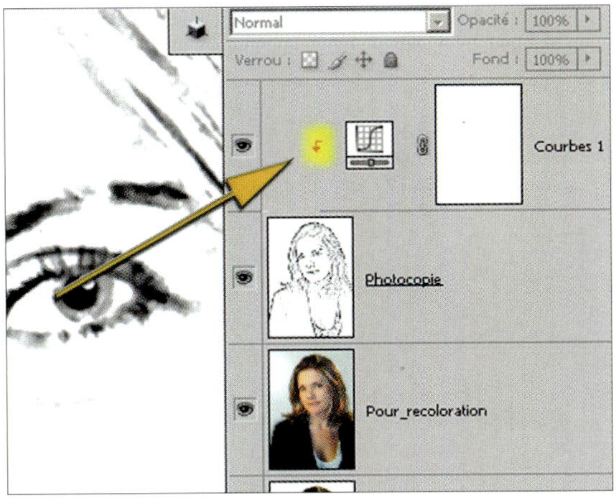

04 Au bas de la fenêtre de calques, cliquez sur l'icône vous ayant permis d'ajouter la couleur unie blanche au début de ce pas-à-pas, et choisissez « Courbes ». Veillez à ce que ce calque de réglage soit bien placé au-dessus de la pile de calques, puis cliquez dessus avec le bouton droit afin de choisir « Créer un masque d'écrêtage » pour limiter son action au calque inférieur.

05 Double-cliquez sur le calque de réglage « Courbes » pour afficher ses paramètres dans la fenêtre « Réglages », située juste au-dessus de la fenêtre de calques. Cliquez sur le point supérieur droit composant le segment et déplacez-le vers la gauche pour que son niveau d'entrée soit de 155 et son niveau de sortie de 255.

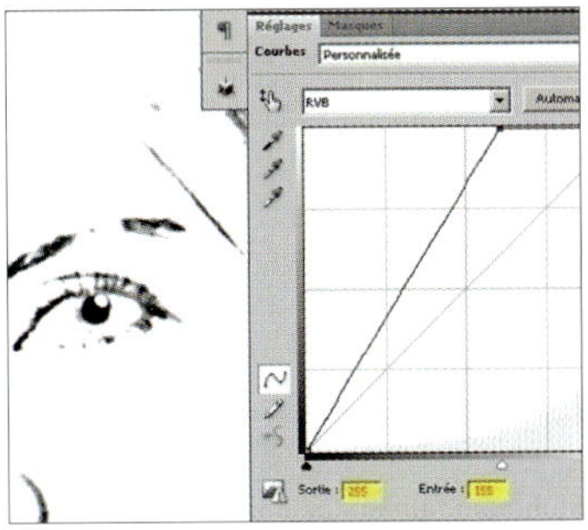

Habillage du fond

Modifiez la couleur de l'arrière-plan et ajoutez-y quelques détails.

06 Passez le mode de fusion du calque ayant subi l'effet « Photocopie » en « Produit » afin que ses traits viennent se superposer à l'effet de trame se trouvant juste en dessous. Au bas de la fenêtre de calques, cliquez sur l'icône représentant une feuille de papier cornée afin de créer un nouveau calque, puis placez celui-ci en haut de la pile.

07 Réglez la couleur d'avant-plan sur les couleurs RVB 252/205/183. Sélectionnez le calque vierge que vous venez de créer et pressez les touches « Alt+Suppr » afin de le remplir de cette couleur chair. Passez le mode de fusion de ce calque en « Produit ». Si vous le désirez, utilisez le pinceau sur ce calque pour redéfinir certaines zones, comme le blanc des yeux, par exemple.

01 Pressez la touche « W » pour activer l'outil Baguette magique et sélectionnez le calque de réserve situé en bas de la pile. Réglez, dans la barre d'options en haut de l'interface, la « Tolérance » sur 100. Dans votre composition, cliquez dans une zone de l'arrière-plan. Une sélection détourant grossièrement la jeune fille est maintenant active.

02 Tout en maintenant cette sélection active, ajoutez un nouveau calque vierge au-dessus de la pile. Réglez la couleur d'avant-plan sur les valeurs RVB 252/182/253 et pressez les touches « Alt+Suppr » afin de remplir cette sélection de violet. Pressez les touches « Ctrl+D » pour désactiver la sélection courante.

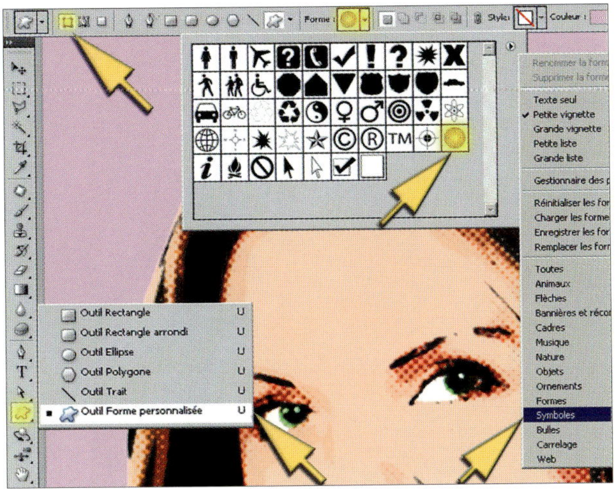

03 Dans la fenêtre d'outils, choisissez « Outil Forme personnalisée ». Dans la barre d'options, veillez à ce que le mode « Calque de forme » soit actif. Cliquez sur le triangle jouxtant le paramètre « Forme », puis cliquez sur le triangle d'options permettant de charger la bibliothèque « Symboles » et de choisir ainsi l'icône représentant une rosace.

04 Toujours à l'aide de l'outil Forme personnalisée, réglez, en haut à droite de la barre d'outils, la couleur sur les valeurs 0/51/255. Prenez un peu de recul en dézoomant avec les touches « Ctrl » et « - ». Pressez la touche « Shift » et tracez la forme prédéfinie en partant du coin supérieur gauche au coin inférieur droit. Passez le mode de fusion de ce calque en « Incrustation ».

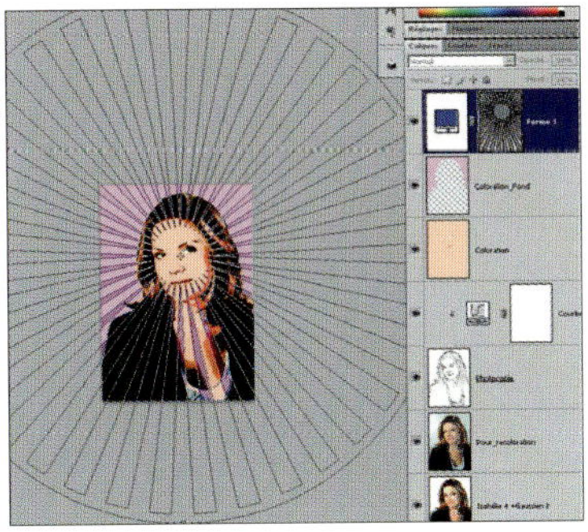

05 Une fois le placement de ce « calque de forme » correctement effectué, cliquez sur le nom de celui-ci dans la fenêtre de calques avec le bouton droit de la souris. Choisissez « Créer un masque d'écrêtage » afin de contraindre ce calque à n'apparaître que dans la découpe du calque inférieur, délimitant le fond et lui donnant sa coloration.

ÉTAPE FINALE

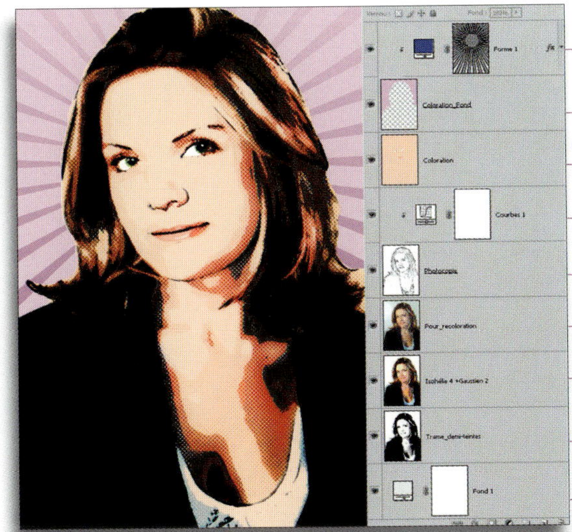

Ajout de motifs sur le fond coloré

Coloration du fond

Coloration du visage, des yeux et des lèvres

Contraste des contours

Contours du visage

Recoloration de l'isohélie

Isohélie en 4 niveaux suivie d'un flou

Effet de trame sur la photo

Fond blanc

Maintenant que la création d'images de type BD n'a plus de secret pour vous, il ne vous reste plus qu'à réaliser un véritable roman photo ! Évidemment, une des parties principales de celui-ci sont ses dialogues et ses bulles. En ouvrant le fichier final Photoshop, vous pourrez voir l'utilisation d'une police de caractères très « Comics ». Vous trouverez cette police dans dans le dossier de l'étape present sur notre site Web. Différentes formes de bulles sont disponibles dans la bibliothèque « Formes » de l'outil Forme personnalisée.

PIRATES

→ LOGICIELS UTILISÉS • ILLUSTRATOR CS2 • PHOTOSHOP CS2

PAVILLON NOIR POUR T-SHIRT GRIS

En utilisant *Photoshop* et *Illustrator*, il est aisé de créer des motifs pour vos vieux T-shirts. Derek Lea vous invite ici à découvrir ses secrets de création.

INFO

Expertise fournie par Derek Lea, illustrateur à Toronto (Canada). Découvrez ses œuvres sur : www.dereklea.com

NIVEAU

★★★★★

DURÉE

2 heures

SUR LE WEB

Les fichiers nécessaires à la réalisation de ce tutoriel se trouvent sur notre site Internet.

→ Les tendances se succèdent. Adoptant un rythme de cycles récurrents, elles font passer le vieux pour du nouveau, et ce même nouveau pour de l'ancien. Tout comme pour la mode, le design est assujetti aux caprices des dernières tendances. Récemment, le monde du T-shirt a fait le choix de revenir à des motifs propres au siècle dernier, avec une prédilection pour des tailles près du corps. Pour leur donner cet aspect usé et délavé, on passe les T-shirts à la machine des dizaines de fois. Cela permet de produire toutes sortes de créations sans pour autant cantonner leur auteur aux motifs qui faisaient fureur dans les années 1970. Dans cette étape, vous apprendrez à créer votre propre motif de T-shirt (ici avec un retour des années corsaires). Le designer passionné qui est en vous se verra gratifié de conseils et d'astuces pour que votre création devienne le transfert qui égayera vos vieux marcels. La majeure partie du travail se fera dans *Illustrator*. Comme vous l'avez constaté bien souvent, le crayonné de votre illustration finale importé en arrière-plan de votre document vous aidera à réaliser parfaitement votre motif original. C'est une façon sûre d'obtenir des tracés précis. Une fois que vous en aurez terminé avec Illustrator, vous devrez copier votre dessin dans *Photoshop*. Là, vous apprendrez une chose ou deux concernant les canaux Alpha et les masques. Combinées à un scan de papier froissé, ces deux fonctions permettent de vieillir et de rayer l'illustration. Quand votre travail dans Photoshop sera achevé, il vous suffira d'imprimer votre création sur un papier conçu spécialement pour les transferts. Enfin, lâchez la souris, munissez-vous, d'une planche à repasser et d'un fer, et réalisez le T-shirt de vos rêves ! □CA

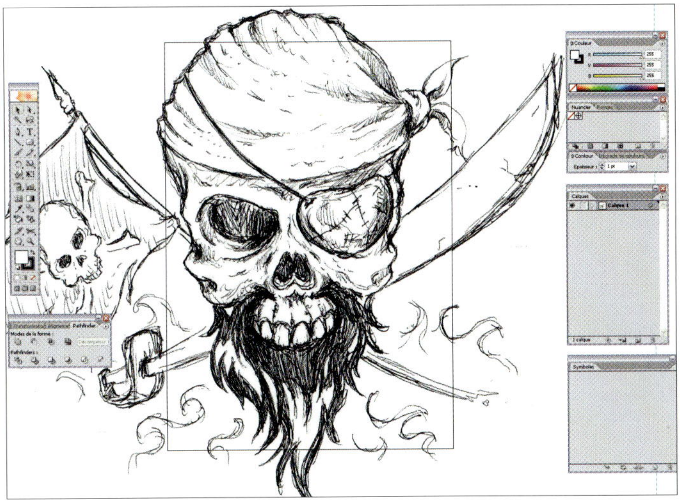

01 Lancez *Illustrator* et créez un nouveau document dont la taille est égale à celle de votre esquisse. Ensuite, importez l'image (« esquisse.jpg ») présente sur le site Web. Celle-ci vous servira de guide lors de la création de vos tracés.

02 Ajustez la taille de votre image à l'aide de la touche « Maj » (contrainte homothétique), tout en déplaçant cette même image par son coin inférieur droit. Puis double-cliquez sur le « Calque 1 » (dans la palette des calques). Dans la boîte de dialogue, cochez la case « Modèle » et réglez l'option « Estomper les images » sur 30 %. Validez.

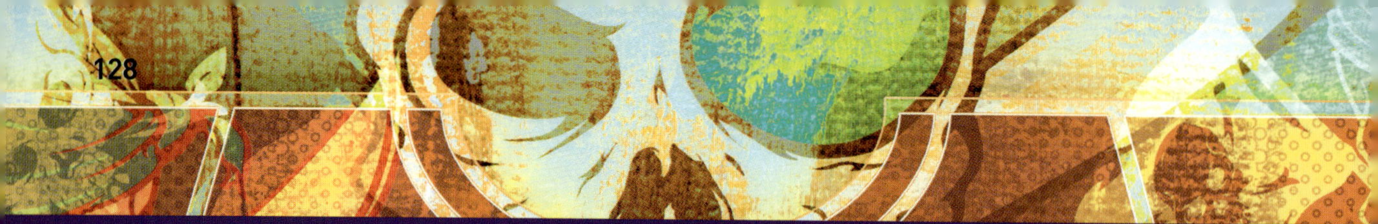

→ LOGICIELS UTILISÉS • PHOTOSHOP • ILLUSTRATOR CS2

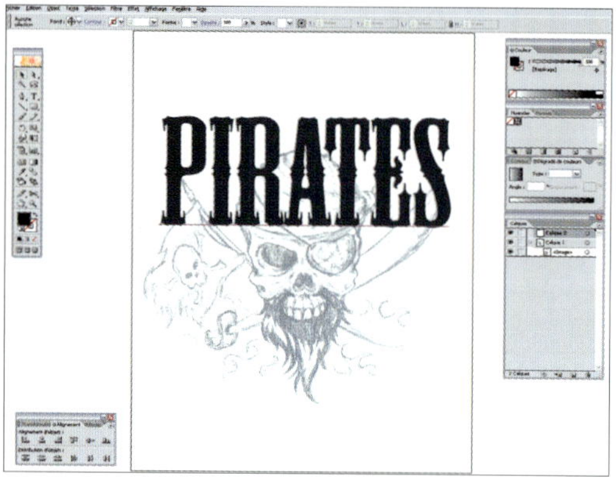

03 Verrouillez votre calque et créez-en un nouveau depuis la palette des calques. Sélectionnez l'outil Texte et écrivez le mot « Pirates ». Libre à vous de choisir la typographie qui vous convient (Monotype Corvisa, par exemple). Ajustez la taille de votre mot et placez-le au milieu de votre document.

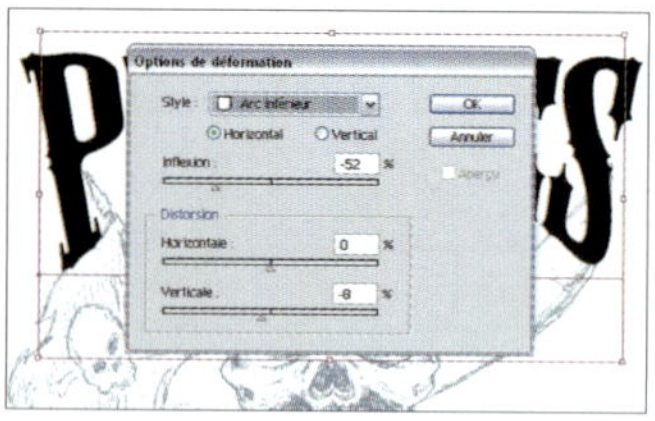

04 Le texte étant sélectionné, créez une couleur de remplissage brune depuis la palette des couleurs : le texte se colore en marron. Puis faites, toujours avec le texte sélectionné, « Effet > Déformation > Arc inférieur ». Cochez la case « Horizontal », réglez « Inflexion » sur -52 % et la « Distorsion verticale » sur -8 %. Validez.

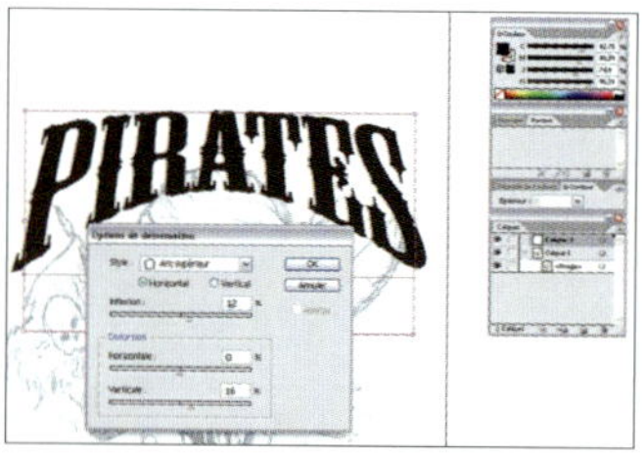

05 Pour obtenir une position parfaite, vous devez utiliser plus d'une déformation. Depuis le même menu, sélectionnez l'option « Arc supérieur ». Toujours avec la case « Horizontal » cochée, entrez les valeurs 12 % pour « Inflexion » et 16 % pour « Distorsion verticale ».

06 Cliquez sur « OK » et faites « Objet > décomposer l'aspect » pour convertir votre texte en groupe d'objets. À l'aide des touches « Alt/Cmd », dupliquez votre texte et placez la copie au-dessus de l'original. Cliquez sur le bouton « Permuter fond/contour » (Maj+X) pour obtenir un tracé au contour marron, et à l'intérieur transparent.

07 Dans la palette Contour, entrez une épaisseur de 4 points et cliquez sur l'option « Contour aligné sur l'extérieur ». Enfin, choisissez les options « Extrémités carrées » et « Sommets en pointe ». Maintenant, faites une nouvelle copie de votre objet texte en utilisant les touches « Alt/Cmd ».

08 Dans la palette Alignement, cliquez sur l'option « Alignement horizontal » au centre, puis cliquez sur « Alignement vertical » également au centre (ce qui aura pour effet de placer les objets les uns au-dessus des autres). Réglez les positions des objets « texte » si nécessaire, et donnez un ton jaune au tracé en premier plan.

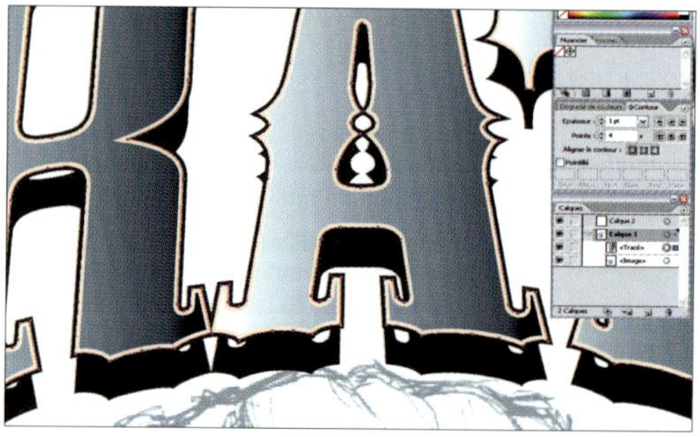

09 Alignez le contour vers l'intérieur en cliquant sur l'option appropriée dans la palette de contour. Ainsi, vous aurez l'impression que le texte est ceint de deux contours. Sélectionnez votre objet texte et appliquez-lui un dégradé de base (touche « ; »).

10 Organisez votre espace de travail pour simultanément afficher la palette de Dégradé de couleurs et celle des Couleurs. Cliquez sur l'un des curseurs de dégradé dans la palette Dégradé de couleurs, puis choisissez une nouvelle couleur dans la palette des Couleurs. Répétez l'opération pour chaque curseur afin de modifier la couleur (du noir au blanc) du dégradé par un dégradé du bleu au jaune.

11 Assurez-vous que l'option du dégradé est bien réglée sur « Linéaire » dans la palette de Dégradé de couleurs, puis prenez l'outil Dégradé de couleurs. Appliquez le dégradé lettre par lettre, par souci d'homogénéité.

12 Verrouillez votre calque et créez-en un nouveau au-dessus de lui. Avec ce nouveau calque actif, prenez l'outil Plume. Choisissez « Affichage > Tracés » pour changer votre mode de vision. Commencez à tracer le contour du personnage (repassez en mode couleur dans la palette des Outils).

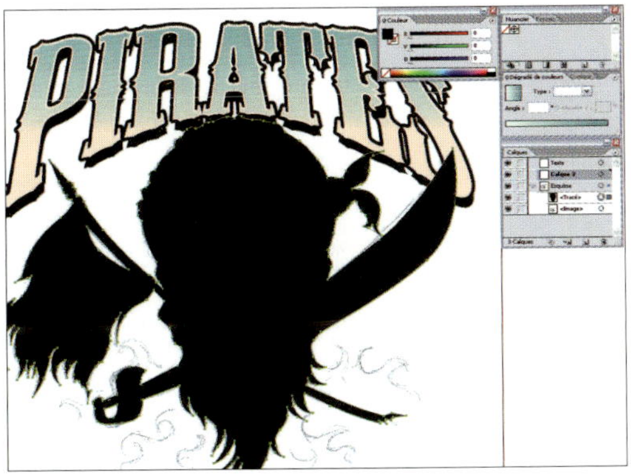

13 Poursuivez cette opération jusqu'à ce que vous obteniez un contour précis de votre personnage, ainsi que des éléments derrière lui (sabre et drapeau). Cliquez sur votre point de départ pour fermer votre forme. Donnez-lui une couleur brune sans lui ajouter de contour.

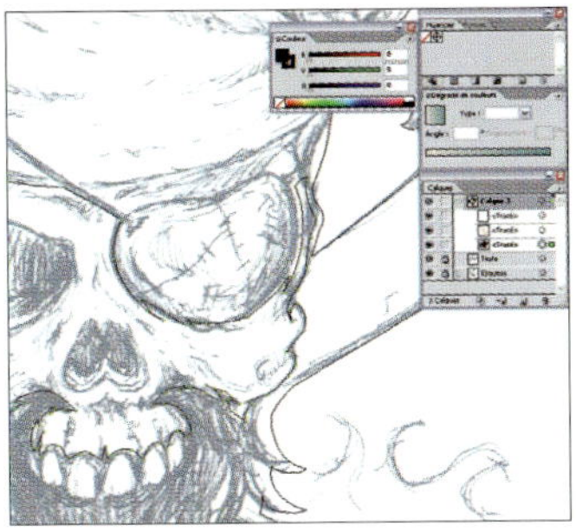

14 Faites « Affichage > Aperçu » pour avoir une idée de votre image en couleur. Maintenant, revenez en mode Tracé et tracez les contours de la partie intérieure du crâne. Utilisez l'esquisse comme un guide pour réaliser des contours précis. Fermez la forme une fois que vous l'avez terminée.

15 Choisissez une couleur jaune très claire et utilisez la Plume pour fermer les parties restantes du crâne (n'oubliez pas de faire de même avec les dents). Repassez en mode Aperçu et regardez comment vos formes sont cernées de marron, et cela en raison de la taille plus importante de la forme réalisée dans la vignette 13.

16 Une fois encore, repassez en mode Tracé et dessinez les détails pour donner du relief au crâne en marquant l'orbite, les contours du nez et les petits éléments comme des objets séparés. Remplissez ces nouvelles formes avec un marron foncé. Faites le tracé du crâne sur le drapeau et remplissez-le de jaune.

CONSEILS

Objets dynamiques

Lorsque vous copiez l'une de vos créations depuis *Illustrator* dans *Photoshop*, vous avez le choix entre diverses options. Dans cette étape, nous avons choisi d'utiliser les objets dynamiques. C'est une méthode qui permet d'encastrer un fichier à l'intérieur d'un autre. Lorsque vous éditez le contenu source d'un objet dynamique, toutes les instances qu'il comporte sont automatiquement mises à jour. Si vous double-cliquez sur l'icône des Objets dynamiques dans la palette des Calques, *Illustrator* (CS2) ouvre une fenêtre vous permettant d'éditer leur source.

→ LOGICIELS UTILISÉS • PHOTOSHOP • ILLUSTRATOR CS2

17 Utilisez la méthode de tracé en passant par le menu Affichage et en permutant l'option « Tracé » avec l'option « Aperçu ». Créez ainsi toutes vos formes et donnez-leur des couleurs différentes. Faites le bandeau, le cache-œil, le sabre ainsi que le drapeau. Repassez en mode Aperçu lorsque vous avez terminé.

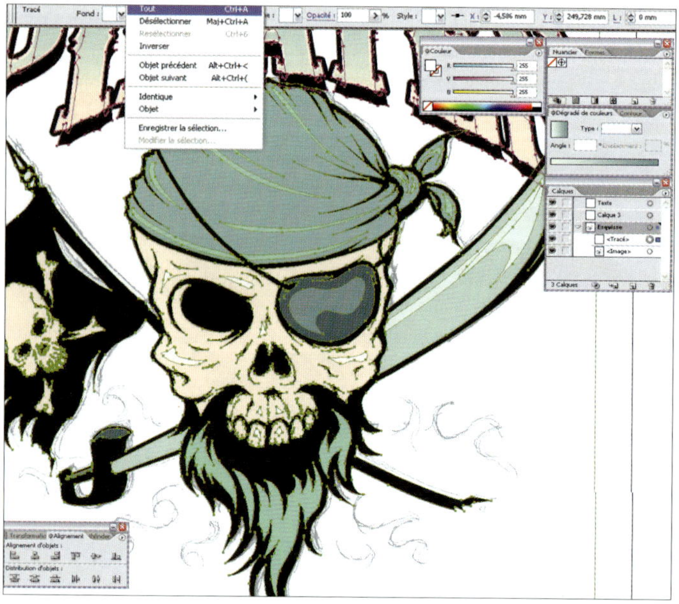

18 Maintenant, vous pouvez ajouter quelques détails sur le bandeau vert, pour lui donner un peu plus de relief et d'informations de lumière. Remplissez-les avec une couleur un peu plus claire que celle utilisée pour le bandeau. Adoptez cette technique pour créer des détails sur le crâne et sur l'épée. Déverrouillez votre calque de base et faites « Sélection > Tout ».

19 Lancez *Photoshop*, créez un nouveau document avec les mêmes dimensions que celles de votre document *Illustrator*. Collez-y votre pirate. Choisissez l'option « Objets dynamiques ». Maintenant, ouvrez le fichier « Raillures.jpg » depuis le site Web et copiez-le. Retournez sur votre document *Photoshop* et créez un canal Alpha à l'intérieur (« Couches > Nouvelle couche » dans la palette des Couches).

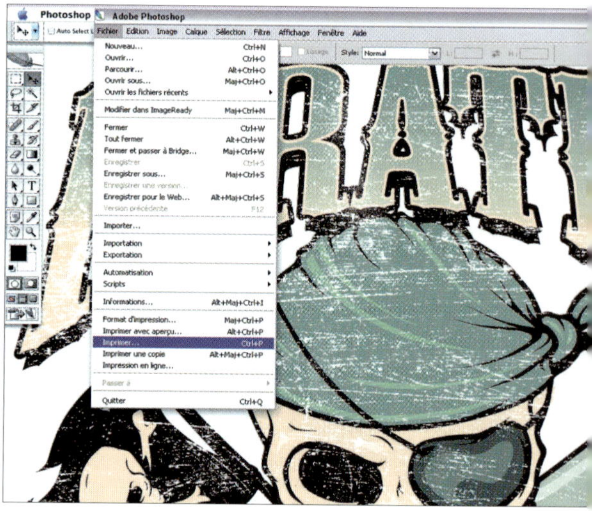

20 Collez la copie de « Raillures.jpg » dans votre canal Alpha, puis faites-en une sélection. Pour ce faire, vous n'avez qu'à cliquer sur l'icône de votre canal Alpha en faisant un « Ctrl/Cmd » clic gauche. Créez un nouveau calque et remplissez la sélection active avec du blanc. Maintenant, choisissez « Fichier > Imprimer ».

21 Selon l'imprimante que vous utiliserez, vous aurez peut-être besoin de l'alimenter en papier manuellement. Dans ce cas, assurez-vous de régler vos paramètres d'impression en accord avec le type de papier employé. Pour cet exercice, prévoyez du papier à transfert.

CONSEILS

Détails et reliefs

Pour donner vie à votre création, il vous suffit d'ajouter des détails qui donnent du relief à vos formes. Dans le cas du crâne, choisissez une couleur claire. Ensuite, prenez la couleur servant à coloriser les contours du crâne pour ajouter les détails qui simulent les creux et les bosses. Pour finir, prenez la couleur qui vous a servi à remplir le bandeau et le cache-œil pour animer le reste du crâne.

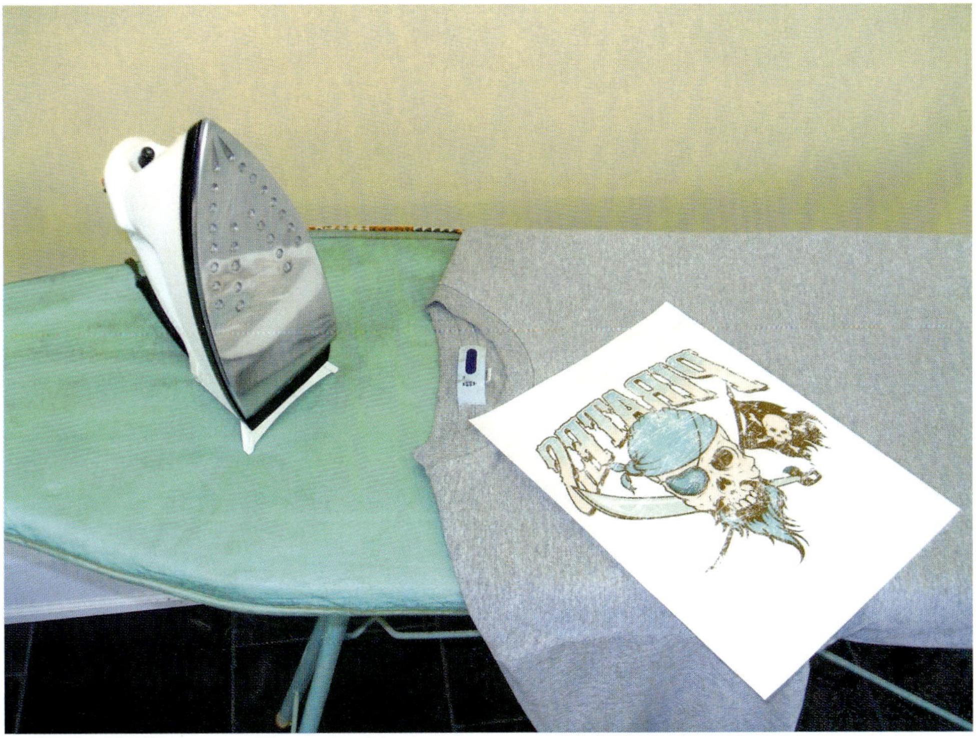

ÉTAPE FINALE

Suivez scrupuleusement les indications qui accompagnent le papier que vous avez glissé dans votre imprimante. Chaque papier à transfert possède ses propres caractéristiques. Branchez votre fer, sortez la table à repasser et achevez votre création.

INFO

CHIEN JAUNE est un studio de création numérique online et offline comprenant exclusivement des créatifs indépendants, tous issus de cursus différents (illustration, photographie, design, art contemporain, architecture).
www.chienjaunestudio.com

NIVEAU

★★☆☆☆

DURÉE

3 heures

→ LOGICIEL UTILISÉ • PHOTOSHOP CS4

Un nouveau souffle avec la CS4

De l'importation de 3D à de nouvelles options d'outils, *Photoshop CS4* nous promettait des nouveautés remarquables pour faciliter notre travail et nous rendre encore plus productifs. Promesse tenue.

→ La nouvelle version de *Photoshop* vous apporte de nombreux nouveaux outils et de nouvelles fonctions. Vous pouvez, par exemple, agrandir votre image jusqu'au pixel et ainsi travailler vos photos avec une très grande précision. La nouvelle visualisation des pixels copiés de l'outil Tampon vous permet également de facilement retoucher vos créations. Nous verrons ensemble dans cette étape comment l'utiliser pour effacer les doigts sur le front de notre modèle. Si vous aviez utilisé les objets dynamiques dans la version précédente de *Photoshop*, vous avez certainement remarqué qu'en y associant un masque de fusion, ce dernier ne suivait pas vos déplacements de calques. Ce problème est désormais résolu dans cette dernière version.
La grande nouveauté de la CS4 est la possibilité de redimensionner une image grâce à « Echelle basée sur contenu », ce qui lors de la mise à l'échelle va préserver les pixels au premier plan. Vous apprécierez pleinement la puissance de cette fonction en l'utilisant sur des images constituées de plans bien distincts.
Le calque de réglage est également apparu dans la version CS4.
Ce dernier va vous permettre de régler la saturation et le contraste tout en préservant les zones claires de l'image. Dans l'étape qui suit, nous allons voir ensemble toutes ces nouveautés et quelques autres en plus. □CA

Étape 1 : Un photomontage poétique

Voyons comment utiliser certaines nouveautés de la *CS4* pour créer une image onirique.

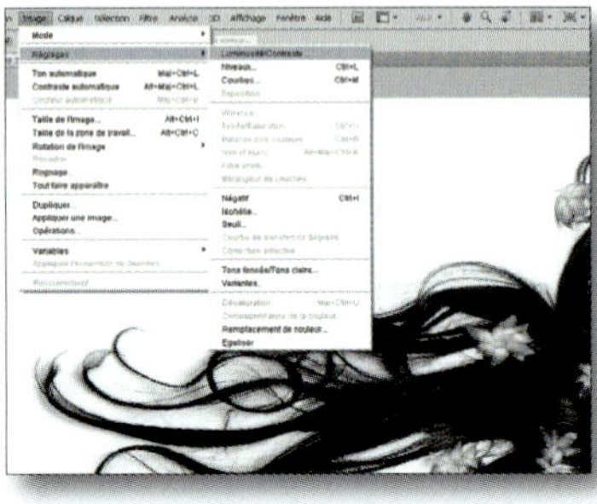

01 Nous avons choisi une image provenant du site fotolia.fr (référence : 3387401). Dupliquez le calque original pour ne travailler que sur la copie. Cliquez sur l'onglet des Couches puis dupliquez la couche de Bleu. Sur cette dernière, choisissez Image>Réglages> Luminosité/Contraste.

02 Dans la fenêtre contextuelle, réglez le contraste et faites ressortir les noirs dans les cheveux. Avec l'outil Lasso, sélectionnez le visage et les cheveux puis remplissez la couche avec du noir. Choisissez l'outil Pinceau en mode Incrustation puis dessinez sur le bord des cheveux avec du noir.

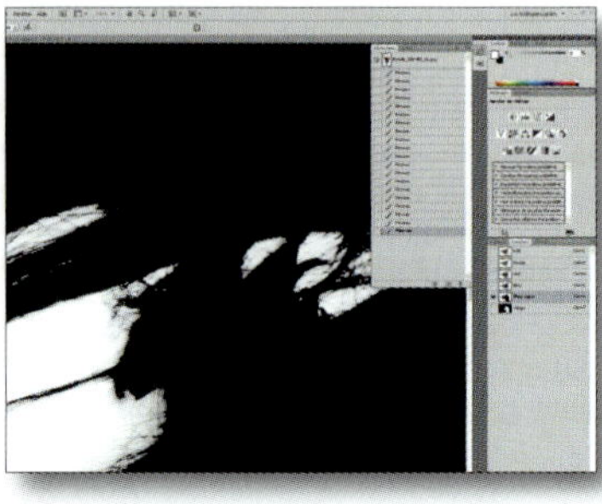

03 De la même manière, utilisez le Pinceau avec la couleur blanche sur l'extérieur de la chevelure. Zoomez dans l'image si besoin. Dans cette dernière version de *Photoshop*, vous pouvez agrandir votre image au pixel près. Réactivez la couche RVB pour mieux affiner votre travail.

04 Une fois que vous avez dessiné en noir l'ensemble du visage et de la chevelure, faites un Ctrl/Clic sur cette couche pour créer une sélection. Désactivez ce duplicata de la couche bleue, réactivez la couche RVB, retournez sur votre calque de copie puis créez un masque de fusion.

05 Dans *Photoshop CS4* vous pouvez travailler dynamiquement sur le masque comme par exemple, régler sa Densité ou dans notre cas son Contour progressif. Zoomez dans l'image puis réglez le contour progressif pour que les bords de votre sélection soient plus doux (ici 2 pixels).

06 Pour obtenir encore plus de réglages au niveau de votre masque cliquez sur « Contour du masque » et ajustez les différentes options qui s'offrent à vous dans cette nouvelle fenêtre. Les différents modes d'affichage peuvent vous aider à régler votre masque au plus juste.

07 Fusionnez votre masque et votre calque ensemble. Recommencez toute la manipulation précédente avec la couche bleue pour affiner votre sélection sur le contour de la coiffure. Pour vous assurer de la qualité de votre sélection ajoutez une image de fond (un ciel nuageux dans notre exemple).

CONSEIL

Nouveautés CS4

Vous pouvez mettre en évidence les nouveautés de la version *CS4* en cliquant en haut à droite sur Nouveautés de *CS4*. Vous verrez alors en un seul coup d'œil les nouvelles fonctions, les nouveaux outils, etc.

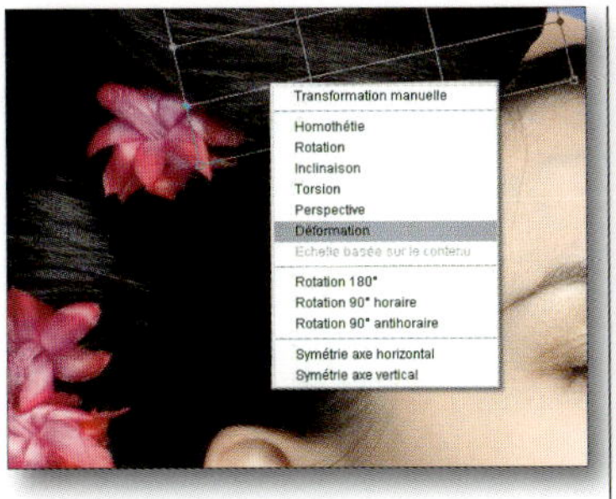

08 Cliquez sur l'outil Lasso puis sélectionnez une zone dans les cheveux pour la copier-coller sur un nouveau calque. Déplacez cette zone de cheveux de telle façon à cacher une partie des mains. Faites un Ctrl / Cmd+T puis un clic droit et sélectionnez Déformation.

09 Déformez cette sélection de cheveux pour qu'elle s'adapte à la chevelure du fond. Petit à petit, rajoutez des zones de cheveux pour faire disparaître complètement la main à l'exception des doigts posés sur le front. Utilisez des masques de fusion pour effacer certaines zones pour que vos nouveaux cheveux s'adaptent correctement avec le reste.

10 Sélectionnez l'outil Tampon puis tout en maintenant la touche Alt enfoncée cliquez dans une zone du front.
Vous remarquerez que dans cette nouvelle version de *Photoshop* vous avez un aperçu de la zone que vous avez sélectionnée.
Petit à petit effacez les doigts sur le front.

11 Sélectionnez l'outil Pièce, dessinez une sélection sur une zone du front que vous n'avez pas retouchée puis déplacez-la vers la zone retouchée. Ainsi, vous unifierez cette zone pour que la retouche ne soit plus visible. N'hésitez pas à jouer sur les réglages d'opacité de l'outil Tampon pour que votre résultat soit réaliste.

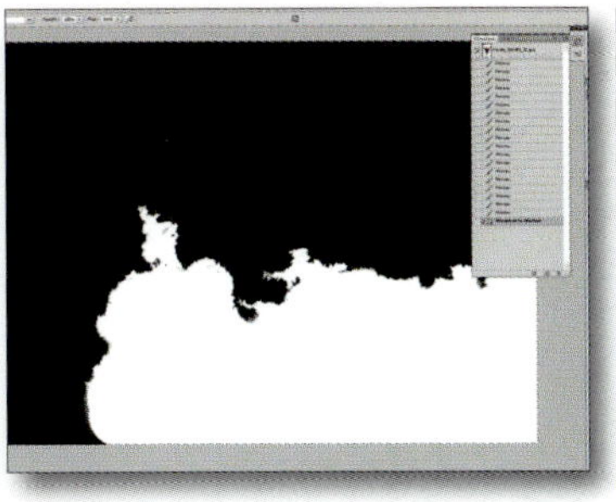

12 Fusionnez tous les calques constituant le visage et les cheveux de votre personnage. Redimensionnez votre modèle. Nous voulons faire en sorte que ce visage apparaisse derrière certains nuages et devant d'autres. Pour créer le masque, utilisez la même méthode de sélection sur les couches mais avec la couche rouge.

13 Une fois la sélection réalisée, créez un masque de fusion sur le calque du visage pour donner l'illusion d'un corps émergeant des nuages. Jouez sur le Contour progressif de ce masque pour affiner le résultat. Faites des retouches avec l'outil Pinceau directement sur le masque pour révéler ou au contraire masquer certaines zones.

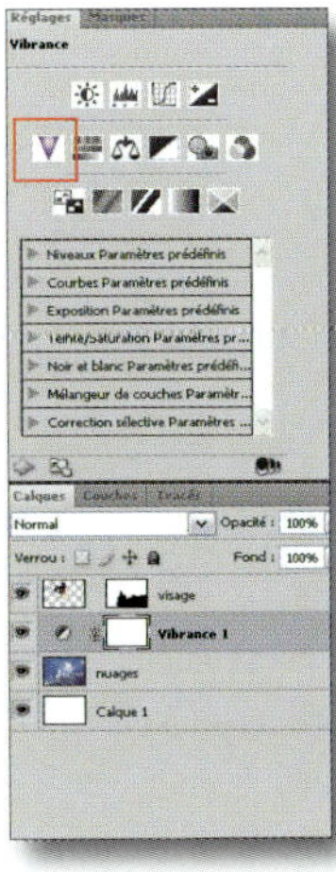

14 Un nouveau réglage est apparu dans cette dernière version de *Photoshop*. Il s'agit de Vibrance. Ce réglage va nous permettre de régler la saturation de votre image de nuages en préservant les zones claires. Sélectionnez le calque des nuages puis cliquez sur Vibrance depuis la palette des Réglages.

CONSEIL

Protanopie et Deutéranopie

Certaines personnes ne distinguent pas correctement le rouge ou le vert. Cela peut influer sur votre création en particulier pour de l'édition. Vous pouvez visualiser votre travail comme un daltonien le ferait en choisissant Affichage>Format d'épreuve> Dyschromatopsie.

15 Vous pouvez alors régler votre calque de réglage. Nous avons choisi les réglages suivants : Vibrance +10 et Saturation -45. Choisissez les bons ajustements en fonction de votre image. Cliquez en bas de la palette de Réglages sur les deux cercles l'un sur l'autre pour lier votre réglage au calque du dessous.

17 Ajoutez autant de calques de réglages que vous voulez. Grâce à cette nouvelle palette de Réglages directement visible, vous pouvez facilement sélectionner un calque de réglage et changer ses ajustements. Dans notre exemple, nous avons ajouté un calque de Balance des couleurs.

19 Le nouveau mode d'affichage des fichiers vous permet rapidement de visualiser plusieurs images en même temps. Ouvrez une nouvelle image de matière puis cliquez en haut de *Photoshop* pour afficher vos deux images l'une à côté de l'autre. Glissez-déposez votre image au-dessus du calque de nuages.

16 Retournez sur le calque des nuages puis cliquez sur l'icône de Courbes depuis la palette de Réglages. Depuis cette palette, cliquez sur la main avec une flèche vers le haut et vers le bas. Cliquez dans le bleu du ciel puis glissez votre souris vers le haut ou vers le bas. Vous pouvez ainsi régler la tonalité d'une couleur sélectionnée directement sur l'image.

18 Ajoutez des éléments vectoriels à votre image. Il vous suffit de les sélectionner dans *Illustrator* puis de les copier dans *Photoshop* en tant qu'Objets dynamiques. Si vous utilisez les masques de fusion sur vos Objets dynamiques, vous remarquerez que vous pouvez désormais les lier à ces derniers (contrairement à la version précédente).

20 Réglez ce calque de matière en mode Incrustation et réglez son opacité à 35 %. Utilisez le Filtre Fluidité pour donner du mouvement à la matière. Nous avons ajouté un masque de fusion à ce calque pour faire en sorte que la matière ne soit visible que dans la zone du ciel et pas dans les nuages.

21 Choisissez une image panoramique d'une ville quelconque (référence 8219775 sur fotolia dans notre exemple). Si votre image est mal cadrée, une nouvelle fonction de *Photoshop CS4* vous permet de la redimensionner tout en préservant les éléments de premier plan. Choisissez Edition>Echelle basée sur le contenu.

CONSEIL

Échelle basée sur contenu

Pour vous rendre compte des possibilités de cette nouvelle fonction, choisissez une image avec différents plans. Faites Edition> Echelle basée sur contenu et redimensionnez votre image. *Photoshop* exécute alors un recadrage en préservant les éléments au premier plan.

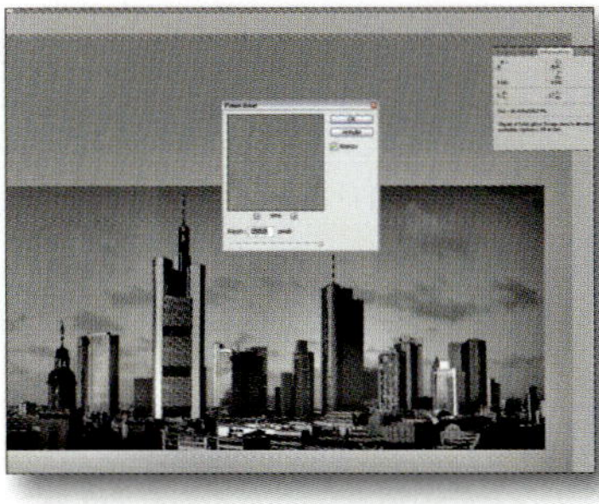

22 Glissez-déposez l'image de la ville au-dessus de tous vos calques. Eteignez-les sauf celui de la ville puis copiez la couche bleue. Faites Image>Réglages>Luminosité/contraste sur cette dernière pour accentuer les blancs et les noirs. Choisissez ensuite Filtre>Divers> Passe-haut que vous réglez au maximum.

24 Dans le cas où vous voulez importer des éléments 3D dans votre fichier Photoshop, choisissez 3D>Nouveau calque d'après un fichier 3D puis sélectionnez votre forme. Vous trouverez facilement des models 3D gratuits en surfant sur Internet comme, par exemple, à cette adresse : http://www.3dxtra.net/

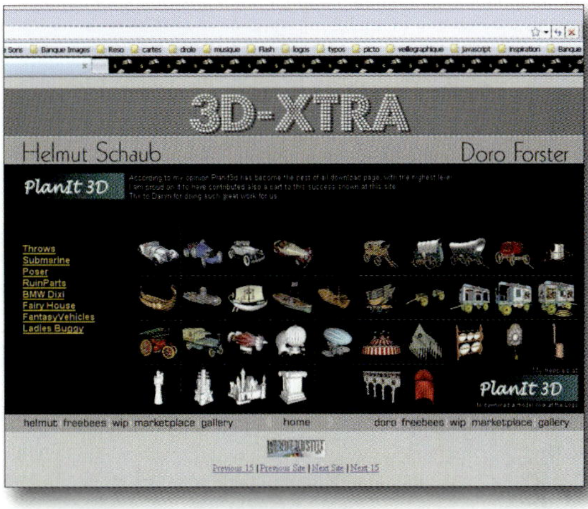

23 Comme au début de notre étape, travaillez avec du noir et du blanc sur cette couche pour faire disparaître le ciel et créer une sélection de la ville que vous transformerez en masque de fusion. Déplacez et redimensionnez votre image pour qu'elle s'adapte à l'ensemble de votre travail.

25 En utilisant les outils adéquats, vous pouvez déplacer, tourner ou incliner votre forme 3D. Positionnez votre élément correctement en fonction de votre image de fond. Comme pour un calque classique, vous pouvez ajouter des calques de réglage pour accentuer la luminosité et le contraste.

26 Une fois votre calque de l'objet 3D sélectionné, vous pouvez régler différents paramètres depuis la palette 3D. Sélectionnez l'élément 3D que vous voulez transformer (les voiles du bateau dans notre cas) puis changez les réglages à votre guise comme, par exemple, l'opacité.

IMAGE FINALE

Toutes les options de fusion de calque sont disponibles sur un calque 3D. Nous avons choisi de régler notre calque en mode Superposition pour qu'il se mélange avec le fond de l'image. Si vous déplacez votre élément 3D, sa perspective s'adaptera automatiquement en fonction de sa position.

ARTCRAFT

➜ LOGICIEL UTILISÉ • PHOTOSHOP CS4

WORLD OF ARTCRAFT

Réalisez un logo personnalisé dans le style de celui de World of Warcraft.

Depuis l'avènement du cinéma de science-fiction et des jeux vidéos, le monde des jeunes adolescents pré-pubères se divise en deux catégories. D'un côté, les fans de vaisseaux spatiaux rutilants et de canons lasers, de l'autre, les aficionados des châteaux médiévaux, des trolls et des orcs. Chaque branche a su développer un univers graphique qui lui est propre, de plus en plus riche au fil des années, alimenté par une littérature toujours plus inventive

et imposante. Pour de nombreuses générations, l'étude minutieuse des codes qui régissent chacun de ces univers est une véritable occupation à temps plein, dissertant pendant des heures sur la capacité potentielle d'un goblin à rester sur une seule jambe pendant des jours ou sur la portée de tir d'un X-Wing face à un vaisseau Viper mark II. Par conséquent, quoi de plus de normal que de vouloir réaliser son propre logo pour sa guilde ou son clan, afin de mieux se repérer sur les champs de bataille qui mènent à la tour de Saruman. Voilà pourquoi vous allez aujourd'hui accomplir votre devoir de jeune Padawan en réalisant un logo dans le plus pur style de la série Warcraft. La recette est relativement simple, une texture de pierre, quelques effets dorés, une épée, une police de caractère adaptée et vous voilà prêt à brandir fièrement votre emblème face à l'ennemi. L'occasion de découvrir également quelques-unes des nouvelles fonctionnalités de Photoshop CS4, comme l'étonnant changement d'échelle basé sur le contenu. □ FG

INFO

FRANÇOIS GRASSARD
francois@coyot.com

NIVEAU

★★★★★

DURÉE

2 heures

SUR LE WEB

Les fichiers nécessaires à la réalisation de ce tutoriel se trouvent sur notre site Internet.

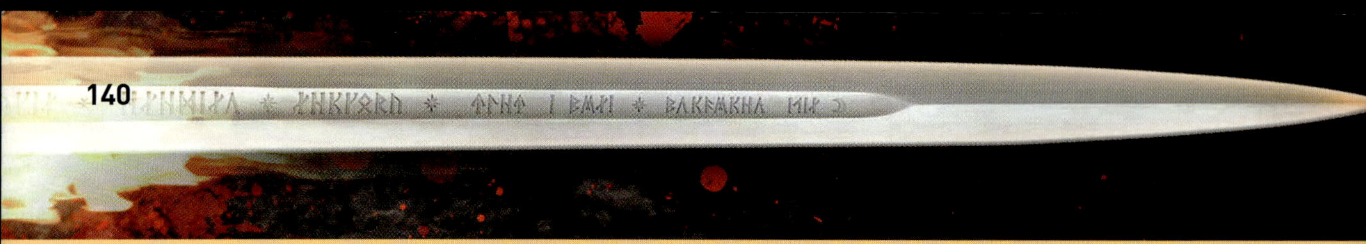

→ LOGICIEL UTILISÉ • PHOTOSHOP CS4

A) Texture et mise en place du logo

Commencez par insérer un arrière-plan rocailleux.

01 Une fois *Photoshop CS4* démarré, créez un nouveau document via le menu Fichier>Nouveau. Dans la fenêtre qui apparaît, choisissez parmi les paramètres prédéfinis « Papier Format international » puis réglez « Taille » sur A4. Réglez finalement le « Contenu de l'arrière-plan » sur « Transparent » puis validez via le bouton OK.

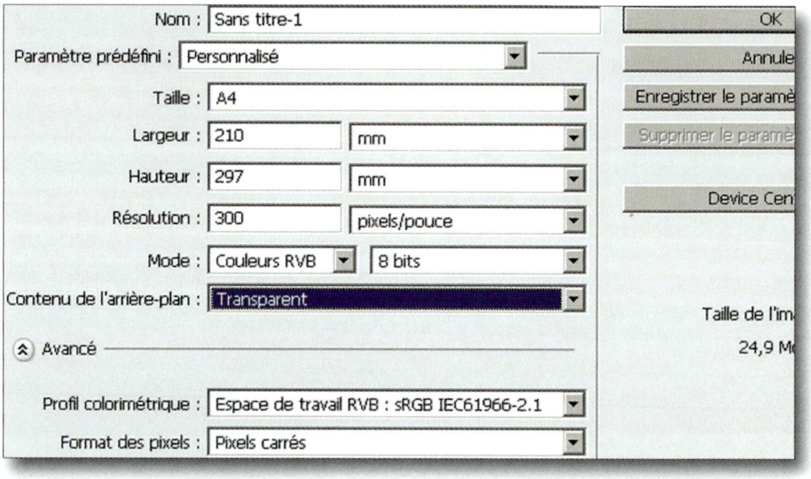

CONSEIL

Perdre l'outil de transformation manuelle

L'importation d'un calque à l'intérieur d'une composition permet d'afficher automatiquement la boîte englobante de l'outil de transformation manuelle. Si celle-ci venait à disparaître, pressez les touches CTRL+T afin de rappeler cet outil.

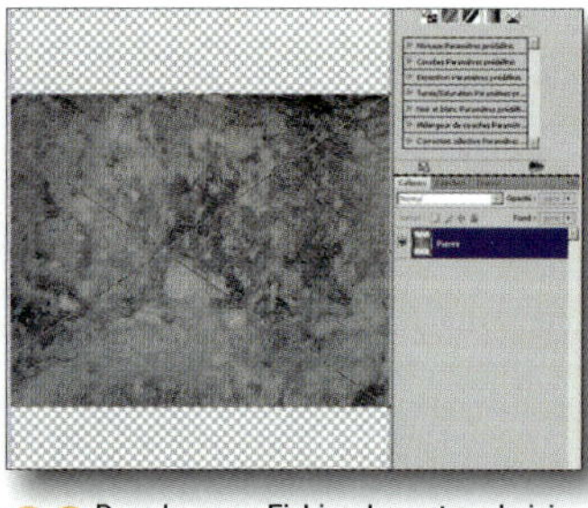

02 Dans le menu Fichier>Importer, choisir le fichier « Pierre.JPG » fourni dans le dossier de l'étape présent sur notre site Web. Ce nouvel élément est importé dans votre document sur le seul calque présent dans votre composition, automatiquement renommé « Pierre ».

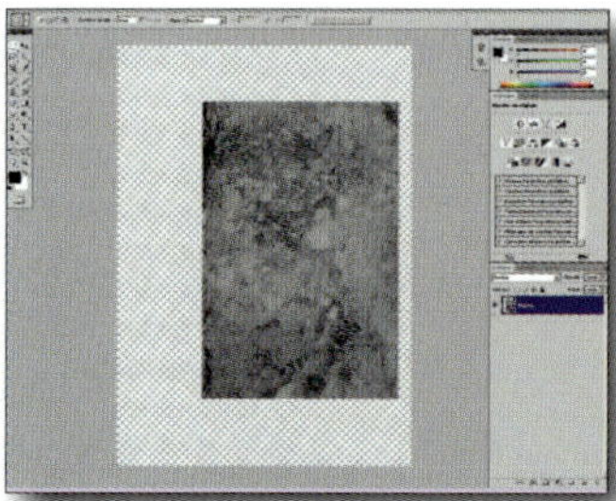

03 Cet élément est surplombé d'une croix, car il est importé en tant que calque dynamique. La boîte englobante de l'outil Transformation manuelle permet de manipuler cette texture de pierre. Placez votre souris à l'extérieur de celle-ci, pressez la touche SHIFT et tournez l'image de 90°.

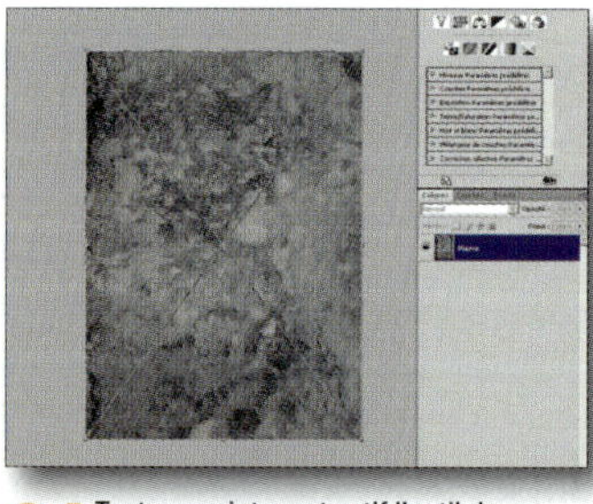

04 Tout en maintenant actif l'outil de transformation manuelle, déplacez le coin supérieur gauche de sa boîte de contrôle, en haut à gauche de votre composition, et avec le coin inférieur droit en bas à droite de votre composition. Validez via la touche « Entrée » du clavier.

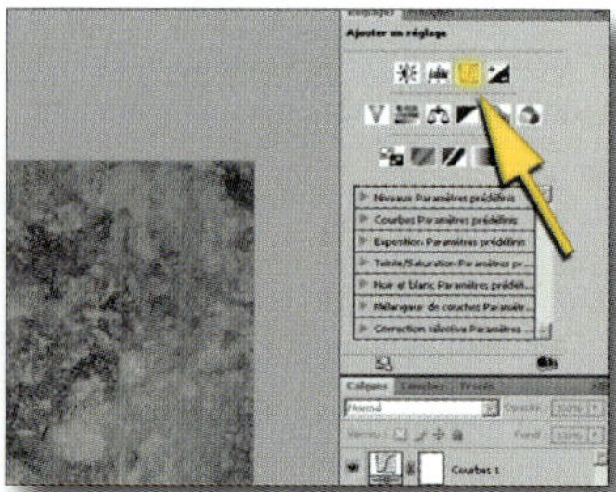

05 Au-dessus de la fenêtre de calques, vous trouvez la nouvelle fenêtre de réglage. Elle permet de regrouper dans une seule fenêtre tous les calques de réglage disponibles. Cliquez sur la 3ème icône en partant du coin supérieur gauche afin d'ajouter un calque de réglage de type « Courbes ».

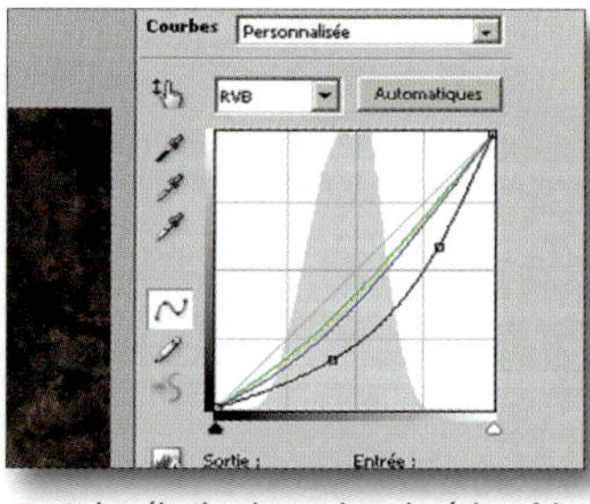

06 La sélection de ce calque de réglage fait apparaître sa fenêtre de contrôle. Grâce à l'ajout de 2 points sur la courbe RVB, incurvez celle-ci vers le bas pour assombrir le tout. Idem avec les courbes verte et bleue mais de façon plus légère pour donner un aspect rougeâtre à votre texture de pierre.

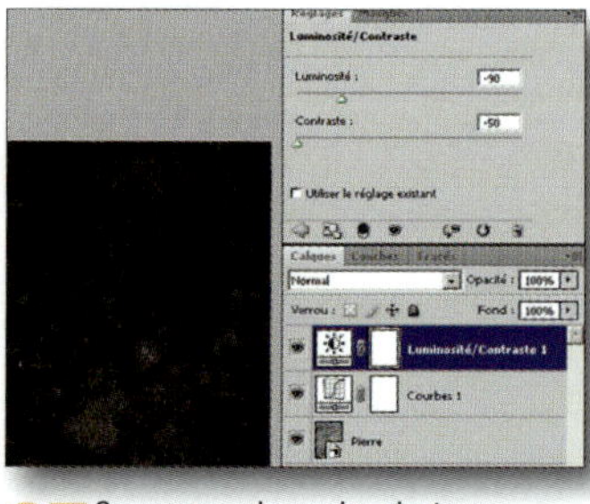

07 Comme pour la courbe, ajoutez au-dessus de la pile un nouveau calque de réglage de type Luminosité/Contraste, 1er du groupe d'icônes. Réglez la luminosité à -90 et le contraste à -50. Ce calque dispose d'un masque de fusion visant à rendre son effet actif sur la totalité de la composition.

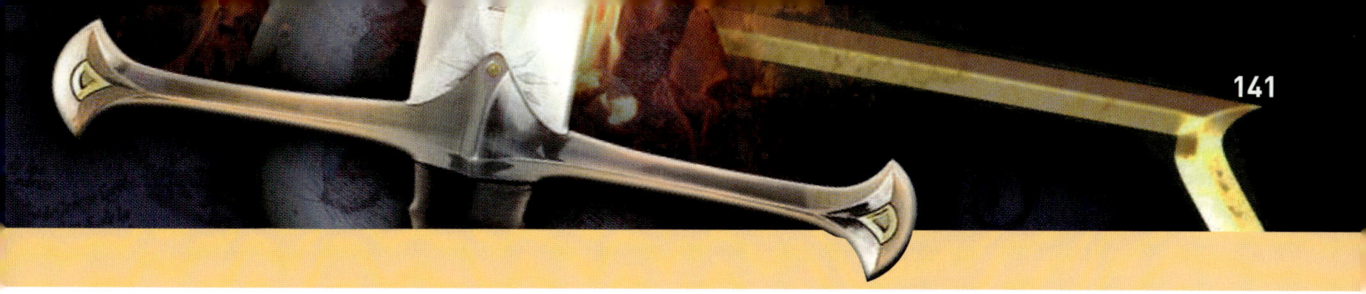

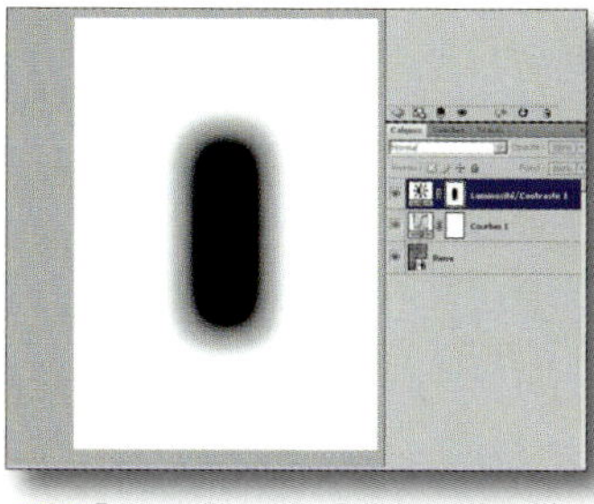

08 Pressez la touche D puis X afin de repasser la couleur de premier plan sur du noir, puis la touche B afin de passer en outil « Pinceau » de forme circulaire. Réglez sa taille sur 1 500 et sa dureté sur 0. Dans la fenêtre de calques, cliquez sur la vignette du masque de fusion assigné au calque « Luminosité/Contraste » et peignez sur celui-ci du noir, au centre de l'image.

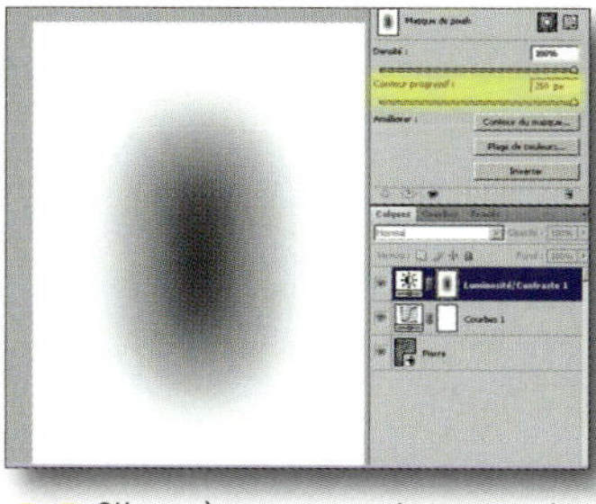

09 Cliquez à nouveau sur le masque de fusion assigné au calque « Luminosité/Contraste » et rendez-vous dans la nouvelle fenêtre « Masque », située au-dessus de la fenêtre de calque. Réglez la valeur de contour progressif à 250, permettant de flouter de manière non destructive le masque de fusion et ainsi rendre l'impact lumineux plus diffus.

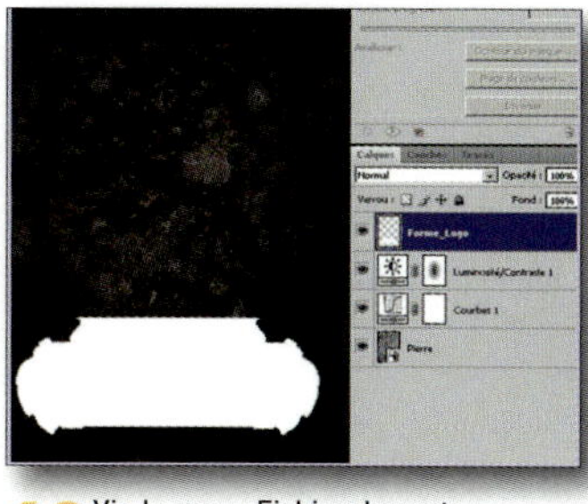

10 Via le menu Fichier>Importer, ajoutez le fichier « Forme_Logo.PSD » fourni sur le site Web. Placez celui-ci au bas de la composition puis validez via la touche « Entrée ». Dans la fenêtre de calques, cliquez avec le bouton droit sur le nom « Forme_Logo » et choisissez « Pixelliser le calque ». Celui-ci ne sera alors plus considéré comme un calque dynamique.

B) Aspect du logo

Travaillez la texture de votre logo ainsi que celle de son contour.

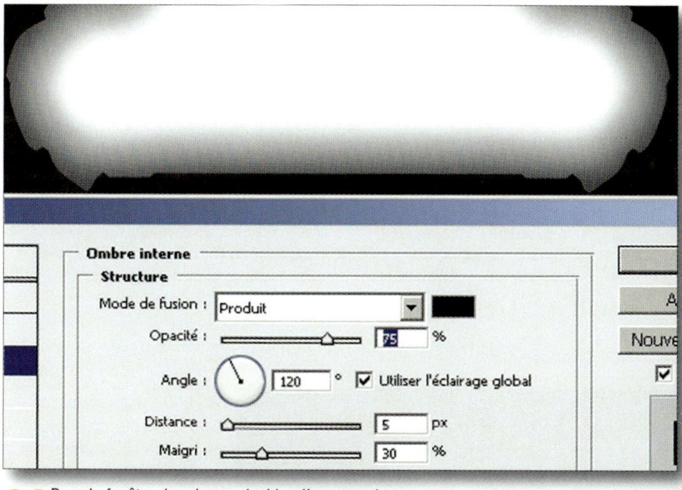

01 Dans la fenêtre de calques, double-cliquez sur la vignette du calque « Forme_Logo » afin de faire apparaître la fenêtre de style de calque. Cliquez dans la partie gauche de celle-ci sur « Ombre Interne » et réglez dans sa partie droite le « Maigri » sur 30 et la « Taille » sur 180. Cet assombrissement donne à présent plus de relief à la silhouette de votre logo.

02 Toujours dans la fenêtre de style de calque, cliquez sur « Incrustation de couleur » et réglez celle-ci sur les valeurs RVB 48/55/97. Changez le mode de fusion de « Normal » à « Produit », ce qui permettra un meilleur mélange entre cette couleur et la texture que vous allez ajouter dans quelques instants.

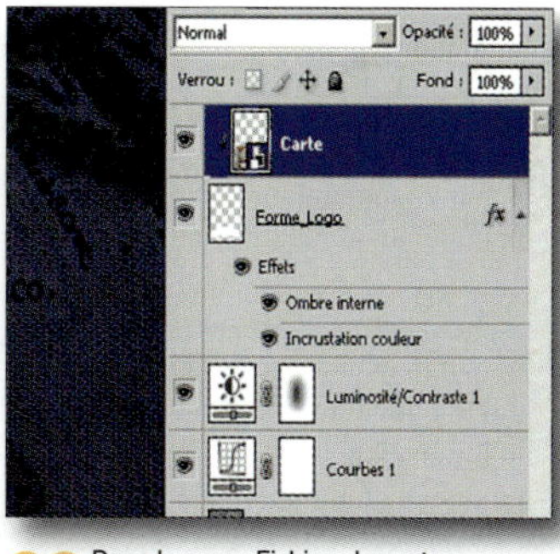

03 Dans le menu Fichier> Importer, choisissez le fichier « Carte.JPG » fourni sur le site Web. Placez celui-ci au-dessus de la pile de calques et superposez-le à la silhouette de votre logo. Dans la fenêtre de calques, pressez la touche ALT et placez la souris entre les calques « Carte » et « Forme_Logo ». Faites apparaître la carte dans la découpe du logo.

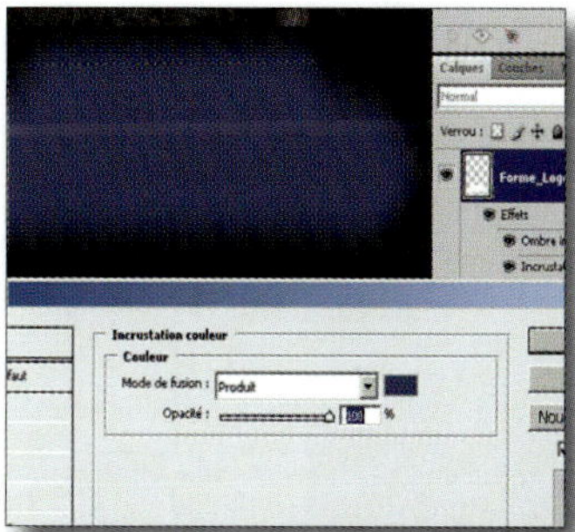

CONSEIL

Apparition de la carte selon une découpe tiers

Le fait de faire apparaître la carte selon la silhouette du calque se trouvant juste en dessous de lui se nomme « Masque d'écrêtage ». Souvenez-vous que les éventuels styles de calque appliqués au calque du dessous se baseront par conséquent sur le visuel de la carte.

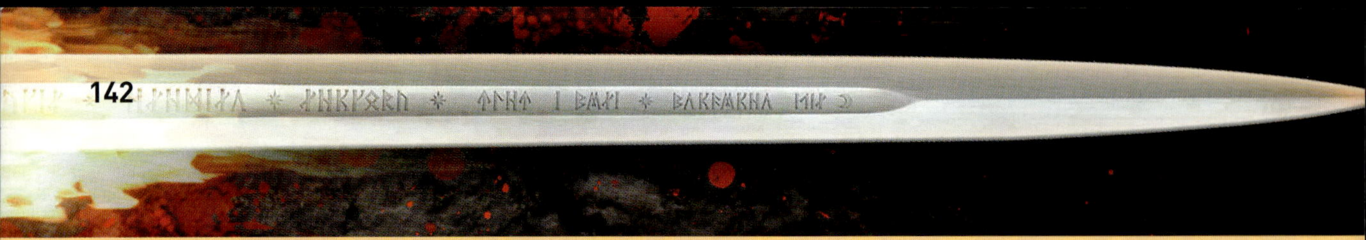

→ LOGICIEL UTILISÉ • PHOTOSHOP CS4

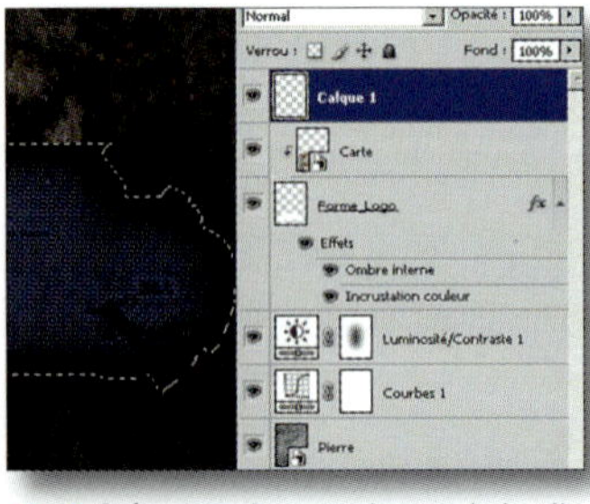

04 Créez un calque au-dessus de la pile en cliquant au bas de la fenêtre de calques sur l'icône représentant une feuille au bord corné. Pressez la touche CTRL puis cliquez, dans la fenêtre de calques, sur la vignette du calque « Forme_Logo ». Une nouvelle sélection correspondant à la silhouette de ce calque est à présent active.

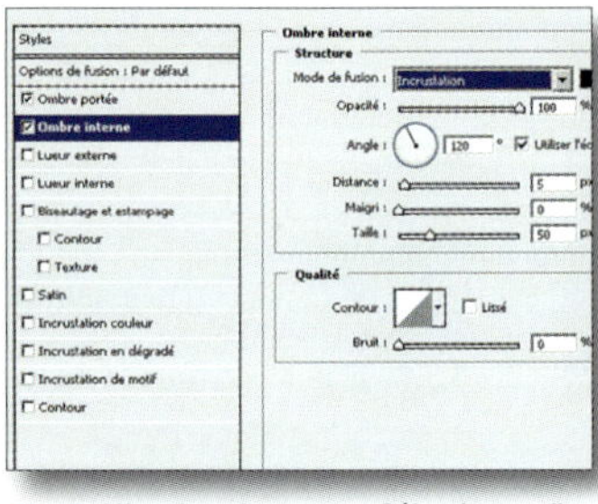

06 Allez dans le menu « Sélection » afin de choisir Modifier>Contracter. Entrez la valeur 30 puis validez. Tout en maintenant le calque contenant la silhouette blanche sélectionné, pressez la touche SUPPR afin de faire un trou dans la forme de votre logo, permettant de ne garder que son contour. Pressez ensuite les touches CTRL+D.

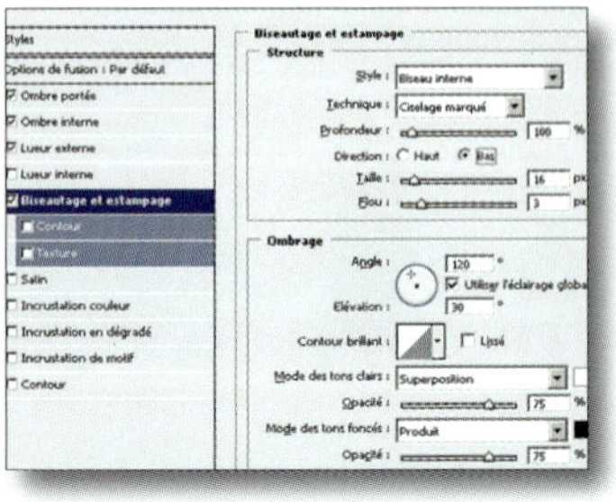

08 Toujours dans la fenêtre de style de calque, activez la « Lueur externe ». Réglez son mode de fusion en « Densité linéaire - », son opacité à 40 %, sa couleur sur les valeurs RVB 209/188/74 et sa taille sur 60 pixels. Activez également le « Biseautage et Estampage », dont la technique sera réglée en « Ciselage marqué », la taille à 16, le flou à 3 et la direction vers le bas.

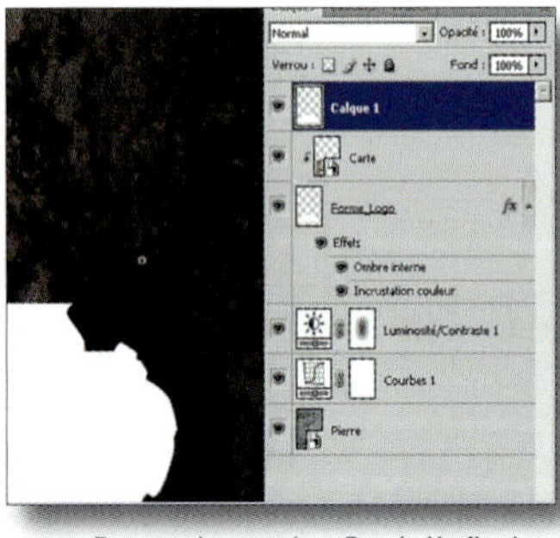

05 Pressez les touches D puis X afin de repasser la couleur de premier plan sur du blanc. Tout en veillant bien à ce que le calque vierge situé au-dessus de la pile soit sélectionné, pressez les touches ALT+SUPPR afin de remplir la sélection courante d'une couleur blanche unie. Veillez à garder cette sélection active, elle va encore vous servir.

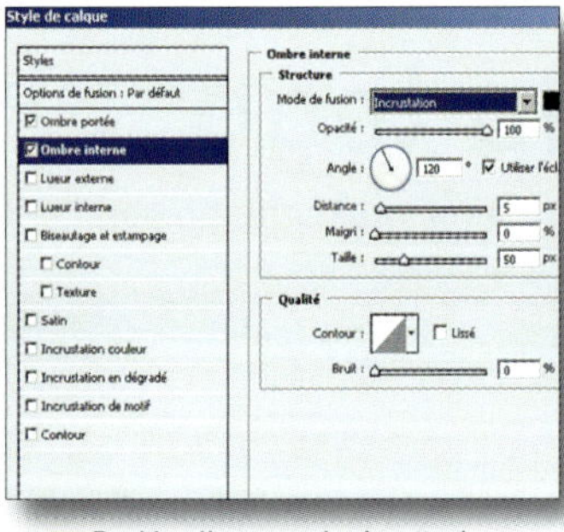

07 Double-cliquez sur la vignette du calque « Contours » afin de faire apparaître la fenêtre de style de calque. Cliquez sur « Ombre portée » et réglez son opacité sur 100 %, sa distance à 0, son grossi sur 40 % et sa taille à 75 pixels. Activez également « l'ombre interne », dont l'opacité sera de 100 % et la taille de 50 pixels. Passez son mode de fusion en « Incrustation ».

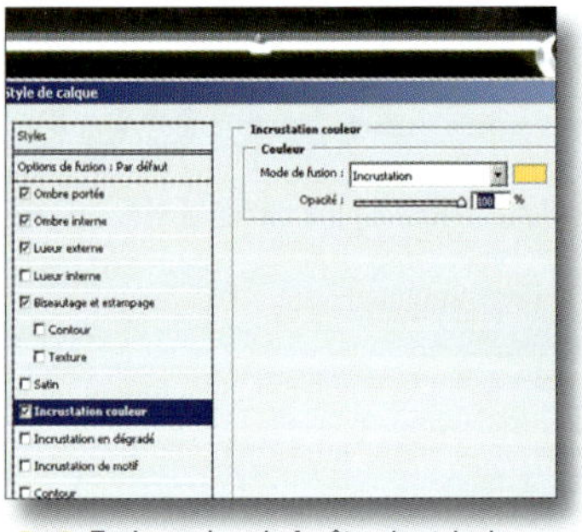

09 Toujours dans la fenêtre de style de calque, activez « Incrustation de couleur » et réglez celle-ci sur les valeurs RVB 253/210/53. Réglez son mode fusion en « Incrustation » afin de mélanger cette couleur à la texture que vous allez ajouter dans quelques secondes. La couleur de votre contour va par conséquent redevenir blanche temporairement.

10 Dans la fenêtre de calques, cliquez avec le bouton droit sur le nom du calque « Pierre » et choisissez « Dupliquer le calque ». Placez ce duplicata au-dessus de la pile puis pressez la touche ALT et cliquez entre le calque « Contours » et le calque « Pierre copie ». Ce dernier n'apparaît plus dans la silhouette du contour. Réglez son opacité à 75 %.

C) Importez l'épée et ajoutez le titre

Ajoutez des éléments décoratifs à votre composition.

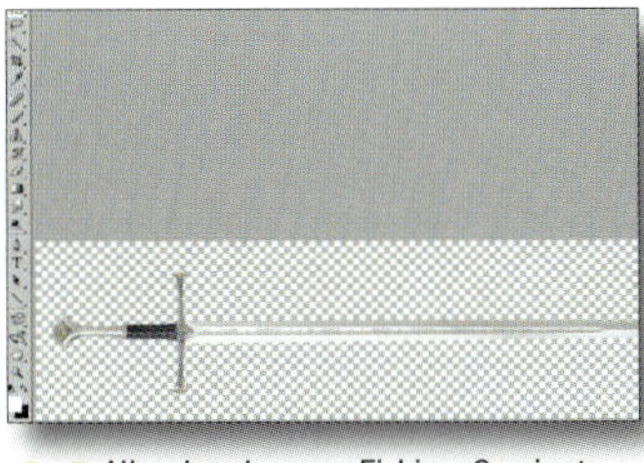

01 Allez dans le menu Fichier >Ouvrir et choisissez le fichier « Épée.PSD » fourni sur le site Web. Cet élément s'ouvre dans un nouvel onglet, nouveauté de *Photoshop CS4*. Pressez les touches CTRL+A puis CTRL+C afin de copier dans la mémoire, l'image de cette épée. Pressez les touches CTRL+TAB pour revenir dans votre composition.

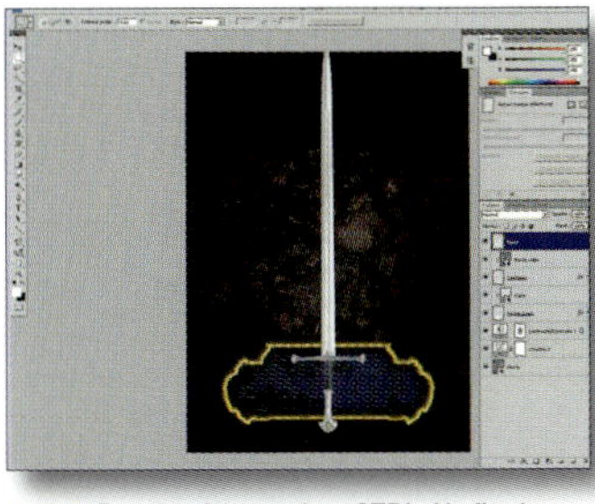

02 Pressez les touches CTRL+V afin de copier cette épée sur un nouveau calque, en prenant soin de placer celui-ci au-dessus de la pile. Pressez ensuite les touches CTRL+T pour tourner l'épée à la verticale et placer sa poignée au niveau du bloc titre. Peu importe si le haut de l'épée dépasse du cadre de votre composition.

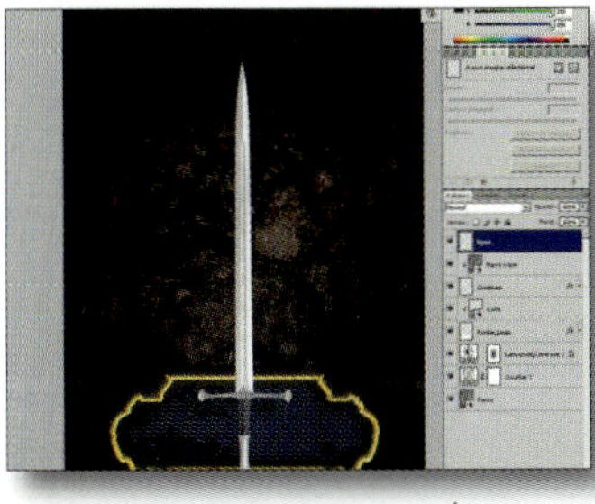

03 Tout en gardant le calque « Épée » sélectionné, rendez-vous dans le menu Édition >Échelle basée sur le contenu. Cette nouvelle fonction de la CS4, dérivée de l'outil de transformation manuelle permet de réduire un élément de manière non uniforme. Dans le cas présent, une réduction verticale de l'épée laissera sa poignée intacte.

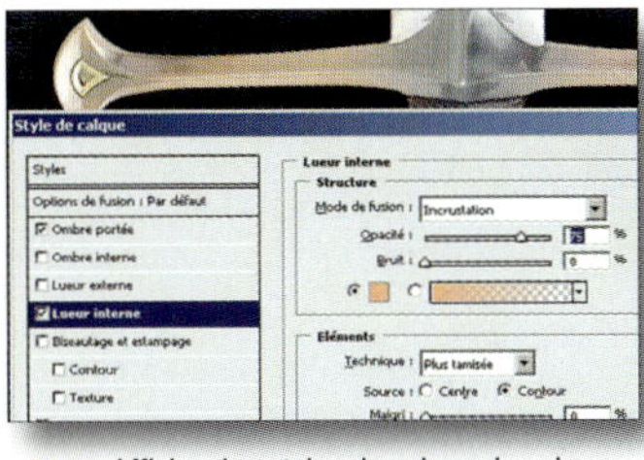

04 Affichez les styles de calque du calque « Épée » en double-cliquant sur la vignette correspondante, activez l'ombre portée dont l'opacité sera de 100%, la distance de 0, le grossi de 25 et la taille de 75. Activez la lueur interne, le mode de fusion sera réglé en « Incrustation », la couleur aura pour valeurs RVB 241/181/137 et la taille sera de 43 pixels.

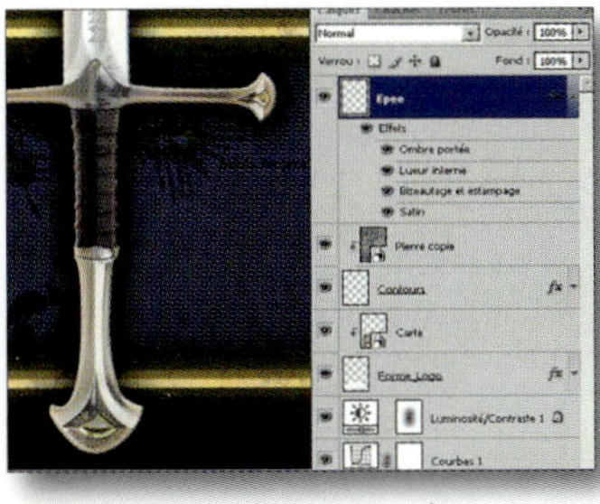

05 Toujours dans les paramètres de style de calques, activez le « Biseautage et estampage » en laissant les paramètres par défaut. Activez également l'effet « Satin » dont le mode de fusion sera réglé en « Incrustation ». Validez via le bouton OK afin de sortir de la fenêtre de style de calque.

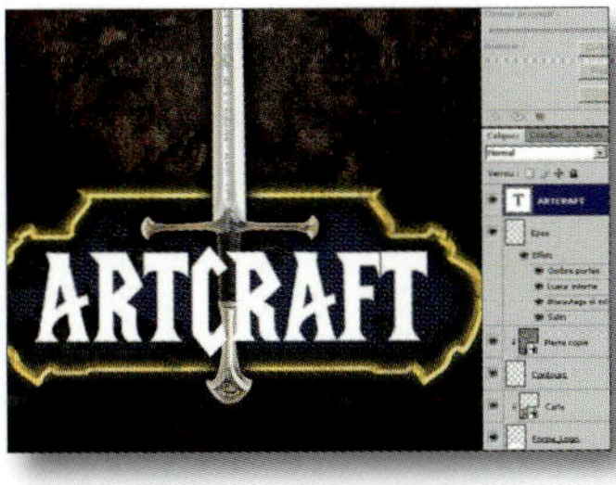

06 Vous trouverez dans le dossier des fichiers de l'étape, une police de caractère nommée « LifeCraft_Font.ttf ». Une fois installée sur votre machine, il vous sera possible grâce à l'outil Texte de taper le mot de votre choix, par exemple ici « Artcraft ». Dans la fenêtre de calques, cliquez ensuite avec le bouton droit sur le nom du calque « Contours » et choisissez « Copier le style de calque ».

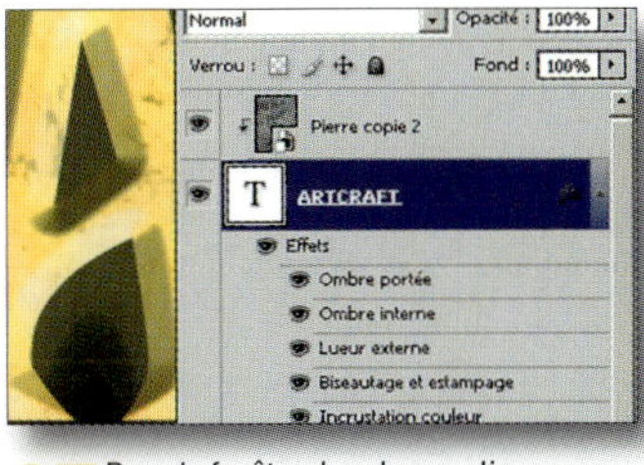

07 Dans la fenêtre de calques, cliquez avec le bouton droit de la souris sur le nom du calque de texte « Artcraft » et choisissez « Coller le style de calque ». Comme précédemment, dupliquez le calque Pierre et placez-le au-dessus de la pile. Pressez la touche ALT, placez votre souris entre ce duplicata et le calque de texte puis cliquez.

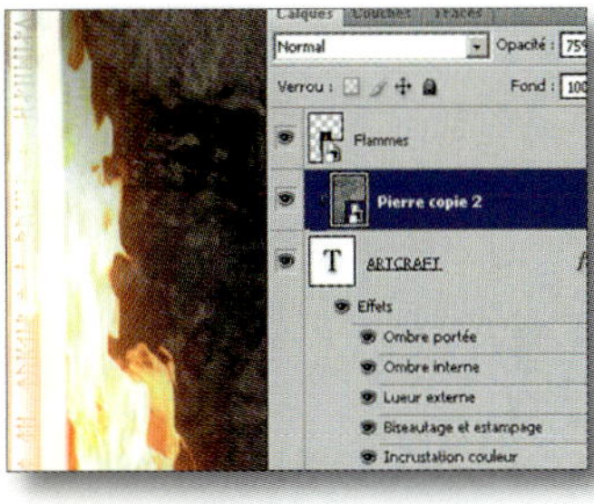

08 Via le menu Fichier>Importer, ajoutez au-dessus de la pile de calques l'élément « Flammes.JPG ». Une fois placé au-dessus de la poignée de l'épée, validez son positionnement via la touche « Entrée » puis passez son mode fusion en « Superposition ». Les parties sombres de ce calque « Flammes » deviendront alors transparentes.

DÉTAILS À N'EN PLUS FINIR

Le type de bloc titre que vous venez de créer n'est véritablement complet que s'il fourmille de détails en tout genre. N'hésitez pas par conséquent à travailler de manière plus approfondie le contour métallique de celui-ci, comme c'est le cas pour le logo original de World of Warcraft. En ouvrant le fichier « ArtCraft_Final.psd » fourni dans le dossier de l'étape, vous découvrirez l'ajout d'un globe terrestre, également fourni avec les éléments relatifs à l'exercice et de multiples tâches de sang venant recouvrir la dalle de pierre servant de texture de fond. Dans ce type de création, le nombre de petits détails de ce genre n'est jamais suffisant. Tel est le prix à payer pour mener votre clan à la victoire.

CONSEIL

Modification de l'échelle selon le contenu

Apparu dans cette nouvelle version *CS4* et plus connue sous le nom de « Seam Carving », la modification de l'échelle selon le contenu se base sur les variations de contrastes pour réduire ou agrandir un élément de manière non uniforme.

LOGICIEL UTILISÉ • PHOTOSHOP CS4

Outil de déformation et jeux de textures

Trouvez l'inspiration en créant une composition semblant provenir d'un lointain univers, en utilisant les outils de déformation et les matériaux à votre disposition. Le duo de Shotopop vous montre la marche à suivre.

À une époque où l'illustration et le monde du design sont en totale interaction avec Internet et les nombreuses possibilités créatives que ce média propose, créer en faisant uniquement appel à votre environnement immédiat ou en vous reposant sur les techniques traditionnelles puisant leur inspiration dans le monde réel est un défi singulier. Une réalité encore plus évidente si vous vous trouvez dans un nouveau pays ou dans une situation inédite. Nous ne sommes pas en train de dire qu'il ne faut jamais se tourner vers la caverne Internet – qui reste pratique et débordante de possibilités –, mais vous trouverez presque autant de matière en vous promenant et en observant votre environnement. En outre, il est toujours intéressant de photographier des éléments qui vous semblent pouvoir devenir de belles textures ou de belles formes. Au final, extraire des éléments de leur contexte usuel pour les mettre en scène dans d'autres paradigmes ouvre une nouvelle dimension créative, et ce même si cet « élément » n'est autre que vous-même. CA

01 La photographie que vous allez utiliser est essentielle, car c'est sur elle que repose tout votre projet. Aussi n'hésitez pas à en prendre plusieurs pour assurer vos arrières. Vous n'aurez jamais idée de la tournure que pourraient prendre les événements durant la composition. Dès lors, posséder plusieurs clichés vous permet d'avoir le choix.
En outre, optez pour un fond blanc afin de vous simplifier les choses.

02 Votre cliché aura sûrement besoin de quelques retouches. Notre image nécessite des ajustements dans le réglage des « Niveaux » et des « Courbes » pour la rendre plus vivante. Réglez les « Niveaux » à votre convenance, et assurez-vous que les zones sombres sont noires, que les zones plus claires sont blanches, tout en conservant une bonne gamme de milieux de tons. Utilisez l'outil Tampon de duplication pour corriger les zones qui vous déplaisent.

INFO

SHOTOPOP
Derrière Shotopop, nous retrouvons Carin Standford et Casper Franken qui œuvrent autant pour l'illustration que pour le design, sur le web, en matière de print ou de vidéo. Ils sont basés à Brighton et comptent parmi leurs clients Orange, MTV, l'agence Porter Novelli et divers magazines dédiés à la création. Pour en savoir plus, rendez-vous sur leur site **www.shotopop.com**

NIVEAU
★★☆☆☆

DURÉE
3 à 4 heures

COMPÉTENCES REQUISES
Techniques d'éclairage.
Gestion des modes de fusion.
Composition photographique.

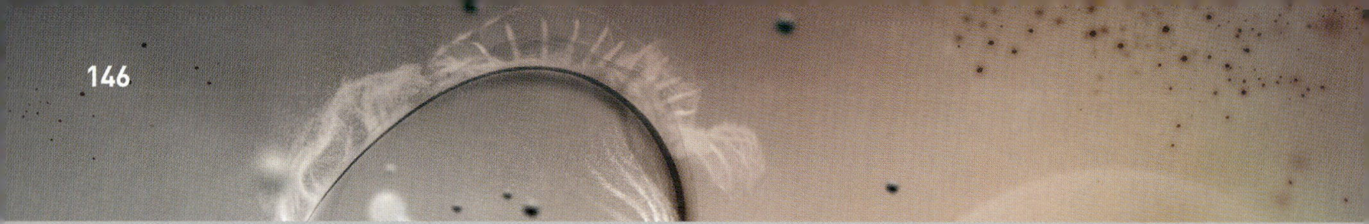

→ LOGICIEL UTILISÉ • PHOTOSHOP CS4

03 L'heure est venue de créer ! Choisissez la partie du cliché qui semble être le plus en adéquation avec votre objectif. Ici, nous avons retenu le haut du corps. À l'aide de l'outil Plume, sélectionnez le corps en laissant les cheveux de côté. Vous pouvez couper les cheveux grossièrement et les transférer sur une couche différente.

04 Choisissez un fond pour votre image. Nous avons photographié une feuille de papier blanc, et nous l'avons transformée en un rendu beaucoup plus abstrait. Vous pouvez photographier n'importe quelle texture qui vous semble intéressante à travailler. Pensez à la rendre plus claire et plus complexe. Mettez votre arrière-plan derrière tous vos calques.

05 Ajustez les niveaux des cheveux pour augmenter les points culminants jusqu'au moment où l'arrière-plan blanc sera devenu blanc. Réduisez les tons moyens. Vous pourriez être amené à faire ceci plusieurs fois de suite si vous utilisez un arrière-plan blanc inégal. Mettez le mode de fusion du calque de vos cheveux sur « Produit ».

06 Vous pouvez désormais désaturer votre sujet, assombrir le visage et utiliser l'outil Plume pour créer la forme que vous aimeriez que le corps adopte. Faites une copie de cette forme, et altérez-en le rendu en appliquant « Filtre > Atténuation > Flou gaussien », dont vous aurez préalablement réglé le « Rayon » sur 3,5 pixels, avant de passer l'« Opacité » sur 50 %.

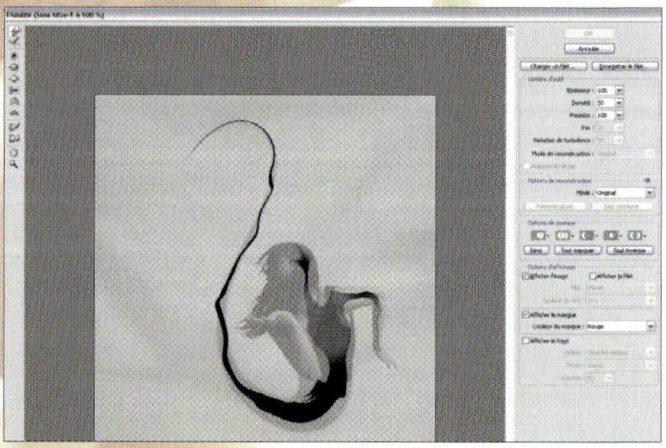

07 Sur le calque contenant la forme originale du corps, allez dans « Filtre > Fluidité » et liquéfiez votre forme en utilisant l'outil Déformation avant. Vous pouvez reproduire cette étape à plusieurs reprises si vous voulez jouer sur l'opacité de différentes zones.

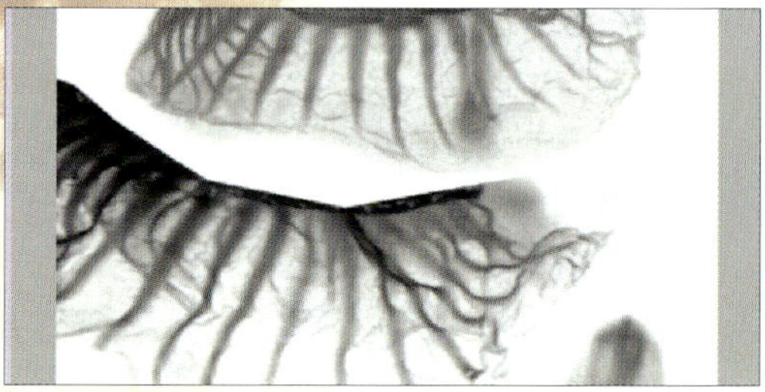

08 Reprenez votre appareil photo. Cette fois, nous sommes devant un aquarium pour réaliser quelques clichés d'une méduse. Si vous ne possédez pas d'aquarium, pas de panique ! Prenez des photos d'un sac plastique, ça fonctionne tout aussi bien ! Nous allons utiliser des clichés de méduses et de sacs en plastique dans notre image.

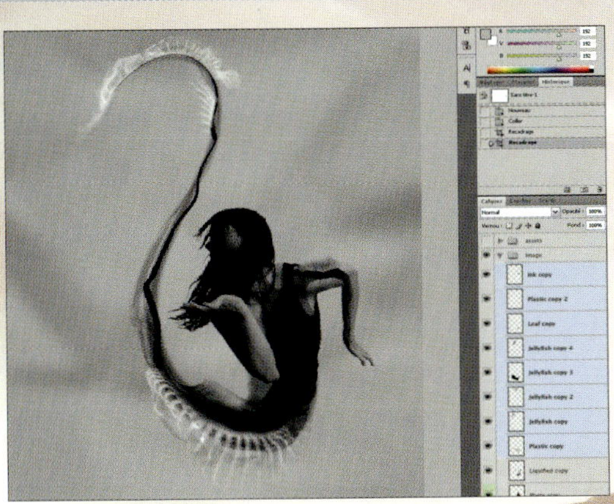

09 Après avoir détouré votre méduse et vos sacs en plastique, utilisez les outils de déformation et de transformation afin de modifier les différents éléments pour les incorporer à votre image. Nous utilisons le sac en plastique pour concevoir la base, tandis que les tentacules de la méduse permettent d'habiller les contours extérieurs de la forme du corps. Jouez avec les couleurs que vous pouvez inverser, désaturez-les et passez en mode de fusion « Superposition et Produit ».

10 Ajoutez quelques petits effets supplémentaires afin de rendre votre image encore plus dynamique. Prenez un des clichés de votre modèle d'origine, coupez une partie de la chevelure et ajoutez-la devant le visage de votre modèle. Ce faisant, vous perdrez une partie du visage masqué par les nouveaux cheveux qui sont un peu sombres. Aussi, ajoutez un autre calque incluant des cheveux blancs entre le visage et les cheveux noirs.

11 Réalisez des particules et disposez-les un peu partout sur la scène. Vous pouvez obtenir des particules en scannant des taches de peinture, en photographiant des petites billes de polystyrène que vous allez modifier, ou encore en utilisant les formes prédéfinies de *Photoshop*. Jouez avec la taille, l'opacité et d'autres paramètres pour donner à vos particules plus de variété.

12 La présence du noir dans l'image est un peu trop éclatante. Pour atténuer cet effet, ajoutez un nouveau calque bleu sombre, ainsi qu'un peu de grain en allant dans le menu Filtre > Texture > Grain . Maintenant, atténuez l'impact du calque et passez le mode de fusion sur « Éclaircir » tout en réglant l'opacité sur 60 %. Enfin, placez ce calque au-dessus de tous les autres.

13 En sélectionnant un pinceau large, faites un calque avec une grande tache jaune dans le coin droit, avant d'en réaliser diverses duplications. Passez leurs modes de fusion sur « Incrustation », avant d'ajouter un autre calque avec une large tache rougeâtre et un mode de fusion réglé sur « Couleur ». En fonction de la luminosité que vous souhaitez adopter, vous pourriez être amené à jouer un peu sur l'opacité de ces calques.

Préservez votre inspiration

Conservez toutes vos idées, vos essais de composition, vos anciens fichiers *Photoshop* et vos vieilles photos. Mettez tout ça dans une boîte à chaussures ou scannez l'ensemble afin de vous créer une bibliothèque. Une bonne banque d'images, d'idées, de photographies et de créations (même inachevées) vous garantit de ne jamais être en panne d'inspiration.

➜ LOGICIEL UTILISÉ • PHOTOSHOP CS4

13 En sélectionnant un pinceau large, faites un calque avec une grande tache jaune dans le coin droit, avant d'en réaliser diverses duplications. Passez leurs modes de fusion sur « Incrustation », avant d'ajouter un autre calque avec une large tache rougeâtre et un mode de fusion réglé sur « Couleur ». En fonction de la luminosité que vous souhaitez adopter, vous pourriez être amené à jouer un peu sur l'opacité de ces calques.

14 Pour ajouter un peu plus de couleurs, faites des calques supplémentaires sur lesquels vous ferez des taches bleues. Appliquez différents modes de fusion et d'opacité en fonction de la teinte et de l'effet que vous souhaitez obtenir. Ici, nous avons utilisé les modes « Différence », « Teinte » et « Lumière ponctuelle ».

15 Pour améliorer encore un peu votre composition, vous pouvez assombrir les bords. Nous avons créé un nouveau calque noir et utilisé l'outil Gomme pour supprimer toute la partie centrale afin de ne conserver qu'une bordure noire. Puis, nous avons dupliqué notre calque. Sur le premier, nous avons choisi une « Opacité » de 60 % et le mode de fusion « Produit », tandis que sur l'autre, nous avons opté pour une « Opacité » de 30 % et le mode « Incrustation ».

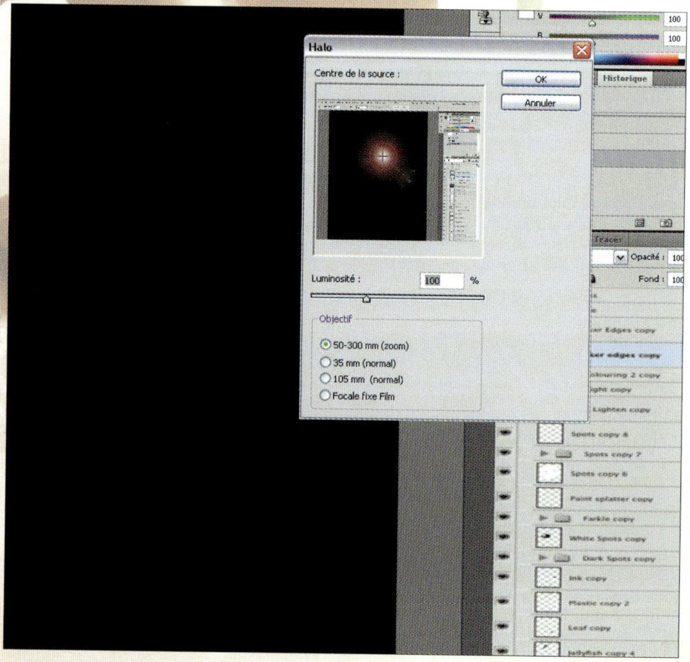

16 Créez un nouveau calque noir. Allez dans « Filtre > Rendu > Halo » et opérez divers tests afin de placer votre effet à votre convenance, c'est-à-dire au mieux. Une fois le halo appliqué, passez le calque en mode de fusion « Superposition » et ajustez sa position jusqu'à être pleinement satisfait du résultat.

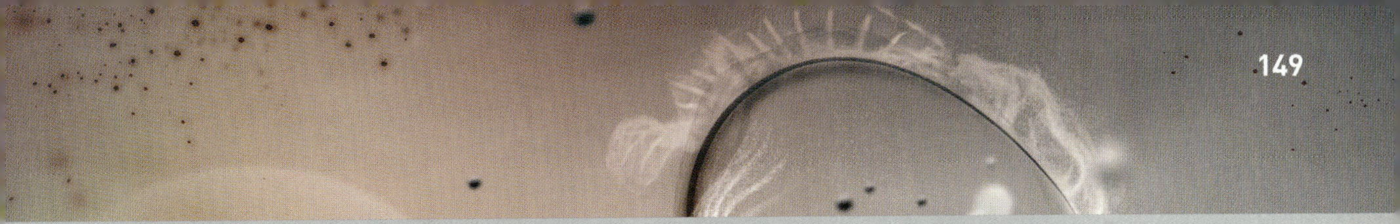

17 Pour ajouter de la profondeur à votre image, vous pouvez y inclure divers éléments au premier plan. Ici, nous avons mis dans le coin supérieur gauche une autre partie de notre méduse, avant de disperser quelques billes de polystyrène atténuées sur les bords. Ces éléments, destinés à offrir plus de profondeur, ne doivent pas focaliser l'attention du regard, aussi, placez-les avec discernement et n'hésitez pas à jouer sur le flou et l'opacité.

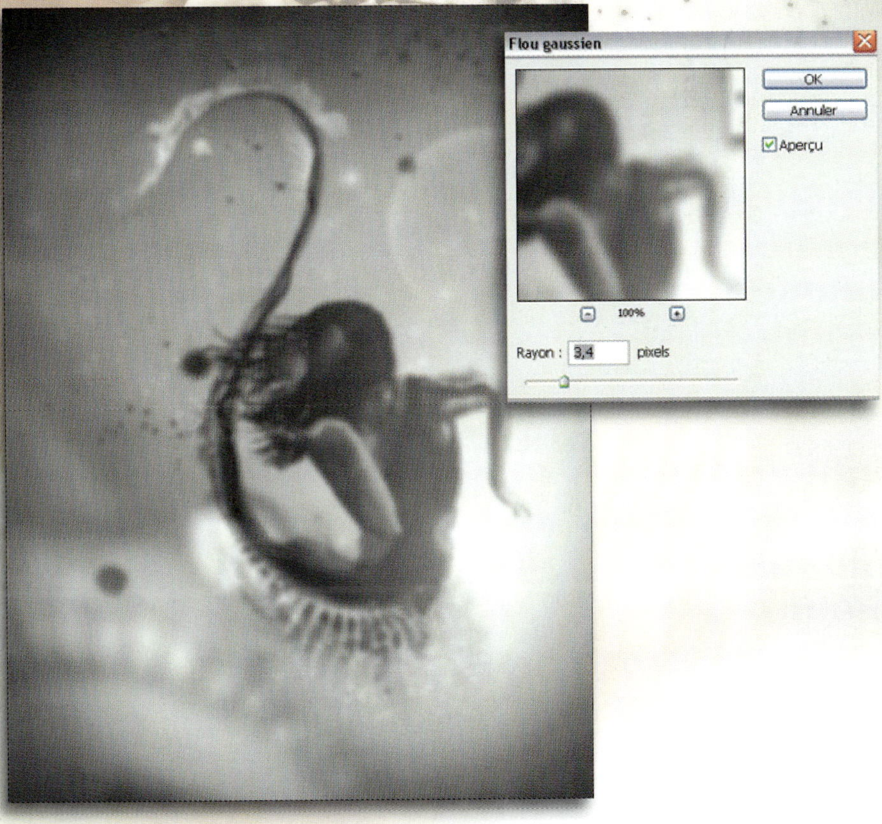

ÉTAPE FINALE

Enfin, pour doter votre image finale d'une impression de douceur, vous pouvez dupliquer tous les calques, aplatir l'ensemble, désaturer votre image, ajouter quelques flous (gaussien ou radial avec un réglage à 10 pixels), et passer en mode de fusion « Lumière tamisée » avec une « Opacité » de 40 %. Vous pouvez aussi ajouter d'autres particules ou revenir sur tous les calques pour améliorer encore la nature du rendu.

INFO

ALEXIS WEST est un graphiste freelance basé à Cardiff. Il est spécialisé dans la création d'images combinant éléments générés par ordinateur et prises de vues réelles. Pour en savoir plus sur son travail, visitez son site : www.alexiswest.fr.

NIVEAU

★★★★★

DURÉE

5 heures

SUR LE WEB

Les fichiers nécessaires à la réalisation de ce tutoriel se trouvent sur notre site Internet.

→ LOGICIELS UTILISÉS • ILLUSTRATOR • PHOTOSHOP CS3

Retouche photo et rendu artistique

Donnez de la force à vos images en combinant peinture, dessin et photographies de mode. Alexis West vous révèle l'ensemble de ses techniques.

Faire appel à des stocks d'images en illustration est aussi appétissant que limiter ses notions de gastronomie au fast food : aucun (réel) intérêt ! Pourtant, il est vrai que cela permet de produire rapidement en masse sans pour autant mettre à mal ses finances. En revanche, le résultat est rarement au niveau de nos espérances. Si les stocks d'images peuvent simplifier nos flux de production, ils pausent un sérieux problème : tous les graphistes ont accès aux mêmes images et produisent en fin de compte des illustrations sans originalité. La façon la plus simple d'insuffler votre style dans ce type de créations est de faire appel aux bases : encres, pinceaux et peinture. N'hésitez pas à utiliser vos acquis picturaux et à développer vos propres techniques. L'ordinateur n'est alors qu'un médium au service de tout ce que vous aurez créé au préalable sur papier. Une façon simple mais efficace de créer une image qui vous ressemble, issue de vos propres expérimentations. □CA

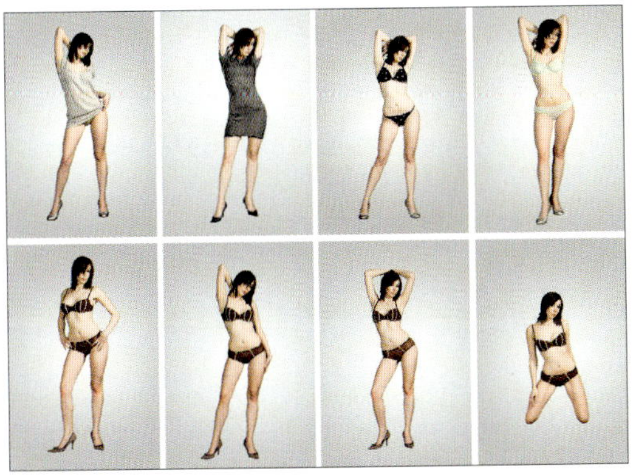

01 Il est souvent difficile de prendre ses propres photos. Ici nous avons utilisé une lumière standard pour éclairer notre modèle à l'aide de deux projecteurs (12MP DSLR). Lors des séances de prises de vue, n'hésitez pas à multiplier les angles ainsi que les pauses de votre modèle (merci à Emily).

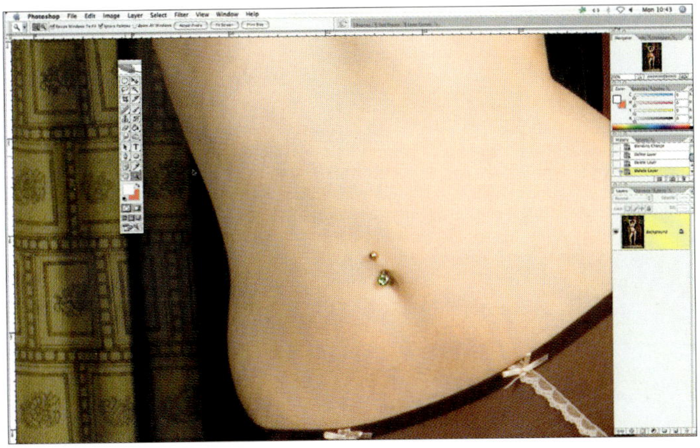

02 Si vous choisissez d'utiliser une de vos photos, prenez une image au fond neutre, sinon, utilisez celle qui est fournie dans le dossier de cette étape depuis notre site Web (jeune_fille.jpg). Choisissez l'outil Plume et zoomez suffisamment pour gagner en précision, mais sans vous coller le nez sur la forme à détourer si vous voulez conserver une approche intuitive de votre tracé.

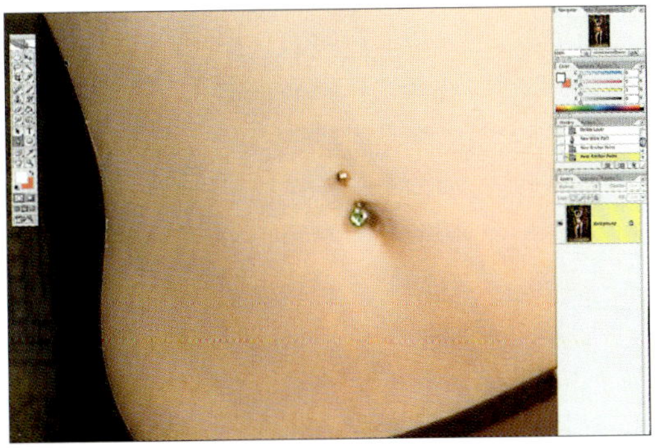

03 Commencez à tracer le contour de votre modèle sans utiliser trop de points d'ancrage. Utilisez les points de contrôle (pour créer des courbes) afin d'obtenir un meilleur résultat. Pour plus de sécurité, commencez le détourage légèrement à l'intérieur de votre modèle.

04 Convertissez votre tracé en sélection avec un Rayon réglé à 0.2 (clic droit ou □+clic sur le tracé de travail). Copiez puis collez votre sélection sur un nouveau calque, puis faites un Ctrl+D ou Cmd+D pour tout désélectionner. Si les contours de votre modèle sont trop crénelés, faites « Calque > Cache > Supprimer la frange » avec un réglage de 0,5 à 1 pixel.

→ LOGICIELS UTILISÉS • ILLUSTRATOR • PHOTOSHOP CS3

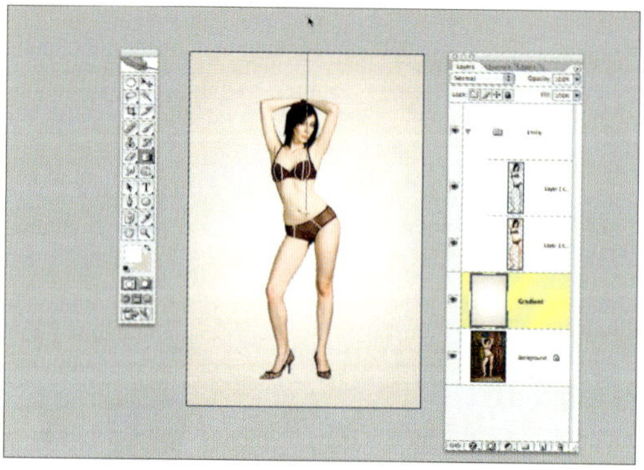

05 Allez dans le menu Image > Réglages > Désaturation . Réglez votre calque en mode de fusion « Superposition » et réduisez son Opacité à 60 %. Créez un nouveau calque sous celui du modèle et remplissez-le avec la couleur #EDDCD3. Prenez l'outil de dégradé et assurez-vous que son orientation soit radiale. Partez du haut de votre image jusqu'en bas (maintenez la touche Maj enfoncée).

06 L'ordinateur n'est pas le bon support pour créer des effets de peinture. Aussi, il est temps pour vous de prendre pinceaux et crayons (si, si). N'hésitez pas à utiliser des couleurs (les acryliques sont faites pour ça) avec des tons électriques et sombres. Des tons que vous pourrez facilement régler dans *Photoshop*.

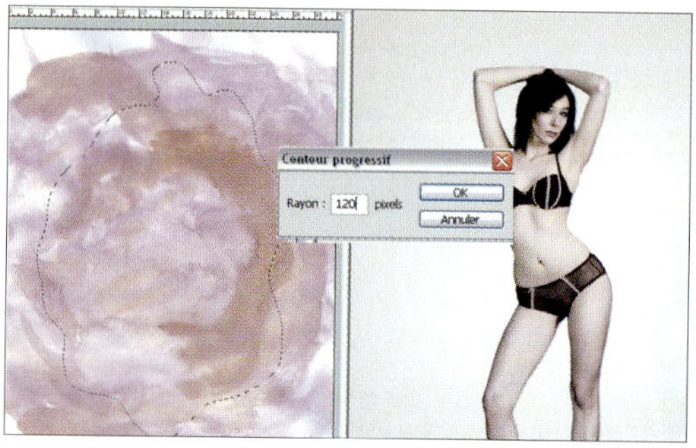

07 Scannez vos peintures et ouvrez-les dans *Photoshop* avec la meilleure résolution possible (au moins 300 dpi). Utilisez l'outil Lasso (réglé avec un contour progressif de 80 à 120 pixels) pour sélectionner une large portion de votre image scannée. Copiez votre sélection puis collez-la derière le calque de votre modèle.

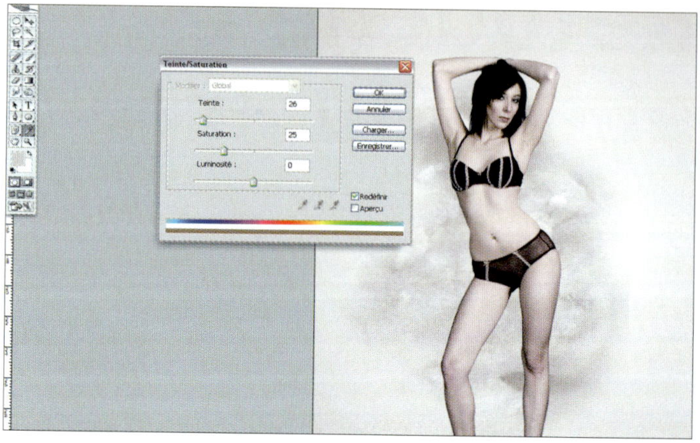

08 Utilisez l'outil Transformation (Ctrl+T / Cmd+T) pour redimensionner votre sélection et la placer correctement. Allez dans « Image > Réglages > Teinte/Saturation ». Dans la fenêtre contextuelle, cochez l'option « Redéfinir » puis réglez la teinte sur 26 et la saturation sur 25 sans toucher à la luminosité (0). Passez l'opacité de ce calque à 60 %.

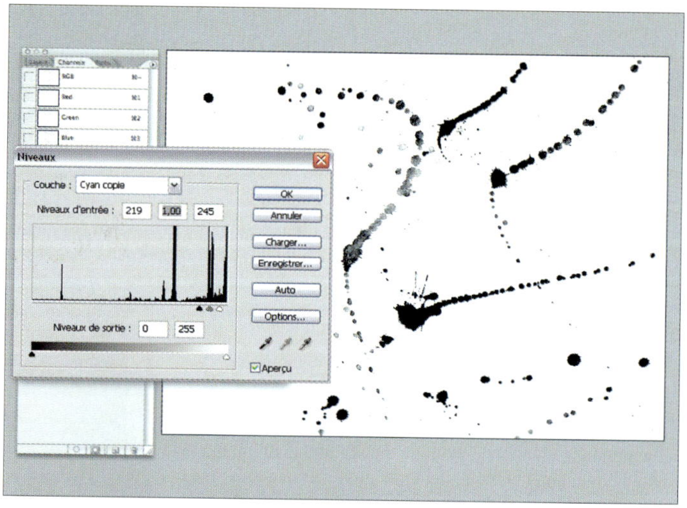

09 Pour sélectionner correctement les parties scannées, ouvrez la palette des Couches. Sélectionnez la couche qui possède le plus de contraste (normalement la bleue). Dupliquez-la et rendez les autres invisibles. Allez dans « Image > Réglages > Niveaux » et déplacez les curseurs de sorte que les noirs deviennent très noirs et les blancs très blancs.

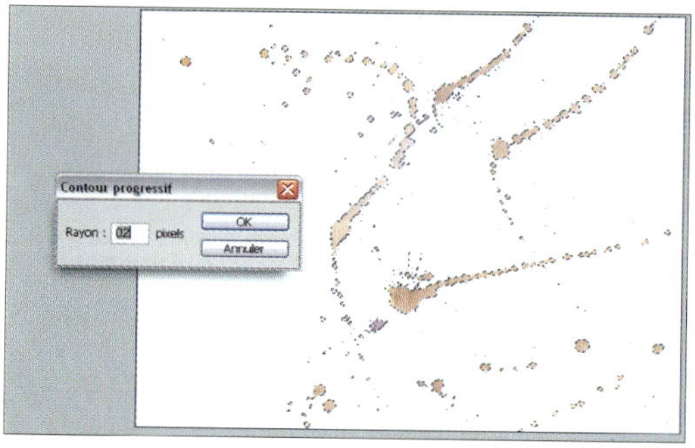

10 Une fois satisfait du résultat, faites un Ctrl+clic / Cmd+clic sur la couche sur laquelle vous venez de travailler pour créer une sélection. Copiez cette dernière et collez-la entre le calque du fond et celui du modèle.

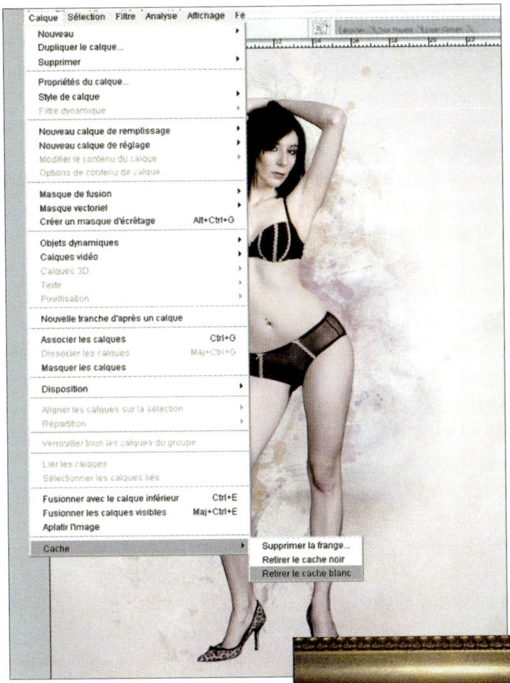

11 Avec ce procédé, les taches de peinture devraient parfaitement s'intégrerà votre image. S'il reste des halots blancs autour des bords, faites « Calque > Cache > Retirer le cache blanc ». Dans « Image > Réglages > Teinte/Saturation » faites les réglages requis et passez le mode de fusion sur Produit. Ajoutez des éléments scannés pour créer de la matière à l'arrière-plan.

14 Placez vos éléments floraux autour de votre modèle. Comme dans l'étape 8, faites « Image > Réglages > Teinte/Saturation ». Dans la fenêtre contextuelle, cochez l'option « Redéfinir » puis réglez la teinte sur 23 et la saturation sur 25, sans toucher à la luminosité (0). Passez vos calques en mode de fusion « Produit » sans oublier d'ajuster leur opacité.

12 Les ornements floraux sur les cadres de tableaux ou sur les meubles anciens sont une abondante source d'inspiration. Utilisez votre appareil photo et réalisez autant de clichés que vous le souhaitez. Imprimez vos photos sur papier. Vous pouvez également rechercher des éléments sur Internet.

13 Utilisez du papier-calque et un crayon à papier (de préférence HB), et repassez à la main les différents ornements. Scannez vos dessins pour les récupérer dans *Photoshop* puis choisissez « Image > Réglages > Désaturation ». Utilisez l'outil Plume pour sélectionner un à un les différents éléments et copiez-collez-les sous le calque du modèle.

15 À ce stade, notre illustration manque quelque peu d'étoffe. Aussi, nous devons lui apporter des images parlantes. Dans cette optique, nous allons lui insuffler de la vie à l'aide d'images florales et animales. Faites des recherches sur Internet ou utilisez vos propres productions à l'aquarelle.

→ LOGICIELS UTILISÉS • ILLUSTRATOR • PHOTOSHOP CS3

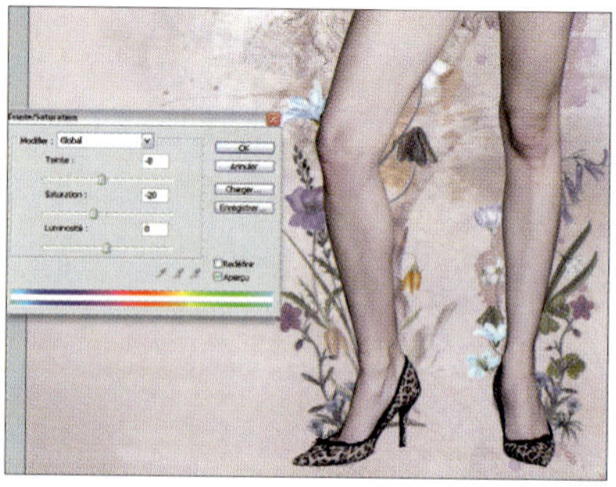

16 Placez vos images florales à l'arrière des jambes de la jeune femme. Utilisez « Teinte/Saturation » pour vous assurer qu'elles s'harmonisent au mieux avec l'ensemble de votre image. Répétez le processus pour ajouter des fleurs autour et à l'arrière du corps de votre modèle.

17 Pour gagner en réalisme, vous pouvez ajouter des plantes « poussant » tout autour du modèle. Cette fois, placez vos fleurs devant les jambes puis ajoutez un masque de fusion. Choisissez le noir comme couleur de premier plan puis sélectionnez l'outil Pinceau pour effacer ce qui passe devant la jambe (en utilisant la première sélection).

18 Créez un nouveau calque au-dessus de votre modèle. Avec l'outil Plume, dessinez des lignes pour donner l'impression qu'une plante grimpe autour de son bras. Cliquez sur l'outil Pipette et sélectionnez un vert foncé dans les plantes. Ouvrez la palette des tracés, et transformez votre tracé en sélection en cliquant sur ce dernier tout en maintenant la touche Ctrl (ou Cmd) enfoncée. Remplissez votre sélection avec le vert.

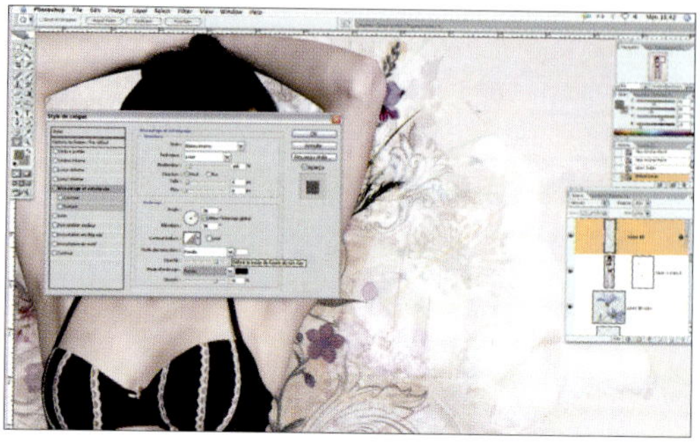

19 Faites « Calque > Style de calque > Biseautage et estampage ». Dans la fenêtre contextuelle, réglez la couleur du « Mode des tons foncés » sur un vert légèrement plus sombre que votre vert de base et la couleur du « Mode des tons clairs » sur un vert légèrement plus lumineux que votre vert de base. Passez le mode de fusion de ces deux options sur Fondu à 75 %.

20 À ce stade, vos peintures doivent se fondrent parfaitement avec vos éléments numériques. N'hésitez pas à reproduire les étapes précédentes pour ajouter de la végétation autour du corps de votre modèle. Dans ce but, copiez des feuilles pour les coller en nombreux exemplaires tout le long des tiges.

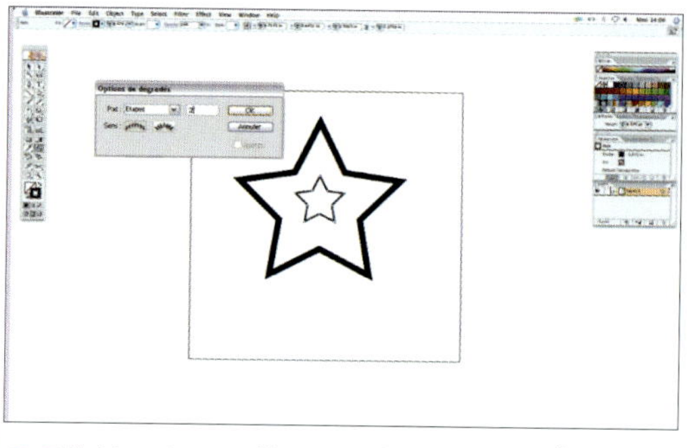

21 Maintenant, ouvrez *Illustrator*. Sélectionnez l'outil Étoile, réglez le contour noir sur 20 pixels et dessinez une grande étoile. Copiez-la. Collez-la devant (Ctrl+F / Cmd+F) et redimensionnez-la pour la placer au centre de la grande étoile. Sélectionnez l'outil Dégradé de forme et cliquez sur la petite puis sur la grande étoile. Double-cliquez sur l'outil Dégradé de forme pour ouvrir la fenêtre contextuelle. Choisissez Étapes et tapez 2 ou 3.

22 Copiez votre étoile depuis *Illustrator* et collez-la dans *Photoshop*. Choisissez « Coller en tant que : Objet dynamique ». Redimensionnez votre étoile et passez son mode de fusion sur Superposition. Dupliquez la forme et placez-la au-dessus de votre composition.

23 Créez quelques formes de plus dans *Illustrator* et reproduisez le processus. Pour harmoniser votre composition, utilisez à nouveau l'outil Plume pour sélectionner de nouveaux éléments. Ensuite, ajoutez-les au fond en jouant sur les différents modes de fusion à votre disposition.

ÉTAPE FINALE

Maintenant, tous les éléments sont en place et l'image nécessite un dernier réglage pour tendre à la perfection. En haut de la pile des calques, ajoutez un calque de réglage (dégradé) et remplissez le dégradé avec une tonalité colorée qui domine votre image (dans votre cas : un rose chair). Passez le mode de fusion de ce calque sur « Lumière tamisée » et réglez son opacité sur 15 à 20 %.

INFO

FRANÇOIS GRASSARD
francois@coyot.com

NIVEAU

★★★★★

DURÉE

2 heures

SUR LE WEB

Les fichiers nécessaires à la réalisation de ce tutoriel se trouvent sur notre site Internet.

→ LOGICIEL UTILISÉ • PHOTOSHOP CS4 EXTENDED

Téléphone maison

La mise en vente d'un nouveau téléphone portable ou PDA passe indubitablement par une campagne de communication. Voyons comment mettre en avant un tel appareil.

Si il y a bien un objet auquel la plupart de la population voue aujourd'hui un véritable culte, c'est bien le téléphone portable ou autre PDA. Élément principal d'une addiction technologique quasi-totale pour certains, le téléphone portable s'immisce partout dans notre vie quotidienne, aussi bien pour téléphoner que pour écouter de la musique, organiser ses rendez-vous, envoyer et recevoir des e-mails, prendre des photos ou lire des vidéos, voir lire des livres entiers enregistrés au format PDF. L'avènement prochain des fameux E-Book, dont la presse nous vante les mérites depuis plus de dix ans mais qui sera véritablement une réalité en 2009 ne fera qu'enfoncer le clou en nous rendant encore plus dépendant de ces dispositifs portables où la frontière entre téléphonie et ordinateurs complets devient de plus en plus floue. La possibilité de se connecter en tout lieu à Internet amène l'explosion des nouveaux Netbook à prix cassés. Et pour faire la promotion de tous ces dispositifs en perpétuelle évolution et à l'obsolescence de plus en plus rapide, la publicité se doit d'être de plus en plus efficace et séduisante. Exerçons-nous par conséquent à mettre en avant l'un de ses appareils tout en découvrant une nouvelle manière de régler la taille et la dureté des différents outils depuis la nouvelle version CS4 de Photoshop. Nous verrons également comment utiliser les calques 3D désormais accélérés via la carte graphique et par conséquent beaucoup plus faciles à manipuler. □ FG

→ LOGICIEL UTILISÉ • PHOTOSHOP CS4 EXTENDED

A) Placement dans son environnement

Mettez en situation l'appareil afin de le mettre en valeur.

◎CONSEIL

Changement de taille et de dureté du pinceau

La modification de la taille et de la dureté du pinceau de manière interactive est possible grâce à l'utilisation de la carte OpenGL, grande nouveauté de la version *CS4*. Si cette option est désactivée dans les préférences du logiciel, le réglage de la dureté peut ne pas être visible.

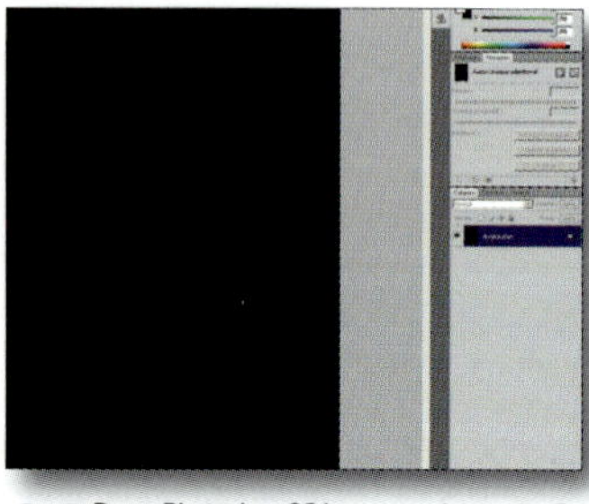

01 Dans *Photoshop CS4*, pressez la touche D puis X afin d'assigner la couleur noir à celle d'arrière-plan. Dans le menu Fichier>Nouveau, réglez le « paramètre prédéfini » sur « Papier format inter-national » et la Taille sur A4, puis le « contenu de l'arrière-plan » sur « Couleur d'arrière-plan ». Validez.

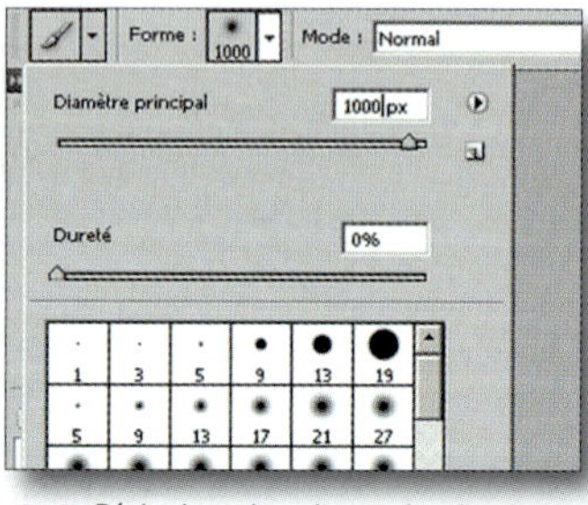

02 Réglez la couleur de premier plan sur un bleu de valeurs RVB 27/37/119. Pressez la touche B afin de passer en outil pinceau. En pressant la touche Ctrl et en cliquant avec le bouton droit de la souris dans la composition, on peut changer interactivement la taille de l'outil.

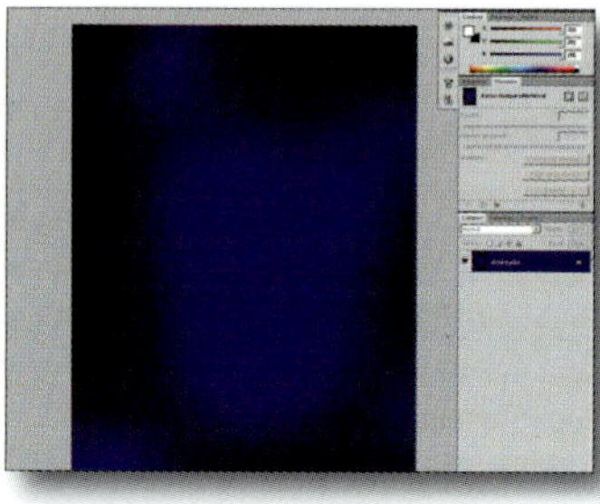

03 Avec un pinceau assez large et une dureté égale à 0, peignez quelques tâches bleues sur votre fond noir. Veillez à ce que ces impacts de couleur soient le plus diffus possible. Si besoin, ajoutez sur ce calque un Filtre>Atténuation>Flou gaussien d'un rayon de 200 pixels.

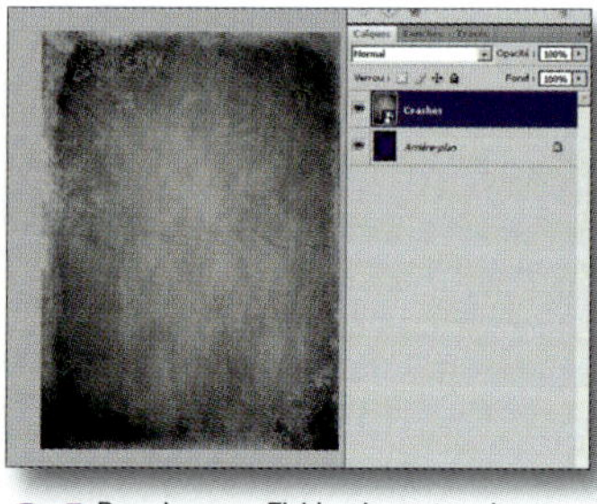

04 Dans le menu Fichier>Importer, chargez le fichier « Crashes.JPG » depuis notre site Web. L'importation de cet élément se fait sur un nouveau calque. Une boîte de contrôle permet de déplacer les coins supérieur gauche et inférieur droit afin de recouvrir la composition.

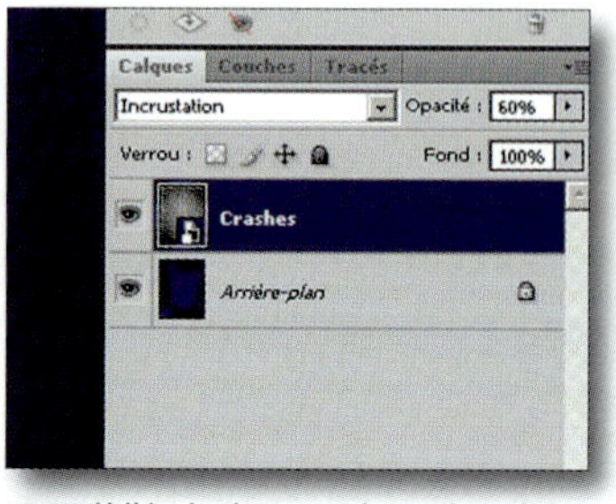

05 Validez le placement de ce calque via la touche « Entrée ». Tout en le maintenant sélectionné, cliquez en haut de la pile de calques sur « Normal » afin de changer son mode de fusion en « Incrustation ». Passez l'opacité à 60% afin de réduire l'influence de cette image sur le fond.

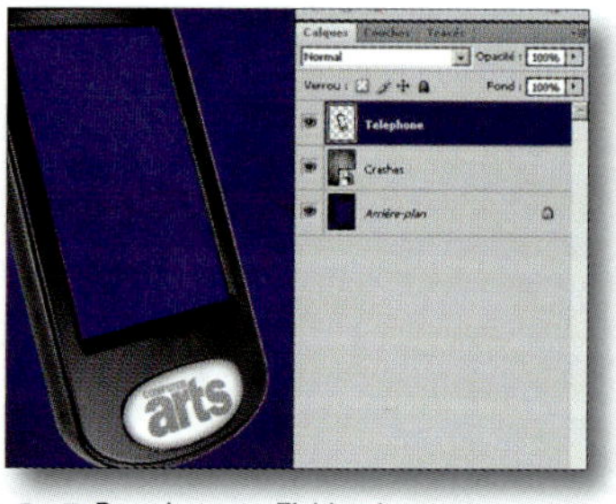

06 Dans le menu Fichier>Importer, chargez le fichier « Telephone.PSD ». Placez-le au centre de votre composition puis validez via « Entrée ». Dans la fenêtre de calques, cliquez avec le bouton droit de la souris sur le calque « Telephone » et choisissez « Pixelliser le calque ».

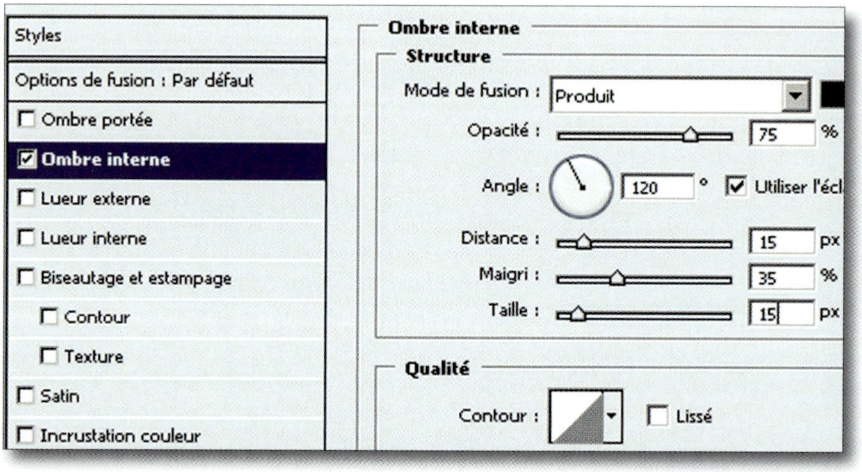

07 Toujours dans la fenêtre de calques, double-cliquez sur la vignette représentant le calque « Telephone » afin de faire apparaître la fenêtre de « Style de calque ». Dans la partie gauche de celle-ci, cliquez sur « Ombre interne » et modifiez dans sa partie droite la distance à 15 pixels, le maigri à 35% et la taille à 15 pixels.

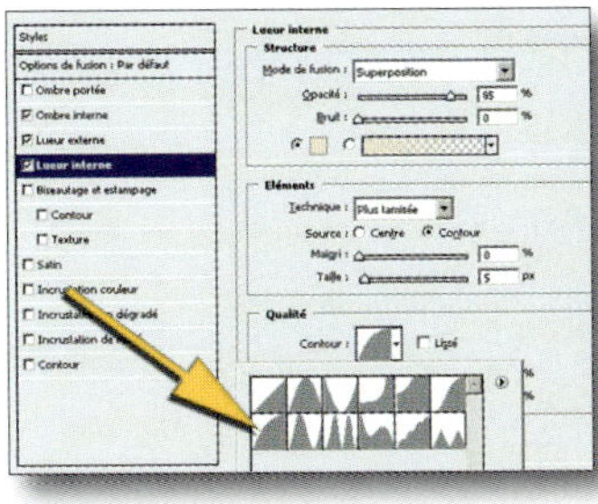

08 Toujours dans la fenêtre de style de calque, cliquez sur « Lueur externe », réglez son mode de fusion sur « Densité Linéaire - », son opacité à 15% et sa taille à 125 pixels. Cliquez ensuite sur « Lueur interne » et réglez son opacité à 85%, sa couleur sur les valeurs RVB 242/228/205, et cliquez sur le triangle jouxtant « Contour » afin de sélectionner le premier icône de la deuxième ligne.

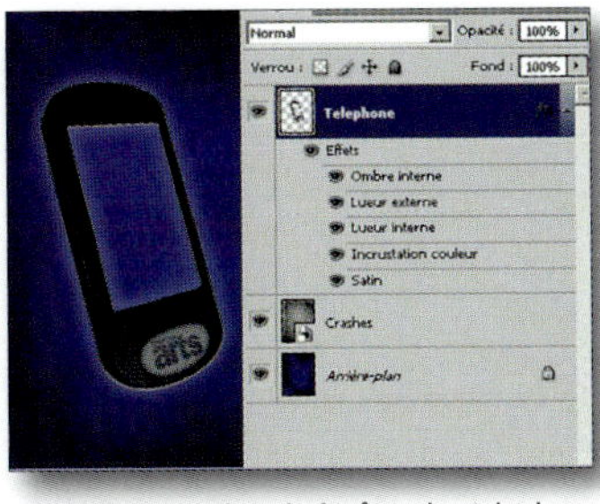

09 Toujours dans la fenêtre de style de calque, cliquez sur « Incrustation de couleur », réglez celle-ci sur les valeurs RVB 27/39/128, son mode de fusion sur « Incrustation » et son opacité à 50%. Cliquez ensuite sur « Satin », en laissant l'ensemble des paramètres par défaut afin de densifier la couleur bleu marine au centre du téléphone.

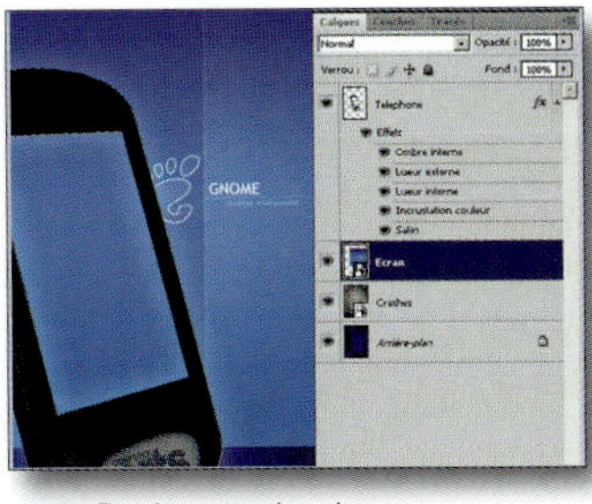

10 Rendez-vous dans le menu Fichier>Importer puis chargez le fichier « Ecran.png ». Celui-ci va se placer au-dessus de la pile de calques. Appuyez sur la touche « Entrée » afin de valider son positionnement puis glissez-le sous le calque « Telephone ». Pressez les touches CTRL+T afin d'afficher à nouveau l'outil de transformation manuelle.

B) Styles de calque et étalonnage

Changez la direction de lumière pour une meilleure intégration.

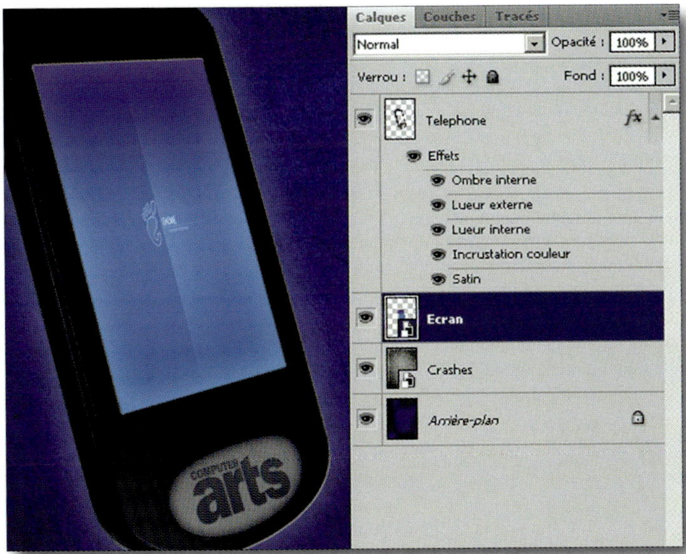

01 Tout en gardant l'outil de transformation manuelle activé, pressez la touche CTRL du clavier. Déplacez ainsi de manière indépendante les quatre coins du calque « Ecran » afin de le positionner à l'endroit qui lui est du. Validez cette transformation via la touche « Entrée ». Ce calque est à présent positionné en tant que calque dynamique.

02 L'avantage du calque dynamique réside dans le fait qu'il peut être remplacé. Dans notre cas, le contenu de l'écran pourra ainsi être modifié, simplement en se rendant dans le menu Calque>Objets Dynamiques>Replacer le contenu. Cette fonction permet de gagner un temps très précieux lors de la mise en situation de produits comme des affiches ou des jaquettes de DVD.

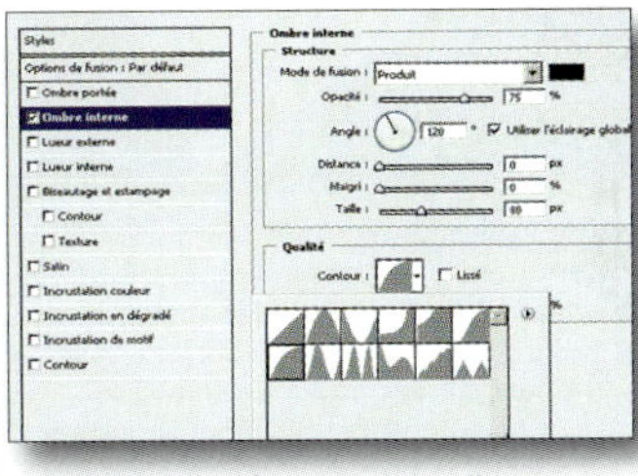

03 Dans la fenêtre de calques, cliquez avec le bouton droit sur le nom du calque « Ecran » et choisissez « Pixelliser le calque ». Double-cliquez sur la vignette de ce calque afin de faire apparaître la fenêtre de style de calque. Cliquez sur « Ombre Interne », réglez sa distance à 0 et sa taille à 80. Cliquez sur le triangle jouxtant « Contour » afin de sélectionner le premier icône de la 2ème ligne.

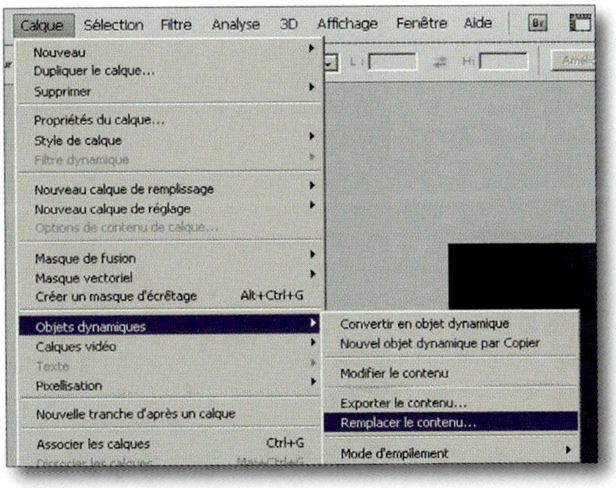

LOGICIEL UTILISÉ • PHOTOSHOP CS4 EXTENDED

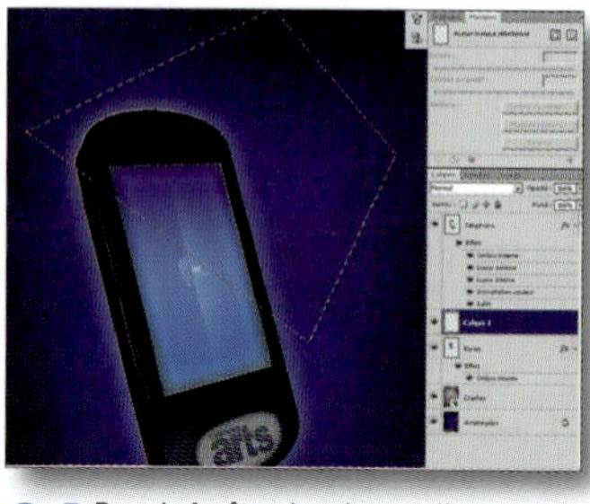

04 Dans la fenêtre de calques, cliquez sur l'icône représentant une feuille au bord corné afin de créer un nouveau calque vierge que vous placerez au-dessus du calque « Ecran ». Grâce à l'outil de « lasso polygonal », accessible via plusieurs pressions des touches Shift+L, tracez une forme coupant littéralement l'écran en deux.

05 Tout en gardant cette sélection active, pressez la touche D de votre clavier afin d'assigner aux couleurs d'avant et d'arrière-plan, du noir et du blanc. Pressez les touches Ctrl+Suppr afin de remplir la sélection de blanc. Pressez ensuite les touches Ctrl+D afin de désactiver la sélection courante. Réglez l'opacité de ce calque contenant cette forme blanche à 8%.

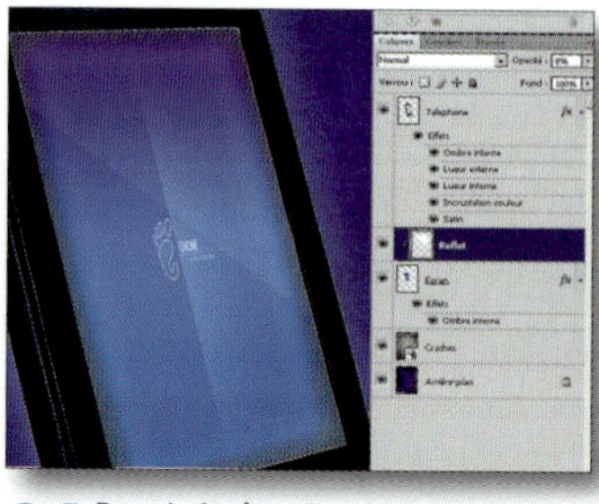

06 Dans la fenêtre de calques, placez votre souris entre le calque « Ecran » et le calque contenant la forme blanche, pressez la touche Alt et cliquez afin de faire apparaître cette dernière uniquement dans la silhouette de l'écran. Vous venez ainsi de générer un reflet permettant de donner plus de relief au téléphone.

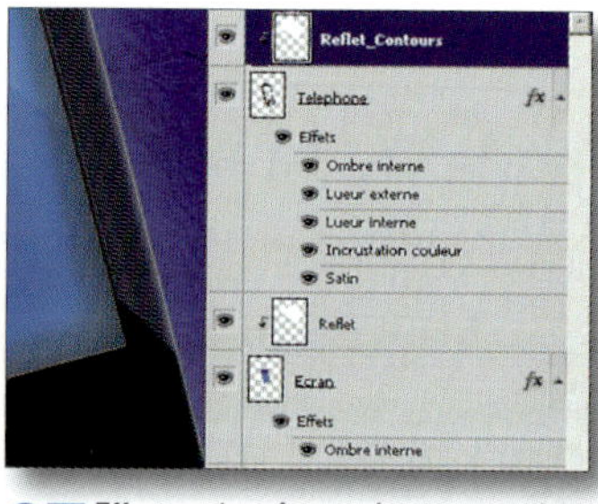

07 Effectuez la même opération en créant un nouveau calque vierge au-dessus de la pile de calques, en traçant avec l'outil de lasso polygonal une forme légèrement plus grande et en la replissant de blanc. Faites apparaître ce calque uniquement dans la silhouette du calque « Telephone » mais passez son mode de fusion en « Densité linéaire - » pour une opacité de 40%.

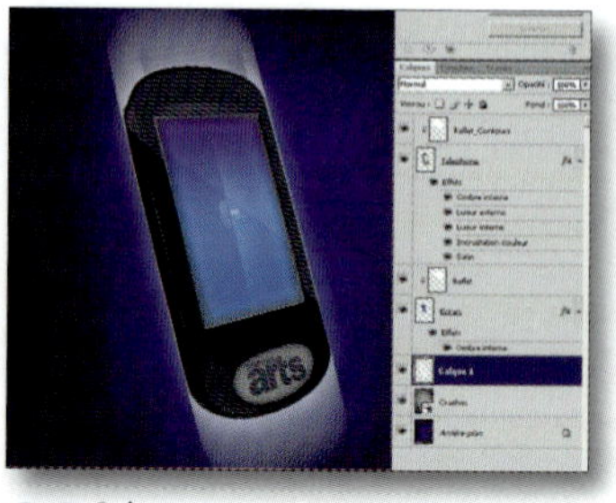

08 Créez un calque vierge que vous placerez au-dessus du calque « Crashes ». Pressez la touche Ctrl et cliquez sur la vignette du calque Telephone afin de créer une sélection identique à sa silhouette. En gardant le calque vierge sélectionné, pressez les touches D puis Ctrl+Suppr afin de remplir cette sélection de blanc.

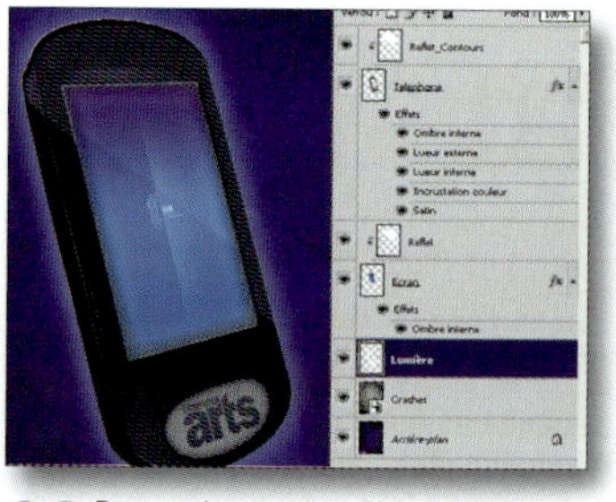

09 Pressez les touches Ctrl+D afin de désactiver la sélection courante et appliquez sur le calque que vous venez de remplir un Filtre>Atténuation>Flou directionnel, d'un angle de -76 degrés et d'une distance de 750 pixels. Ajoutez un Filtre>Atténuation>Flou gaussien de rayon 30 puis passez le mode de fusion de ce calque en « Incrustation ».

CONSEIL

Reflet plein ou dégradé

L'ajout d'un aplat de couleur sur l'écran permet de lui donner un aspect réflectif. Dans 90% des cas, le fait de jouer sur l'opacité de l'impact lumineux suffit à donner un résultat satisfaisant. Les 10% restants demandent à remplir ce reflet avec un dégradé.

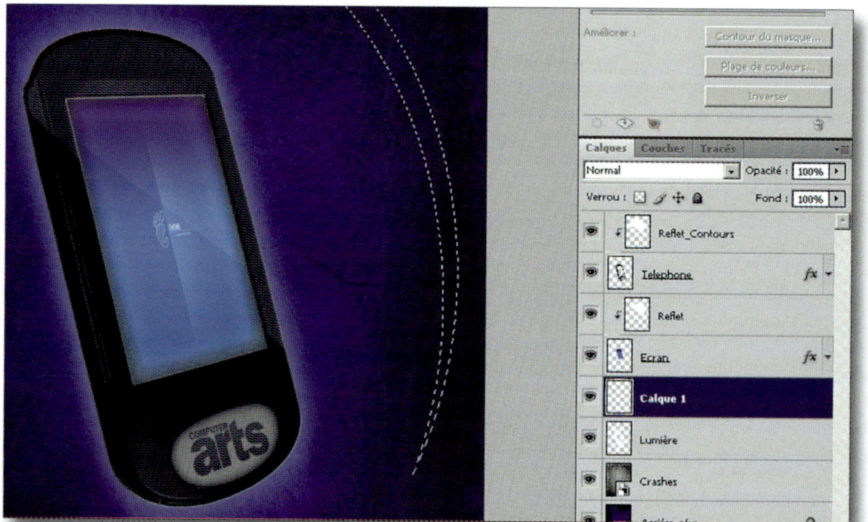

10 Créez un nouveau calque vierge que vous placerez sous le calque « Ecran ». Grâce à l'outil de sélection « Ellipse » tracez une sélection ovale allongée vers le haut. Une fois cette sélection effectuée, pressez la touche Alt et tracez le même type d'ovale en passant par-dessus la sélection précédente mais en décalant votre souris légèrement vers la gauche.

C) Cadres, décorations et titrage

Ajoutez des éléments décoratifs à votre composition.

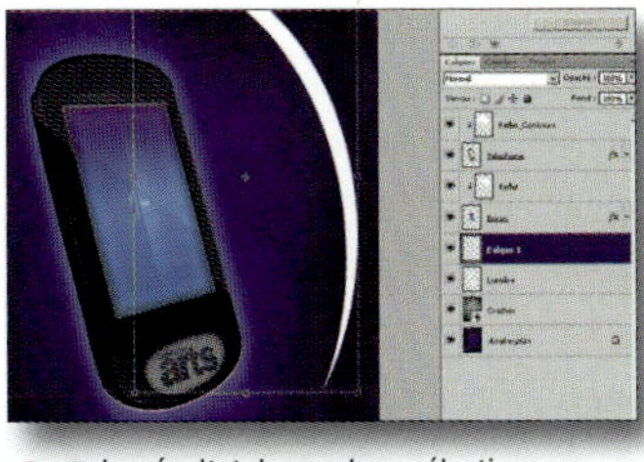

01 Le résultat de ces deux sélections aboutit à une sélection en croissant de lune. Tout en vérifiant que le calque vierge est bien sélectionné, remplissez cette sélection de blanc via le raccourci D puis Ctrl+Suppr, puis Ctrl+D et pressez les touches Ctrl+T afin d'afficher sur celui-ci l'outil de transformation manuelle.

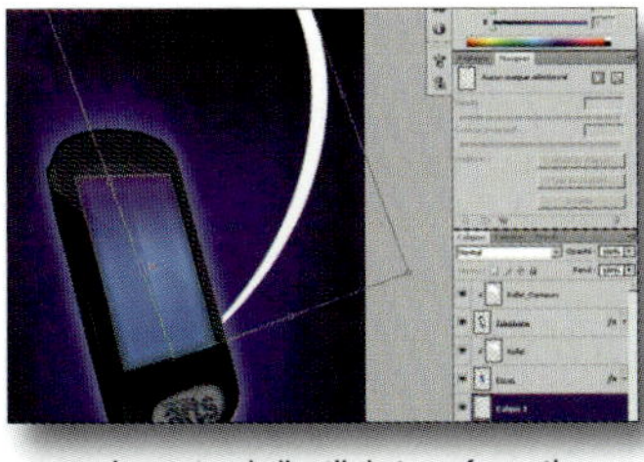

02 Au centre de l'outil de transformation manuelle, le point d'ancrage permet de définir le point de pivot lors d'une rotation de l'élément. Placez celui-ci au centre de l'appareil, puis placez votre souris à l'extérieur de la boîte englobante. Cliquez et tournez votre croissant de lune d'environ 50° puis agrandissez-le légèrement.

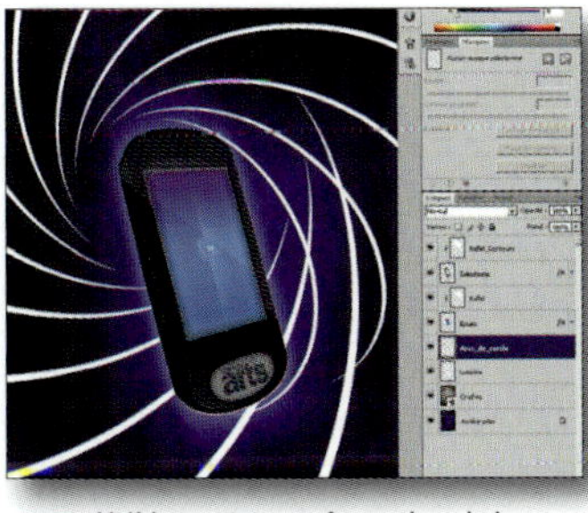

03 Validez cette transformation via la touche « Entrée » puis pressez plusieurs fois les touches Ctrl+Shift+Alt+T afin de répéter cette transformation, créant à chaque fois un nouveau calque contenant un nouveau croissant de lune. Grâce à la touche Shift, sélectionnez tous ces nouveaux calques et pressez les touches Ctrl+E afin de les fusionner.

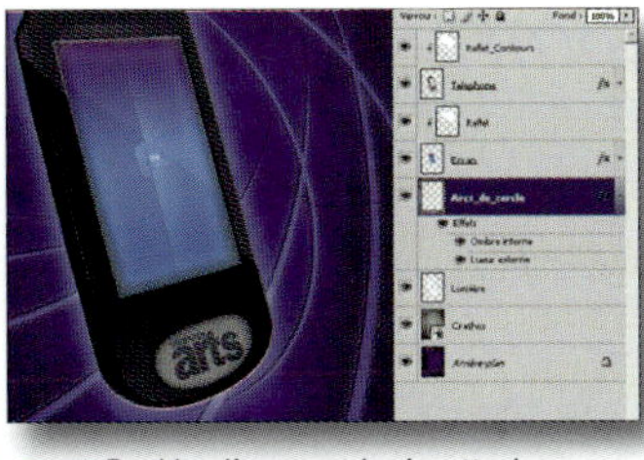

04 Double-cliquez sur la vignette de ce calque composite afin d'en afficher les styles de calque. Cliquez sur « Ombre interne » puis réglez sa distance à 5, son maigri à 0 puis sa taille à 5. Cliquez sur « Lueur externe » puis passez son opacité à 10% et sa taille à 50 pixels. Validez et passer le mode de fusion de ce calque en « Incrustation ».

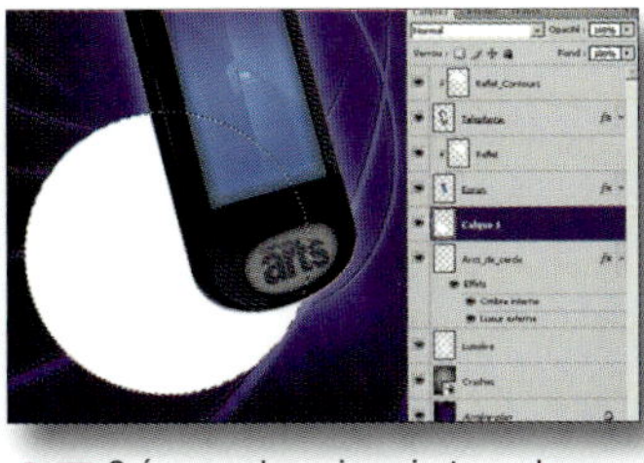

05 Créez un calque vierge juste au-dessous du calque « Ecran » et passez en outil de sélection « Ellispe ». Pressez la touche Shift puis cliquez dans votre composition afin de créer un cercle parfait de taille moyenne. Pressez ensuite la touche D puis les touches Ctrl+Suppr afin de remplir cette sélection de blanc sur le calque vierge.

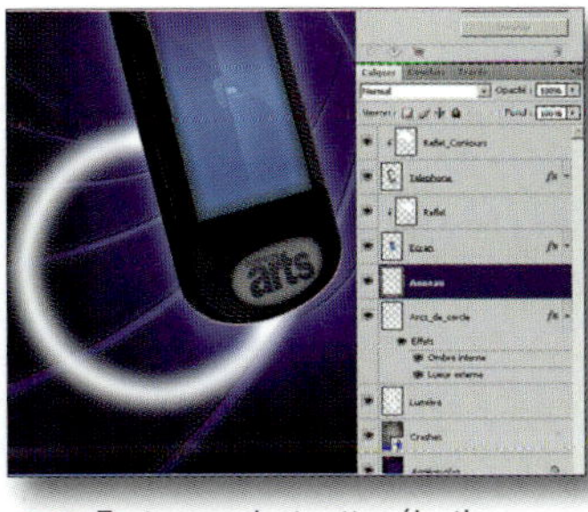

06 Tout en gardant cette sélection active, rendez-vous dans le menu Sélection> Modifier>Contracter puis entrez une valeur de 100 pixels avant de valider via OK. Pressez ensuite la touche Suppr afin de transformer ce disque en anneau. Pressez les touches Ctrl+D puis ajoutez un Filtre>Atténuation> Flou gaussien de rayon 30.

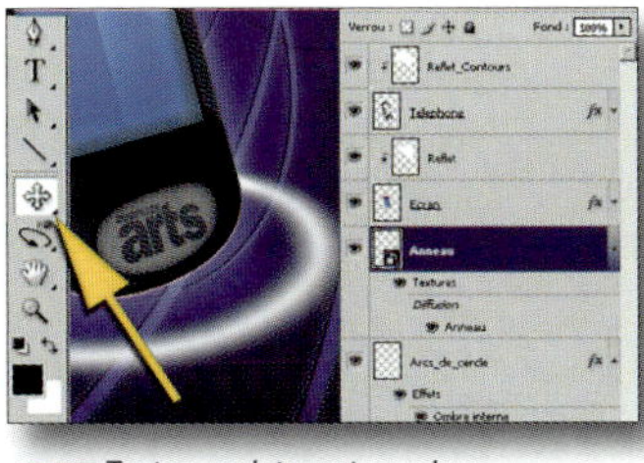

07 Tout en maintenant ce calque « Anneau » sélectionné, allez dans le menu 3D afin de choisir « Nouvelle carte postale 3D à partir du calque ». Les pressions successives des touches Shift+K permettent de cycler dans les outils de rotation, déplacement et redimensionnement 3D, afin de placer cet anneau sous l'appareil.

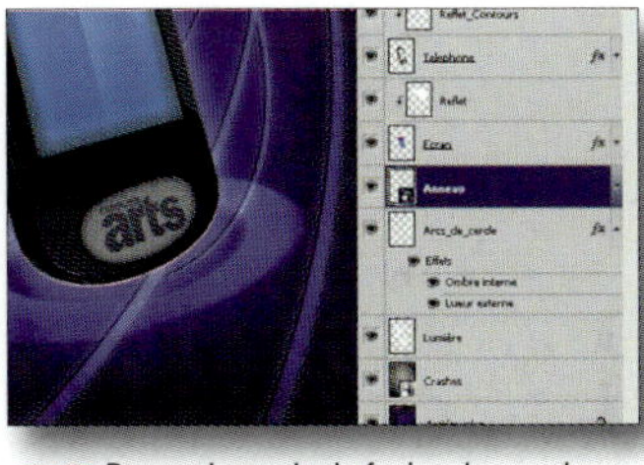

08 Passez le mode de fusion de ce calque 3D en « Incrustation » afin de lui faire prendre la couleur de fond. On peut effectuer plusieurs fois cette opération afin de produire plusieurs anneaux, susceptibles d'entourer l'appareil, les fonctions 3D de *Photoshop CS4* étant désormais accélérées par la carte graphique.

L'OPTIMISATION N'EMPÊCHE PAS LA PRUDENCE

Les améliorations apportées à l'affichage des calques 3D depuis la version *CS4* permettent de gérer un nombre plus important d'éléments de ce type dans une même composition. Cependant, même si l'utilisation des cartes OpenGL par *Photoshop* permet une meilleure réactivité de la part de la machine, soyez tout de même prudent si votre but est d'envoyer par la suite les éléments de cette composition dans *After Effects* pour une animation ultérieure. L'affichage d'une scène 3D très lourde se fera de manière beaucoup moins fluide que dans *Photoshop*. Faites également très attention si vous devez faire parvenir un tel projet à une personne ne disposant que la version *CS3*. L'ouverture d'un fichier contenant beaucoup d'éléments 3D sur cette version pourrait mettre à genoux la machine, voir signer son arrêt de mort.

CONSEIL

3D or not 3D

Pour les personnes ne disposant pas de la version « Extend » de *Photoshop* et par conséquent des fonctions 3D, le même type de fonctions peut être en partie simulé via l'outil de transformation manuelle, en pressant la touche CTRL puis en manipulant chaque coin de manière indépendante.

→ LOGICIEL UTILISÉ • PHOTOSHOP CS4

Plume légère & vol de nuit

Faites un bond dans les années 40 et enrôlez-vous dans l'Air Force. Avant de grimper dans votre Spitfire, pensez à l'inventaire de votre matériel.

→ L'histoire de l'aviation est avec le Western l'un des sujets qui a le plus inspiré le cinéma américain ces 50 dernières années. De L'étoffe des héros à Pearl Arbor en passant par Memphis Bell ou Aviator, les carcasses rutilantes et flamboyantes des B-52 ou autres Spitfire ont donné lieu à des plans d'une sublime beauté où le bois et l'acier reflétant le ciel et le soleil, offrent un panel colorimétrique des plus harmonieux. Dès 1930, Howard Hughes définissait les bases du film aérien avec le très avant-gardiste Hell's Angels. Les changements de cadrage entre des vues extérieures, filmé d'un autre avion par Hughes lui-même et les vues prises de l'intérieur des cockpits ont influencé des générations de réalisateurs. On remarque par exemple d'étranges similitudes entre les cadrages et les enchaînements de Hell's Angels et l'attaque finale du film Star Wars, réalisé 47 ans plus tard. Ajoutez vous aussi votre pierre à l'édifice en réalisant une composition présentant le dossier d'une nouvelle recrue, Linda Tomcat, experte en pilotage de Spitfire. Après avoir fait une utilisation massive des styles de calque, vous terminerez votre travail en utilisant une nouvelle fonction de Photoshop CS4, permettant d'utiliser l'outil doigt de manière non destructive. Faites chauffer les moteurs ! □CA

INFO

FRANÇOIS GRASSARD
Formateur et auteur d'un CD-ROM sur le soft gratuit *After Effects* à destination du site Hyperlink
www.formacad.com
francois@coyot.com

NIVEAU

★★★★★

DURÉE

3 heures

SUR LE WEB

Les fichiers nécessaires à la réalisation de ce tutoriel se trouvent sur notre site Internet.

Name Linda Tomcat
Plane Spitfire
Skill Expert
COMPUTER arts

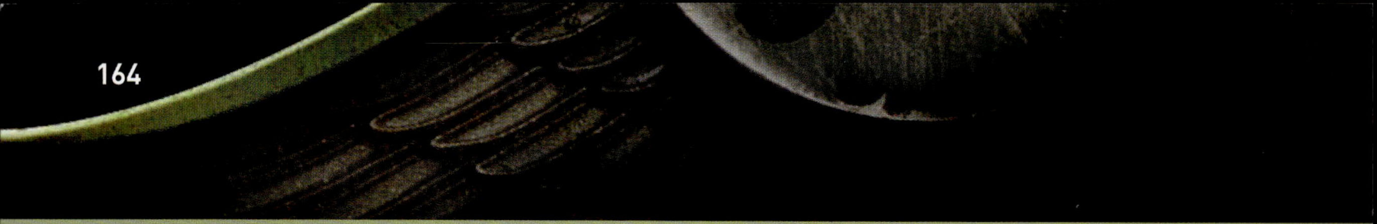

A) Décor et livre ancien

Placez le premier élément en situation sur un fond de vieux parquet.

◎ **CONSEIL**

Réglage de la réduction de bruit

L'utilisation du filtre de réduction de bruit peut vous être d'une aide précieuse mais aboutit parfois à une perte des détails. Afin d'éviter ce genre de désagréments, il est possible d'appliquer ce filtre en mode « Avancé » sur chaque couche, de manière indépendante.

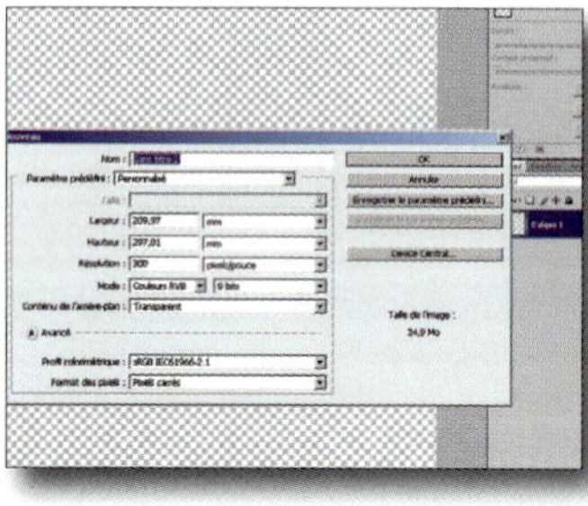

01 Une fois *Photoshop CS4* démarré, créez un document via le menu Fichier>Nouveau. Choisissez parmi les paramètres prédéfinis « Papier Format International » puis réglez « Taille » sur A4. Réglez le « Contenu de l'arrière-plan » sur « Transparent » puis validez via le bouton OK.

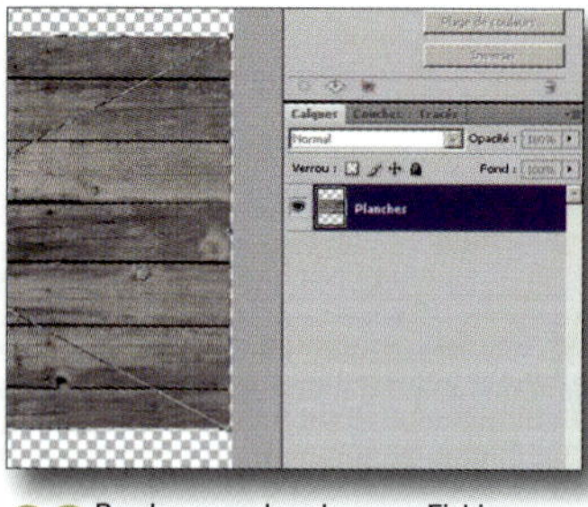

02 Rendez-vous dans le menu Fichier> Importer et choisissez « Planches.JPG » fourni dans le dossier de l'étape depuis notre site Web, dans le sous-dossier « Aviator ». Cet élément est inséré dans le calque se trouvant dans votre composition, renommé « Planches » automatiquement par le logiciel.

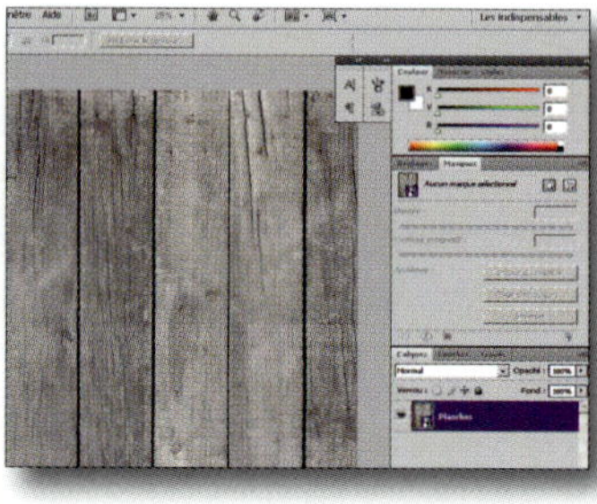

03 L'image des planches de bois est entourée d'une boîte englobante. Placez votre souris à l'extérieur de la boîte, pressez la touche Shift, et cliquez-glissez afin de faire tourner cette image de 90°. Manipulez les coins supérieur gauche et inférieur droit afin de couvrir toute l'image.

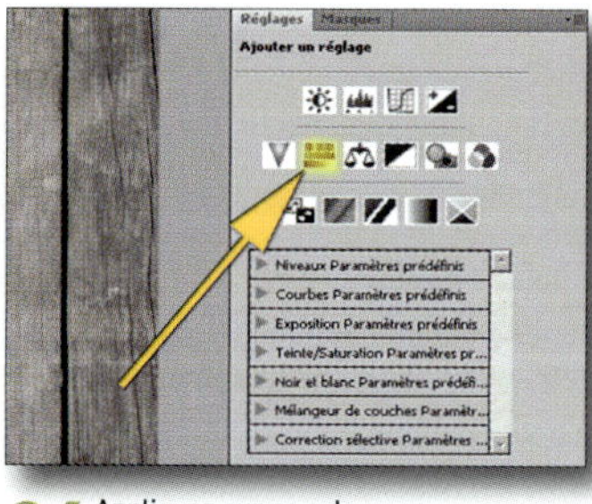

04 Appliquez sur ce calque un Filtre>Bruit> Réduction du bruit, dont l'intensité sera de 10, la conservation des détails de 0 %, la réduction du bruit de couleur de 100 % et l'accentuation des détails de 0 %. Dans le panneau « Réglages », cliquez sur le 2ème icône de la 2ème ligne.

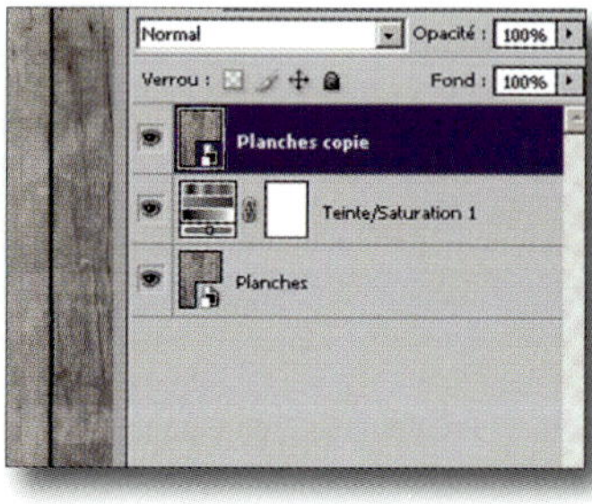

05 Un calque de réglage de type Teinte/ Saturation est ajouté au-dessus de la pile de calques. Dans la fenêtre de réglage, passez la teinte, la saturation et la luminosité sur les valeurs 0/78/-29. Cliquez avec le bouton droit sur le calque « Planches » et choisissez « Dupliquer le calque ».

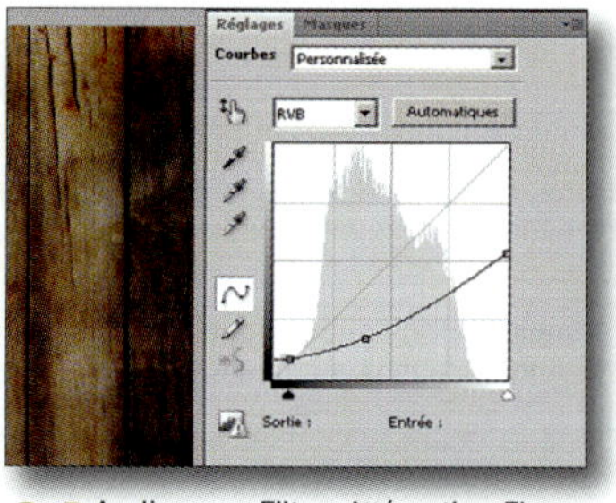

06 Appliquez un Filtre> Atténuation>Flou Gaussien dont le rayon sera de 50. Passez le mode de fusion de ce calque en « Incrustation ». Via le panneau « Réglage », ajoutez un calque de réglage « Courbes », dont vous retoucherez la courbe RVB afin d'assombrir votre image.

07 Rendez-vous dans le menu Fichier> Importer afin de choisir le fichier « Papier.PSD » fourni dans le dossier. Validez via la touche Entrée, veillez à ce que ce nouveau calque soit bien placé au-dessus de la pile puis cliquez avec le bouton droit sur son nom, dans la pile de calques, afin de choisir dans le menu qui en découle « Pixelliser le calque ».

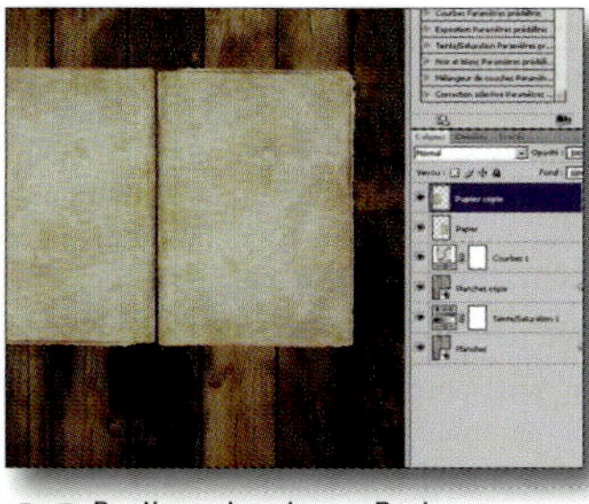

08 Dupliquez le calque « Papier » puis en maintenant ce duplicata sélectionné, pressez les touches Ctrl+T afin d'appeler l'outil de transformation manuelle. Pressez la touche Shift, placez la souris à l'extérieur de la boîte de contrôle puis cliquez-glissez afin de faire tourner cette seconde feuille de 180°.

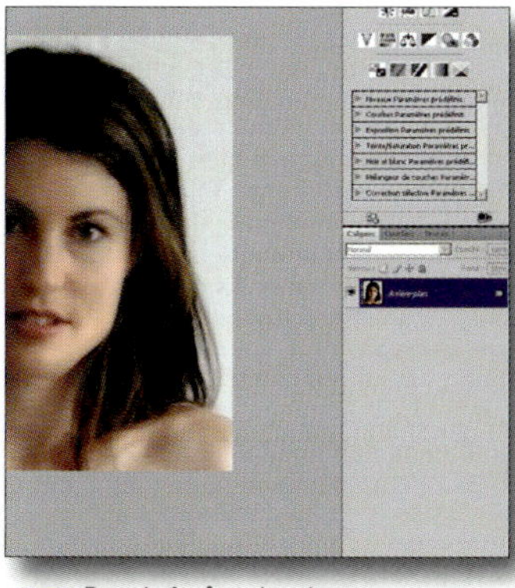

09 Dans la fenêtre de calques, sélectionnez les deux calques « Papier » via la touche Shift puis pressez les touches Ctrl+E afin de les fusionner. Double-cliquez ensuite sur la vignette de ce calque composite afin de faire apparaître la fenêtre de style de calque. Dans la partie gauche de cette fenêtre, cliquez sur « Ombre portée » afin d'afficher les propriétés de ce style, à droite.

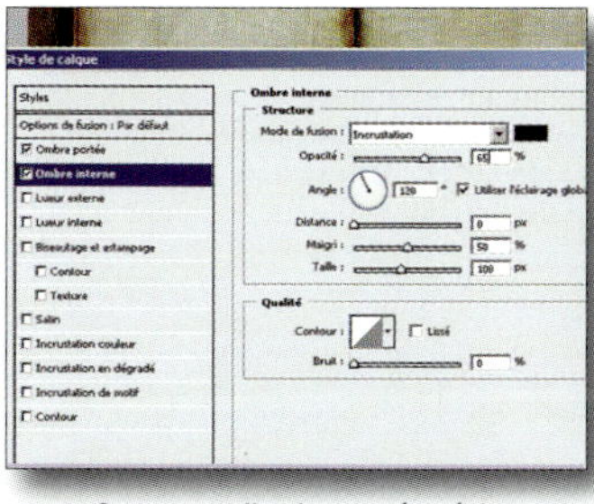

10 Concernant l'ombre portée, réglez son opacité à 60 %, décochez « Utilisez éclairage global » et réglez l'angle à -20°, la distance à 70 pixels et la taille à 20 pixels. Cochez ensuite « Ombre interne », dont le mode de fusion sera en « Incrustation », l'opacité à 65 %, la distance à 0, le maigri à 50 et la taille de 100 pixels.

B) Remplissez l'espace

Ajoutez d'autres éléments dans le décor.

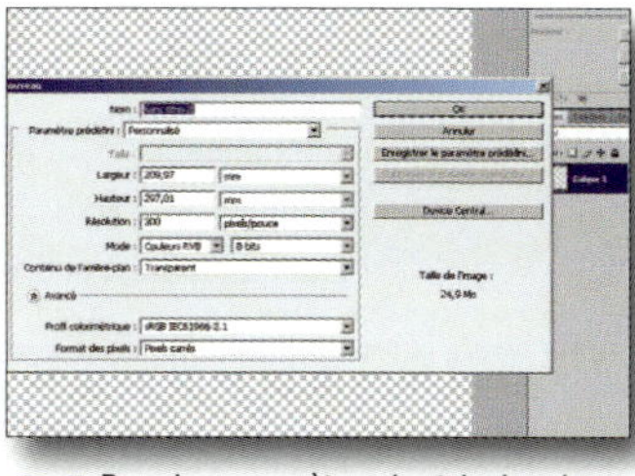

01 Dans les paramètres de style de calque, cliquez sur « Satin » et changez son mode de fusion en « Incrustation » puis sa distance à 35 et sa taille à 90 pixels. Décochez la case « Inverser », validez via OK. Pressez les touches Ctrl+T afin de voir l'outil de transformation manuelle, inclinez votre livre dans le sens horaire.

02 Via le menu Fichier>Importer, chargez le fichier « Broche_Aviateur.PSD », fourni sur notre site Web. Avec l'outil de transformation manuelle, réduisez celle-ci et placez-la en bas à droite, avant de valider via la touche Entrée. Cliquez ensuite avec le bouton droit sur le nom du calque « Papier » afin de choisir « Copier le style de calque ».

03 Cliquez avec le bouton droit de la souris sur « Broche_ Aviateur » et choisissez « Coller le style de calque ». Les mêmes effets d'ombrages sont alors reportés sur la broche. Selon la taille de votre élément, les paramètres des trois styles de calques seront peut-être à modifier.

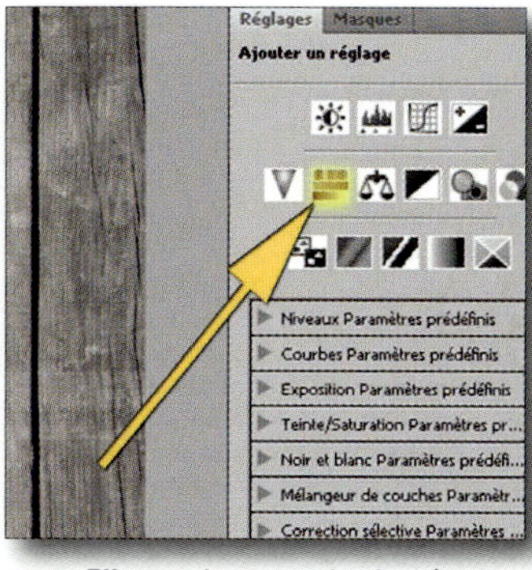

04 Effectuez de nouveau les deux étapes précédentes afin d'ajouter dans votre composition les éléments issus des fichiers « Carnet.PSD » et « Crayon.PSD ». De la même façon, collez le style de calque sur ces différents éléments afin de donner le même aspect à tous les éléments de cette composition.

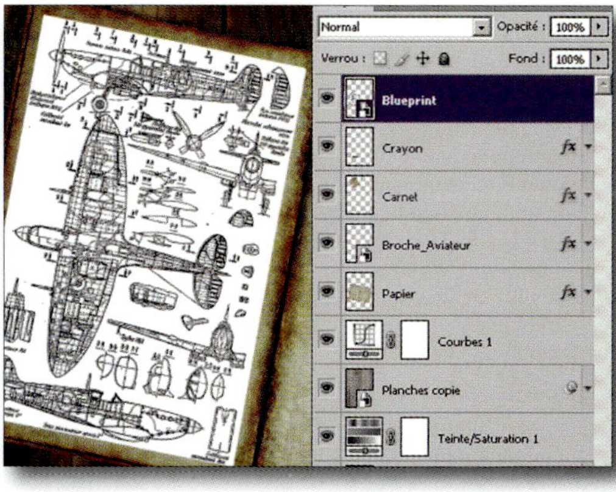

05 Via le menu Fichier> Importer, chargez le fichier nommé « Blueprint.gif », qui sera visible sur un nouveau calque créé automatiquement. À nouveau, la boîte de contrôle de l'outil de transformation manuelle permet de placer ce schéma sur la page de gauche du livre. Validez ensuite le placement de ce calque via la touche « Entrée ».

CONSEIL

Ombres et pénombres

Le style de calque « Ombre portée » permet de simuler une ombre directionnelle. Ce type d'ombre n'est parfois pas suffisant pour une intégration réaliste. Comme vous pourrez le voir sur le fichier final, un simple duplicata assombri, flouté et placé derrière l'objet, peut fortement augmenter le niveau de réalisme.

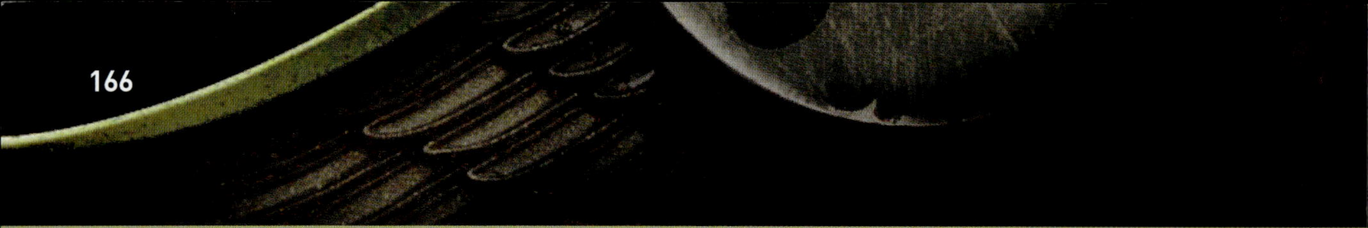

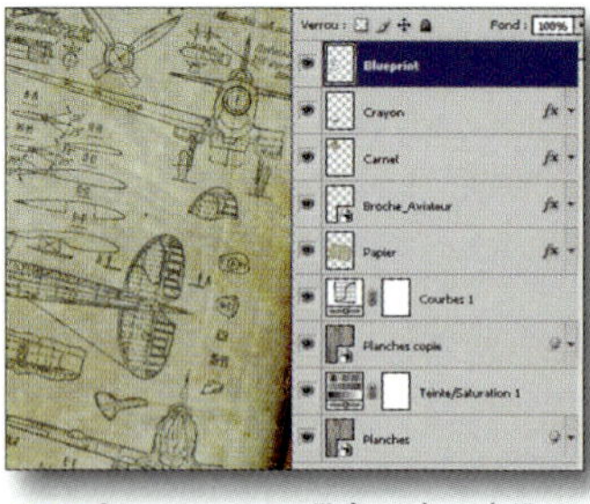

06 On remarque par l'icône très spécifique placé sur le calque « Blueprint » que celui-ci est un calque dynamique. Afin de demander moins de ressources à votre machine, cliquez avec le bouton droit sur le nom de ce calque et choisissez « Pixelliser le calque » puis passez son mode de fusion en « Densité Couleur + » à 55 % d'opacité.

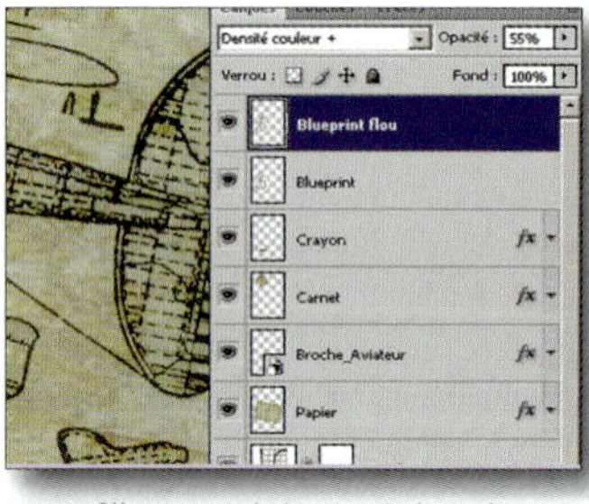

07 Cliquez avec le bouton droit sur le calque « Blueprint » et choisissez « Dupliquer le calque » avant de valider par OK. Appliquez sur ce duplicata un Filtre>Atténuation> Flou gaussien d'un rayon de 10 pixels. Le dossier de cette étape contenant deux autres schémas, effectuez le même type d'opérations avec ces fichiers sur la page de droite.

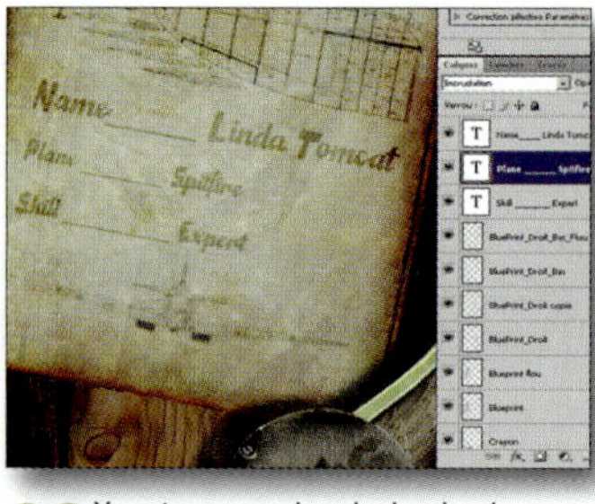

08 Vous trouverez dans le dossier de l'étape la police de caractère nommée « SAUCYMILL.TTF ». Libre à vous d'utiliser cette typographie ou tout autre police de votre choix afin de faire apparaître le nom du pilote dans la zone vierge de la page de droite, grâce à l'outil Texte, accessible via la touche T, puis en cliquant dans votre composition.

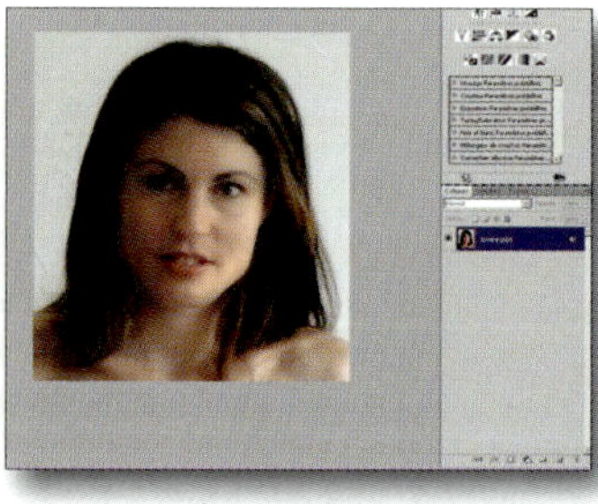

09 De manière complètement parallèle et via le menu Fichier>Ouvrir, chargez l'image nommée « Fille.PNG ». Depuis *Photoshop CS4*, cette composition parallèle va apparaître dans un nouvel onglet venant se placer juste à côté de la composition précédente. Il est toutefois possible d'extraire cet onglet en cliquant sur son nom puis en glissant la souris.

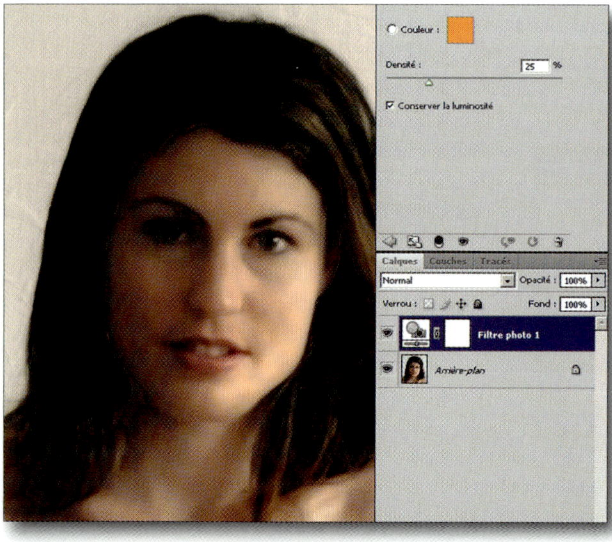

10 Via le nouveau panneau « Réglages », cliquez sur le cinquième icône de la deuxième ligne représentant le calque de réglage « Filtre Photo ». Une fois les différents paramètres de ce calque affichés dans le panneau « Réglages », cliquez sur le bouton jouxtant le mot « Couleur » afin de faire tendre la photo de la jeune fille vers une couleur orangée.

C) Photo jaunie

Simulez le vieillissement de la photo et insérez-la dans le décor.

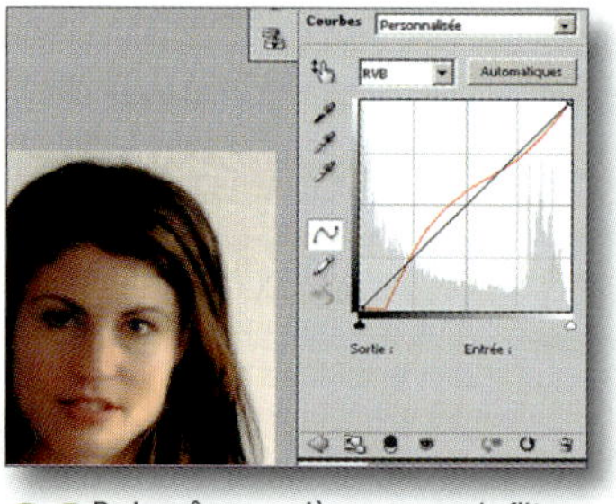

01 De la même manière que pour le filtre photo, ajoutez au-dessus de la pile un calque de réglage de type « Courbes ». Vous pouvez modifier ces différentes courbes dans la fenêtre réglages se trouvant au-dessus de la fenêtre de calques. Affichez la courbe représentant uniquement la couche rouge et modifiez celle-ci afin d'augmenter son contraste.

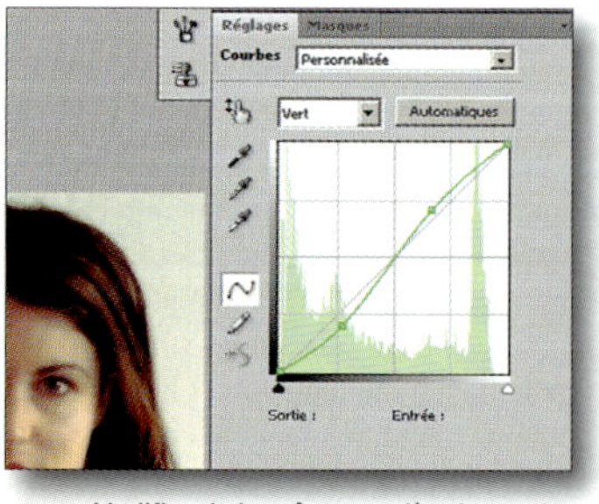

02 Modifiez de la même manière la courbe verte en choisissant celle-ci via le menu déroulant se trouvant en haut de la fenêtre de contrôle. Là encore, l'ajout de deux points sur cette courbe, un plus haut que la normale et un plus bas, permet d'augmenter le contraste de cette couche.

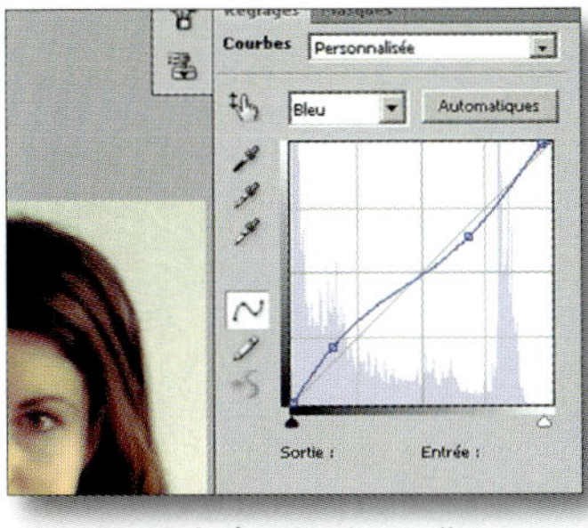

03 Dans la fenêtre de calques, cliquez avec le bouton droit de la souris sur le nom du calque « Broche_Aviateur » et choisissez « Coller le style de calque ». Selon la taille de votre élément, les paramètres des trois styles de calques assignés à votre broche seront peut-être à modifier légèrement.

05 Rendez-vous dans le menu Sélection>Modifier> Cadre et entrez la valeur 200 avant de valider via OK. Pressez ensuite la touche D afin d'assigner du noir sur la couleur d'avant-plan puis pressez les touches Alt+Suppr afin de remplir la sélection courante de noir, sur le calque vierge que vous venez de créer.

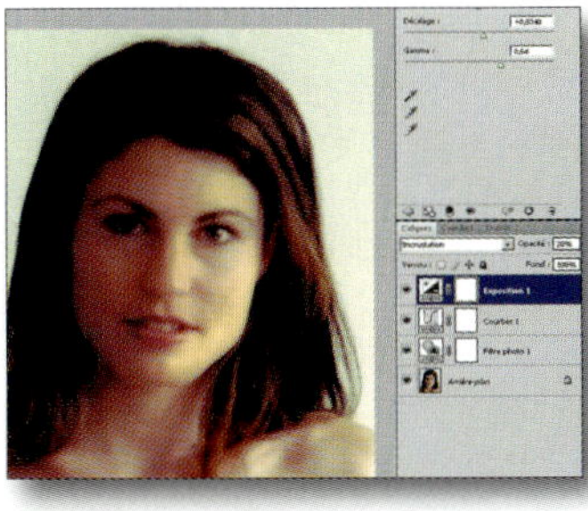

04 Ajoutez au-dessus de la pile un nouveau calque de réglage de type « Exposition », dont le paramètre « Exposition » sera de +0,02, « Décalage » aura pour valeur 0,0340 et « Gamma » sera de 0,64. Créez un calque vierge au-dessus de la pile de calques et pressez les touches Ctrl+A afin de sélectionner l'ensemble de la surface de l'image.

06 Pressez les touches Ctrl+D afin de désactiver la sélection courante puis appliquez sur le calque contenant le cadre noir un « Filtre>Atténuation>Flou gaussien », d'un rayon de 50 pixels. Passez le mode de fusion de ce calque en Incrustation puis dupliquez ce calque afin d'accentuer l'effet de ce mode de fusion.

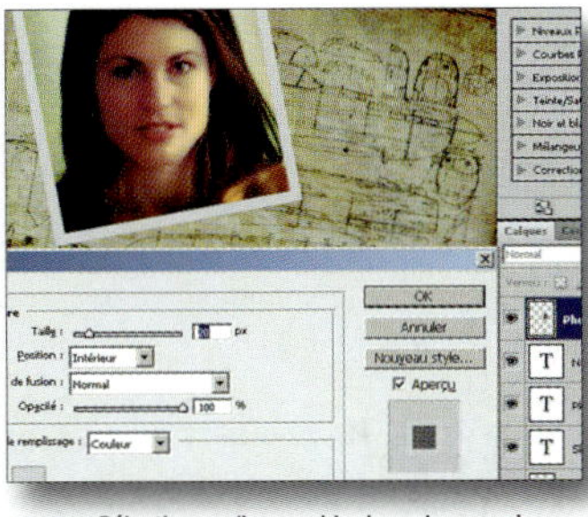

07 Sélectionnez l'ensemble des calques puis pressez les touches Ctrl+E afin de les fusionner. Pressez les touches Ctrl+A puis Ctrl+C, revenez dans votre composition originale puis pressez les touches Ctrl+V afin de coller cette photo, sur laquelle vous ajouterez un style de calque « Contour » de couleur blanche en position « Intérieur » et de taille 20.

CONSEIL

Vieillissement et saturation

Les différents agents chimiques composant un film argentique et captant chacun une couche de couleur différente ne se décomposent pas à la même vitesse au fil des années. Voilà pourquoi la simulation d'une photo ancienne passe par un traitement indépendant des courbes RVB.

AU DOIGT ET À L'ŒIL, LA NOUVELLE OPTION

L'option « Échantillonner tous les calques » apparue depuis la version *CS4* pour l'outil doigt permet de reporter tous les changements effectués par cet outil sur un calque tiers plutôt que sur le calque original. Ceci permet de laisser intacte la photo d'origine et de travailler de manière non destructive. Cette option est particulièrement appréciable, évitant les sempiternels duplicatas de calque afin de pouvoir revenir en arrière. Pour les plus curieux d'entre vous, vous trouverez dans le dossier de cette étape un fichier contenant la composition finale, dans laquelle vous découvrirez quelques détails supplémentaires, comme des tâches et des rayures ajoutées sur la table ou encore des reflets sur la photo.

08 Créez un nouveau calque vierge au-dessus de la pile et sélectionnez-le. Passez en outil Doigt via la boîte d'outils et cochez dans la barre d'options « Échantillonner tous les calques ». Placez votre outil sur le visage de la jeune fille et effectuez une légère déformation de l'ensemble du contenu de la photo. Passez finalement l'Opacité de ce calque à 20 % afin d'accentuer les débordements des couleurs, symptomatiques des photos des années 40.

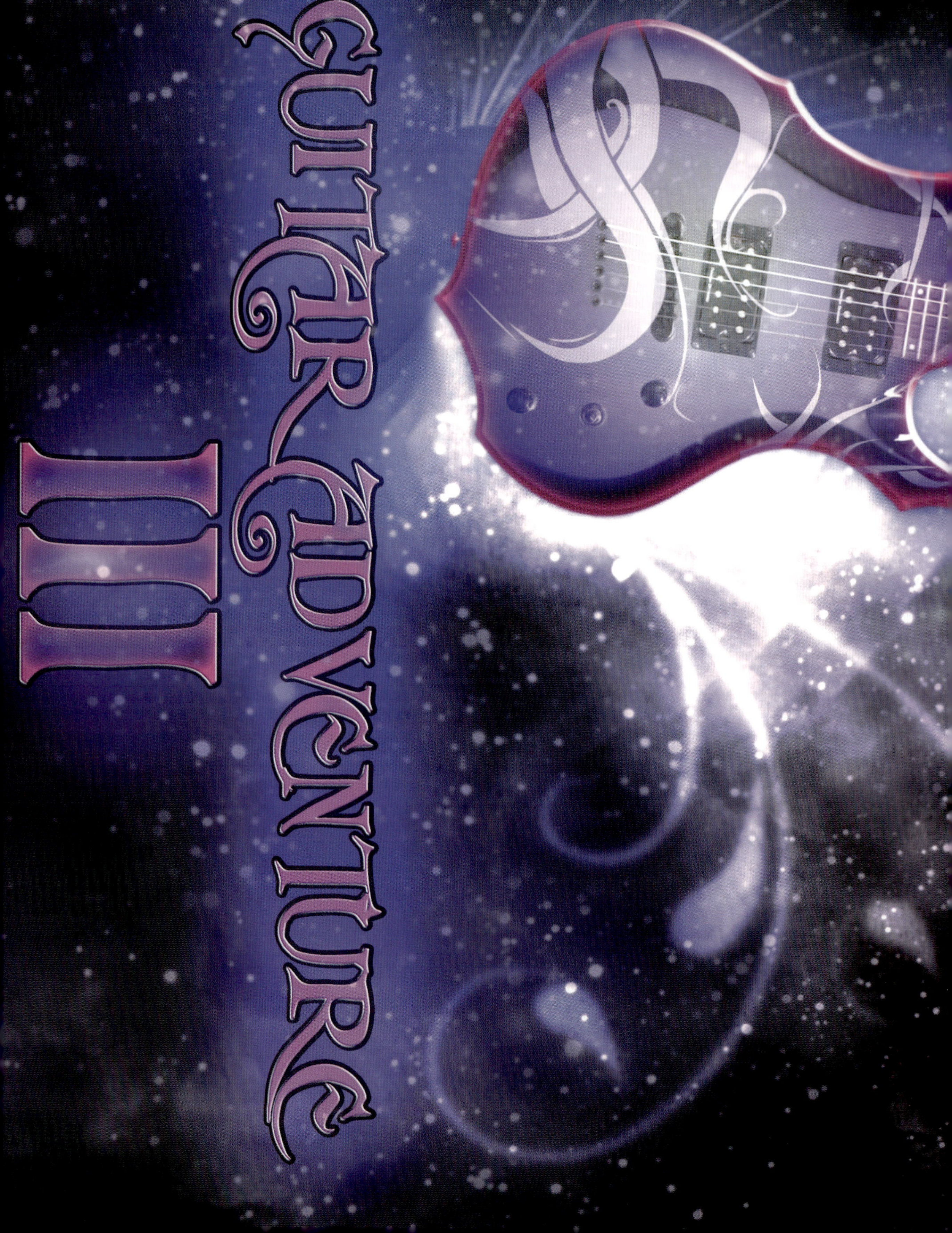
GUITAR ADVENTURE
III

INFO
FRANÇOIS GRASSARD
francois@coyot.com

NIVEAU
★★★★★

DURÉE
2 heures

SUR LE WEB
Les fichiers nécessaires à la réalisation de ce tutoriel se trouvent sur notre site Internet

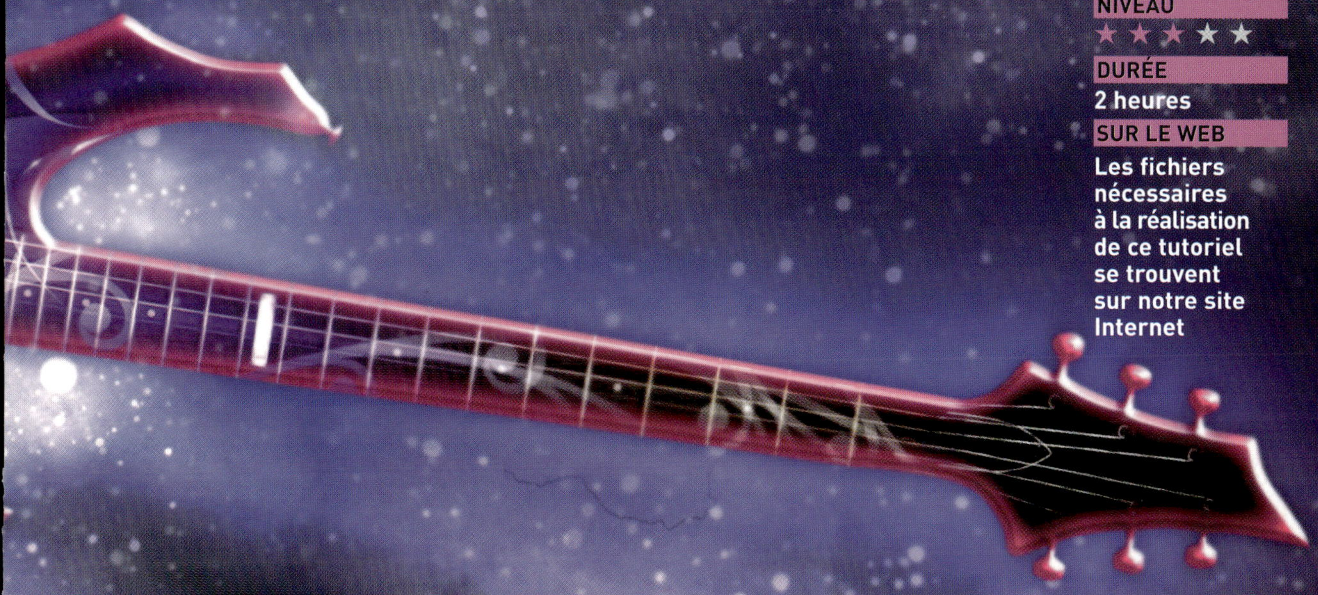

→ LOGICIEL UTILISÉ • PHOTOSHOP CS4

Guitar Heroes !

Lancez-vous dans la promotion d'un des jeux les plus ahurissants des dix dernières années.

→ Mettez en scène l'un des objets les plus emblématiques de la musique contemporaine, la guitare électrique. Fini les crampes aux doigts à force d'enchaîner des accords irréalisables dans le seul but d'impressionner les filles. Aujourd'hui, les véritables héros de la guitare ne sont pas ceux qui sont capables de jouer le solo de « Stairway to heaven » avec une main dans le dos, mais bien ceux qui arriveront à enchaîner à une vitesse vertigineuse les combinaisons les plus folles en s'acharnant violemment sur les 5 boutons disposés en ligne sur le manche en plastique fourni avec le jeu « Guitar Hero ». Véritable ovni du monde des jeux vidéos apparu en 2005, les différentes versions de ce produit se sont vendues à l'heure actuelle à plus de 23 millions d'unités. C'est dire le phénomène de société qu'est devenue la version évoluée du Air Guitar, plus intéressant d'un point de vue technique et tout aussi décalé. Nous allons donc nous atteler à la création d'une affiche ayant pour but la promotion d'un jeu de même style, en se basant simplement sur une photo de guitare préalablement détourée et de formes prédéfinies fournies dans le dossier de cette étape depuis notre site Web. Nous utiliserons le nouveau panneau « Masques » de *Photoshop CS4* et nous retoucherons les contrastes de notre composition finale grâce aux améliorations apportées par cette version aux outils de densité. ☐ FG

→ LOGICIEL UTILISÉ • PHOTOSHOP CS4

A) Importez et stylisez la guitare

Donnez à une morne guitare un aspect plus festif.

01 Une fois *Photoshop CS4* démarré, rendez-vous dans le menu Fichier>Nouveau puis réglez le « paramètre prédéfini » sur « Papier format international » et la « Taille » sur A4 avant de valider via OK. Le nouveau document contient pour l'instant un seul calque nommé « Arrière-Plan ». Pressez les touches CTRL+I afin de passer celui-ci en noir.

CONSEIL

Importation en calque dynamique

Lors de l'importation de la guitare dans votre composition, le calque qui la soutien est considéré comme dynamique. Cela signifie que tant que celui-ci n'est pas pixellisé, il est possible de redimensionner son contenu dans perte.

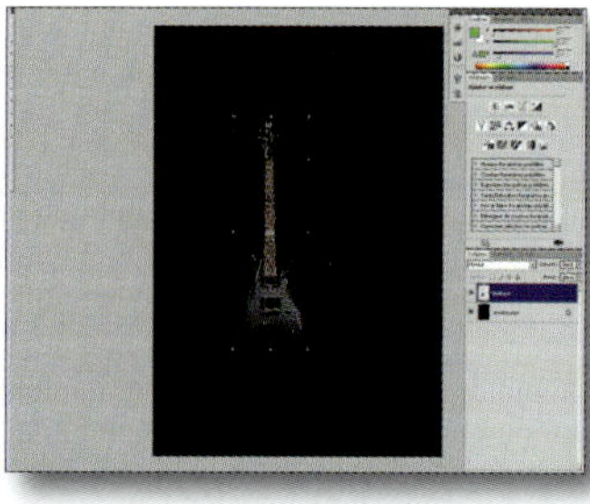

02 Dans le menu Fichier >Importer, choisir le fichier « Guitare.PSD » depuis le dossier de l'étape. Cet élément est sur un nouveau calque, entouré d'une boîte englobante. Pressez la touche SHIFT, manipulez le coin supérieur droit de cette boîte et réduire la taille de la guitare.

03 Tout en gardant cette boîte englobante active, issue de l'outil de transformation manuelle, placez votre souris à l'extérieur de celle-ci, cliquez et faites pivoter votre guitare entre 10 et 15 degrés. Validez via la touche « Entrée » afin de fixer votre guitare dans cette position.

04 Cliquer sur le nom du calque « Guitare » avec le bouton droit de la souris ; choisir « Pixelliser le calque » afin d'éviter tout problème lors de l'incrustation de volutes sur l'instrument. Double-cliquez sur la vignette du calque « Guitare » afin de faire apparaître les styles de calque.

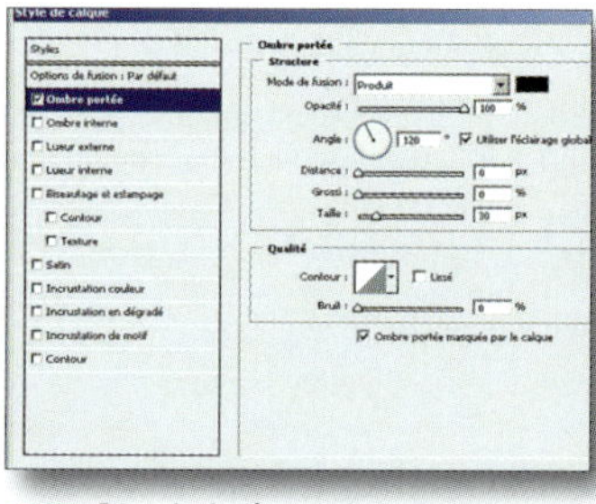

05 Dans la fenêtre qui vient de s'ouvrir, cliquez dans la partie gauche de celle-ci sur « Ombre portée » puis réglez ses paramètres dans la partie droite, notamment sa distance qui sera de 0 pixel et sa taille qui en vaudra 30. L'opacité sera quand à elle réglée à 100 %.

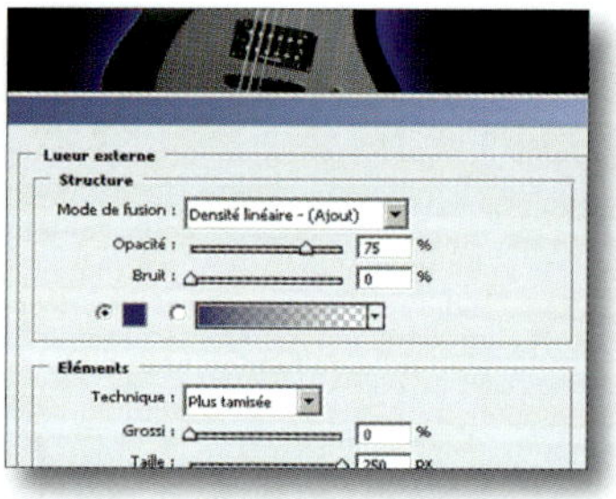

06 Dans la fenêtre de style de calque, activez la « Lueur externe » dont le mode de fusion sera réglé en « Densité linéaire - », afin d'être plus brillant lorsqu'il sera en présence d'un fond étoilé et dont la couleur aura pour valeurs RVB 45/45/115. La taille sera quand à elle de 250 pixels.

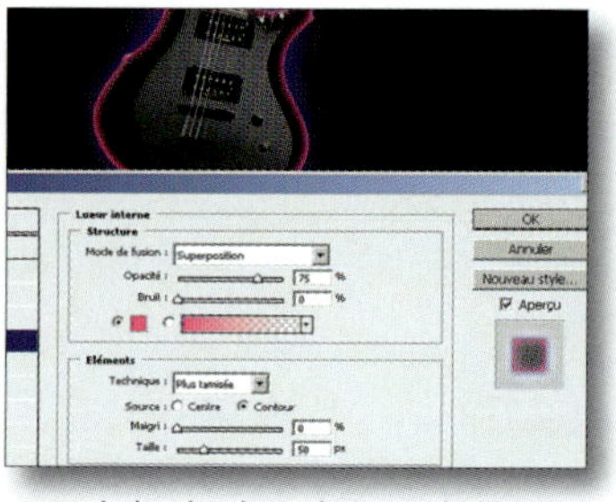

07 Activez la « Lueur interne » dont la couleur aura pour valeurs RVB 250/0/135 et la taille sera de 50 pixels. Activez le style « Satin », dont le mode de fusion sera en « Incrustation », l'opacité à 100 %, la distance à 50 pixels et la taille à 100. Décochez la case « Inverser » pour assombrir les bords de la guitare.

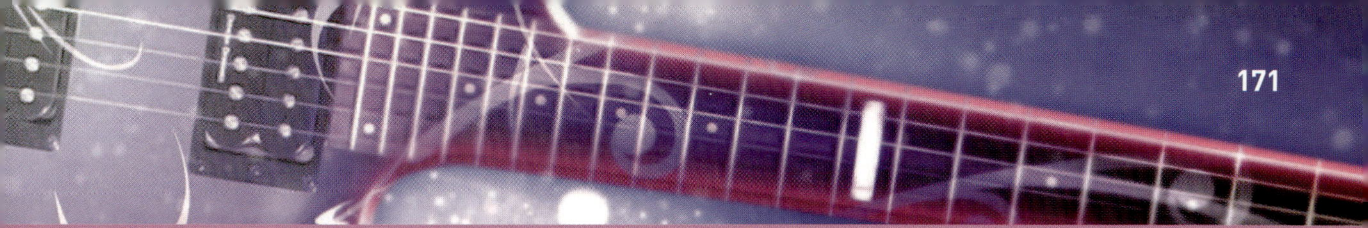

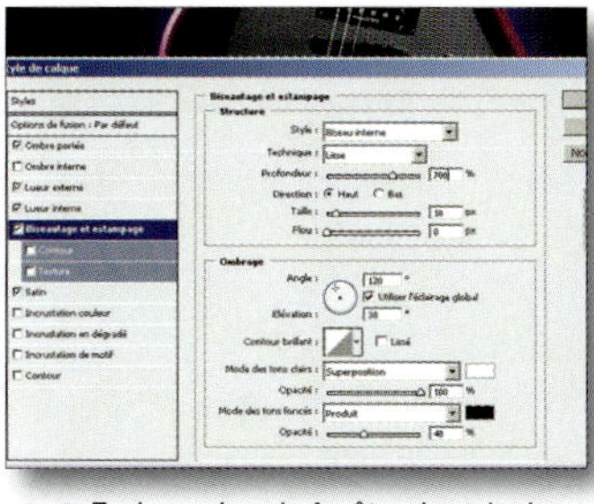

08 Toujours dans la fenêtre de style de calque, activez « Biseautage et estampage », dont la profondeur sera de 700, la taille de 10 et dont l'opacité de mode des tons clairs sera de 100 % alors que celle des tons foncés sera de 40 %. Si vous souhaitez donner un aspect moins ciselé aux contours de votre guitare, il vous suffit de modifier le paramètre « Flou ».

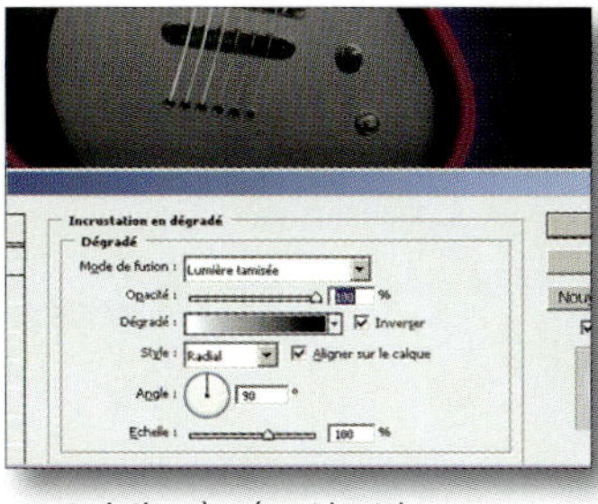

09 Activez à présent le style « Incrustation en dégradé ». Passez le mode de fusion de celui-ci en « Lumière tamisée », cochez la case « Inverser » et réglez le style en « Radial ». Dans votre fenêtre de composition, cliquez/glissez afin de placer la zone lumineuse de ce dégradé au centre de la guitare. Cliquez ensuite sur la bande de dégradé allant du noir au blanc.

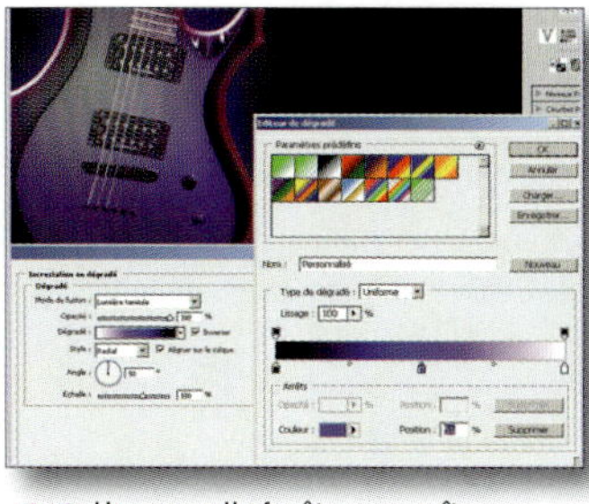

10 Une nouvelle fenêtre apparaît nous permettant d'éditer ce dégradé. On remarque deux bornes blanche et noire en dessous de cette bande. Cliquez à mi-chemin entre ces bornes dans la zone vierge se situant en dessous du dégradé afin de rajouter une borne intermédiaire dont les valeurs RVB seront de 109/0/255. Validez via OK afin de quitter la fenêtre de style de calque.

CONSEIL

Retrouver les formes d'origine

Afin de retrouver les formes de pinceau d'origine, il vous suffit de vous rendre à nouveau dans le menu contenant la fonction « Remplacez les formes » pour finalement choisir « Réinitialisez les formes ».

B) Ajoutez la voix lactée

Intégrez votre guitare dans une nuée d'étoiles.

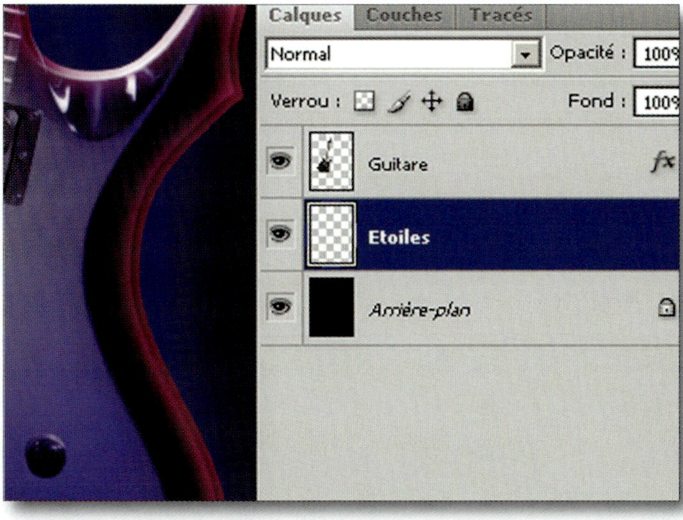

01 Dans la fenêtre de calques, cliquez en bas à droite de celle-ci sur l'icône représentant une feuille au bord corné afin de créer un nouveau calque vierge. Placez celui-ci entre le calque noir et le calque contenant la guitare. Double-cliquez sur son nom afin de le renommer « Etoiles » puis validez via la touche Entrée.

02 Pressez la touche B afin de passer en outil « Pinceau », puis cliquez dans la barre d'options, en haut de l'interface, sur le triangle jouxtant la forme de votre outil. Cliquez ensuite sur le triangle se trouvant en haut à droite de la fenêtre flottante qui vient d'apparaître. Choisissez parmi le menu déroulant, « Remplacer les formes ».

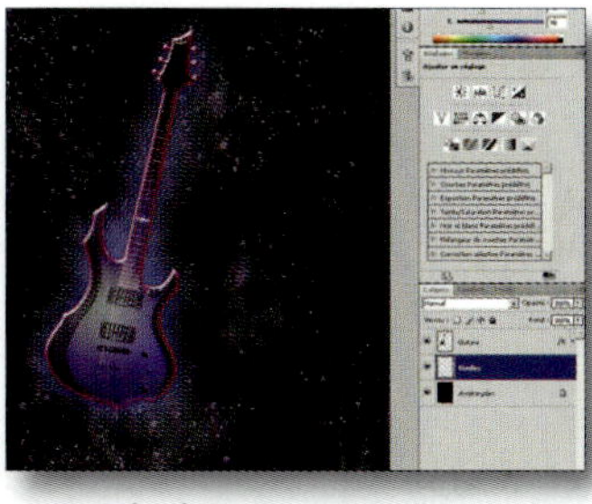

03 Grâce à l'explorateur de fichiers qui apparaît, charger le fichier « Etoiles.abr ». Celui-ci contient tout un tas de formes de pinceaux visant à créer à chaque clic une nuée d'étoiles de manière simple et rapide. Réglez la couleur de premier plan sur les valeurs RVB 84/72/98 et utilisez ces formes de manière alternée pour peindre un fond étoilé.

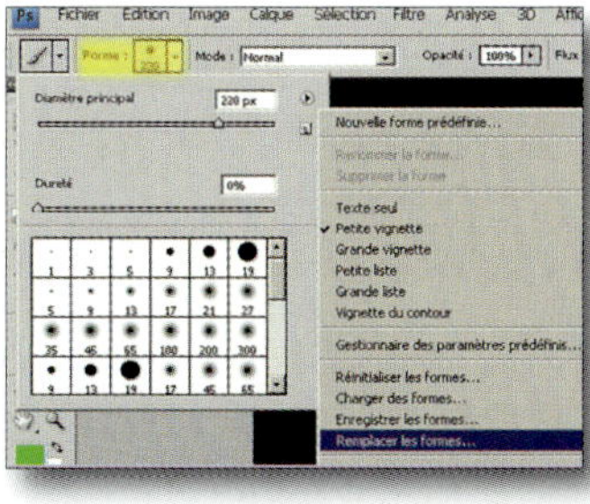

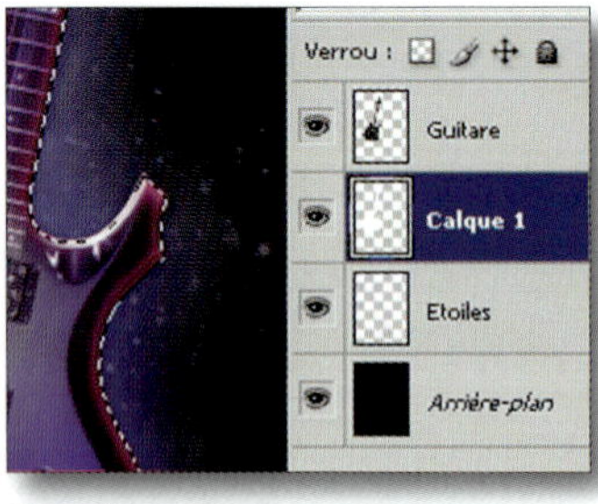

04 Créez un nouveau calque vierge que vous placerez au-dessus du calque « Etoiles ». Pressez la touche CTRL puis cliquez, dans la fenêtre de calques, sur la vignette du calque « Guitare », afin de récupérer une sélection qui correspond à sa silhouette. Pressez la touche D puis les touches CTRL+SUPPR, remplissant cette sélection de blanc.

05 Pressez les touches CTRL+D, puis tout en maintenant le calque que vous venez de remplir sélectionné, pressez les touches CTRL+T afin d'appeler l'outil de transformation manuelle. Déplacez le point d'ancrage, qui fait également office de point de pivot à la base de la guitare, puis tournez cette silhouette blanche de 5 degrés dans le sens horaire.

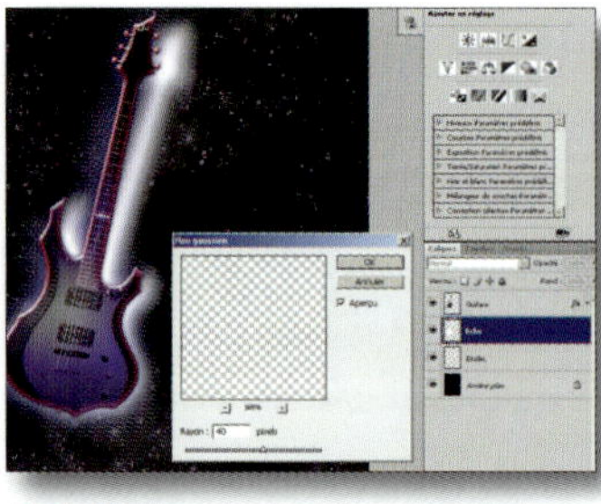

06 Validez votre transformation via la touche « Entrée » puis appliquez sur le calque avec la silhouette blanche un Filtre> Atténuation >Flou gaussien d'un rayon de 40 pixels. Passez le mode de fusion de ce calque, renommé « Echo » en « Incrustation » afin de mélanger cette source lumineuse au bleuté du fond étoilé.

07 Dans la fenêtre de calques, cliquez avec le bouton droit de la souris sur le nom du calque « Echo » afin de choisir « Dupliquer le calque ». Validez ce duplicata via la touche « Entrée » et tournez-le de la même manière, de 5 degrés dans le sens horaire avec le pivot placé à la base de la guitare. Passez l'opacité de ce duplicata à 90 %.

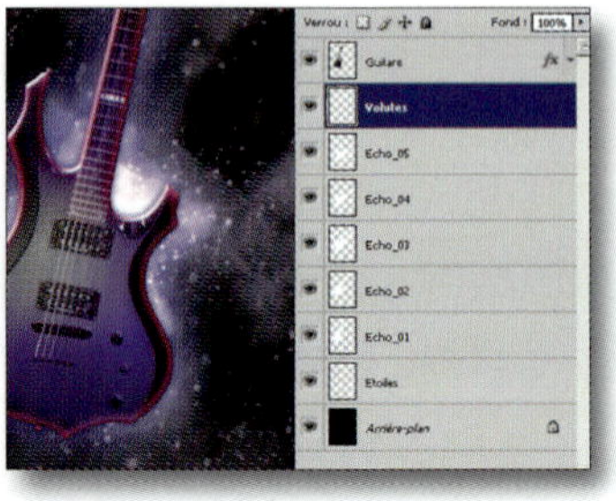

08 Effectuez la même opération de duplication et de rotation encore trois fois, afin d'obtenir une suite d'échos, dont l'opacité déclinera de 10 % à chaque duplicata. Créez ensuite un calque vierge que vous placerez dans la pile de calques juste en dessous du calque « Guitare ». Double-cliquez sur son nom afin de le renommer « Volutes ».

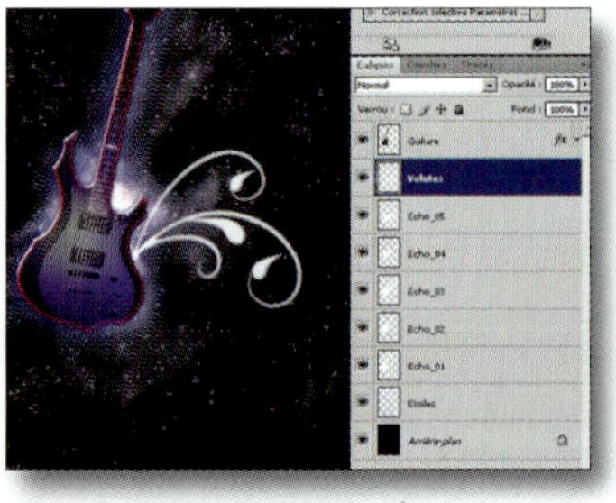

09 Comme pour la bibliothèque de formes « Etoiles.abr », pressez la touche B afin de passer en outil « Pinceau » et remplacez les formes courantes par la bibliothèque « Volutes.abr ». Pressez la touche D puis X afin d'assigner la couleur blanche au premier plan puis peignez sur le calque vierge des volutes parmi celles disponibles.

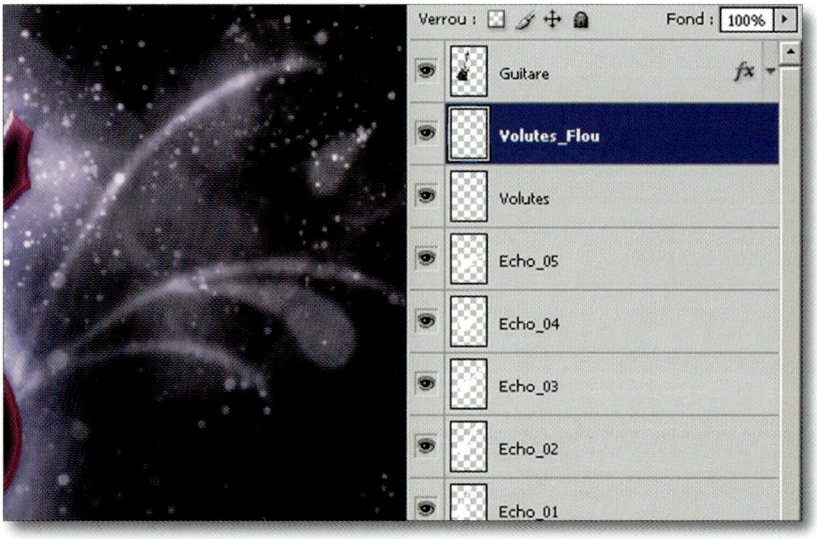

10 Passez le mode fusion du calque « Volutes » en incrustation puis dupliquez celui-ci via le bouton droit de souris, « Dupliquer le calque ». Ajoutez sur ce duplicata un Filtre>Atténuation >Flou d'une valeur de 30 pixels afin de rendre ces volutes très diffuses. Libre à vous de choisir des volutes plus marquées si le cœur vous en dit.

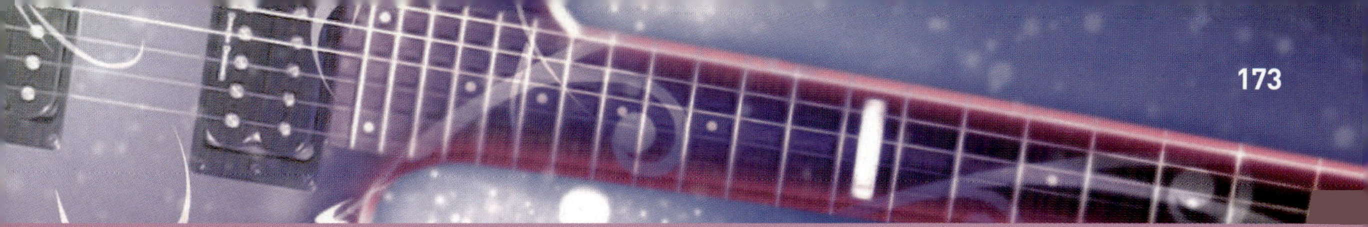

C) Volutes et incrustations sur la guitare

Ajoutez des tatouages à votre guitare pour la rendre plus racée.

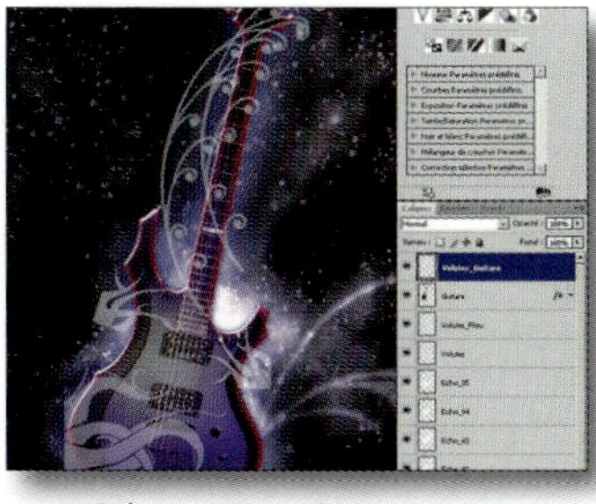

01 Créez un calque vierge que vous placerez au-dessus de la pile de calques. Avant toute chose, double-cliquez sur son nom dans la pile de calques afin de le renommer « Volutes_ Guitare ». Toujours à l'aide de la bibliothèque de forme « Volutes », peignez au-dessus de la guitare des volutes de différentes sortes.

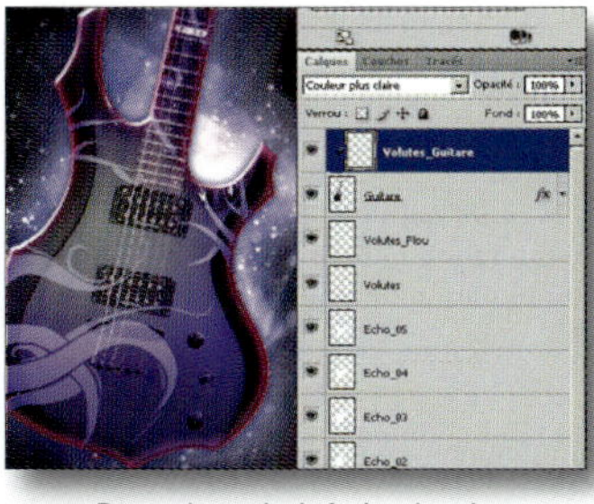

02 Passez le mode de fusion du calque « Volutes_Guitare » en « Couleur plus claire » puis pressez la touche ALT de votre clavier. Placez votre souris entre le calque « Guitare » et le calque « Volutes_Guitare » puis cliquez sur le bouton de la souris afin de faire apparaître ces volutes uniquement dans la silhouette de la guitare.

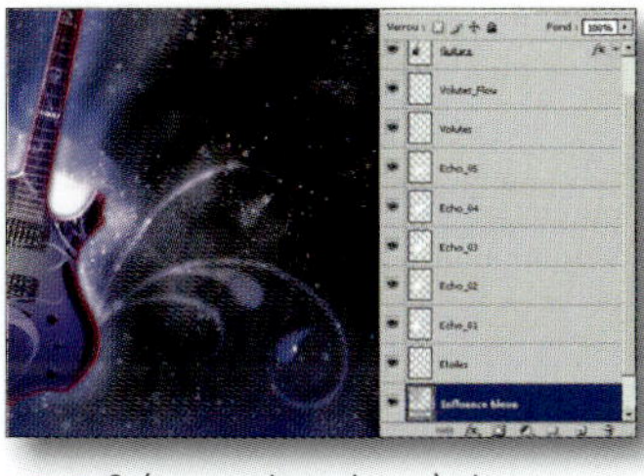

03 Créez un calque vierge à placer au-dessus du calque « Arrière plan » au bas de la pile. Nommez celui-ci « Influence bleue » puis réglez la couleur de premier plan sur les valeurs RVB 94/90/149. Passez en outil « Pinceau », réinitialisez les formes d'origine puis peignez de légères lumières bleues avec un pinceau très diffus sur ce calque.

04 Afin de rendre la texture de votre guitare moins lisse, il est possible d'ajouter au-dessus de la pile de calques un nouveau calque vierge sur lequel vous ajouterez à nouveau quelques poussières d'étoiles, dont l'opacité sera réglée sur des valeurs moyennes comme, par exemple, 50 ou 60 %.

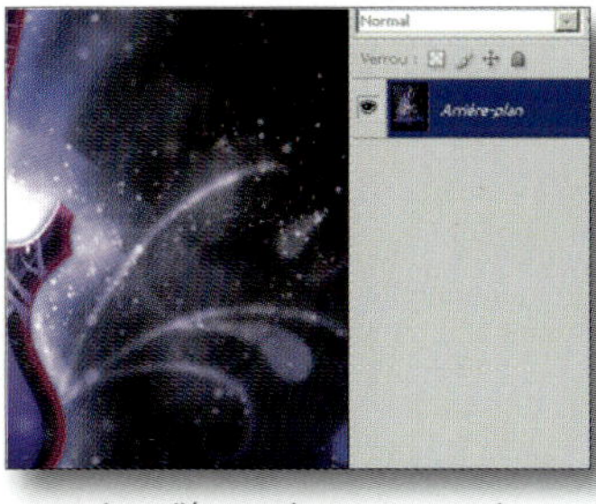

05 Avant l'étape suivante, sauvegardez votre travail au format Photoshop PSD. Vous allez aplatir l'image, fusionnant l'ensemble des calques en un seul. Toute modification ultérieure sera impossible. Une fois votre travail sauvegardé, sélectionnez les calques dans la pile de calques avec la touche SHIFT et pressez les touches CTRL+E.

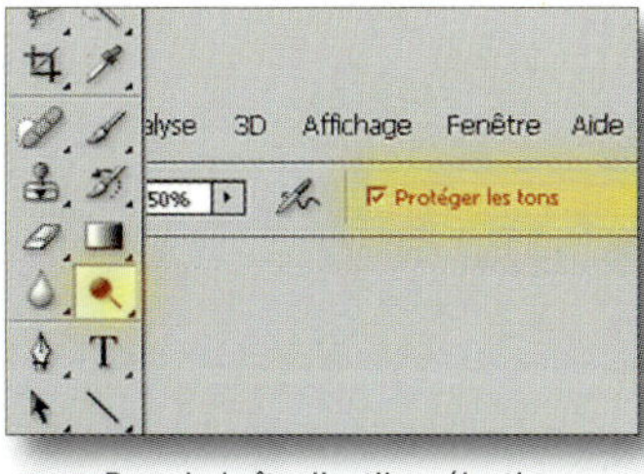

06 Dans la boîte d'outils, sélectionnez l'outil « Densité - », accessible via plusieurs pressions successives des touches SHIFT+O. En haut de l'interface, dans la barre d'options, on peut voir apparaître une nouvelle option issue des nouveautés de *Photoshop CS4*, nommée « Protéger les tons » et dont vous cocherez la case.

07 Cette nouvelle option va vous permettre d'éclaircir certaines parties de votre guitare et des volutes qui l'accompagnent sans pour autant affecter la saturation de vos éléments. Dans les versions précédentes de *Photoshop*, l'utilisation de cet outil amenait à une désaturation des pixels au fur et à mesure de leur éclaircissement.

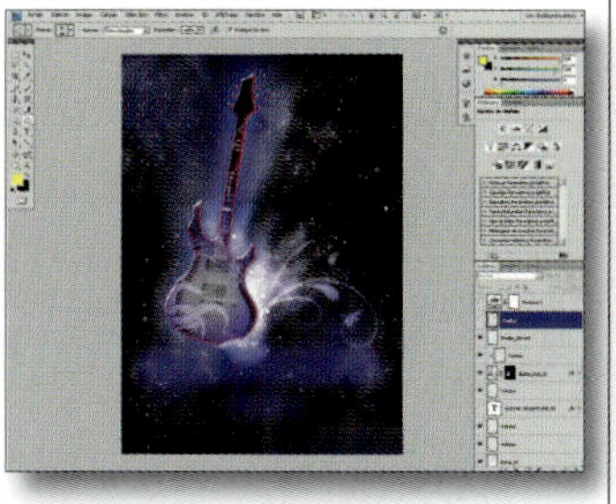

08 Effectuez la même opération avec l'outil « Densité + », toujours en cochant l'option « Protéger les tons » afin de contraster les zones les plus sombres et ainsi donner plus de relief à votre guitare. Sauvegardez finalement votre travail dans un autre fichier PSD afin de ne pas écraser votre version contenant les calques séparés.

DES PETITS PLUS QUI FONT BEAUCOUP

La nouvelle option des outils « Densité - » et « Densité + » nommée « Protéger les tons » fait partie de ces petites améliorations que bon nombre d'utilisateurs attendaient depuis longtemps. En effet, l'utilisation de ces outils dans les versions précédentes obligeait le graphiste à retoucher dans bien des cas la saturation des éléments après l'application de ces outils, soit via un pinceau en mode de fusion « Saturation » ou soit par un duplicata préalable du calque original, celui-là étant par la suite passé en mode de fusion « Couleur ».
Comme vous pouvez le voir, ce type d'affiche joue énormément sur les fortes variations de contraste. Autant dire que ces deux outils sont véritablement utiles dans le cas présent.

CONSEIL

Formes bitmap ou vectorielles

Les bibliothèques de formes peuvent contenir deux types de formes différentes. Soit celles-ci sont de type bitmap, soit elles sont vectorielles. En fonction du type de forme utilisée, la taille de votre outil jouera éventuellement sur la qualité des détails ajoutés.

INFO

FRANÇOIS GRASSARD
francois@coyot.com

NIVEAU

★ ★ ★ ★ ★

DURÉE

2 heures

SUR LE WEB

Les fichiers nécessaires à la réalisation de ce tutoriel se trouvent sur notre site Internet

LOGICIEL UTILISÉ • PHOTOSHOP CS4

Smoking girl

Faites apparaître la silhouette d'une femme dans les vapeurs d'une bougie. Participez à l'avènement du « Smoke Art », pratique artistique purement infographique.

Depuis des millénaires, l'art a toujours su s'adapter et se réinventer en fonction des techniques qui permettent sa pratique. L'avènement de l'outil informatique et son implication dans le domaine artistique ne fait pas exception. Tout comme la photographie au début du vingtième siècle, les techniques infographiques ont su amener leurs propres méthodologies et engendrer de véritables pionniers du genre, comme Larry Cuba et John Whitney au début des années 70, créateurs des images diffusées dans la scène de briefing à la fin du premier *Star Wars*. En 1989, le

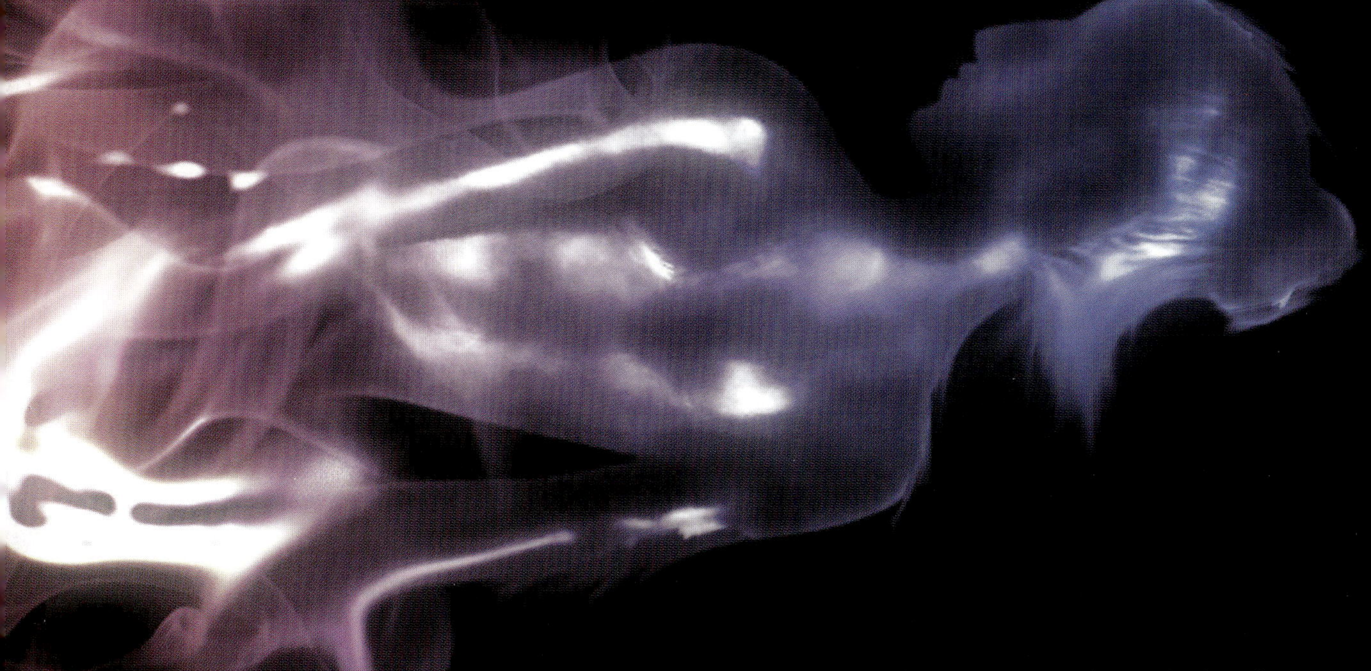

film *Abyss* de James Cameron offrait au public une scène mythique où un cylindre entièrement constitué d'eau formait le visage de Marie Elizabeth Mastrantonio, prouvant que les effets spéciaux n'étaient pas seulement un faire-valoir, mais qu'ils pouvaient véritablement prendre part au récit au même titre qu'un acteur. De nombreux créatifs se lancèrent alors dans ce qu'on allait appeler le « Water Art », où l'élément liquide, pourtant informe à la base, se transformait en de véritables sculptures. Quelques années plus tard, un nouvel élan artistique issu de la même mouvance allait engendrer le « Smoke Art », où des volutes de fumée formaient différentes silhouettes. Ce type de création requérant obligatoirement l'outil informatique pour exister, voyons comment produire une telle image grâce au tout nouveau Photoshop CS4. L'outil Doigt, bénéficiant d'une nouvelle option très pratique, vous permettra de réaliser des volutes de fumées très détaillées. □ FG

→ LOGICIEL UTILISÉ • PHOTOSHOP CS4

A) Danseuse et aspect vaporeux

Déformez l'image d'une sculpture pour la transformer en fumée.

01 Une fois *Photoshop CS4* démarré, rendez-vous dans le menu Fichier>Ouvrir afin de charger le fichier « Danseuse.PSD » cette ressource ce trouve dans le dossier de l'étape présent sur notre site Web. Ce fichier contient pour l'instant un seul calque découpé par un masque de fusion, afin de faire disparaître le fond sur lequel se trouvait la statue lors de la prise de la photographie.

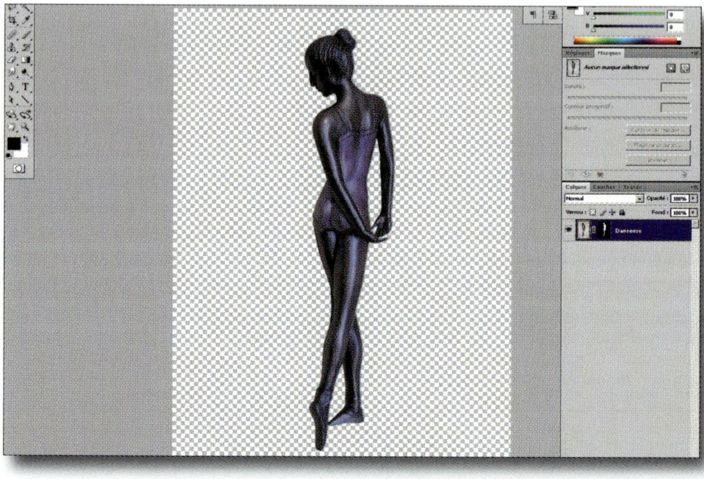

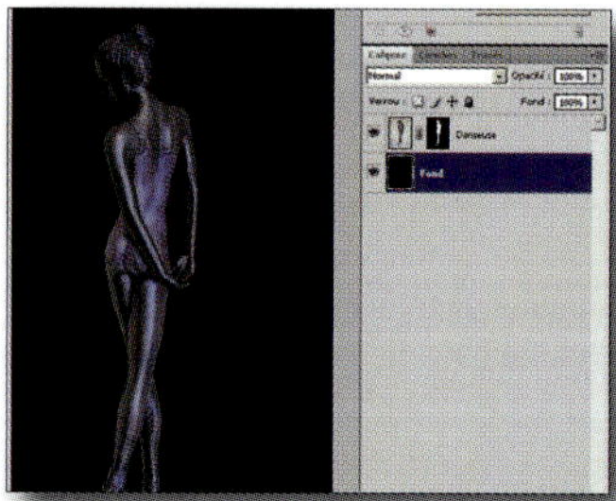

02 En bas de la fenêtre de calques, cliquez sur l'icône avec une feuille au bord corné pour créer un nouveau calque vierge. Déplacez ce calque au-dessus de la pile et double-cliquez sur son nom afin de le renommer « Fond ». Pressez les touches D puis ALT+D afin de remplir ce calque de noir.

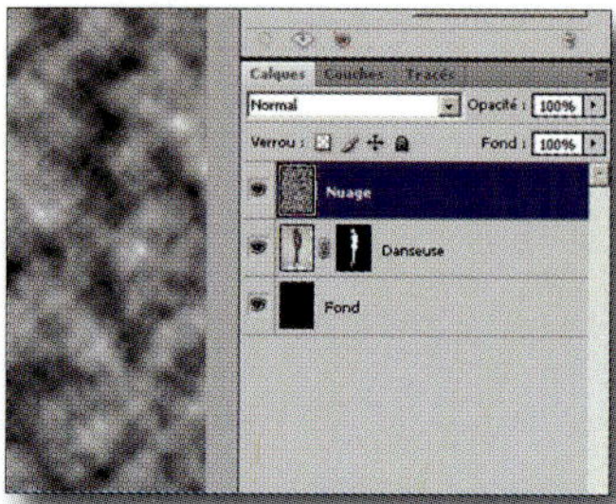

03 Comme précédemment, créez un calque vierge au-dessus de la pile de calques. Sélectionnez-le puis pressez la touche D afin de réassigner les valeurs blanches et noires aux couleurs d'avant et d'arrière plan. Rendez-vous dans le menu Filtre >Rendu et choisissez « Nuage ».

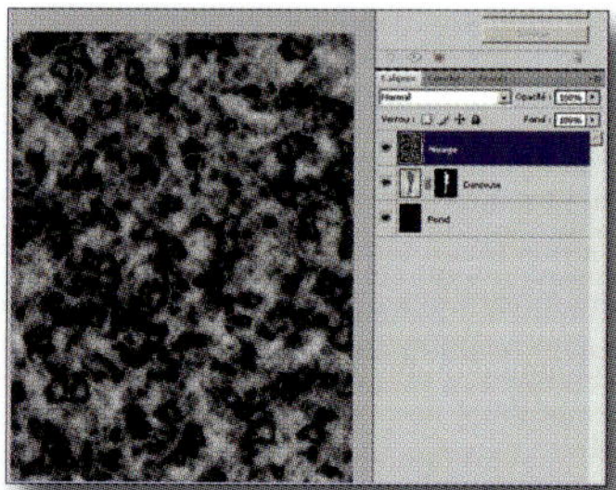

04 Tout en maintenant le calque « Nuage » sélectionné, allez dans le menu Filtre> Rendu et choisissez « Nuage par différence ». Validez puis pressez 3 fois de suite les touches CTRL+F afin de répéter cette dernière action et ainsi obtenir un nuage bien détaillé.

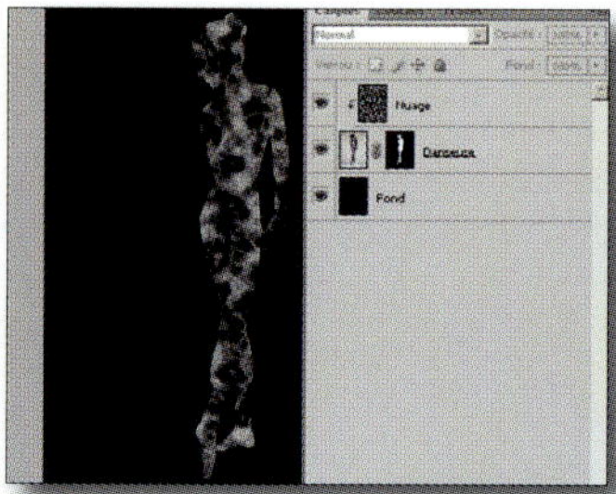

05 Pressez la touche ALT puis placez, dans la fenêtre de calques, votre souris entre les calques « Danseuse » et « Nuage ». L'icône de votre souris est alors remplacé par deux disques blanc et noir. Faites apparaître le contenu du calque « Nuage » uniquement dans la silhouette du calque « Danseuse ».

06 Dans la fenêtre de calques, cliquez sur la vignette représentant le masque de fusion du calque « Danseuse ». Au-dessus de la fenêtre de calques, l'onglet « Masques » permet, grâce au paramètre « Contour progressif », de rendre plus diffus les bords de la découpe.

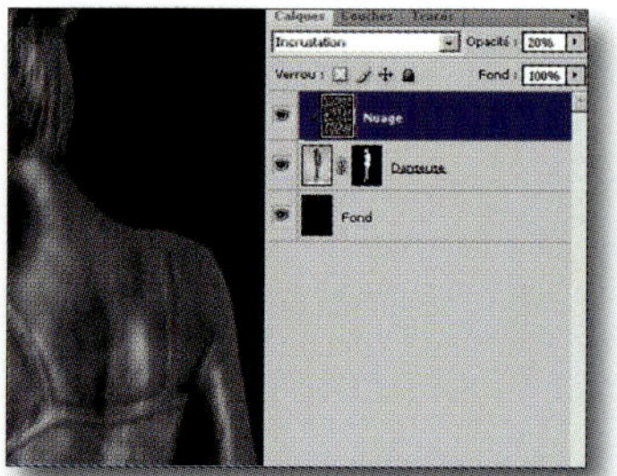

07 Cliquez sur le calque « Nuage », puis sur le bouton « Normal » afin de changer son mode de fusion en « Incrustation ». À droite de ce paramètre, passez l'opacité à 20 %. Sélectionnez le calque « Danseuse » et pressez les touches SHIFT+CTRL+U afin de désaturer son contenu.

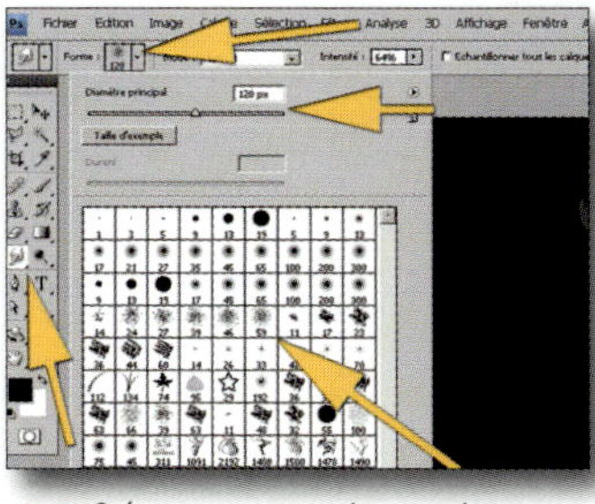

08 Créez un nouveau calque au-dessus de la pile que vous nommerez « Fumée_Corps » puis passez en outil « Doigt » via la boîte d'outils. Dans la barre d'options, en haut de l'interface, cliquez sur le triangle jouxtant le paramètre « Forme » afin de cliquer sur la cinquième case de la quatrième ligne. Passez ensuite le « Diamètre principal » à 120.

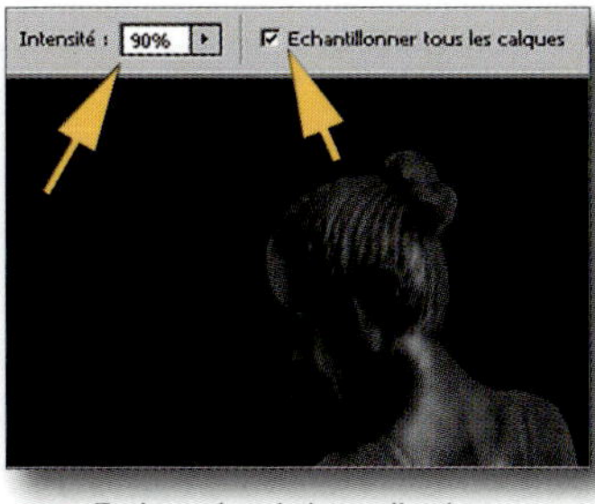

09 Toujours dans la barre d'options, réglez l'intensité à 90 % et cochez « Échantillonner tous les calques ». Veillez bien à sélectionner le calque « Fumée_Corps » que vous avez placé au-dessus de la pile. Cette nouvelle fonction de la version *CS4* permet de collecter sur un calque tiers les modifications effectuées avec l'outil « Doigt », laissant les autres calques intacts.

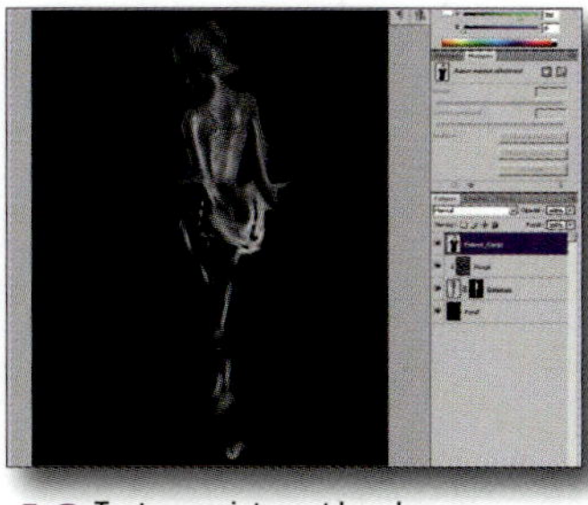

10 Tout en maintenant le calque « Fumée_Corps » sélectionné, déformez les jambes de la danseuse en leur donnant un aspect vaporeux. N'hésitez pas à passer plusieurs fois au même endroit afin de rajouter un maximum de détails. Il est également possible d'appliquer cet effet au niveau des épaules et des cheveux.

CONSEIL

Échantillonnage de tous les calques

Cette option apparue avec la version *CS4* est également disponible dans les outils « Netteté » et « Goutte d'eau ». Elle permet d'éviter de nombreux duplicatas, obligatoires dans les versions précédentes, afin de garder une trace du calque original.

B) Il n'y a pas de fumée sans feu

Ajoutez une bougie au pied de la danseuse.

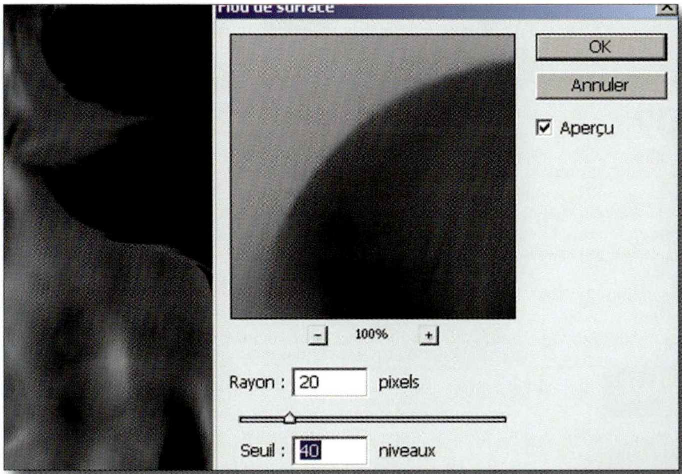

01 Sélectionnez le calque « Danseuse », veillez bien à cliquer sur la vignette du calque lui-même et non sur celle du masque de fusion, et appliquez un Filtre>Atténuation >Flou de Surface. Réglez le rayon à 20 et le seuil à 40 afin de réduire considérablement le grain de la photographie et ainsi accentuer l'aspect vaporeux.

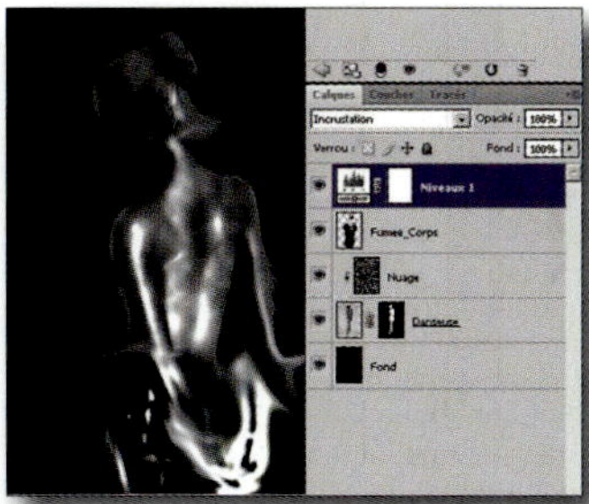

03 Passez le mode de fusion de ce calque de réglage en « Incrustation » afin de conserver le fond totalement noir tout en augmentant les contrastes de cette silhouette féminine.
N'hésitez pas à jouer sur l'opacité de ce calque si vous désirez obtenir une silhouette dont l'intensité lumineuse sera plus importante.

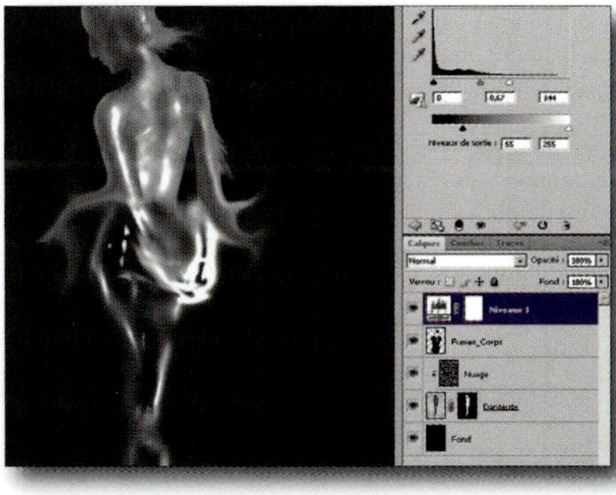

02 Dans la nouvelle fenêtre « Réglages » se trouvant juste au-dessus de la fenêtre de calques, cliquez sur le deuxième icône de la première ligne afin d'ajouter un calque de réglage de type « Niveaux ». Veillez bien à placer ce calque au-dessus de la pile et à régler ses trois premières valeurs sur 0 / 0,67 / 144 et les deux suivantes sur 55 et 255.

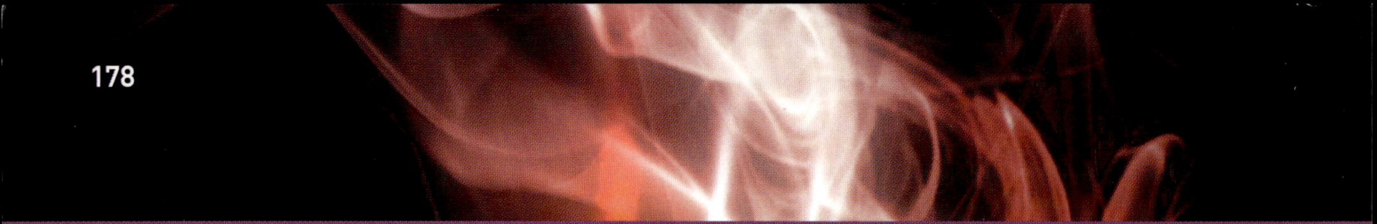

◎CONSEIL

Mode de fusion et suppression du fond

Bien que dans la plupart des cas, l'extraction d'un élément passe obligatoirement par un détourage précis, il arrive que l'utilisation de certains modes de fusion, comme « Produit » ou « Superposition » rendant respectivement transparentes les zones blanches ou noires, évite un tel détourage.

04 Dans le menu Fichier>Importer, choisir le fichier « Bougie.PNG » dans le dossier de l'étape. Avant toute chose, pressez la touche « Entrée » afin de valider son importation et veillez bien à ce que ce calque soit placé au-dessus de la pile. On remarque que le fond noir se trouvant sur l'image originale de la bougie cache partiellement la silhouette.

05 Dans la fenêtre de calques, cliquez avec le bouton droit sur le nom du calque « Bougie » afin de choisir « Pixelliser le calque ». Celui-ci n'est à présent plus dynamique et est par conséquent moins lourd à gérer pour la machine. Passez ensuite le mode de fusion de ce calque en « Superposition » afin de rendre ses zones noires transparentes.

06 Tout en gardant le calque « Bougie » sélectionné, pressez les touches CTRL+T afin d'appeler l'outil de transformation manuelle. Pressez les touches ALT+SHIFT et manipulez d'un des coins de la boîte de contrôle afin de réduire puis de replacer cette bougie au bas de la composition, sur la base de ce qui fût précédemment des pieds.

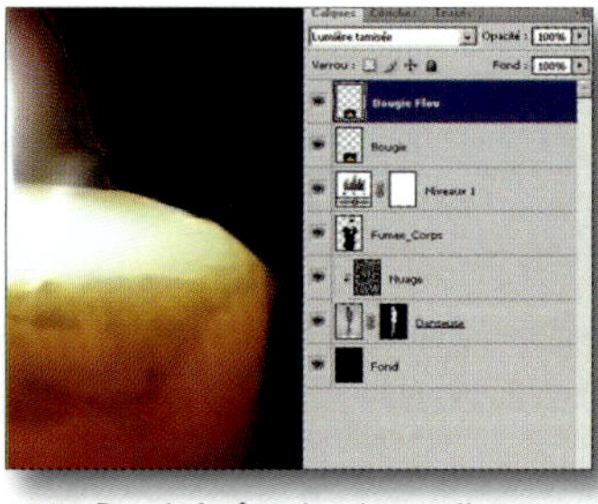

07 Dans la fenêtre de calques, cliquez avec le bouton droit sur le nom du calque « Bougie » afin de choisir « Dupliquez le calque ». Validez via OK puis ajoutez sur ce duplicata un Filtre>Atténuation>Flou gaussien d'un rayon de 40 pixels. Passez ensuite le mode de fusion de ce duplicata sur « Lumière Tamisée » afin de mieux contraster cette bougie.

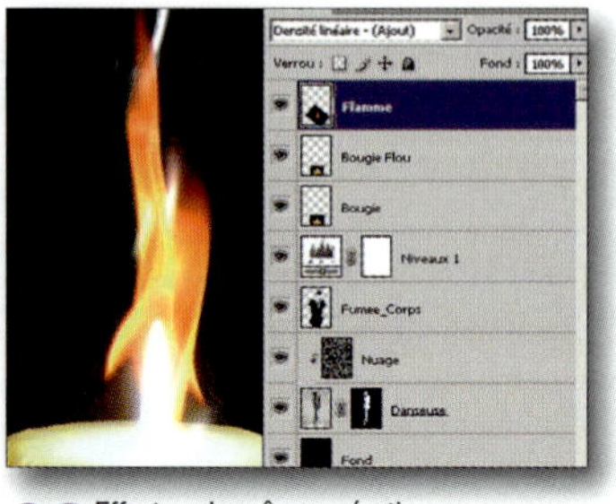

08 Effectuez la même opération d'importation avec le fichier « Flamme.JPG », sauf que vous passerez le mode de fusion de celui-ci en « Densité Linéaire - » plutôt qu'en « Superposition ». Utilisez l'outil de transformation manuelle afin de positionner cette flamme sur la bougie et de faire une jonction plus naturelle avec la silhouette.

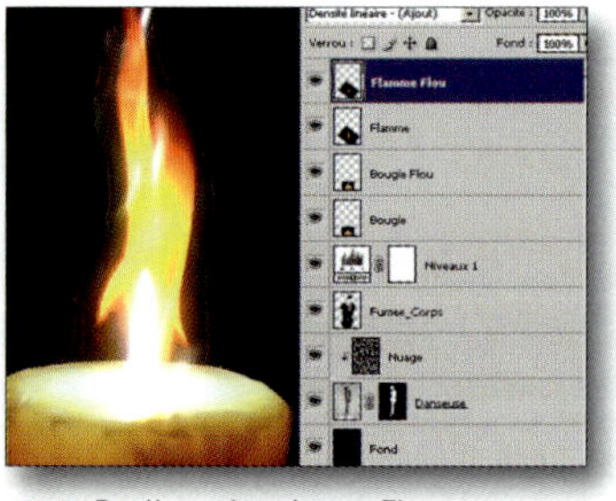

09 Dupliquez le calque « Flamme », appliquez sur ce duplicata un Filtre> Atténuation>Flou Gaussien d'un rayon de 60 Pixels tout en gardant son mode de fusion en « Densité linéaire - ». Passez ensuite en outil dégradé via la touche G et cliquez sur le dégradé se trouvant en haut à gauche de l'interface dans la barre d'options.

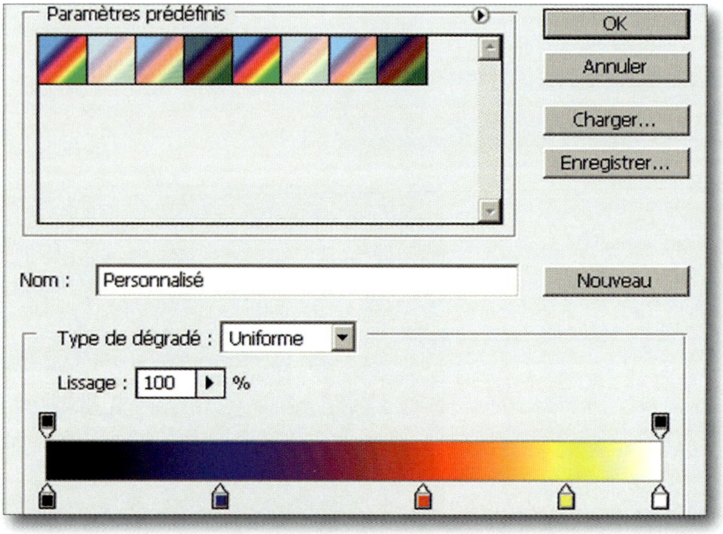

10 Dans l'éditeur de dégradé, ajoutez trois couleurs intermédiaires afin de faire passer votre dégradé par les couleurs bleu, rouge et jaune. Validez via le bouton OK, réglez votre dégradé en mode « Radial » dans la barre d'options, et cochez la case « Inverser ». Créez ensuite un nouveau calque vierge que vous placerez sous le calque « Bougie ».

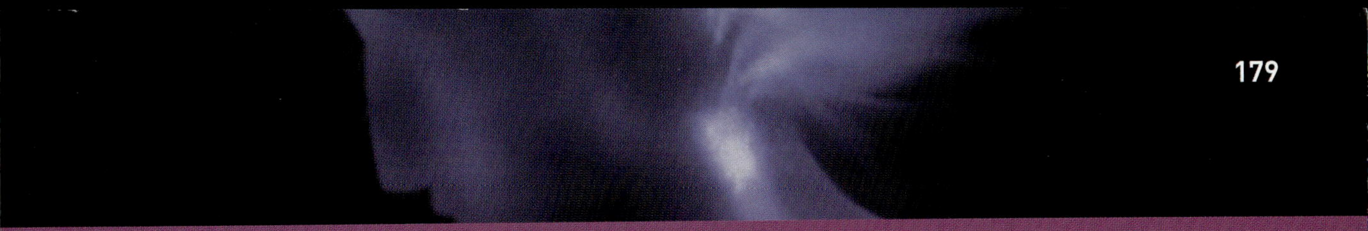

C) Colorisation de la fumée

Ajoutez un peu de couleur et densifiez la fumée.

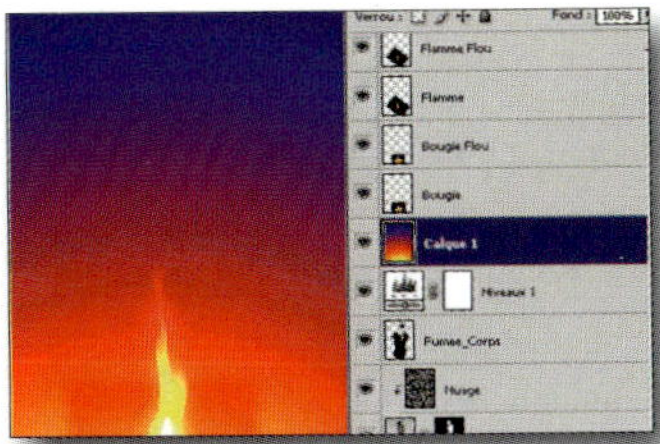

01 Tout en gardant le calque vierge sélectionné et l'outil dégradé actif, cliquez et tracez une ligne verticale de bas en haut afin de créer un dégradé très coloré. Afin d'obtenir le dégradé le plus diffus possible, pressez la touche CTRL avec la touche « - » du pavé numérique afin de prendre du recul et ainsi cliquer en dehors de la zone de travail.

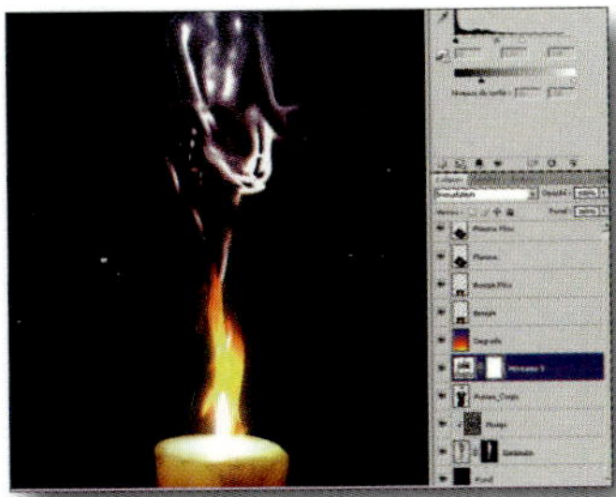

02 Passez le mode de fusion du calque contenant le dégradé coloré de « Normal » à « Incrustation » puis passez son opacité à 60 % afin de réduire son action sur les calques se trouvant plus bas dans la pile. Cliquez sur le calque « Niveaux 1 » se trouvant juste sous le calque « Dégradé » afin de le sélectionner.

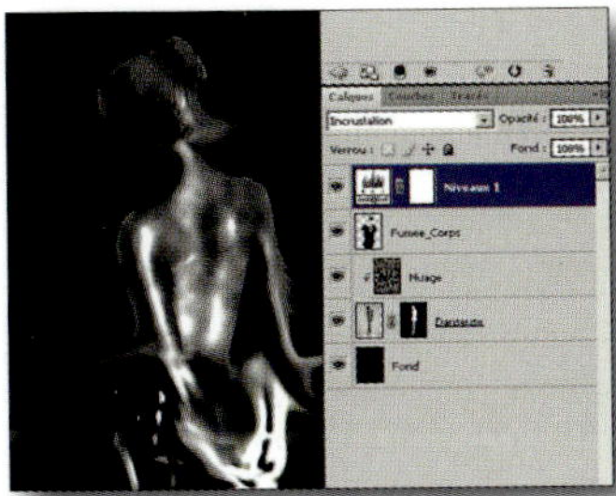

03 Rendez-vous dans le menu Fichier> Importer et choisissez le fichier « Fumee_01.jpg ». Le fait d'avoir sélectionné préalablement le calque « Niveaux 1 » permet d'ajouter ce nouveau calque juste au-dessus de lui. Validez via la touche « Entrée » puis cliquez avec le bouton droit de la souris sur le nom du calque « Fumee_01 » et choisissez « Pixelliser le calque ».

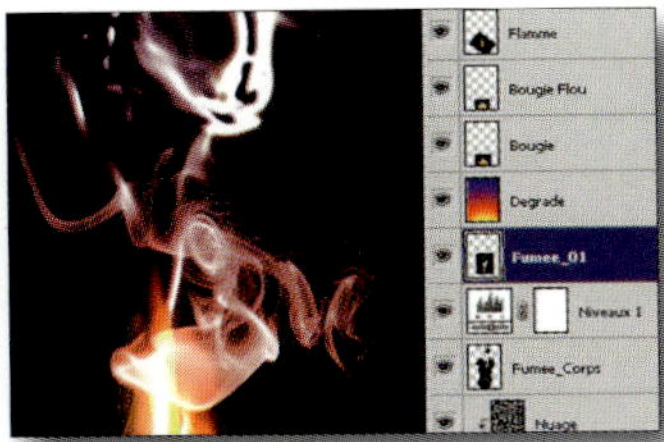

04 Passez le mode de fusion du calque « Fumee_01 » de « Normal » à « Superposition » afin de rendre les parties sombres transparentes et revoir la silhouette qui est derrière. Pressez les touches CTRL+T pour appeler l'outil de transformation manuelle afin de redimensionner et replacer cette fumée sur la base de la flamme.

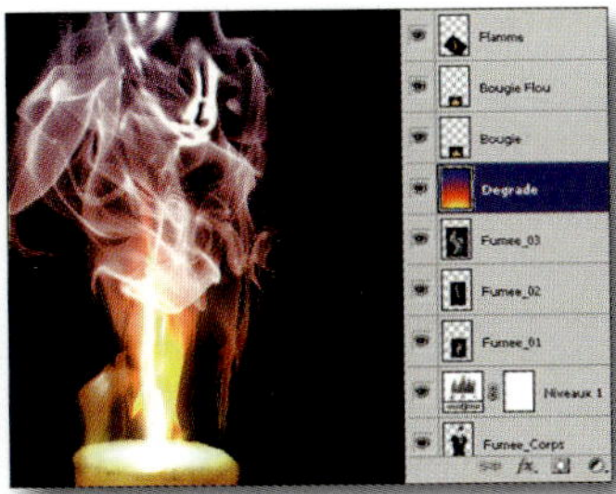

05 Faites la même opération avec les deux autres photos de fumée fournies dans le dossier de l'étape, « Fumee_02.JPG » et « Fumee_03.JPG ». Ajoutez ces deux éléments au-dessus de « Fumee_01.JPG » afin que ces trois éléments subissent la colorisation produite par le dégradé. Repassez leur mode de fusion en « Superposition ».

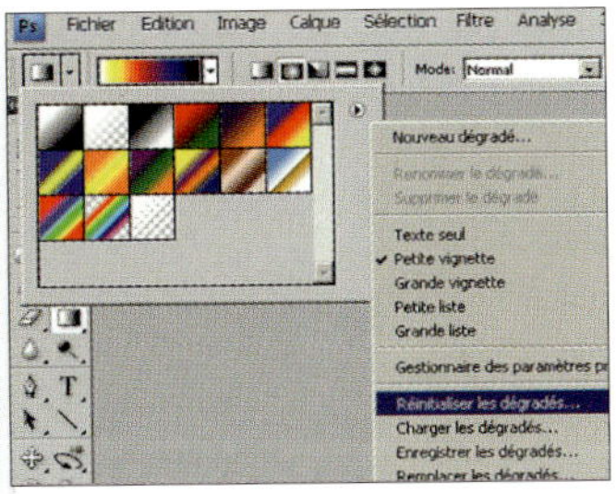

06 Créez un nouveau calque vierge au-dessus de la pile de calques et passez de nouveau en outil « Dégradé ». Dans la barre d'options, en haut à gauche, cliquez sur le triangle jouxtant le dégradé actuellement actif. Une nouvelle fenêtre flottante apparaît, contenant elle aussi un triangle dans son coin supérieur droit. Cliquez dessus et choisissez « Réinitialiser les dégradés ».

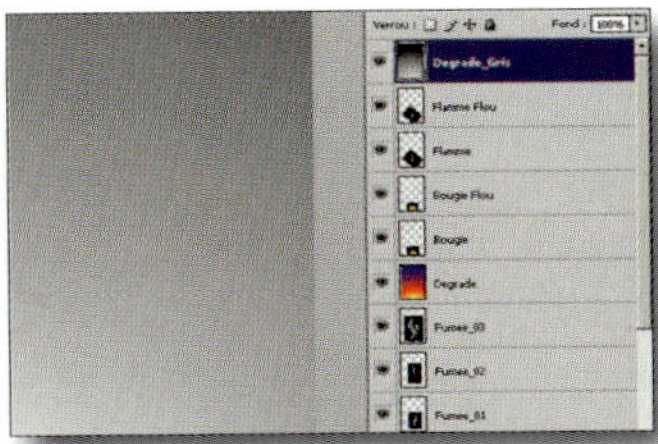

07 Cliquez sur le bouton OK puis cliquez sur le dégradé en niveau de gris se trouvant tout en haut à gauche. Veillez à ce que le calque vierge se trouvant au-dessus de la pile soit bien sélectionné et repassez le dégradé en mode linéaire. Décochez la case « Inverser » puis cliquez/glissez de bas en haut afin de créer un nouveau dégradé.

08 Passez le mode de fusion de ce calque en « Densité linaire - » en prenant soin de régler son opacité entre 10 % et 30 % selon l'intensité lumineuse qui vous conviendra le mieux. Le fond ne sera ainsi pas totalement noir, ce qui semble plus réaliste de par la forte source lumineuse que représente la bougie.

INTERPRÉTATIONS FUMANTES

Une simple recherche dans le moteur d'images de Google avec les mots « Smoke Art » vous permettra de découvrir des centaines de créations, toutes aussi inventives les unes que les autres. La partie la plus intéressante de cette discipline est la réinterprétation d'une image, afin de créer la copie d'une forme ou d'un visage uniquement à l'aide de ces masses vaporeuses et en utilisant uniquement l'image de base comme modèle. Le champ d'applications est extrêmement large et permet de produire des visuels très attractifs et riches en détails. Par conséquent, n'hésitez pas à appliquer ces principes à vos propres créations, qui vous surprendront sûrement par leur beauté.

◎CONSEIL

Réduction de l'opacité des calques de fumée

En fonction du redimensionnement et du placement de vos calques de fumée sur la silhouette, celle-ci sera peut-être fortement obstruée. Par conséquent n'hésitez pas à réduire l'opacité de ces trois calques afin de retrouver la silhouette originale.

→ LOGICIEL UTILISÉ • PHOTOSHOP CS4

Patchwork instantané

L'assemblage de photographies est un des arts les plus indémodables. Alors pourquoi ne pas s'y mettre ? Simulez la reconstitution d'une image grâce à l'assemblage de plusieurs Polaroïd.

→ L'assemblage de photographies afin de constituer une image composite, aussi appelée « Patchwork », a fait l'objet de nombreuses recherches pendant le milieu des années 60 de part le « Photographisme Polaroid », notamment utilisé par Andy Warhol pour sa série de portraits sérigraphiés. Inventé en 1948 dans une première version noir et blanc et faisant son passage à la couleur en 1963, de part la mise en place de réactions chimiques extrêmement complexes, c'est véritablement en 1972 que le Polaroïd crée la révolution avec son modèle mythique, le SX-70. Fonctionnant à base de cartouches, malheureusement aujourd'hui introuvables, cette nouvelle façon de photographier a permis à bon nombre d'artistes de par son développement instantané, de réaliser des panoramiques constitués de dizaines de photos parfaitement raccords à quelques millimètres près. On peut compter sur les doigts d'une main les objets ayant véritablement représenté leur génération. Le Polaroïd fait sans l'ombre d'un doute partie de ceux-là, alors rendons un dernier hommage à cet objet pour qui 2009 sera sûrement l'année de la disparition totale des stocks, la firme ayant annoncé, en 2007, la fin de production des cartouches de film et, en 2008, la fermeture des dernières usines produisant l'appareil. Voyons comment imiter ce type de patchwork grâce à Photoshop CS4, découpant une image en éléments plus petits et simulant un aspect « photographie » pour chacun de ces morceaux. Sans avoir le charme du vrai « montage Polaroïd », découvrons au moins comment en imiter l'aspect. ☐ FG

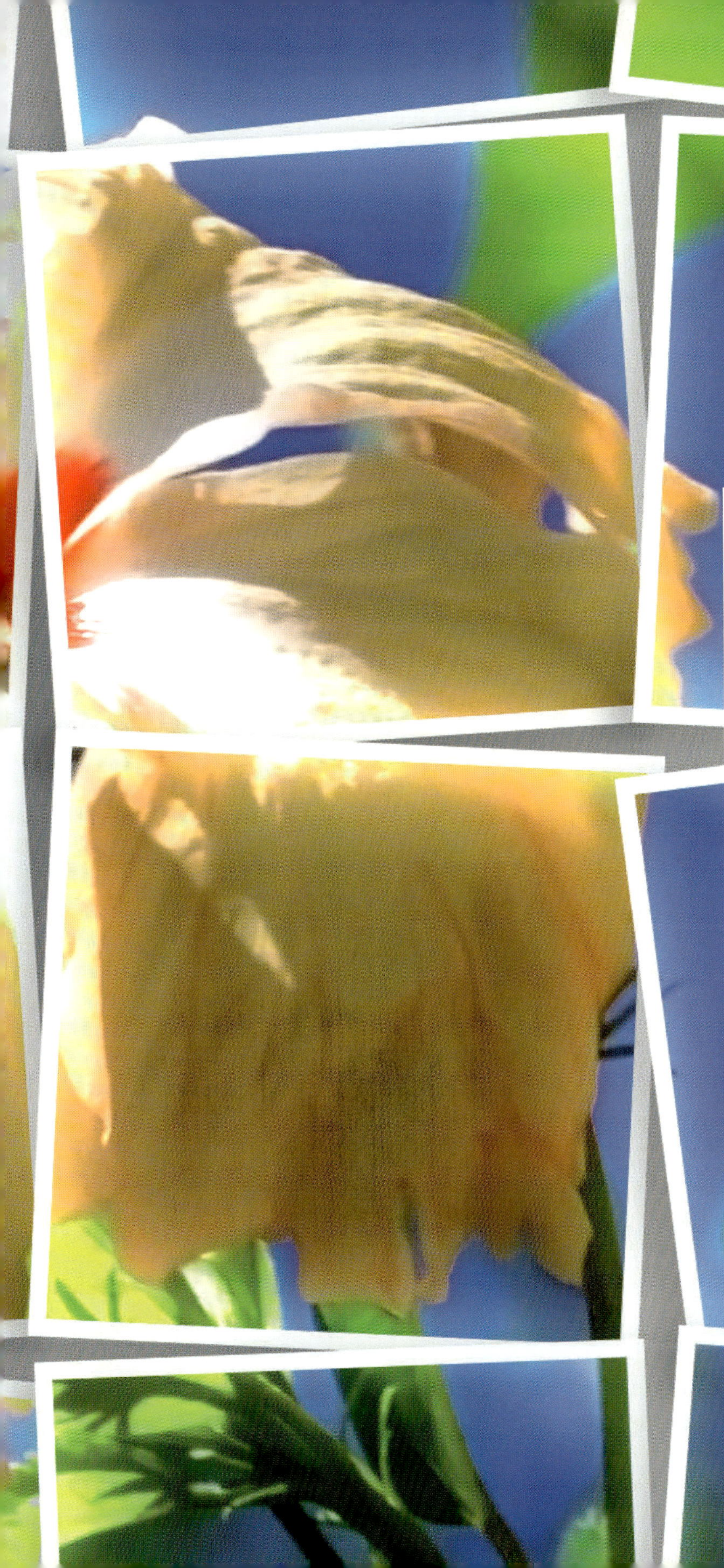

INFO

FRANÇOIS GRASSARD
francois@coyot.com

NIVEAU

★☆☆☆☆

DURÉE

2 heures

SUR LE WEB

Les fichiers nécessaires à la réalisation de ce tutoriel se trouvent sur notre site Internet.

A) Prédécoupage de l'image

Préparez votre découpe grâce à l'ajout de plusieurs calques.

01 Après avoir démarré *Photoshop CS4*, rendez-vous dans le menu Fichier>Ouvrir, afin de charger l'image « Fleur.PNG » fournie dans le dossier de l'étape présent sur notre site Web . Cette image, de taille 2048x3072 a été spécialement recadrée afin que ces deux valeurs soient des multiples de 512, ce qui aura son importance dans quelques instants.

◎ CONSEIL

Duplication et déplacement automatique

Les touches CTRL+SHIFT+ALT+T permettent de répéter les dernières opérations de transformation tout en recopiant les nouveaux éléments sur des nouveaux calques à chaque fois. Sachez que cette opération de duplication ne fonctionne pas si plusieurs calques sont sélectionnés. Seul le déplacement sera appliqué.

02 Dans la fenêtre de calques, pressez la touche ALT et double-cliquez sur le calque « Arrière-Plan » afin de le convertir en calque « classique » non verrouillé. Côté inférieur droit de cette fenêtre, cliquez sur l'icône avec une feuille au coin corné permettant d'ajouter un calque vierge.

03 Dans la boîte d'outils, cliquez sur l'icône avec l'outil de sélection rectangulaire, faisant apparaître ses différents paramètres dans la barre d'options. Le « Contour progressif » doit être à 0 et le style doit être réglé sur « Taille Fixe » avec les paramètres L et H ayant pour valeurs 512.

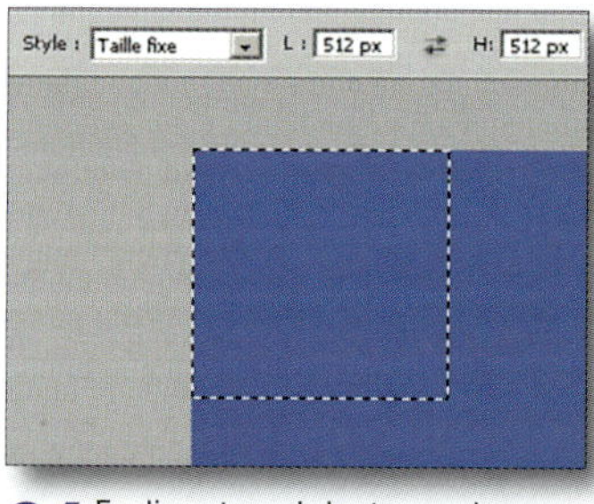

04 En cliquant avec le bouton gauche au centre de votre composition, un carré de sélection de taille fixe est créé. En maintenant le bouton de la souris enfoncé et en glissant votre curseur vers le coin supérieur gauche en dépassant les limites du document, votre sélection est collée contre les bords.

05 Tout en maintenant cette sélection active, pressez les touches ATL+SUPPR afin de remplir celle-ci avec la couleur d'avant-plan. Les valeurs RVB de celle-ci n'ont aucune importance. Vous pouvez aussi choisir une couleur peu présente dans l'image originale, comme ici un jaune vif.

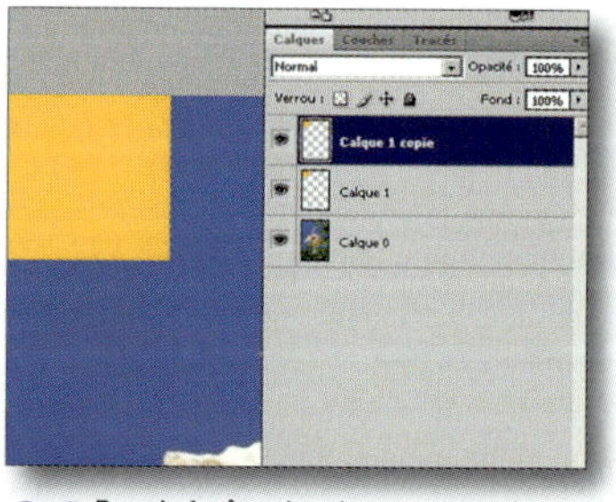

06 Dans la fenêtre de calques, pressez la touche ALT et cliquez sur le calque contenant le carré de couleur. En maintenant le bouton de la souris enfoncé, effectuez un léger mouvement vers le haut puis relâchez le bouton afin de dupliquer ce calque. Recommencez en amplifiant le mouvement si besoin.

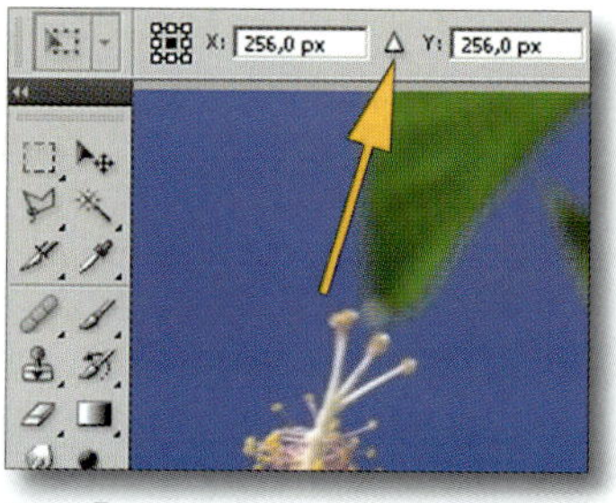

07 Tout en gardant le duplicata de ce calque sélectionné, pressez les touches CTRL+T afin d'appeler l'outil de transformation manuelle. Dans la barre d'options, on voit les 2 nombres 256/256 de part et d'autre d'un triangle. Cliquez sur ce dernier afin de passer en mode « Relatif ».

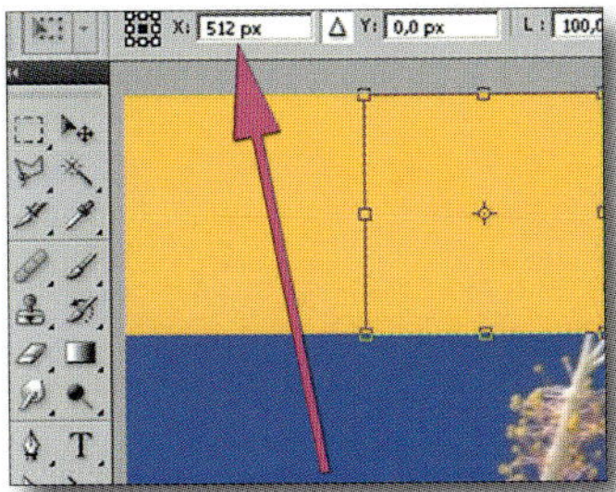

08 Le mode relatif permet de déplacer un élément en fonction de sa position actuelle plutôt qu'en se basant sur ses coordonnées dans l'image. En entrant la valeur 512 dans le premier des deux champs affichant actuellement 0, vous déplacerez le duplicata du carré coloré afin qu'il vienne se placer juste à côté de son confrère, sur la droite.

09 Validez cette transformation via deux pressions de la touche « Entrée », puis pressez deux fois de suite les touches CTRL+SHIFT+ALT+T afin de répéter de manière automatique les deux dernières opérations de duplication et de déplacement vers la droite.
Les quatre calques forment à présent une bande uniforme en haut de la composition.

10 Grâce à la touche SHIFT, sélectionnez dans la pile de calques les quatre calques contenant chacun un carré. Dupliquez-les de la même manière que vous l'avez fait pour le premier carré et déplacez-les de 512 pixels vers le bas, toujours en mode relatif et via la barre d'options en haut à gauche de l'interface. Répétez l'opération quatre fois afin de recouvrir la totalité de la composition.

B) Découpe de l'image

Appliquez sur chaque calque une portion de l'image originale.

01 Dans la fenêtre de calques, double-cliquez sur le nom du calque se trouvant tout en bas de la pile, actuellement nommé « Calque 0 », afin de changer son nom. Renommez celui-ci « Fleur » puis validez via la touche « Entrée ». Pressez la touche ALT et cliquez sur l'œil se trouvant juste à gauche de ce nouveau nom, rendant tous les autres calques invisibles.

02 Tout en maintenant le calque « Fleur » sélectionné, pressez les touches CTRL+A afin de sélectionner la totalité de la composition. Rendez-vous ensuite dans le menu « Édition » afin de choisir « Utiliser comme motif ». Une nouvelle fenêtre flottante apparaît, permettant d'entrer à nouveau le nom « Fleur » avant de valider via le bouton OK.

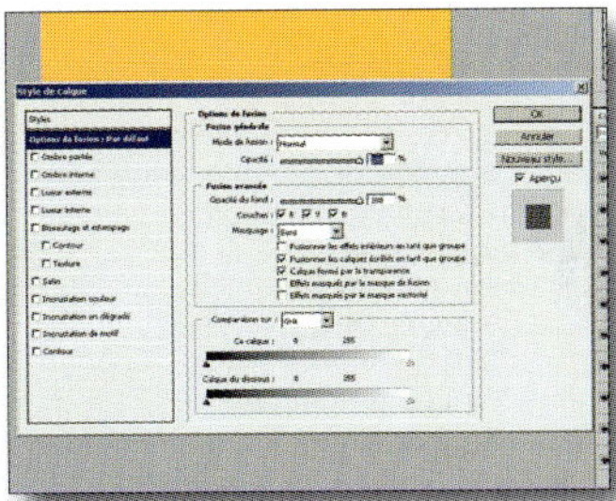

03 Pressez la touche ALT et cliquez à nouveau dans la fenêtre de calques sur l'œil jouxtant le calque « Fleur ». Les yeux de tous les autres calques réapparaissent avec leurs contenus. Double-cliquez sur la vignette du calque se trouvant juste au-dessus du calque « Fleur » afin de faire apparaître ses styles de calque.

CONSEIL

Visualisation du calque avec la touche ALT

Le fait d'appuyer sur la touche ALT et de cliquer sur « l'œil » d'un des calques permet de le passer en mode « Solo ». Effectuer la même opération replace les calques dans leur état initial, à condition de ne pas avoir touché aux « yeux » des autres calques entre temps.

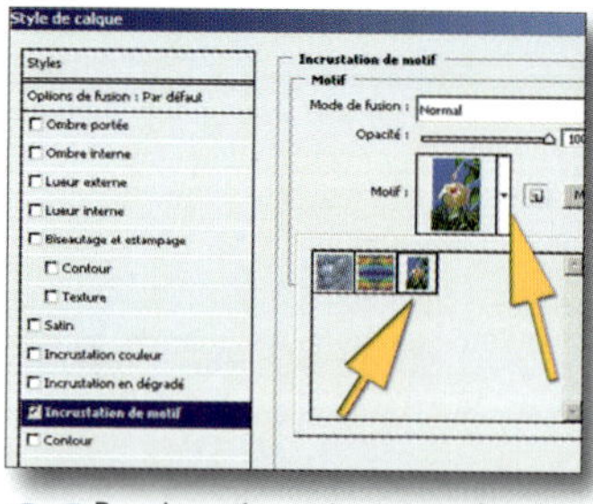

04 Dans la partie gauche de la fenêtre flottante qui vient d'apparaître, cliquez sur « Incrustation de motif ». Dans la partie droite de la fenêtre, une texture bleutée se trouve juste à droite du mot « Motif ». Cliquez sur le triangle se trouvant à droite de celle-ci afin de choisir le motif « Fleur » que vous venez de créer.

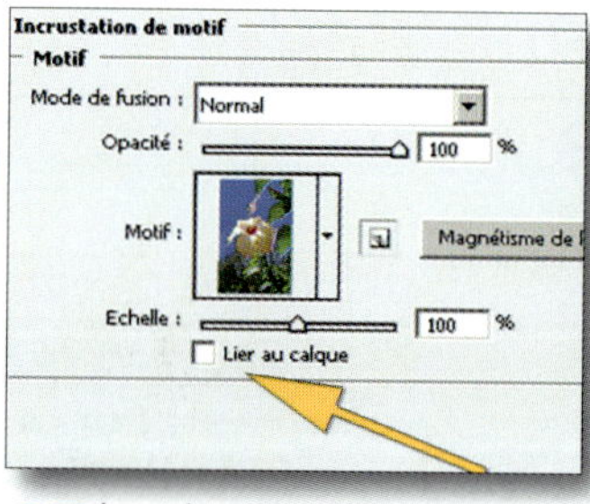

05 Avant de valider, décochez la case « Lier au calque », se trouvant juste sous le paramètre « Échelle » qui, quant à lui, devra rester impérativement à 100 %. Validez via le bouton OK afin de sortir de la fenêtre de style de calque.
Dans la fenêtre de calques, cliquez avec le bouton droit sur le calque que vous venez de modifier.

06 Ce clique droit vous permet d'accéder à un menu déroulant dans lequel vous trouverez « Copier le style de calque ». Grâce à la touche SHIFT, sélectionnez ensuite tous les calques à part le calque original « Fleur ». Cliquez avec le bouton droit de la souris sur l'un d'eux et choisissez « Coller le style de calque ».

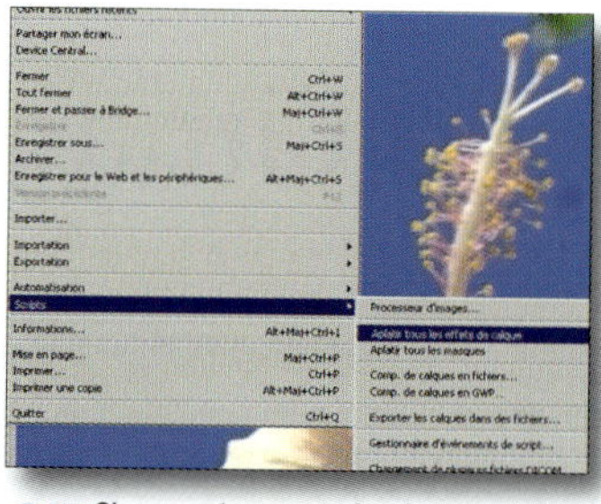

07 Chaque calque porte à présent en lui une portion de l'image originale, à la manière d'un puzzle. Tout en gardant ces calques sélectionnés, rendez-vous dans le menu Fichier> Scripts afin d'activer une fonction mystérieusement disparue entre la version 6 et 7 de *Photoshop* et miraculeusement réapparue avec cette version *CS4*. « Aplatir tous les effets de calques ».

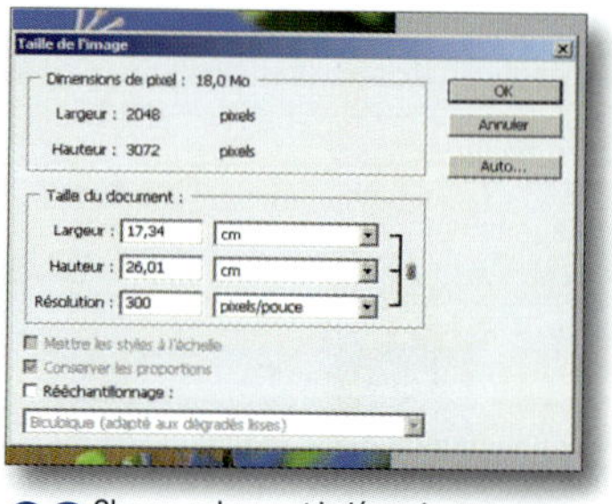

08 Chaque calque est indépendant et porte une fraction de l'image « Fleur ». Tout au bas de la pile de calques, décochez l'œil du calque « Fleur » pour qu'il ne vienne pas se confondre avec tous les autres calques. Dans le menu Image>Taille de l'image, décochez la case « Rééchantillonnage » et passez la résolution à 300 pixels par pouce.

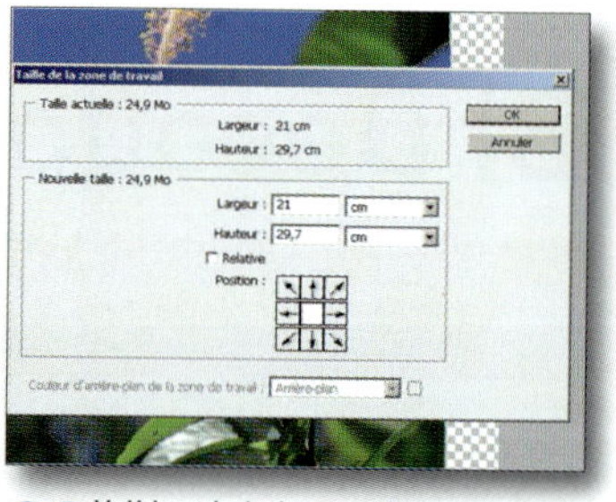

09 Validez via le bouton OK puis rendez-vous dans le menu Image>Taille de la zone de travail. Réglez la largeur sur 21 cm et la hauteur sur 29,7 cm, soit un format A4.
Créez un nouveau calque vierge et placez celui-ci au bas de la pile. Sélectionnez-le, pressez la touche D et remplissez-le de blanc avec les touches CTRL+SUPPR.

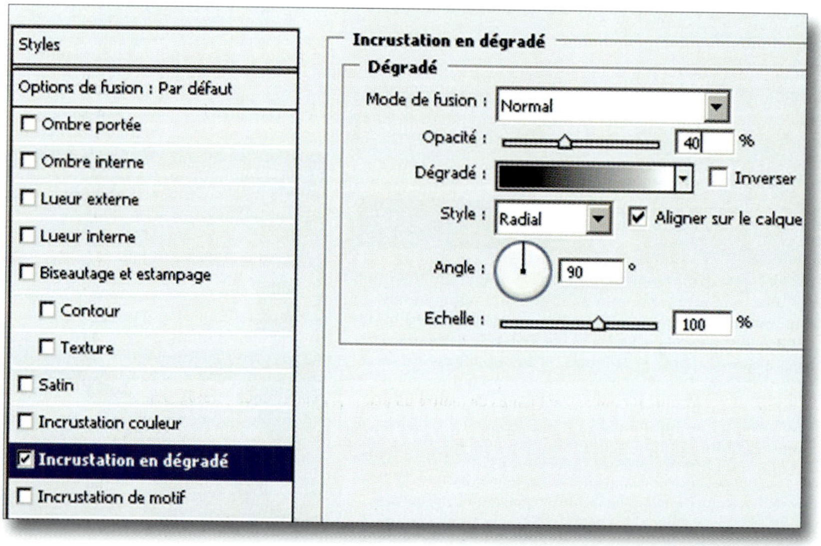

10 Dans la fenêtre de calques, double-cliquez sur la vignette du calque blanc afin d'afficher ses styles de calques. Cochez « Incrustation en dégradé », dont l'opacité sera de 40 % et dont le style sera réglé en « Radial ». Cochez également « Ombre Interne », dont l'opacité sera de 10 %, la distance de 0 et la taille de 250 pixels.

C) De Post-it en Polaroïd

Transformez vos portions d'images en photographies.

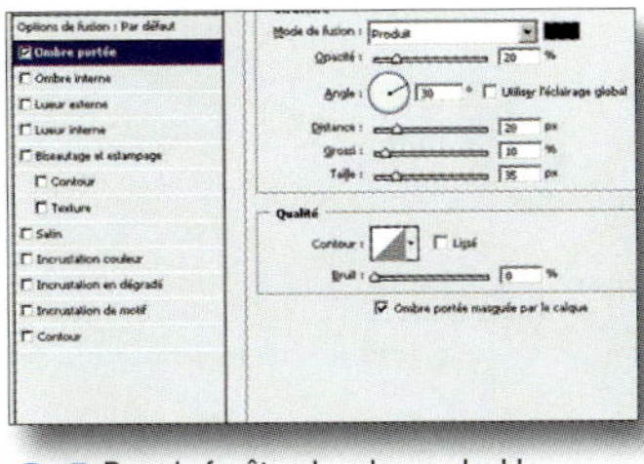

01 Dans la fenêtre de calques, double-cliquez sur la vignette du calque se trouvant le plus haut dans la pile afin d'afficher ses styles de calques. Cliquez sur « Ombre portée » et passez son opacité à 20 %, décochez la case jouxtant « Utilisez l'éclairage global » et réglez l'angle à 30 degrés. La distance sera de 20 pixels, le grossi de 10 % et la taille de 35 pixels.

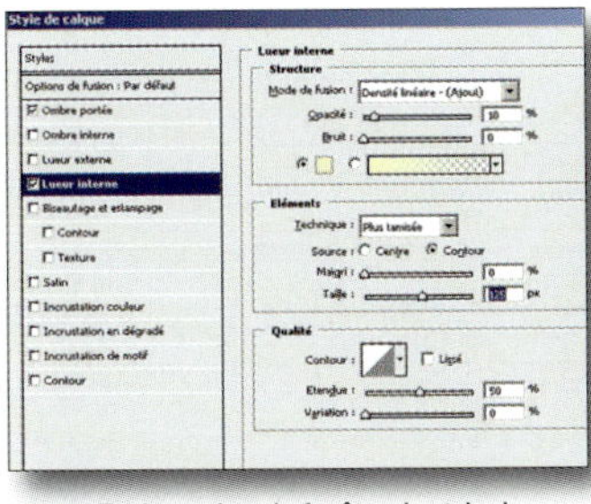

02 Toujours dans la fenêtre de style de calque, cliquez dans la partie gauche sur « Lueur interne » et réglez dans la partie droite son mode de fusion sur « Densité Linéaire - (Ajout) » et son opacité à 10 %. Réglez ensuite le paramètre taille à 125 pixels, permettant d'éclaircir les bords de ce qui sera dans quelques instants un Polaroïd.

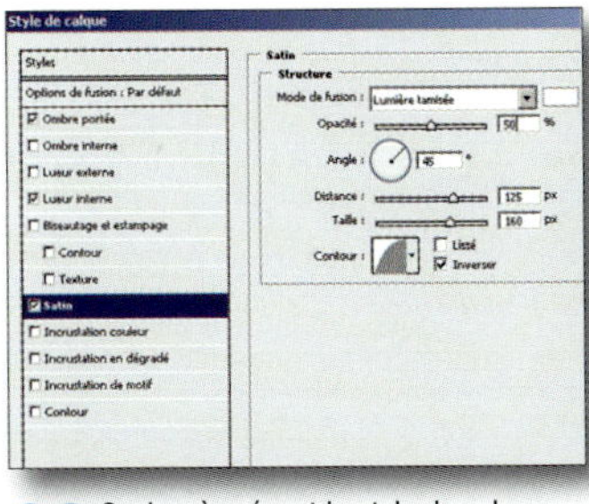

03 Cochez à présent le style de calque « Satin » et passez le mode de fusion de celui-ci en « Lumière vive ». Réglez la couleur sur du blanc et l'opacité à 50 %. L'angle sera de 45 degrés, la distance de 125 pixels et la taille de 160 pixels. Cliquez sur le triangle jouxtant le paramètre « Contour » afin de choisir le premier icône de la deuxième ligne.

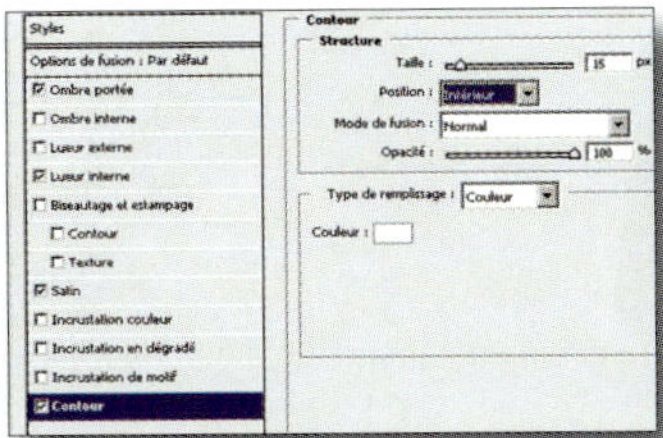

04 Cliquez ensuite sur le style de calque « Contour » puis réglez sa couleur sur du blanc. Sa taille sera de 15 pixels et sa position sera réglée sur « Intérieur ».
Le mode de fusion sera normal et l'opacité sera de 100 %. L'ajout de ce bord blanc permet de faire passer ce carré pour une photographie.

05 Dans la fenêtre de calque, cliquez sur le nom du calque dont vous venez de modifier les styles. Choisissez dans le menu déroulant « Copier le style de calque ». Grâce à la touche SHIFT, sélectionnez tous les calques contenant une portion d'image, puis via un clic droit sur le nom de l'un d'eux, choisissez « Coller le style de calque ».

06 Maintenant que chaque portion d'image ressemble à une photographie, il est temps de mettre un peu de désordre dans cet alignement militaire. Sélectionnez l'un des calques contenant l'un de ces Polaroïd et pressez les touches CTRL+T afin d'appeler l'outil de transformation manuelle faisant apparaître sa boîte de contrôle.

07 Placez votre souris à l'extérieur de cette boîte afin de passer en mode « Rotation ». Cliquez et glissez légèrement votre souris afin de tourner cette photographie de quelques degrés. Validez via la touche « Entrée », puis effectuez de nouveau cette opération pour chaque calque contenant une portion d'image.

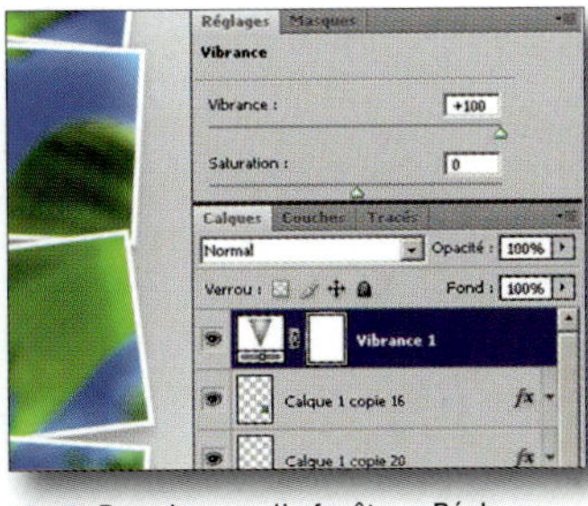

08 Dans la nouvelle fenêtre « Réglages » se trouvant au-dessus de la fenêtre de calques, cliquez sur le premier icône de la deuxième ligne. Un nouveau calque de réglage de type « Vibrance » est ajouté dans la pile. Veillez à ce que celui-ci se trouve au-dessus de tous les autres et réglez son paramètre « Vibrance » à +100.

DÉCOPAGE AUTOMATIQUE

Même si le placement initial de tous les carrés peut sembler rébarbatif, celui-ci permet de gagner beaucoup de temps par la suite.
Le fait de décocher l'option « Lier au calque » lors de l'ajout du style de calques « Motif » permet de garder des différentes portions d'images parfaitement alignées les unes aux autres.
Malheureusement, la pagaille induite dans la rotation de chaque calque via l'outil de transformation manuelle, ne peut se faire qu'à la main et de manière indépendante pour chaque photographie.
Peu de fonctions dans *Photoshop* permettent de se baser sur des valeurs aléatoires, ce qui dans notre cas nous permettrait de gagner beaucoup de temps. Peut-être une suggestion pour la version *CS5* ?

◎ CONSEIL

Vibrance et réglage de la saturation

Le nouveau réglage nommé « Vibrance » permet de modifier la saturation sans que celle-ci n'atteigne la valeur maximale autorisée. On peut le comparer dans le milieu sonore à un compresseur. Les couleurs initiales ne sont ainsi pas dénaturées.

66
WELCOME
TO
LAS VEGAS
NEVADA
OLLYWOOD
ROADTRIP

→ LOGICIELS UTILISÉS • PHOTOSHOP CS OU SUPÉRIEURE

Dynamisez vos images avec les Couleurs LAB

Travailler avec les Couleurs Lab participe à la force de vos images sans en altérer les détails, notamment en ce qui concerne la luminosité et le contraste.

→ Même si il est trop souvent mis de côté, le module de Couleurs Lab est extrêmement efficace dans Photoshop, car il vous permet de séparer les informations de luminosité des informations de couleurs. Le mode RVB mêle la couleur et la lumière en les mixant via des canaux de rouge, de vert et de bleu. En mélangeant ces trois canaux, chacun avec son propre niveau de couleur et de saturation, un large éventail de couleurs est alors mis en place. Les Couleurs Lab séparent toutes les informations de couleur en deux canaux, mais placent la luminosité dans un troisième canal indépendant. Cela permet de réaliser des traitements et des corrections sur la couleur qui, jusqu'alors, étaient impossibles avec le mode RVB. Ces changements sur la couleur n'altèrent aucunement la luminosité, le contraste ou encore le niveau de détails de votre image. □CA

INFO

SAM HAMPTON-SMITH

Sam a créé un studio de design graphique en Écosse. Il enseigne à des étudiants au cursus graphique du niveau HNC (Higher National Certificate) et HND (Higher National Diploma). Il écrit et réalise des illustrations pour des magazines, et apprécie particulièrement le travail sur la typographie. Pour en savoir plus sur cet artiste, visitez : www.hampton-smith.com

NIVEAU

★½☆☆☆

DURÉE

30 à 60 mn

→ LOGICIELS UTILISÉS • PHOTOSHOP CS OU SUPÉRIEURE

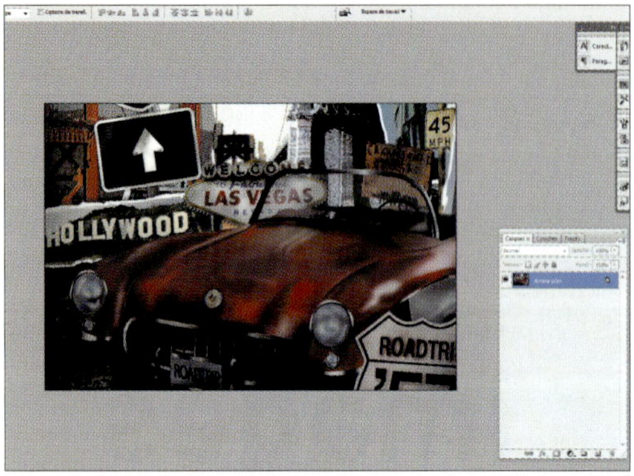

01 Ici, vous allez utiliser différentes techniques pour dynamiser la couleur et parfaire la définition de votre image. À cet effet, utilisez une image de votre bibliothèque proposant une grande richesse de détails et un contraste élevé, puis ouvrez-la dans *Photoshop*.

02 Pour obtenir de meilleurs résultats, optez pour une image en .jpg. En effet, si vous utilisez un fichier au format RAW, les effets réalisés seront peu marqués, en raison des rares changements qu'il vous est possible d'effectuer sur ce format. Convertissez votre image via le menu Image > Mode > Couleurs Lab.

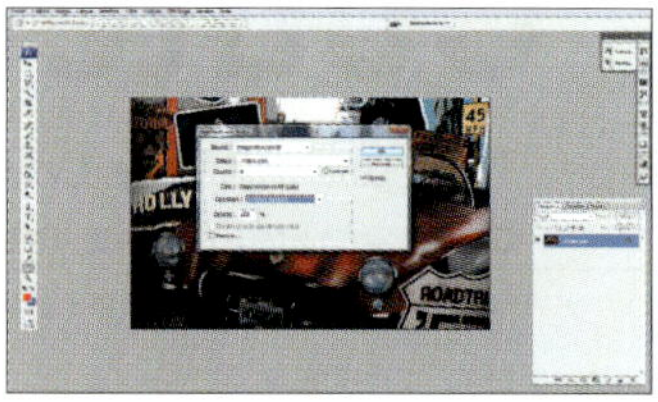

03 Le plus rapide pour donner de la vigueur à vos couleurs est d'utiliser « Appliquer une image ». Si cela fonctionne aussi bien avec le RVB qu'avec le Lab, seul ce dernier vous permettra d'appliquer des informations de couleur sans toucher à la luminosité. Allez dans le menu « Image > Appliquer une image ». Choisissez pour l'option Opération : « Lumière tamisée ». Et pour la Couche, sélectionnez l'option B.

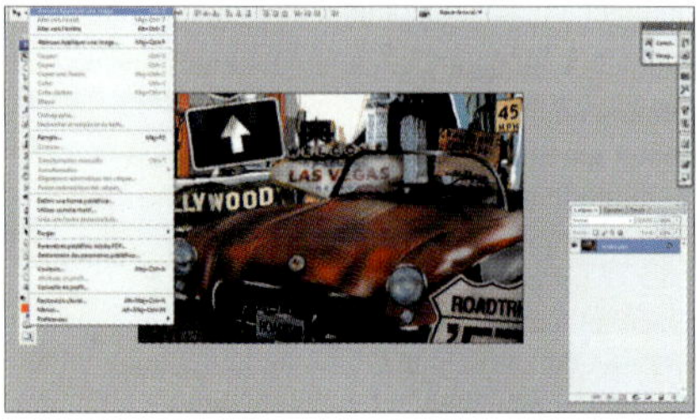

04 L'option « Appliquer une image » est le meilleur moyen de rehausser les couleurs, mais elle ne propose que des contrôles limités. Pour la suite de ce pas-à-pas, vous utiliserez des techniques non destructives afin d'obtenir des résultats probants. Faites ainsi : « Édition > Annulez appliquer une image ».

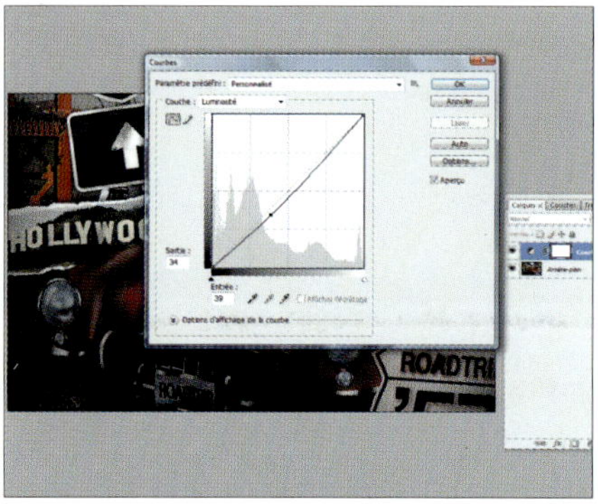

05 La manière la plus précise d'augmenter le niveau de couleur et de saturation se fait par le biais d'un calque de réglage sur les courbes. Sur un fichier Lab, ces réglages permet d'intervenir sur un canal en particulier, ce qui évite d'affecter l'ensemble des couleurs. Dans la palette des Calques, cliquez sur l'icône représentant un cercle noir et blanc (créer un calque de remplissage ou de réglage) puis choisissez « Courbes ».

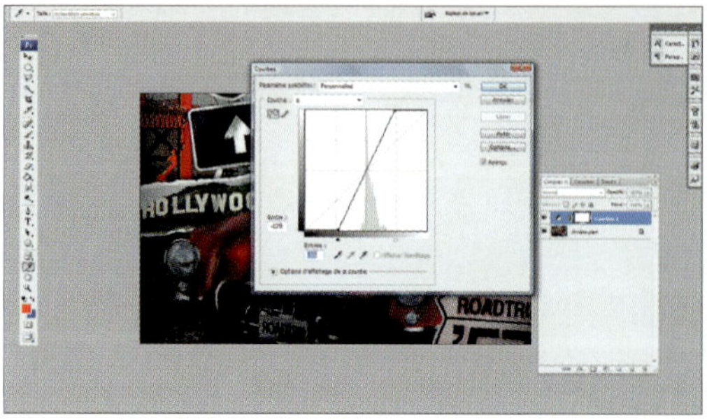

06 Sélectionnez la Couche A et réglez le curseur noir sur -60 en entrée et -128 en sortie. Quant au curseur blanc, ses valeurs sont 60 en entrée et 127 en sortie. Cela va créer un réglage symétrique sur la Couche a.

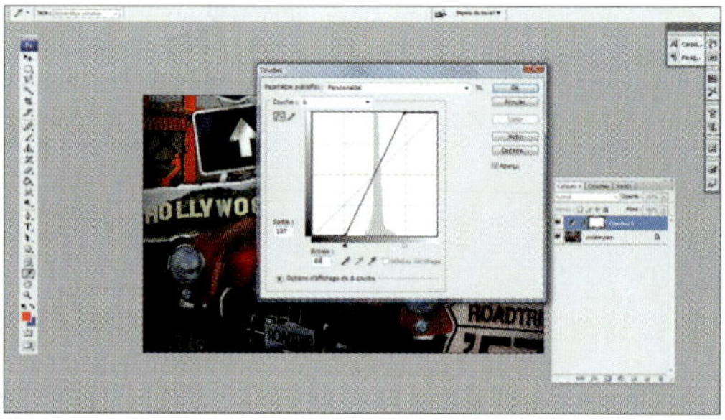

07 Répétez cette opération sur la Couche b avec les mêmes valeurs. En pratiquant des altérations identiques sur ces deux Couches, vous éviterez de perturber la balance des couleurs. Cliquez sur OK pour accepter ces changements.

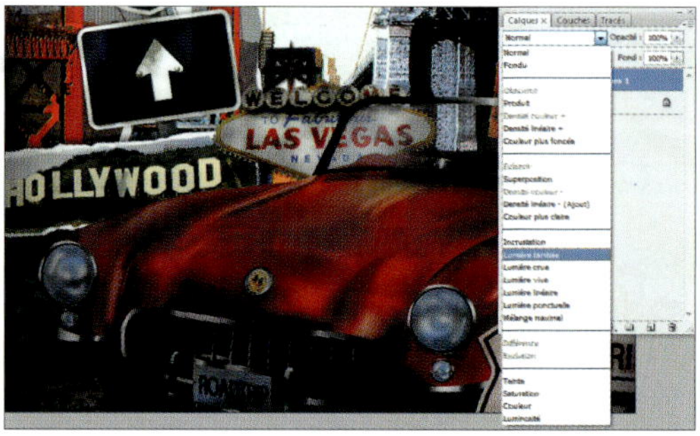

08 Allumez et éteignez ce Calque de réglage pour constater les changements effectués sur votre image. Si vous pensez que l'effet est trop puissant, réduisez l'opacité de votre Calque de réglage ou règlez son mode de fusion sur Lumière tamisée.

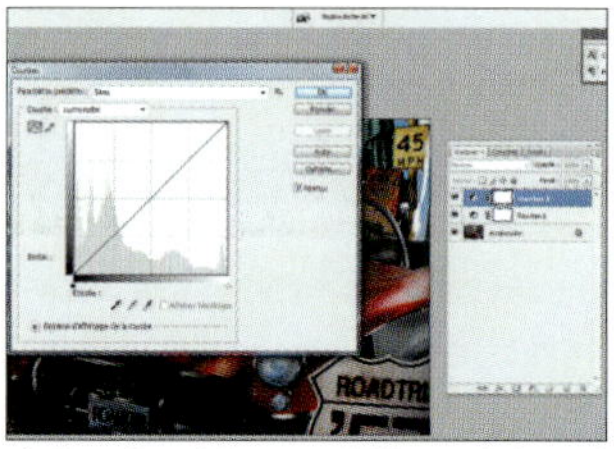

09 Si vous devez harmoniser légèrement votre contraste, ajoutez un nouveau calque de réglage sur les Courbes et n'intervenez que sur la Couche Luminosité. Cela préservera les réglages de couleur tout en vous permettant de réaliser des réglages spécifiques de façon indépendante.

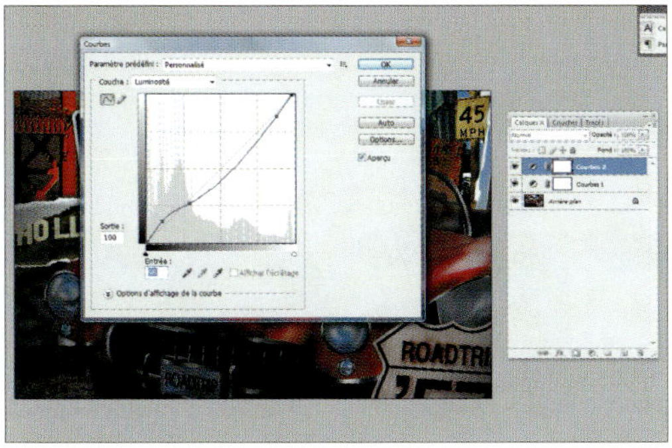

10 Lorsque vous travaillez sur la Couche de Luminosité, sans toucher aux couleurs, n'hésitez pas à créer (par le biais des tons moyens) une courbe avec de nouveaux points sans pour autant créer d'inclinaisons trop marquées.

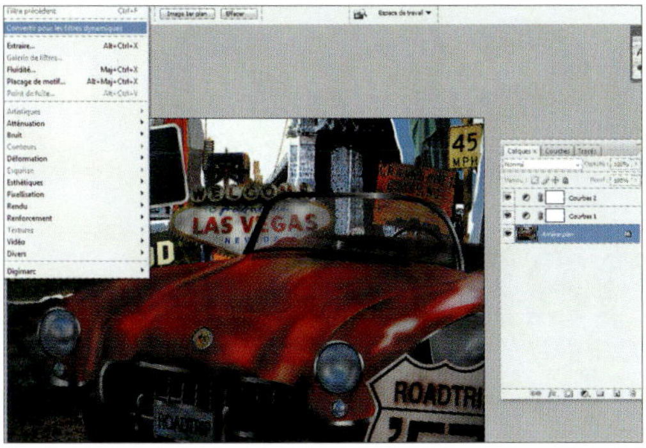

11 Si vous possédez *Photoshop CS2* ou *CS3*, il est conseillé de convertir le calque de votre image en Objet dynamique pour vous permettre de lui appliquer divers effets de filtres de manière non destructive. Faites « Filtres > Convertir pour les filtres dynamiques ». Si vous utilisez une version plus ancienne de *Photoshop*, poursuivez ce pas-à-pas, mais sachez que vous n'aurez pas la possibilité de séparer les effets de filtres.

12 Dans votre image, si des zones possèdent un bruit qui nuit à leur lisibilité, faites, sur votre calque principal « Filtre > Bruit > Médiane », et réglez le rayon sur 8 puis validez. Cela supprimera le bruit, mais donnera un aspect des plus désastreux à votre image.

13 Si vous utilisez un Objet dynamique, cliquez sur le double curseur noir du filtre Médiane. Réglez le mode Fusion de l'effet sur Couleur. Si vous n'utilisez pas un Objet dynamique, faites « Édition > Atténuer Médiane » puis passez le Mode en Couleur.

14 Si votre image est une composition réalisée à partir de différentes photographies, il est probable que la netteté ne soit pas la même d'un élément à un autre. Jouer sur la netteté est une opération que vous ne devrez effectuer qu'en toute fin de travail. Dans le cas contraire, vous pourriez obtenir des résultats malvenus et difficiles à supprimer en cours de réalisation.

ÉTAPE FINALE

Assurez-vous d'être sur votre calque principal et faites « Filtre > Renforcement > Accentuation », puis réglez le Gain sur 80 et un Rayon de 1 pixel (laissez le Seuil à 0). Pour terminer, aplatissez votre image et repassez son mode en RVB, ou en CMJN pour le print.

CONSEILS

Convertissez les couleurs

Il n'y aucune façon de reproduire le Couleurs Lab à l'écran ou pour le print, car ce que vous voyez lorsque vous éditez une image en mode Lab est une approximation des couleurs RVB. Le gamut ou l'éventail des couleurs autorisées est plus important en Lab que dans n'importe quel autre mode. Aussi, vous constaterez quelques compressions de couleur lorsque vous repasserez en mode RVB ou CMJN. N'oubliez pas d'aplatir votre image avant la conversion.

Maîtrisez les nouveaux outils de Photoshop pour dynamiser vos images

Sam Hampton-Smith vous dévoile les innovations du logiciel phare d'Adobe.

Si vous hésitez encore à franchir le pas, vous verrez que *Photoshop CS4*, grâce à ses nouvelles fonctionnalités, augmentera votre productivité et facilitera l'exécution de vos tâches les plus courantes. Outre l'apparition d'outils totalement inédits, la *CS4* bénéficie de la refonte de son interface, de l'accélération matérielle, en mettant à contribution le processeur graphique (GPU), et offre même le travail collaboratif en ligne grâce à la technologie Connect Now. Bien que cette nouvelle version soit plus une évolution de la *CS3* qu'une véritable révolution, la somme de toutes ses améliorations justifie à elle seule son acquisition. L'apport le plus important est certainement l'exploitation du GPU pour accélérer les calculs et la manipulation des documents. Même si cela peut paraître anodin, cette nouveauté va considérablement changer votre rapport à *Photoshop*. Les déplacements et le zoom sur un document sont désormais un vrai plaisir. Le rendu est également beaucoup plus rapide et vous pouvez même pivoter votre zone de travail en un clin d'œil. Il n'est désormais plus nécessaire d'attendre que *Photoshop* recalcule l'image. Dans ce dossier, nous allons rapidement aborder les principales innovations de la *CS4* et vous prodiguer de précieux conseils pour dynamiser vos images. □CA

INFO

SAM HAMPTON-SMITH dirige un studio de design graphique en Écosse. Il enseigne également le graphic et le web design et contribue régulièrement avec plusieurs magazines.

www.hampton-smith.com

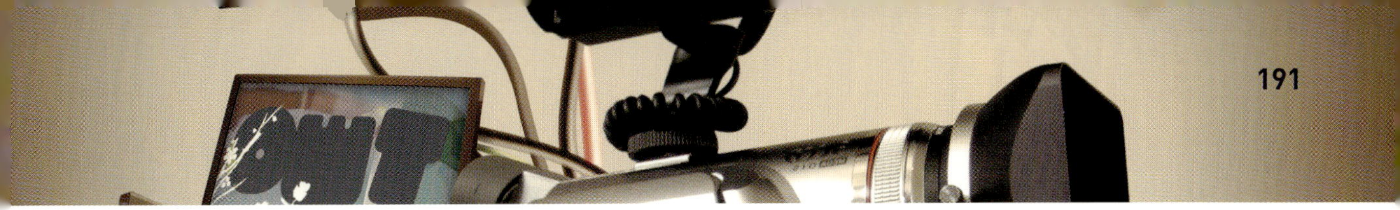

01 *Photoshop* exploite désormais le GPU de votre machine pour gérer le rendu des documents. Ouvrez n'importe quel fichier, et zoomez plus ou moins pour apprécier la fluidité de la transition. Cette nouvelle technologie signifie qu'une fois le cap des 66,7% franchi par la fonction loupe, l'image ne paraît plus aussi dégradée qu'auparavant. Approchez-vous suffisamment pour apercevoir la nouvelle grille de pixels qui facilite le repérage des altérations.

02 Grâce à l'introduction de la nouvelle fonction Rotation de l'affichage (raccourci clavier : R), vous pouvez faire tourner votre zone de travail sans modifier votre document. Cela permet d'obtenir une nouvelle perspective et cela se révèle surtout très utile pour tous les possesseurs de tablette graphique. Ces derniers conservent en effet leur position de travail de prédilection et n'ont plus qu'à attendre que les pixels associés à la rotation soient réinterprétés.

03 Effectuez un zoom en très gros plan tout en maintenant enfoncée la barre d'espace afin d'obtenir temporairement l'outil Main. *Photoshop* vous permet maintenant de vous déplacer sur la zone de travail sans avoir besoin d'avoir recours systématiquement au cliqué-glissé. Par ailleurs, pressez et maintenez la touche H, puis cliquez et maintenez le bouton de la souris pour basculer vers la nouvelle fonction Zoom temporaire afin de naviguer rapidement autour du document.

04 *Photoshop CS4* offre une nouvelle interface. Les palettes ont été remplacées par des panneaux : il suffit de glisser le curseur sur l'un d'entre eux pour l'ouvrir. Le moteur de rendu Open GL permet en outre d'afficher les documents de diverses manières : tabulée, encadrée, en mosaïque ou dans une fenêtre et les zones de travail se rappellent intelligemment de leurs configurations précédentes.

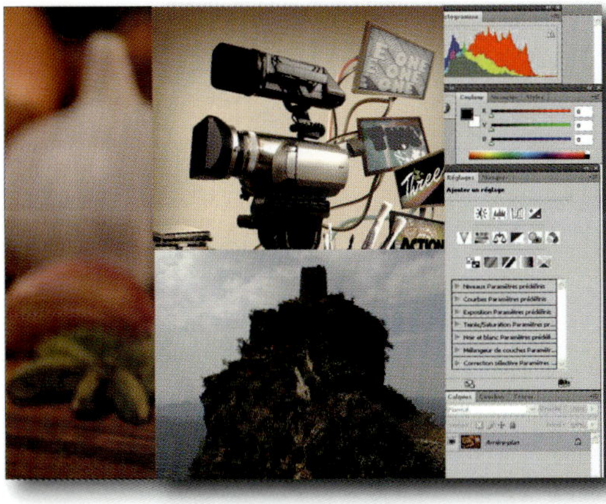

05 Les calques de réglages sont désormais gérés par l'intermédiaire du Panneau de réglages. Ajoutez un calque de réglage comme vous l'auriez fait dans *CS2* ou *CS3* (Image > Réglages), ou cliquez directement sur un icone de réglage dans le nouveau panneau. Adobe a ajouté des préréglages pour les tâches les plus communes. On remarque aussi l'introduction de la fonction Vibrance, un outil emprunté à *Camera Raw*.

06 Cliquez sur la forme en V située dans le panneau de réglages pour ajouter un calque de réglage de Vibrance. Cette nouvelle fonction permet d'augmenter la vibrance d'une couleur dans votre image indépendamment de sa saturation. Si vous avez pour habitude de traiter des images au format RAW, vous serez tout de suite à l'aise avec les curseurs de réglages. Autrement, expérimentez et observez l'histogramme des couleurs lorsque vous apportez vos modifications.

07 On retrouve désormais l'outil de réglage de la cible dans de nombreux réglages. Ajoutez une courbe de réglages pour apercevoir le bouton correspondant. Sélectionnez-le puis faites un cliqué-glissé sur la zone de travail au-dessus de la gamme tonale que vous désirez modifier. Les flèches sur le curseur de l'outil indiquent la direction du glissé tandis que les courbes du diagramme montrent en temps réel vos modifications.

Les outils de Tonalité

Les outils de tonalité, bien que considérablement améliorés dans CS4, peuvent encore endommager vos images si vous en abusez. Privilégiez les nombreuses petites retouches au détriment de grandes modifications afin d'éviter d'endommager irrémédiablement des pixels. L'outil Éponge peut intervenir pour réparer les problèmes de saturation.

08 *Photoshop* comporte également un nouveau panneau de masques. Comme auparavant, les masques sont de deux types : Bitmap et vectoriel. *CS4* innove en permettant de fixer un niveau de densité pour chaque masque (ce qui détermine l'impact du masque en question sur le calque), et pour la plume (ce qui influe sur les contours du masque). Ces options sont particulièrement utiles pour les masques vectoriels.

09 Dans le panneau des masques, on trouve également les fonctions Contour du masque, Plage de couleurs et Inverser. Contour du masque permet d'affiner votre masque en ayant recours à des réglages fins, facilitant ainsi la sélection des cheveux ou du feuillage. Plage de couleurs fonctionne de la même manière que Sélection> Plage de couleurs, mais est directement intégré dans la fonctionnalité du masque, ce qui évite d'avoir à enregistrer votre sélection en tant que masque.

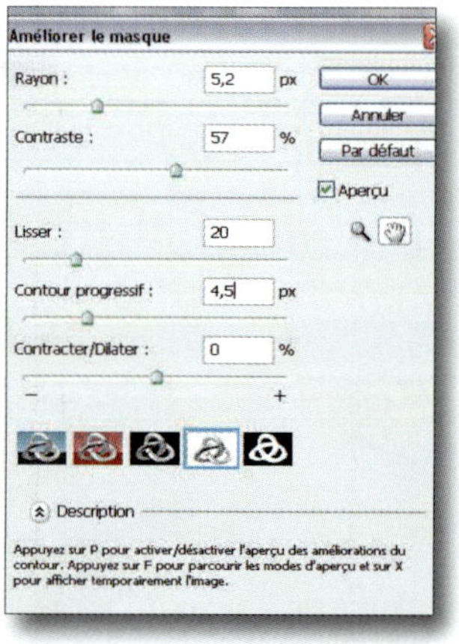

10 Les outils de tonalité (Densité -, Densité + et Éponge) ont tous fait l'objet d'améliorations significatives. L'astuce à connaître est de s'assurer que l'option Protéger les tons est bien cochée dans la barre d'outils afin d'activer la nouvelle version de ces outils, autrement c'est l'ancien fonctionnement qui prévaut.

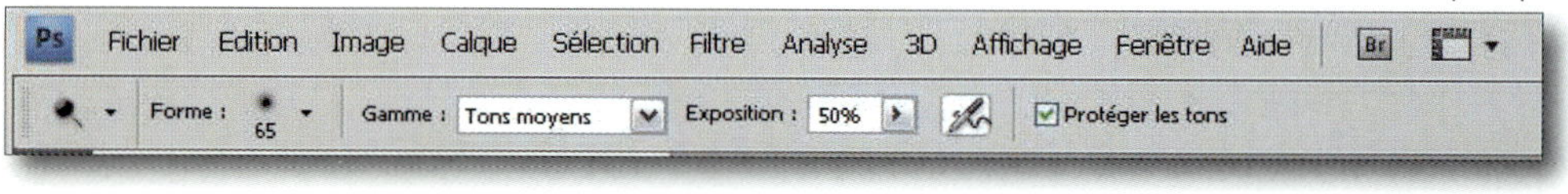

11 Sélectionnez l'outil Densité –, et réglez la valeur d'Exposition à 50 % si ce n'est déjà fait. Auparavant, un niveau de 50 % aurait rapidement détruit votre image, mais vous verrez qu'avec cette nouvelle version, les tons sont protégés contre les effets d'éclairages artificiels. Ceci procure une latitude bien plus grande pour apporter des corrections.

12 Utiliser l'outil Densité + au-dessus de l'outil Densité – afin de récupérer les tonalités que vous auriez trop éclairées. Une fois de plus, cette opération aurait précédemment eu pour effet d'obtenir des tons dégradés et une image ruinée. Mais *Photoshop* vous permet désormais de jouer sur les lumières et de revenir en arrière en cas de problème avec pratiquement aucune conséquence.

13 L'outil Éponge permet de récupérer des effets secondaires des outils Densité – et Densité +. Densité – ajoute de la saturation aux pixels concernés, tandis que Densité + diminue leur saturation. Utilisez l'outil Éponge, pour saturer ou désaturer selon les besoins, pour corriger ces effets non désirés.

Échelle basée sur le contenu

L'échelle basée sur le contenu analyse l'image pour repérer les zones comportant des détails et celles qui en manquent (voir étape 18). Tirez profit des couches Alpha pour empêcher des zones de l'image d'être redimensionnées. Notez également que certaines images s'accordent mal avec cette fonction, aussi employez-la avec modération.

14 *Camera Raw* a bénéficié d'une refonte, il s'agit désormais de la version 5. Les nouvelles fonctions donnent la possibilité d'appliquer de multiples modifications à la même image, impactant sélectivement différentes zones. On peut ajouter à cette liste les fonctions de duplication, de réparation et de correction du vignettage. Le réglage automatique a été amélioré aussi, mais le véritable intérêt réside dans la possibilité d'apporter manuellement vos propres réglages.

15 Le nouveau pinceau de retouche permet de créer des masques pour vos réglages. Changez vos paramètres comme d'habitude dans *Camera Raw*, puis choisissez le pinceau de retouche à partir de la barre d'outils, et peignez aux endroits où vous souhaitez apporter vos modifications. Ajoutez de nouveaux réglages en sélectionnant le bouton Nouveau dans les paramètres du pinceau de retouche. Chaque groupe de réglages est marqué par une épingle.

16 La fonction Filtre graduée fonctionne plus ou moins de la même façon, mais fournit un dégradé progressif et modifiable entre un arrêt vert (indiquant un effet de 100 %) et un arrêt rouge (effet de 0 %). Une fois de plus, de multiples filtres de dégradés peuvent être directement ajoutés dans *Camera Raw 5*.

Fonctions relocalisées

Quelques fonctions ont été relocalisées dans CS4 ; d'autres ont été supprimées. Les fonctions disparues comprennent la compatibilité avec Mac Twain, Filtre>Pattern Maker, et Filtre>Extract. Ces fonctions peuvent être ajoutées manuellement en les téléchargeant sur le site web de Adobe : (Mac) www.adobe.com/support/downloads/detail.jsp?ftpID=4047 (PC) www.adobe.com/support/downloads/detail.jsp?ftpID=4048

17 L'outil Retouche des tons directs permet d'afficher une forme circulaire au-dessus d'une zone qui nécessite une réparation ou une duplication. Deux formes sont alors affichées : une rouge, indiquant la zone affectée et une verte, indiquant la zone source pour la réparation/duplication. Toutes deux peuvent être déplacées pour modifier l'effet. Le Rayon et l'Opacité peuvent également être paramétrés. Plusieurs tons directs peuvent être traités, et leurs propriétés demeurent modifiables jusqu'à ce que vous choisissiez d'ouvrir l'image dans *Photoshop*.

18 Une des nouvelles fonctionnalités phare de *Photoshop CS4* est la fonction Échelle basée sur le contenu. Vous la trouverez dans Édition>Échelle basée sur le contenu, et vous pourrez l'employer pour changer la forme de votre document sans en modifier la proportion des zones détaillées dans l'image. Ceci peut fonctionner avec de nombreuses images, mais vous devez prendre quelques précautions en l'utilisant. Bien souvent, vous obtiendrez de meilleurs résultats en apportant plusieurs petites retouches aux proportions, plutôt qu'une seule grande. De plus, l'option Protéger la coloration de la peau, bien que très utile, peut aboutir à des résultats très bizarres sur une image inadéquate (plages de sable, par exemple).

19 Commencez par augmenter la taille de votre zone de travail pour la faire coïncider avec les proportions souhaitées de votre image. Veillez à ce que votre calque ne soit pas celui de l'arrière-plan avant de vous lancer dans cette opération. Une fois que la zone de travail possède la forme correcte, choisissez l'outil Échelle basé sur le contenu à partir du menu Édition, et paramétrez comme vous le feriez pour une transformation normale. Si votre image comporte des personnes, le bouton Protéger la coloration de la peau évitera que cette opération ne les affecte.

Nouvelle interface

La nouvelle interface de la CS4 se retrouve d'une façon homogène dans toutes les applications de la suite. De fait, on se sent tout de suite à son aise, quel que soit le programme utilisé. Les fonctionnalités de l'espace de travail ont été grandement améliorées et mémorisent désormais vos précédentes configurations.

20 Pour tirer le meilleur parti de la fonction Échelle basée sur le contenu, vous devriez intervenir sur un axe à la fois. Parfois, des modifications progressives par incrémentations se révèlent plus efficaces qu'en essayant d'accomplir la transformation en une seule étape. Servez-vous des couches alpha pour isoler et protéger des zones de l'image (notez que celles-ci doivent être employées avant d'effectuer votre transformation).

21 *Photoshop CS4* possède des capacités 3D bien au-dessus de celles que l'on trouve dans la *CS3*. Le nombre de formats supporté a été étendu et il est désormais possible de modifier bon nombre de propriétés des objets 3D telles que les meshes, les matières et les surfaces. Les lumières sont configurables, on peut même en ajouter de nouvelles, et le nouveau moteur de ray-tracing procure des rendus de haute qualité.

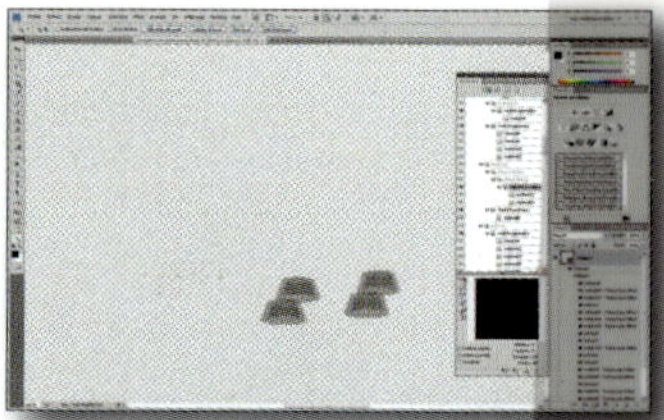

22 Vous pouvez peindre directement sur un objet 3D. Pour cela, il suffit de choisir une surface plane ou une matière, et d'avoir recours à une brosse normale de *Photoshop* pour le travailler directement tout en obtenant le résultat en 3D. Par ailleurs, vous pouvez modifier la matière dans *Photoshop* d'une façon similaire aux objets dynamiques. Une fois votre fichier enregistré, le modèle est mis à jour automatiquement au sein de *Photoshop*.